国家社科基金
后期资助项目
GUOJIA SHEKE JIJIN HOUQI ZIZHU XIANGMU

反偶像崇拜视野中的乌托邦精神复兴

The Revival of Utopian Spirit in the Vision of Aniconism

祁程 著

中国社会科学出版社

图书在版编目（CIP）数据

反偶像崇拜视野中的乌托邦精神复兴／祁程著．—北京：中国社会科学
出版社，2022.12

ISBN 978 - 7 - 5227 - 1156 - 0

Ⅰ.①反…　Ⅱ.①祁…　Ⅲ.①乌托邦—研究　Ⅳ.①D091.6

中国版本图书馆 CIP 数据核字（2022）第 238417 号

出 版 人	赵剑英
责任编辑	赵　丽
责任校对	李　莉
责任印制	王　超

出　　　版	中国社会科学出版社
社　　　址	北京鼓楼西大街甲 158 号
邮　　　编	100720
网　　　址	http://www.csspw.cn
发 行 部	010 - 84083685
门 市 部	010 - 84029450
经　　　销	新华书店及其他书店

印　　　刷	北京君升印刷有限公司
装　　　订	廊坊市广阳区广增装订厂
版　　　次	2022 年 12 月第 1 版
印　　　次	2022 年 12 月第 1 次印刷

开　　　本	710×1000　1/16
印　　　张	22.5
插　　　页	2
字　　　数	405 千字
定　　　价	119.00 元

国家社科基金后期资助项目

出 版 说 明

后期资助项目是国家社科基金设立的一类重要项目，旨在鼓励广大社科研究者潜心治学，支持基础研究多出优秀成果。它是经过严格评审，从接近完成的科研成果中遴选立项的。为扩大后期资助项目的影响，更好地推动学术发展，促进成果转化，全国哲学社会科学工作办公室按照"统一设计、统一标识、统一版式、形成系列"的总体要求，组织出版国家社科基金后期资助项目成果。

全国哲学社会科学工作办公室

序

自托马斯·莫尔的《乌托邦》，或者说，自"乌托邦三部曲"以来，"乌托邦"一直是人们的理想和向往，她激励着一代又一代的人们不懈地追求。20世纪以来，尽管出现了"反乌托邦三部曲"，甚至出现了所谓的"乌托邦终结"的说法，但事实上，"乌托邦之火"并未熄灭，"乌托邦之光"仍未暗淡，不仅有布洛赫的《乌托邦精神》，还有马尔库塞的"乌托邦情结"，甚至出现了拉塞尔·雅各比所说的"乌托邦精神复兴"。

作为与西方马克思主义具有亲缘关系，尤其是与法兰克福学派批判理论具有传承关系的左翼文化批评家，拉塞尔·雅各比一直具有强烈的批判精神和浓厚的人文关怀，尤其精于公共知识分子、反偶像崇拜与乌托邦精神重建问题研究，这主要体现在《最后的知识分子》《乌托邦终结》《不完美的图像》等著作中。

青年学者祁程长期从事乌托邦问题研究，拟出版"乌托邦研究三部曲"，即从前出版的《西方马克思主义当代乌托邦思想研究》，眼下要出版的《反偶像崇拜视野中的乌托邦精神复兴》，以及准备撰写的"爱的乌托邦"。祁程副教授的《反偶像崇拜视野中的乌托邦精神复兴》一书，是在复旦大学博士后出站报告基础上修改、补充、加工、完善而成的。作为祁程的博士后合作导师，为他在学术上取得的进步感到高兴，并对该书的出版表示祝贺。

该书紧紧围绕乌托邦问题进行了深入系统的研究，不仅清晰地梳理了乌托邦思想的渊源流变，而且揭示了乌托邦与知识分子的关系；并结合现实生活世界，凸显了乌托邦精神的内在价值，张扬了人类不可或缺的超越精神；相关评价也较为中肯，其中不乏精彩之处。

第一，本书所研究和回答的是如何借鉴雅各比的乌托邦思想资源，调整与改善整个乌托邦研究的致思路向，对在现代性语境中合理重建乌托邦精神具有重要的启发意义。深入研究乌托邦思想与乌托邦精神复兴问题，在一定程度上推动了学术界进一步考察乌托邦思想史，消除现代学术界对乌托邦的偏见，扭转乌托邦在当今社会中所遭受的"冷遇"局面，赋予乌托邦以丰富的时代内涵。这样，才有利于推进中国文化语境中乌托邦精神的重建，重新评价与合理辨识整个乌托邦思想的历史地位。

第二，本书有助于重建当代知识分子介入现实并反思传统的话语系统，探寻当代知识分子发展的困境，凸显乌托邦重建对知识分子精神重建的重要意义。作者以雅各比对当今资本主义社会的批判为抓手，将乌托邦精神引入社会批判层面，阐发现代社会出现的学院化与专业化体制、功利主义大众文化与多元文化主义、过度图像化与视觉中心主义等现代偶像的危害性；阐发对特定现代偶像的辩证批判，以期恢复在现代偶像崇拜中失落的乌托邦精神。这既有利于对知识分子前途命运深度的思考，也为全球化时代左翼思潮的复兴提供了理论支援。

第三，本书不仅是对雅各比乌托邦思想的深入阐释，也是对其思想的整体性廓清，它准确地还原了当今左翼思想家关于乌托邦思想改造与乌托邦精神重建的艰苦理论努力。为了摆脱人的生存困境，雅各比提出"反偶像崇拜的乌托邦"的可能性——他拒绝精确地描述与细致地设计未来；但作为一种特殊的"反乌托邦的"乌托邦主义，又指向内蕴的希望与超越之维。该书驳斥了历史上出现的各种反乌托邦理论，以期表明反乌托邦思想所指向的对象，从来不是演变至今的全部乌托邦类型，而仅仅是雅各比所指认的"蓝图派"部分，这既有利于澄清乌托邦概念，也是在与反乌托邦思想进行积极的理论对话，某种程度上能够达成对反乌托邦思想的超越。另外，关于犹太文化与"反偶像崇拜的乌托邦思想"之间理论关联的考察，本书不仅揭示了雅各比乌托邦思想背后所隐藏着的强大犹太精神，也有助于更深刻地把握犹太文化传统在未来革命前景的理论塑造与社会批判的理论探索中扮演的重要角色。

基于以上几个理由，我向学术界郑重推荐该书。

是为序。

王凤才

教育部长江学者特聘教授

复旦大学特聘教授、博士生导师

2022 年 10 月 20 日

目　　录

导　言　…………………………………………………………（1）

第一章　乌托邦及乌托邦精神概况…………………………（13）
　　第一节　乌托邦的研究概况与演进脉络…………………（14）
　　第二节　乌托邦的一般性特征及其思想关联……………（34）
　　第三节　乌托邦精神的重建与复兴………………………（52）

第二章　反偶像崇拜的乌托邦………………………………（62）
　　第一节　反偶像崇拜的历史溯源…………………………（63）
　　第二节　反偶像崇拜传统的犹太精神潜流………………（74）
　　第三节　反偶像崇拜的乌托邦的思想内涵………………（97）

第三章　反偶像崇拜的乌托邦的三重偶像批判视野………（115）
　　第一节　学院化与专业化体制批判………………………（116）
　　第二节　功利主义大众文化与多元文化主义神话批判…（135）
　　第三节　过度图像化与视觉偶像批判……………………（162）

第四章　反偶像崇拜的乌托邦主体构建……………………（182）
　　第一节　"乌托邦之死"语境下知识分子的社会角色
　　　　　　与话语权………………………………………（183）
　　第二节　左派知识分子乌托邦精神衰微与重建…………（203）

第五章　社会健忘症及其治疗的方法论基础………………（222）
　　第一节　社会健忘症的特征及其运作机制………………（223）
　　第二节　心理分析的乌托邦精神诊疗功能与路径………（232）

　　第三节　马克思主义辩证法既往范式批判 …………………（244）

　　第四节　克服社会健忘症的方法论基础及其恢复性重建 ………（262）

第六章　应对反乌托邦主义的挑战 ……………………………（278）

　　第一节　雅各比关于乌托邦与反乌托邦的论争 ……………（278）

　　第二节　澄清乌托邦与极权主义的界限 ……………………（296）

结　语 ……………………………………………………………（317）

参考文献 …………………………………………………………（335）

后　记 ……………………………………………………………（353）

导　　言

全世界的理想化落幕，伴随而来的是所谓乌托邦时代的终结。提及乌托邦这一名词，就让一些人噤若寒蝉，乌托邦概念在学术界的影响力一落千丈，乌托邦研究已渐趋蜷缩在文艺界等极少数领域。当今学术界，拉塞尔·雅各比（Russell Jacoby）是一位力图捍卫乌托邦历史地位与学术尊严的学者，近年一直把乌托邦问题作为自己的研究重心，对现时代乌托邦力量的衰竭和瘫痪，进行了一系列有针对性的分析解读，做出贴近社会现实的批判性诊断，对乌托邦的当代复兴提出了一个有良知学者的鲜明见解。

本书试图在对当代乌托邦理论和实践进行哲学阐释的基础上，深入研究西方马克思主义者雅各比的乌托邦思想，并探讨反偶像崇拜的乌托邦与知识分子的关系问题，以消除历史发展的复杂性和现实生活的多元可能中乌托邦的现实困境；挖掘雅各比在乌托邦研究领域中对开拓西方马克思主义研究范式所具的积极意义，从犹太文化传统、公共知识分子、辩证法重建等新视角发掘雅各比乌托邦的理论资源，以期消除对乌托邦思想的敌视或偏见，赋予当代乌托邦思想更为丰富的时代内涵，助力其在同反乌托邦的意识形态抗争中赢得理论话语优势，进一步推进中国文化语境下的乌托邦精神重建之路。

一　研究意义及雅各比本人简介

乌托邦研究历史悠久且领域多元，乌托邦的存在为人类生存提供了一种总体性修复与解决思路，为尘俗叙事提供了一种永在的不在场批判，为经济政治文化困境提供了一种面向内在风险的全局性补救方向。加之20世纪发生的脱离原有实体论思维方式的理论转向，使得乌托邦理论的发展脉络更加趋于复杂，从传统政治哲学领域，向多个分支学科挺进。虽然乌托邦遭遇了理论质疑与现实重创，但理论研究依旧保有生机活力，尤其是西方马克思主义对当代乌托邦思想的开垦和深耕，进一步发展与丰富了这一研究谱系。

　　雅各比的乌托邦思想，在一定意义上可以作为美国社会病理与知识分子精神消退的内在诊断书。它既延续了西方马克思主义当代乌托邦思想的精髓，继续作为对传统乌托邦理论的深度反思，又是对当代资本主义异化社会尤其是美国社会生活及其制度性矛盾加以批判后的思想结晶，继续作为对人的现实生存困境的内在超越。开展雅各比的乌托邦思想研究，对于研究中国在现代性扩张中面临的一些现实挑战，以及关乎国人尤其是知识分子自身精神性建构的一些实践反思，尤其是探究转型期中国的知识分子再启蒙的发生及其功能作用发挥，如何进一步引发对当今中国社会发展走向的启示，都是有所裨益的。当然，诸种问题不可能在一时间通过某一理论的研究得以澄清，甚至会出现西方理论简单移植带来的水土不服。但不能因为可能出现的理论冲撞，而试图回避其中某些理论命题所指涉的当下本土现实，乃至现时代总体社会的问题关切。

　　雅各比乌托邦思想所要解答与回应的问题，虽是带有发达资本主义社会印记的特殊命题，但其理论旨归仍是建立在关于普遍性人类生存的深入思考之中，难以回避对人自身生存全貌的探讨，与其所处社会生活境遇的全景关注。雅各比所受到的关注与其对于乌托邦思想的研究贡献不成正比，他对马克思主义在晚期资本主义发展过程中的任务理解，对乌托邦概念的正名，对当代乌托邦与传统乌托邦的区分，对犹太传统问题的深入挖掘，对乌托邦理论转向与知识分子关系的探讨，在第二次世界大战后中生代学者中显得尤其罕见。想要通过借助分析乌托邦来洞悉知识分子乃至整个人类的前途命运，加深对反偶像崇拜的乌托邦的理解，雅各比教授是值得学习与研究的对象之一。

　　这里有必要对雅各比本人作一简要介绍。雅各比于 1945 年 4 月 23 日出生于纽约市，是加州大学洛杉矶分校（UCLA）的历史学教授、作家和学术文化评论家。研究范围涵盖历史、政治以及文化批评领域，尤其专注于西方乌托邦思想的理论演进、西方左翼文化、当代知识分子思想史的研究。在知识分子史、社会思想、心理学、反乌托邦主义、马克思主义辩证法、教育史及教育危机研究等领域发表了大量著作。其中最核心的部分，正是对乌托邦思想发展脉络、当代知识分子的乌托邦精神重建、乌托邦与知识分子两者张力关系的梳理与探讨。

　　雅各比获得芝加哥大学的学士学位，之后取得威斯康星大学麦迪逊分校的硕士学位。1974 年，他获得由克里斯托弗·拉什和乔治·伊格斯颁发的罗切斯特大学博士学位。目前，他仍在加州大学洛杉矶分校历史系教授欧美知识史。他曾在美国、加拿大和欧洲的许多大学任教，包括蒙特利尔的康科迪亚大学和荷兰的乌得勒支大学，曾被授予美国文明莱尔曼奖学金和古根海姆奖学金。

雅各比还是美国《高等教育纪事》的专栏作家，曾为《国家》《世界事务》《哈珀》等多家期刊审读书籍，著有7部著作，编辑了1部选集。他的书被翻译成10余种语言，包括斯洛文尼亚语、塞尔维亚语、土耳其语、汉语和韩语等。1987年，他出版了一本关于西方左翼知识分子研究的书《最后的知识分子：学术时代的美国文化》，该书中的"公共知识分子"概念经有力传播，现已广为人知，但这一概念内涵的退化程度又是令人始料未及，也违背了他著书的初衷。现经由中文译介的作品有四部，此外，《社会健忘症：对墨守成规的心理学之批判》《失败的辩证法》等著作有待译出。

雅各比在国内学界关于国外马克思主义研究的影响力有限，相对于卢卡奇、马尔库塞、阿多诺等比较陌生，而也远不如现今大热的齐泽克、巴迪欧、阿甘本等。他的著作中，最早翻译过来的《最后的知识分子：学院时代的美国文化》，相对较为读者所知晓，通过知识分子译丛引进中国后，让"公共知识分子"概念成为一时的热门词汇。《乌托邦之死》与《不完美的图像》最能反映他乌托邦研究的思想进路，他以乌托邦为切入点对传统蓝图派乌托邦思想加以反思，并试图与反乌托邦主义者进行深入的交锋与学理对话，同时借以对犹太传统的思想资源做一全面梳理，来提炼能与当今乌托邦思想转向特征相匹配的乌托邦研究观点。雅各比的《杀戮欲》前几年才被译成中文。他指出人们在常识中采取的对象策略，是近亲远疏，集体智慧通常都会突出陌生人作为他者的危险性。而雅各比却试图论证亲缘关系的危险性，阐释暴力的来源往往不在远处，而是在最为经常且野蛮的从有密切关联的彼此之间产生。他通过梳理关于该隐和亚伯的福音书故事、弗洛伊德关于细节差异的自恋态度、长达数个世纪的种族灭绝、反犹主义情结、恐怖主义回潮等现象，在对相关问题独特评析的基础上，概括出暴力冲突的诸种根源，并且指认兄弟近邻们的相残是其最重要的来源因素。这种极具颠覆效果的理论解读，提供了一种为乌托邦主义运动及其引发的暴力革命负面后果污名化辩驳的可能性，从反面角度阐释了反乌托邦主义者对乌托邦的曲解，试图澄清乌托邦在误解下所冠以的历史罪名。

2009年，他被任命为Moishe Gonzales的批判理论委员会主席。当年，纪录片《天鹅绒监狱：美国学术界的拉塞尔·雅各比》在"人类探索"在线电影节首映。这部纪录片长达一小时，探讨了这位特立独行的学者对20

世纪 50 年代至今美国学院、政治生活和流行文化的种种弊端的批评，这段在外界评论看来颇有吸引力的采访，考察了公共知识分子的命运、大学激进探究的中性化、对敢于冒险的乌托邦思想的强烈需要，糟糕学术写作的祸害、C. 赖特·米尔斯鼓舞人心的政治遗产，流行心理学的衰败、20世纪 60 年代自由主义的冲击，非主流媒体传播、不消亡的占领运动，以及在得意满满的反智主义社会中"有计划的淘汰思想"。在纪录片评论人士那里，这些问题都涉及一个更大的问题，即雅各比所思考的乌托邦思想，在当代美国乃至全球化的世界语境中意味着什么？雅各比被评论者看作现代学术界的一个"顽固的圆头钉"，认为是有独特的资格来解决这一棘手问题。2009 年 11 月，他为在柏林德国古根海姆开幕的《乌托邦的事》展览的目录撰稿，之后，所撰作品于 2010 年 4 月搬到威尼斯的佩吉古根海姆收藏馆。2017 年，雅各比入围《泰晤士报文学副刊》的"所有作家必有奖品"奖。虽然他目前在西方马克思主义研究中的名气并不大，但这并不影响其对乌托邦思想的贡献度。他几乎所有著作中的研究焦点，均致力于当代乌托邦精神的重建，特别是深入探究如何重建知识分子的乌托邦精神，这不仅是对新型乌托邦的价值与尊严的维护，而且能够指引未来整个人文社会学科的时代走向。

虽然乌托邦遭遇到各种诋毁与抨击，但不可否认的是，其历史踪迹贯穿人类社会历史的发展进程，关于它的论断与著述，涵盖人文社会学科各领域甚至跨学科，见解与论争涉及数个思想流派甚至数年不断。不管乌托邦遭遇过怎样的褒贬毁誉，它也不会完全从历史大幕中悄然退出。仍然有一批乌托邦精神的捍卫者，他们正着力厘清乌托邦在历史活动中所具的价值贡献，着力在反乌托邦主义的围剿中进行思想抗争，着力在对传统乌托邦讨伐后寻求积极面。他们立足于理想化落幕与现代性挺进的时代，能否从一种有别以往的角度切入，继续探索乌托邦在当代的新形态。沿着这个问题的思路，即是否存在不带蓝图的乌托邦思想，偶像戒律对乌托邦思想的发展产生过怎样的影响？是否存有某种乌托邦思想，只能谛听与渴望，却无法望尽未来并加以详尽规划？乌托邦思想的命运纠葛与知识分子的前途命运之间的张力如何？要深入回答这些问题，对雅各比的乌托邦思想进行深入挖掘，是其中不可缺少的环节。是否重视这一研究重镇的乌托邦研究，是乌托邦思想整体发展中不容回避的，能否从这一研究重镇的乌托邦思想中梳理出新的乌托邦重建方案，也是学界进行乌托邦或反乌托邦研究不容回避的。

雅各比作为与西方马克思主义源流一脉相承的老派左翼文化批评学

者，他的思想中承袭了一直以来的批判精神和人文情怀，其对乌托邦问题的敏锐度尤其突出。在贬抑乌托邦的艰难岁月、在反智主义潮流汹涌的思想国度、在冲击宏大叙事的后现代思潮勃发年代，他依然敢于直面招致人们误解的乌托邦研究主题。在他身上展露了左翼学者的担当与责任，可以明显窥见其对于法兰克福学派批判理论的传承，对不同序列的马克思主义思想家观点的取舍与融汇。雅各比独特的文人激情，也一并延续了左翼的风格传统，但这又不曾对他思想把握的严谨与叙述逻辑的清晰造成损伤。就知识分子的身份而言，他充分认可知识分子作为知识内容、思想蕴含、社会意见的提供者身份，内置了精英性的引领意识，这种自我强化的身份认同本身，意味着对乌托邦重建的明确意图，意味着对乌托邦精神复兴的历史责任。在雅各比看来，乌托邦思想不利的发展境遇背后，恰恰体现了当代知识分子的思想困境，乃至全社会的群体性征候。他力图在此基础上，回复知识分子最根本的公共性特征；就知识分子之外的更广阔视野而言，他对名义上的草根文化研究的合理性，采取强烈的质疑立场，坚决反对不着边际的知识分子内卷化研究，反对脱离本土现实需要的模糊态度，力求从本土现实来观照乌托邦精神重建的可能性，与此同时，他对学院化与学科层级化带来的价值分野，采取同样尖锐的抨击立场，反对脱离于底层经验积累的悲怆声音，力求回归基于事实基准看待乌托邦问题的公正论调，竭力维系乌托邦在当代理应具有的价值与尊严。

　　雅各比更习惯用专题而非框架的形式，来系统编排自己的研究成果。他把第二次世界大战之后尤其是在 20 世纪 70 年代左翼运动陷入停滞后与乌托邦精神重建有关的线索，以及所批判的几大领域彼此间关系系统地整理出来，这使得雅各比与和他理念接近的一些学者，竭力为当代乌托邦思想复兴，乃至人文社会科学对乌托邦的总体观照打开全新的视角。无论是乌托邦精神不再引发的图像偶像化崇拜、多元文化主义，还是学院化与科层制在学术研究中确立，雅各比的反偶像崇拜乌托邦视域，所着力批判的几重视角彼此之间互相嵌套、互相影响、互为映射，共同组织起一幅当代乌托邦思想失语与知识分子精神困局的全景图。而他能够在乌托邦研究中对乌托邦与知识分子的关系加以深度把握，并敞开对反偶像崇拜的乌托邦思想的探索，不单对乌托邦精神重建有着全新的启发，更可以视为是对左翼知识分子问题的总体性反思。

　　雅各比的乌托邦研究，不在于搭建起一整套宏大叙事的哲学体系，没有构建庞大理论构架的野心与企图，而是从解剖事实真相进行就事论事的评析。他的研究领域较为广泛，研究对象具有强烈的现实关怀，他抛开通行的学理性框架作为研究工具，而是依托于传统公共知识分子研究范式，既使得研究主体独立自省，又使得研究方法简要明晰，往往采取举例加归纳的方式就能化解专用学术词汇的生僻与含混性，还能避开大众不甚关切的抽象论题来面向公众。他紧扣知识分子群体的生存境遇，从知识分子与乌托邦的张力关系入手来剖析思想困局，有针对性地面对当代知识分子群体性征候来对症下药，同时摆脱当代知识分子所自足的精英身份，饱含热情来对待公众对热点话题的关切。

当前的国际语境与学术风气，合力促成了某种已然明朗的知识界僵局。这种僵局会让雅各比的研究立场与作风显得不合时宜，甚至在一些人看来有些外行。因为人文科学研究如今的跨学科化，往往更为强调科学实证的意味，这就使得雅各比的研究缺乏足够的严谨性。加之其面向公众的通俗化理路操作，使得其与专业研究的精英化脱节，不能做到经由与社会公众拉开层次差距来赢得话语权的归属。而且，作为传统认知下的精英学者，本应与理性沉着挂起钩，但探讨乌托邦问题时又不可避免地凸显批判色彩，甚至面对凋敝的乌托邦景象难掩独有的知识分子情绪化。

雅各比以复合式的知识分子身份，尝试以一种学理性与现实性兼具的研究特性，串联起被框定了的当代乌托邦重建与反偶像崇拜的线索。他不属于其自身笔下的最后的知识分子，但他的传承从乌托邦的坚守中就能体现得淋漓尽致；他也不属于富里迪笔下的"脑力劳动者"，但他又希望能够在讨好大众与讨好体制的中间层次中摆脱庸俗的精英化形象；他属于"学院化"时代的知识分子，但他又高扬起乌托邦的理论利器，对那一代人的时代病症，特别是针对美国现代社会的弊病进行猛烈批判。他作为美国高校学者，既要对工作环境作生存考虑，又逆美国社会潮流而动，选择主动出击尝试新环境，以换回独立个体的身份，而不是艳羡于所谓的精英身份。乌托邦研究在雅各比等人的带动下，或将成为一种正视时代问题解答时无从回避的疆界。

二　国内外研究现状

"一个没有乌托邦的世界和现实是一个缺乏远见的、近视的世界。"①
20 世纪带来的社会转型与思想解放，使得乌托邦研究在方向、思路与方法上产生了不同以往的转变。对乌托邦问题的探讨，不再做单一的历史脉络

---

① 刘怀玉、张锐、王友洛：《走出历史哲学乌托邦：马克思主义发展观的当代沉思》，河南人民出版社 2001 年版，第 92 页。

梳理，也不再进行意识形态性极强的政治评价，而是进入了从"模式意识"向"问题意识"的转换。乌托邦的研究领域与研究范式都有较大的突破，尤其是关于乌托邦精神方面的研究获得了长足发展，对世界左翼思潮的广泛传播，对民众社会心理的修复，对知识分子精神重建等，都不同程度带来了积极的影响。

国内学界不断跟踪与吸纳西方乌托邦理论研究的新兴发展成果，以至大量研究论著问世、译著引入国内。其中，关于国外马克思主义相关乌托邦思想的研究，也取得了一定的进展，并试图在超越元乌托邦的层面上，对乌托邦在当代的重建趋势进行研判，并从基于本国发展状况的现实基点找寻新的逻辑起点与方法路径开展研究，形成有中国独特文化气派与精神气质的研究走向。

关于雅各比本人的乌托邦思想，中外学界关于他著作的研究真是少之又少。国外对于雅各比的研究主要是一些研究领域的简短介绍，主要散见于各类大报的文化版副刊和网络书店的推荐目录中，从形式到内容都更接近于书评，而非专业的学术论文。对于国内学界来说，目前，国内学者对雅各比思想的关注远远不够，其研究现状呈现出研究者极少、一手资料没有得到重视、原著译介偏少、研究成果几乎空白等特点。

第一，研究者极少。相对于其他西方马克思主义者，中国研究雅各比思想的大陆学者几乎极少，对雅各比的研究几乎是个陌生的领域，仅有北京师范大学姚建彬教授、刘象愈教授，西南大学黄其洪教授等人进行初步研究。

第二，一手资料没有得到重视。国内学者对雅各比的第一手文本 The Last Intellectuals：American Culture in the Age of Academe、Social Amnesia：A Critique of Conformist Psychology、Picture Imperfect：Utopian Thought for an Anti - Utopian Age 等关注度不够，研究未得到深入分析。雅各比采用英文写作，著述颇丰，目前中文译著四部（上文已介绍），以及由吴正伟、姚建彬等学者所译的个别残片，《梦想一个没有知识分子的世界》《暴力的主要形式是"兄弟"相残》《歪打正着的明星：汉娜·阿伦特》《克里斯托弗·希金斯——最后的知识分子?》《左派批评家贝尔纳·亨利·列维的功绩》等。

第三，研究成果几乎空白。目前国内对雅各比思想的研究奇缺。由于四本著作被译介出版的时间不长，聚焦的主题乌托邦被视为学界的冷门问题，使得雅各比至今受到的关注相当有限，以致相关的研究成果只有其中的两本译者姚建彬与为之作序的刘象愚的简要分析可作为学理层面的参照。另有三本硕士学位论文对雅各比的知识分子、社会健忘症与辩证法思想有所研究。在此之中，姚建彬为《不完美的图像》所作译后记《来自良心与激情的辩词》可谓最接近专题研究的文本。在这篇长达数千字的论文中，姚建彬在依照本书主题提出当代乌托邦精神困局之后，耐心从雅各比的思潮源流、雅各比的另辟蹊径、雅各比的反驳依据、雅各比意在救赎的目的这四个方面，简要重述了雅各比的主要观点和逻辑脉络，并表达了雅各比的激情辩护，并没有以牺牲学术的严谨和理论的审慎为代价，反而将令那些轻易的自由主义者和犬儒一代重新反思自身的最终看法。全文虽然完整严密，在气质上更是接近雅各比著作本身，限于译后记的类别与篇幅，一方面只能就本书论题进行简要梳理，无法涉及雅各比的其余思想；另一方面考虑到文章的推介性质，作者本身的观点并无从展开。收录于《乌托邦之死》由刘象愚所作的序文和姚建彬所作的后记，将主要篇幅用于本书梗概的复述中。前者指出此书对于思想文化转型期的国内学界的启迪意义，而后者则通过举例雅各比论述想象力的部分，向读者说明了雅各比故意剑走偏锋的论述风格。

　　总体而言，国内关于雅各比研究的个别论文不但同样接近于书评与学术散文，只是对散见于各著作中的部分观点做出简要复述，根本上依然缺乏对于雅各比的乌托邦思想，及其与知识分子的关系问题进行贯通性与总括性的专题研究。

三　论著内容框架及创新之处

　　本书的基本思路是从乌托邦思想的历史演进中，梳理雅各比的乌托邦思想开启的反偶像崇拜视域，指明其对西方传统乌托邦观念的批判性发展，通过深入分析其中对过度图像化与视觉中心主义、学院化与专业化体制、功利主义大众文化与多元文化主义等几大领域的批判性研究，直面知识分子乌托邦精神重建，对社会全面异化进行病理性诊断，并试图在此基础上进行左翼知识分子乌托邦精神的建构，探讨当代乌托邦生存与发展的机遇与挑战，为全球化时代左翼思潮的复兴提供理论支援，进而探寻乌托邦思想批判性重建的路径。

　　第一章总括性介绍乌托邦的研究概况与理论脉络，阐释乌托邦精神的内涵和重建意义，从新的研究范式中指认当代乌托邦不同于以往实体论思维方式的转向。第一节在梳理乌托邦研究现状与哲学思想资源、乌托邦思想发展的大体脉络；第二节归纳乌托邦思想的一般规定性与基本观点，探讨乌托邦与无政府主义区别、当代乌托邦与共产主义的相通性、乌托邦与宗教的复杂关联等；第三节阐释乌托邦精神的内涵、乌托邦精神复兴的两种取向。

第二章说明雅各比开启反偶像崇拜的乌托邦视域，指出西方反偶像崇拜思想的历史渊源，梳理反偶像崇拜的乌托邦思想的犹太精神潜流与思想库再造，阐释反偶像崇拜的乌托邦思想的理论内涵与思想价值，明确其在乌托邦理论谱系中完成的相应理论转换。第一节探讨偶像崇拜的起源与特征，说明偶像的一般含义及偶像破坏及其变体；第二节梳理偶像禁令与反偶像崇拜的发生史及对雅各比乌托邦思想产生的重要影响，分析当代乌托邦思想背后隐藏的犹太弥赛亚与德国浪漫派情结，对犹太思想家反偶像崇拜理论资源与犹太传统的关系进行梳理；第三节指出乌托邦思想史上的两种思想传统，分析蓝图派乌托邦的内涵与缺陷，论述反偶像崇拜的乌托邦的内涵、哲学价值、理论特征，明确两者间的本质区别，分析反偶像崇拜的乌托邦内在具有的犹太偶像禁忌关联。

第三章深入分析雅各比的乌托邦思想中对学院化与专业化体制、功利主义大众文化与多元文化主义、过度图像化与视觉中心主义三大偶像所作的批判，总括其思想所隐含的三条线索：学院体制、文化研究、视觉图像，对知识分子和乌托邦之间的张力进行不同以往的缓解方式。第一节指出学院体制化批判中，由学院体制化批判中，学院化与科层化带来的知识分子价值分野，力图找回波斯米亚式的乌托邦自由向往，挖掘知识分子的乌托邦精神遗产；第二节对功利主义大众文化展开批判以进一步分析现代偶像崇拜机制，抨击意识形态绑架下的知识分子媒介失语症，梳理当代知识分子文化批评模式的脉络以揭穿多元主义神话，批判分析文化研究中的"厚重的审美主义"与"稀薄的本土主义"；第三节指出反图像与基督教犹太传统的关系，说明图像化权力运作的特点，辨析听觉与反视觉图像崇拜的关系，指出偶像崇拜的图像时代形而上学实质，分析话语、形象与偶像诫命的关系。

第四章阐述知识分子精神异化的过程与反偶像崇拜乌托邦主体的社会角色构建，阐释乌托邦之死论域下知识分子的公共话语权力，探讨美国左派知识分子乌托邦精神的衰落与重建。对知识分子这一研究视域的理解，试图建构反偶像崇拜的乌托邦主体的当代乌托邦想象空间。第一节总括知识分子概念的理论来源、社会角色、公共性特征及其所陷入的危机根源，如何体现乌托邦话语权的自主性并由此揭示知识分子与权力存在的复杂纠葛。第二节指出"纽约文人集群"的群体特征，左翼力量的乌托邦热情及其衰落，乌托邦理想与知识分子的命运及知识分子对乌托邦精神的捍卫。

第五章阐释社会健忘症及其治疗方法论基础，通过社会健忘症特征的深入的挖掘，分析心理分析对其治疗的功能机制，并在对既往马克思主义辩证法范式批判的基础上，寻求克服社会健忘症的方法论基础，以此恢复性重建具有当代乌托邦气质的辩证法精神。第一节交代社会健忘症的特征及其运作机制，说明社会健忘症的表现形式，分析在此基础上引起的社会状况整体性异化；第二节探讨心理分析的乌托邦诊疗功能与路径，指出社会健忘症对心理治疗的负面影响，并指认心理分析被遗忘后的当代心理学研究缺陷，给出心理分析对社会健忘症的消除路径；第三节阐明对马克思主义辩证法既往范式的批判，说明"正统马克思主义"、西方马克思主义两大类辩证法内容及其特征、理论背景，理论困境等；第四节指出克服社会健忘症的方法论基础，说明精神分析对马克思主义辩证法的基础性作用，并进一步探索其与马克思主义辩证法的内化融合，提出社会健忘症诊疗的现实化方法论原则，提出当代辩证法精神的重建路径。

第六章分析反乌托邦思想与乌托邦思想的论争，指明招致误解的乌托邦与意识形态结盟，针对乌托邦即极权主义论断加以批驳。通过考察对西方社会反乌托邦思想的质疑给予的回应，还原当代乌托邦所展示的新型历史意识，阐明雅各比为乌托邦精神翻案的独特创见。第一节说明反乌托邦思想兴起的背景与内涵，及其与反面乌托邦、实托邦等的区分，反乌托邦思想家对传统乌托邦历史局限与理论缺陷根源的批判分析，相应分析雅各比对乌托邦的辩护与对反乌托邦思想的批驳思路；第二节澄清了乌托邦与极权主义的界限，指出乌托邦与意识形态结盟中的知识分子矛盾性，分析蓝图派乌托邦思想中的极权主义成因及对暴力根源乃是乌托邦进行驳斥。

结尾结合当代中国实际简要论述雅各比乌托邦思想的理论价值与实践意义。探讨当代中国发展实际、当代知识分子信仰迷失与乌托邦精神重建之间的有机关联，简要探讨现代性视野下当代乌托邦重建的可能性和内在限度。

研究重点：

1. 立足第一手资料，深入提炼雅各比乌托邦思想的内涵和具体观点，并以发展的眼光考察雅各比知识分子与乌托邦关系问题，以揭示其对西方乌托邦思想进行加工与改造的积极现实意义。

2. 系统研究和准确解读雅各比乌托邦思想的理论渊源及其时代特色。从诸多理论资源特别是犹太文化资源、西方左翼知识分子思想变迁的考察中，分析其乌托邦思想的批判内容与过程。

研究难点：

1. 分析雅各比基于左翼思想家的立场，同反乌托邦主义者进行思想抗争，为乌托邦精神翻案的独特创见，探讨其理论给当代乌托邦批判性重建与知识分子乌托邦精神建构带来的启示。

2. 辩证分析雅各比乌托邦思想在西方马克思主义当代乌托邦思想传承与发展过程中所起的作用、影响和贡献。阐述雅各比乌托邦思想中当代乌托邦与知识分子、犹太传统、视觉图像、反乌托邦、意识形态、现代性、心理分析、唯物辩证法等一系列命题的复杂关系。

研究方法：

第一，历史与逻辑相统一的研究方法。从历史维度中对雅各比乌托邦思想进行理论溯源，并梳理乌托邦思想的历史演进脉络；从逻辑演进上则考察雅各比乌托邦思想在当代乌托邦演进中的位置与逻辑线索，对乌托邦与知识分子、文化研究、图像化、学院化等理论关联进行整合性分析与界定，力图从犹太文化传统与现代性的交汇处，探求雅各比在左翼知识分子变革乃至整个 20 世纪后半叶社会历史走向中的乌托邦精神价值，并在对当代乌托邦精神重建的思考中，提供如何充分把握乌托邦与现代性张力的理论参考，在探讨如何超越现代与后现代两极对立中，形成人文理性与乌托邦冲动共置前行的辩证思维格局，以此促成乌托邦精神重建与现代化进程的互动发展。

第二，跨学科交叉研究法。从哲学、马克思主义理论、历史学、政治学、社会学、文化研究等学科研究方法中，汲取有效方法资源以拓宽研究视野，寻求在跨学科交叉中雅各比乌托邦思想的拓展面。从哲学角度出发探讨雅各比乌托邦思想与犹太文化传统之间的有机联系；从政治学角度展开雅各比乌托邦思想与新社会运动、反乌托邦思想等的互动研究；从社会学出发来考察左翼知识分子的乌托邦精神走向与文化研究的出路；从现代社会理论出发考察乌托邦在西方尤其是美国现代性土壤下的生存困境；从唯物史观出发探求雅各比乌托邦思想在西方文化困境中生存与发展的哲学根基。

第三，总体性研究方法。以总体性的理论思维考察雅各比的乌托邦研究文本与社会历史发展进程之间的总体性关联。将乌托邦问题研究与社会价值判断、文本廓清、反乌托邦主义思潮、西方社会当代异化语境等联系起来，剖析雅各比乌托邦思想在西方社会批判理路中的理论更新与实践生成，进而反思乌托邦历史流变中自身存在的问题与缺陷。

第四，文献研究法。梳理雅各比本人有关乌托邦思想的文献资料，并尽可能延伸到相关西方马克思主义流派，对文本中的关键性表达加以总结提炼，阐释在文化研究、多元主义和学院化倾向三重维度中，雅各比乌托邦思想的批判力度，并指明其在乌托邦与反乌托邦对垒中面临的挑战，标识乌托邦在现代整体文明架构中所处的方位及反偶像崇拜的乌托邦在乌托邦历史流变中的位置。

研究创新之处：

本书的特色与创新之处在于，首先，在研究视域上，本论著是国内首次集中对雅各比的乌托邦思想进行梳理和概括，也是对乌托邦与知识分子关系问题的深入探讨。深入研究雅各比乌托邦思想的选题，在一定程度上形成对乌托邦思想史的重新评价，旨在合理辨识雅各比乌托邦思想乃至整个乌托邦思想的地位与命运。在研究中始终加以把握并试图描述出乌托邦重建及对于知识分子精神重建的新线索，不单对中国知识分子前途和乌托邦命运有着全新的启发，更可看作对文化研究的完整反思。

其次，在理论观点上，本书认为雅各比的乌托邦思想实现了当代乌托邦理论一定程度上的突破，能够从不同面向进入西方传统乌托邦思想的批判，有助于重建典型当代知识分子介入现实并反思传统的话语系统。它跳脱哲学、美学、社会学的局限，深入文化精神领域的探索，为乌托邦研究者开拓出更为广阔且贴近社会现实的研究路径。与以往站在精英主义立场进行偶像崇拜与乌托邦文化研究不同的是，体现出对当代乌托邦的信心与时代的反思性，不再试图通过确立文化批评的崇高性对抗庸俗化冲击的态度，具体研究对象既包括单纯的乌托邦文化场域，也包括社会政治生态或逐渐转向文化共同体的塑造。

再次，在资料整理上，本书重视一手研究资料，拟在全面解读雅各比原文论著的基础上，准确还原和系统阐述雅各比关于乌托邦思想改造与乌托邦精神重建的艰苦理论努力。通过对与之相关联的社会问题考察作出归纳与阐释，重塑乌托邦的理论形象与当代架构，尽可能厘清雅各比乌托邦思想的理论脉络，并揭示出与社会事务保持一定张力关系的独特思维方式，以在洞察社会现实时恢复与提升本应具有的批判和反思能力。

第一章　乌托邦及乌托邦精神概况

乌托邦思想在诞生之初，曾经浸润着无比神圣的光晕，这种初始的光鲜延续到后来，逐步陷入口诛笔伐的评价低潮，以致遭到历史上极其无情的冷遇，受尽异见人士的大肆批判。乌托邦在此之后，成为颇多忌讳的研究领域。时至今日，一直存在类似的发问：既然历史上的乌托邦设计为当代社会所不容，那么，在危机四伏的现时代，人们往往陷入偏激狭隘的功利主义怀抱，当下继续讨论乌托邦是否仍有意义，重提乌托邦理想还有无必要？更进一步在于，乌托邦对于人类而言意义究竟何在，到底能发挥怎样的积极作用？乌托邦与理想主义到底有何关联？是否能把人类未来社会的所有规划与设计，都归结为某种乌托邦？一旦人们对未来社会理想形态采取拒绝排斥的态度，又能凭借怎样的标尺，对社会历史的是非善恶作出理性评判？

乌托邦一开始为何会出现？这并非是思想家主观意志的产物，而通常是社会矛盾普遍化与尖锐化必然导致的结果。人类对社会发展的认知与改造越发深刻的同时，整体生存环境又在具体操作过程中越发恶化。赋予高尚道德准则与历史责任感的思想家，面对关乎人类自身生存的危机与问题，先发制人描绘出人类社会历史发展的蓝图模式，以此回应深层次的社会矛盾与历史灾难，救世愿望浓烈而突出的思想家，营造出一种作为理性思考产物的乌托邦，为沉浸在迷惘失落中的人们提供了未来美好幸福的世界图景。"乌托邦并不是可以被取消的事物，而是与人一样长期存在下去的事物。"[1] 到了 20 世纪，思想家们对乌托邦的理解，大多已经冲破了原有的实体论思维方式，乌托邦已不在于对未来作出精确细致的规划，而在于立足并超越现实，脚踏实地地期望从旧世界中发现新世界的奥秘。

---

[1] 〔美〕保罗·蒂里希：《蒂里希选集》（上卷），何光沪选编，成显聪、王作虹译，上海三联书店 1999 年版，第 89 页。

第一节 乌托邦的研究概况与演进脉络

乌托邦概念蕴含丰富，意义深远，关涉诸多层面的重大理论与现实问题，包括过去与未来、理想与现实、个人与社会、有限与无限等。在传统乌托邦概念的理解上，就内容而言，几乎传统的乌托邦主义者，都将其视作与现存世界相比来说质量更高、更为和谐美好的社会形式或生活样态；就形式而言，乌托邦是包含了对未来社会图景或美满生活的全盘勾勒或细致描画；就功能而言，乌托邦则是提供一种基于人自身生存方式的理想价值目标，形成对美好生活或社会的执着追求与热切向往。"然而，此种目标究竟如何，学者们的见解都不尽相同。"①

实际上，乌托邦一词的使用，往往具有多重含义。乌托邦概念的内涵，是从多个侧面凸显社会历史进程与人自身发展的要求，蕴含于其自身在社会历史中的演变。无论基于哪个侧面的认识与解读，都不可避免带有某种认知局限。如果要形成相对具体性的理解，就应当把乌托邦放置于特定的历史条件下，作为表达现实超越性批判的概念形式。"首先，它常常被当作'理想'的同义语，代表着一种超越现存的未来社会图景；其次，这种理想更多地涉及一种与现存对立的理想的国家的政治制度，一种人们所追求和渴望的完美无缺的理想社会或生活环境；最后，由于上两层相互关联的含义，乌托邦又包含着可望而不可即的含义，是一种无法实现的理想，常常成为'空想'的同义语。"② 但不管如何对传统乌托邦的概念加以使用，其都内在包含有对未来社会架构与道德理想的设计，是一种带有形而上学意味的思想标识，体现了未来社会总体建构的历史终极意义。

一 乌托邦的研究概况

乌托邦的研究资源内容非常丰富，形式也十分多样化，既包含优秀的中西方传统思想文化资源，马克思主义经典作家的理论阐释，也包含 20世纪以来的理论前沿研究，还不能忽视诸多反乌托邦主义者的研究成果。尤其需要指出的是，西方左翼思想家对乌托邦的研究，包括对其概念的内

---

① Levitas R, ed., *The Concept of Utopia*, New York: Syracuse University Press, 1990, p. 5.

② 衣俊卿：《历史与乌托邦——历史哲学：走出传统历史设计之误区》，黑龙江教育出版社1995年版，第32页。

涵意蕴与性质特征、乌托邦思想的发展脉络与历史演进，以及当代乌托邦研究的理论思维转向、乌托邦精神的重建意义、乌托邦的悖论性品格、乌托邦遭遇的外围理论困境、与反乌托邦主义的抗争、左翼乌托邦激进话语、乌托邦新型历史设计等，不仅提供了更为开阔的研究思路，而且展示了更为多元的研究样貌。

乌托邦这一丰富的文化资源，对其研究现状进行全景式描绘的难度颇大。按研究的历史演进顺序，大体上划分为传统、现代与当代三个序列。传统乌托邦在近代以来，受到社会变革的显著影响，产生了较为复杂的范式转变。乌托邦内在的理想表达与动力生成，不仅是对未来的美好想象，而且颇为强烈地展示着人们的理性主义情怀与现实理智态度。传统乌托邦被赋予了近代以来的新内容与新形式，由此更为广泛地得到了理论传播与实际运用。"各种乌托邦都把社会当做一个有生气的统一体，即盛行的'局部性、地方性、专门性'之对立面。乌托邦探讨的是各种潜在可能性的宝库，这是任何社会都没有唤醒的。"①

20世纪之后，关于乌托邦思想的专题研究的主要范式大体分为四类：

第一，政治学实证研究范式。这一研究范式将乌托邦视作终极性的社会理想状态或规划设计，试图对乌托邦主义及其推行的乌托邦主义运动进行剥夺，并对所涉及的相关政治实践加以清算。一旦盲目凭照此种设计思路进行社会理想的谋划与构建，会陷入乌托邦运动的激进与狂热之中，甚至导致独裁与专制而带来社会政治灾难。该范式对乌托邦政治设计的反思与批判比较深入，但缺乏对乌托邦的整体把握，与空想社会主义的界划理解不清，与科学社会主义理论渊源的关系考察不明，没有深入相关概念的历史流变，尤其是不能把握当代意识形态视野下乌托邦研究的问题定位与转型策略，对乌托邦精神重建的乌托邦问题转换还缺乏深入研究。

第二，编年史研究范式。这一研究范式一般是采取所谓的价值中立原则，依照西方思想史的时间顺序，全景式对传统乌托邦的发展脉络进行梳理的路向。通过对相关文本进行纯学理考察，直接展示乌托邦思想的发展进程。该范式对乌托邦理论发展的总体概括较为全面，也能从中提炼出乌托邦的一般特征，但对实体论思维方式破除之后的当代乌托邦缺乏宏观把握，尤其是对当代左翼思想家的乌托邦理论没有足够的把

① 〔美〕拉塞尔·雅各比：《乌托邦之死——冷漠时代的政治与文化》，姚建彬译，新星出版社2007年版，第259页。

握，对现代性视野下的乌托邦精神重建，以及全球化时代下乌托邦发展走向的认识不足。

第三，从社会学兼及多个知识门类的跨学科研究范式。这一研究范式对乌托邦问题寻求社会历史语境与文本的意义关联，无论是曼海姆知识社会学还是蒂里希的宗教社会学研究，都试图在多学科领域中对乌托邦理论的问题域进行融汇式处理，对社会学、哲学、语言学、政治学、历史学、宗教学、文化学等多个领域的研究方法加以贯通，并力图把社会现实转换为文本的话语叙事，进行纯文本的解读，或纳入文本语境进行跨学科的综合分析与文化批评。但从其研究视角上，仍容易制造乌托邦与政治现实二元对立，导致一定程度上研究思路的前后逻辑差异性，对当代乌托邦精神重建与乌托邦运动的比较研究也不足。

第四，左翼学术话语的系统研究范式。该研究范式沿袭马克思的辩证逻辑视角，并从西方马克思主义自身的历史演进逻辑出发，遵循既有的学术话语系统开展学科研究。从社会建构与审美等不同维度展开，能够深入当下的历史社会现象对乌托邦理论加以较细致的探讨，既主张乌托邦当代超越与重建的积极历史意义，又充分扩充乌托邦研究的总体性视野，从社会主义模式构建、人的价值实现、人类生产方式重塑、历史设计方式、与知识分子、现代性、偶像化、反乌托邦诸种关联性概念的复杂关系探讨等方面开展研究。但在某些局部仍缺乏一定的马克思主义研究立场、观点与方法，对反乌托邦者一系列责难面临的理论困境的全面审视不够，缺乏对具体历史境遇的深刻反思。

研究者们展开了关于乌托邦历史、文化、哲学蕴含和功能价值等不同方面的研究，涉及国别性、分期性、类型学、个案研究等多角度探讨。就不同的研究层面，乌托邦研究大体呈现如下特点：

首先，从研究现状来看，乌托邦研究的涉猎领域广泛，思路多样化。从专业领域上，文学、哲学、政治学等学科门类研究，已不能满足现实发展的实际需要，现已涉及社会学、政治学、心理学、历史学、哲学、未来学、建筑学、文化研究、生态环境学等不同角度，甚至采取跨学科或多学科合作研究。特别是当代西方，乌托邦研究的视域得到进一步拓展，向诸多领域延伸，这既是由于乌托邦本身所具有的丰富内涵，也同乌托邦在演进过程中所产生的变化有关，还同乌托邦思想的当代转向有着极大的关联性。

其次，从研究思路来看，从政治学到社会学再到心理学，从社会与政治理论到文艺理论再到人学理论，从外部研究到内在性研究再到内外并置研究，从一般性研究到特殊性研究再到辩证矛盾性研究，从局部性片段零散研究到整体性、系统研究。可以说，更加强调对乌托邦精神的理论建构，从特殊的国家组织规划转向普遍的精神、心理倾向，不再封闭于传统乌托邦的形态设计论证，学术视野更为开阔。

再次，从文体形式来看，乌托邦往往通过怪异新奇的乌托邦文学或乌托邦美学等文艺形象外显出来，这为当代乌托邦研究带来了不同以往的文学艺术表达功能，并提供了满足超现实想象力的思想素材。"从定义上讲所有的乌托邦都是小说……它们同想象的文学的所有形式相似。"① 虽然外化的文本表现形式是在不停地变化与调整之中，但其变异文本包含的核心价值理念，仍然与其带有的社会政治功能归于一致。乌托邦文本设计的出发点与归宿，已经跃出了文本形式的界限，侧重于对当代社会深层关系的批判性审视，切中人自身生存状态下的种种问题病症。

另外，从研究方法上看，注重研究的叠加效应，力求多侧面反映对象与方法的相互制约与适应关系。研究或采取以价值论方法为中心的研究策略，或使用社会调查分析法，或融合语义分析方法、形态学方法，或采取比较研究方法，或运用现代系统科学方法，或进行个案分析等。尤其是逐步运用辩证思维方法，坚持抽象与具体、历史与逻辑相统一的方法论原则，不仅达到方法上的一元与多样性结合的辩证效果，而且实现研究过程中理论与实践的有机统一，对乌托邦问题的把握更为准确、客观与全面。

最后，从本体论上看，逐步转向乌托邦的本体意义研究，尤其是乌托邦精神及其重建问题的研究。乌托邦问题所持的多重矛盾，乌托邦语义存在的悖论，都在对其本体意义研究的深化中得到进一步揭示。乌托邦的超越本性、历史地位与精神价值决定了其中所展现的本体意义，其贯穿于乌托邦及其精神所体现的统一和超越中。研究乌托邦及其精神，旨在更多地挖掘植根于人的本质且属人的特性。

当代乌托邦不同于传统实体论思维方式的转向研究，已成为拓展与深化乌托邦研究的重要出路，在很大程度上弥补了传统乌托邦领域的理论瓶颈与薄弱环节。这种对于当代乌托邦的本体意义研究，不仅带有基本理论探讨的属性，也是带有社会诊断效果且具备前沿性质的实践价值命题。

国内学术界关于乌托邦的研究，相对于西方而言，尚未形成统一的研究格局，相关领域的问题探讨较为分散。有一部分研究主要集中在哲学、政治和美学领域，关注点集中在哲学关于马克思主义经典作家对传统乌托

---

① Krishan Kumar, ed. , Utopianism, Milton Kenes：Open University Press, 1991, p.25.

邦的批判、文艺美学的乌托邦情结、文学文本中的乌托邦和反面乌托邦问题、政治学的反乌托邦研究等，相关论述对乌托邦思想或乌托邦情结作出了相应的阐释与论证。此外，还有针对相关西方马克思主义者及其他左翼学者包括马尔库塞、布洛赫、曼海姆等乌托邦理论的解读。国内关于乌托邦思想的研究，一般在大体上分为三个阶段。

最初阶段是改革开放之后到 20 世纪 90 年代前，这一时期国内学者翻译了一批涉及乌托邦的论著，基本是一些空想社会主义代表人物的作品，包括莫尔的《乌托邦》、康帕内拉的《太阳城》、傅立叶《新世界》、圣西门《一个日内瓦居民给当代人的信》等。这一时期还写作了较多专门研究空想社会主义思想及其实践的作品。① 不过，由于受到马克思经典作家关于乌托邦的论断与苏联教条主义的影响，在一定程度上将乌托邦视作空想和不科学的同义语，乌托邦作为空想/实干这两个对立概念序列的一方，被限制在主流意识形态话语的运用与表达中。乌托邦研究的范围也被局限在空想社会主义的行列，这使得乌托邦思想成为主流理论话语批判的对象，从理论预设上就将其框定为空想性质的理论，从而需招致抨击与贬低。第二个阶段是 90 年代，学界逐步摆脱长期束缚的二元对立理论思维，开始对乌托邦思想展开多层面的客观研究。许多学者已经认识到乌托邦的理论价值与实践价值，对乌托邦的积极面作出了新的思考，乌托邦研究的论著数量显著增多，对乌托邦的性质、内涵、外延、种类也展开了不同层次、不同角度的解读。柏拉图、莫尔、布洛赫、弗洛姆、马尔库塞、哈贝马斯等学者关于乌托邦问题的论述，都相继被译介过来后进行研究。这一时期还有不少乌托邦专题研究的论著陆续被引进翻译出版。② 国内也有学者开始推出乌托邦问题的专门作品，如衣俊卿的《历史与乌托邦——历史哲学：走出传统历史设计之误区》，尝试构建一种不同以往的新历史哲学，立足人类自身与传统乌托邦的冲突与矛盾，把传统乌托邦视作传统历史设计的一种建构模型，从中发现传统乌托邦理论的局限性，将其视作一个不完美的存在方式，认为在人类社会历史发展进程中，对乌托邦理想的期望

---

① 大体上有吴易风于 1980 年写作的《空想社会主义》，李凤鸣于 1980 年写作的《空想社会主义思想史》，山东大学编写组于 1981 年编著的《空想社会主义学说史》，高放、黄达强于 1987 年合编的《社会主义思想史》，王兰垣、余金成于 1991 年合著的《空想社会主义比较论》，蓝瑛于 1992 年写作的《社会主义政治学说史》等。

② 如乔·奥·赫茨勒的《乌托邦思想史》、卡尔·曼海姆的《意识形态与乌托邦》、奈森·嘉内尔斯的《乌托邦之后》、莫里斯·麦斯纳的《毛泽东与马克思主义、乌托邦主义》等。

值过高，不仅不会在乌托邦运动中化为现实，反而导致未来希望的破碎。但由于对激进的乌托邦革命的深度反思，尤其是涉及"大跃进"与人民公社化运动、"文化大革命"十年历史悲剧、苏联解体与东欧剧变的深入思考，这就使得这一时期对乌托邦研究的基本面，多以反乌托邦为主要研究取向，研究态度基本上是对乌托邦的彻底否定与猛烈抨击。从主流倾向看，仍然是将乌托邦当作理论上的反面靶子使用。

　　第三个阶段是21世纪以来，国内的乌托邦研究逐步独立化，研究者逐渐从多领域对乌托邦问题进行阐述，对乌托邦及其精神的时代价值进行了再认识。不仅涉及对西方乌托邦思想新老代表人物的初步研究，也涉及中国传统文化相关文本中所体现出的乌托邦思想，有意识地对中国从古至今乌托邦思想的演进进行系统把握，并对中西方文化之中的乌托邦问题进行比较研究，包括对其中涉及的典型个案进行深入比较，进一步摆脱掉了原先乌托邦研究的社会主义考察模式。这一时期继续翻译评价相关专门研究乌托邦思想的国外文本[①]，国内相关学者也有一些涉及乌托邦问题的论著问世。如陈周旺在《正义之善：论乌托邦的政治意义》从政治学视角解读乌托邦的政治生活问题，坚持正义在乌托邦政治设计中的首要性，呼求一种善的政治，从而揭示了政治生活最为本源的存在。而这也就注定了乌托邦与政治现实的对抗性，二者间存在的沟壑难以填平，前者意味着对后者的彻底批判与否定，后者则是前者的界限与终止。乌托邦走向现实之路径，乃其悲剧发生的根源所在，也就是乌托邦精神不断发生退变的过程。然而当现时代极力要将"乌托邦"扔进历史的垃圾堆中去时，乌托邦借助某种思想机制得以延续，便成为一个根本性的问题。乌托邦之所以成为乌托邦，并不是乌托邦本身的空幻性，而恰恰是现代政治危机的体现形式，也就是说，现代政治缺乏终极的合法性。贺来的《现实生活的根基》则从哲学角度出发对乌托邦精神进行了马克思主义路径的解读，认为乌托邦精神是人之为人的本真精神，也是哲学立足于世的根基性所在，体现了人类文明对本真价值理想的长期求索。其所具有的两面性，一方面其所内含的批判性，契合人类自身向前发展的希望动力；另一方面也不排除在提供未来希望可能性的同时，由于不依循现实条件的过度现实化，引发某种生存困境。而现实生活世界是唯物史观的真实根基，内蕴在马克思哲学演进过

[①]　重要的有拉塞尔·雅各比《不完美的图像——反乌托邦时代的乌托邦思想》、拉塞尔·雅各比《乌托邦之死——冷漠时代的政治与文化》、伊夫·米肖《当代艺术的危机：乌托邦的终结》、布洛赫《希望的原理》（第一卷）（第二卷）等。

程之中，只有遵循现实生活世界运动的逻辑，乌托邦精神就不会堕入迷惘与虚幻。谢江平的《反乌托邦思想的哲学研究》，则对乌托邦主义实践所造成的奇特颠倒做出哲学分析，通过反乌托邦思想的视角切入，进而探讨乌托邦与反乌托邦的关系问题，认为现代乌托邦是希腊古典乌托邦和犹太——基督天国观念相结合的产物，而乌托邦运动就是要把天国移到人间，乌托邦所固有的实体论思维方式使乌托邦实践以自由始而以奴役终，在此基础上针对西方学界乌托邦研究的新变化，总结了反乌托邦思想的基本特征，并对当代乌托邦运动的具体特点进行描述，此外，他还认为囿于天人合一的思维方式，古代中国只有桃花源而没有乌托邦。本书作者由博士学位论文改写于 2017 年出版的著作《西方马克思主义当代乌托邦思想》也属此类。① 2016 年第五届国际马克思主义美学论坛，专门围绕乌托邦主题从美学视角展开讨论，并通过探讨乌托邦的中国形式与中国表征，以期为这一概念正名，并揭示当代美学研究的政治转向问题。

综上所述，国内关于乌托邦的研究仍处在起步阶段，还有再进一步拓展的空间。由于受经典作家固有政治观点的影响，又在传播过程中进一步脱离了乌托邦原有的积极意义与理论价值，加之缺乏有理有据的文本深度研究与客观研究传统。而且，在乌托邦研究过程中，往往受到多种研究方法与研究成果的代入式影响，造成总体性的研究思路略显单薄，专门领域内的研究也显得些许杂乱，旧有研究模式还在施加较为强大的阻力作用，通识性教材中的乌托邦概念仍被简单化处理，甚至专业文本也带有政治意味浓重的指认痕迹，这就使得乌托邦的澄清与证明工作还需加强。

二　乌托邦的理论脉络

涂尔干实证主义研究的逻辑，乌托邦研究的前提要件，是把乌托邦当成"物"对待。换言之，在他看来，当乌托邦大面积进入研究视野，研究领域范围的扩张，意味着乌托邦已下降为物，甚至成"物"状被分解。在乌托邦精神衰弱的时代，伴随人们思想的贫乏与理想的崩塌。对乌托邦的理论脉络的梳理，能在一定程度上促使其重新归位，将乌托邦这种表征人的超验性存在的文化气脉延续下去。

---

① 该书立足于西方马克思主义者的乌托邦理论与当代乌托邦实践，通过对西方马克思主义乌托邦思想的深入阐释，在此基础上，挖掘乌托邦思想的当代重大理论转向，论述西方马克思主义乌托邦思想的历史发展逻辑，针对现实生活多元可能中的乌托邦困境，探讨乌托邦精神重建的可能途径，以期在与反乌托邦思想的理论交锋中，通过西方马克思主义乌托邦研究范式的影响力与积极面，来减轻甚至逐步消除对乌托邦的传统偏见。

国外关于乌托邦的研究由来已久，西方乌托邦思想史上的文本间存在不同程度上的继承、演变、互文关系。一般可向前追溯至古希腊时期。乌托邦（Utopia）一词来源于希腊语，原初乌托邦就有"美好"之意，由两个词 ou（无）和 topos（处所）相合而成，意思是指"没有的地方"（乌有之乡），或是美好的地方，可以说是一义两面。① 乌托邦既指完美的理想社会形态或未来场景，也指不可能实现的理想国度。"u"在另外一些场合又与希腊文的"eu"相联系，而"eu"又有好、完美的意义表达，经过此种词义的变换，"utopia"又有了另一种构型"eutopia"（优托邦），相合起来意指即完美、理想的地方。随着优托邦、敌托邦、异托邦、超托邦等与之相关联衍生新词的产生，乌托邦概念的语义越发具有了歧义与精细的悖逆性特征，既是超越现实的仰望境界，又在同时一脚扎根现实。②

关于乌托邦理论的源头，西方持有几种不同的立场。其中第一种观点，将柏拉图的《理想国》视作乌托邦思想的发端。柏拉图的《理想国》所设计的社会模式是前所未有的，这一社会建构体现了善与正义的结合体，在哲学王这一善的化身的带领下，不同社会阶层各司其职，且保持自身适当的美德界限。全体成员在走向理性与真理的同时，共同守护城邦的基本正义价值。柏拉图也由此作为有文字记载以来，"第一个描绘完美无缺的未来世界的人。他的《理想国》乃是第一个乌托邦或理想共和国"。③虽然这一未来理想的观念建构，在现实中不可能得以实现，很多的治理思路与具体措施也难以实际操作，但是在柏拉图的理论构架中，不排除此种模式存在于理念世界中，也就是存在于某种理性推理之中。柏拉图对国家政治制度作出深入思考，在反思寡头政治的缺陷之后加以无情批判，并总结了古希腊现实城邦制度的优劣，提出适合人类居住与永续发展的理想国度，这个以道德与善的纽带所维系的新型国度，才可以真正实现人类的荣

① 从词源学的角度分析，"utopia"是由"u"和"topia"两部分组成的。u 来自希腊文"ou"，表示否定，topia 来自希腊文"topus"，意思是地方或地区，相合起来则意指"不存在的地方"。参见周黎燕《中国近现代小说的乌托邦书写》，博士学位论文，华中师范大学，2007 年。
② 学者法蒂玛·维耶拉于 2010 年发表的《乌托邦的概念》一文中，从七个维度对乌托邦的概念流变进行了系统概括：乌托邦：词与概念；乌托邦：概念与词；作为一种文学类型的乌托邦；空间向时间转向；美好时光；从希望、失望到绝望：讽刺乌托邦、反乌托邦与敌托邦；乌托邦之死？政治与哲学的乌托邦；当下的乌托邦。参见 SeeVieira, Fatima, "The Concept of Utopia", in Claeys, Gregory eds., The Cambridge Companion to Utopian Literature, The Cambridge：Cambridge University Press, 2010, pp. 3–27。
③ 〔美〕乔·奥·赫茨勒：《乌托邦思想史》，张兆麟等译，商务印书馆 1990 年版，第 8 页。

光与幸福。第二种观点则将乌托邦思想的起源延伸至柏拉图之前的时代。"柏拉图肯定不是历史上第一个乌托邦思想家。"[1] 有学者将《荷马史诗》作为乌托邦思想的起始点，或将整个西方"黄金时代"统统纳入乌托邦研究开端的时间线里，作为其思想蕴存的理论萌芽期。第三种观点将乌托邦思想追溯至公元前11世纪古希伯来文化之中，希伯来先知者的宗教理念，其所具有的精神核心即是乌托邦，在他们看来，人类有必要对现实社会这一不完美的世界加以有序改造，以摆脱现实世俗世界的束缚，从而最终进入彼岸世界这一完美理想境界之中。后两种立场在学界的认可度较弱，影响力远不如第一种。

进入中世纪，基督教哲学集大成者奥古斯丁的《上帝之城》，也是对未来理想国家的典范描述。奥古斯丁的理想国度构架，是依托于基督教义对未来弥赛亚的论断，建基于全体成员有共同的基督教信仰，在此基础上构建起一个社会统一体。这个社会统一体并非基于共同的利益或法律而联结在一起的，而是在上帝的指引下，人们通过精神上的救赎以达到理想国度的神圣性，以此在其中共享有真正的伟大与和平。直至近代1516年，托马斯·莫尔的《乌托邦》问世，开始有了乌托邦一词的书面使用。乌托邦一词是英国人莫尔自行构造出的用语，这一用语的基本义即"不存在的地方"，成为乌托邦概念使用规范中不可或缺的部分。《乌托邦》以对话录的形式写作而成，然后再用拉丁文字加以出版，文本主要涉及莫尔与航海家拉斐尔之间的对话。莫尔通过借拉斐尔之口，指明了在航行中发现的乌托邦这一独特的国家构造，并对这一理想国度的社会结构进行了分析解读，探讨了乌托邦理想国度的社会生活、制度规范与文化习俗等。这一文本既隐含了对近代资本主义萌芽的英国社会现状的批判与讽刺，又对未来社会蓝图带来美好憧憬。此后，凡涉及关乎此类未来理想社会的设计的文本，一般被习惯性视作乌托邦文本，而其中关于未来理想社会设计与运作的理念，很大程度上被指认为乌托邦思想。

16—17世纪，近代资本主义蓬勃发展，此间出现了一大批乌托邦著作，进入空想社会主义早期阶段。代表作品有康帕内拉的《太阳城》、温斯坦莱的《自由法》、弗朗西斯·培根的《新大西岛》、闵采尔的《论据充分的辩证词》、彼得曼勒斯的《乌托邦》、霍布斯的《利维坦》和哈林顿的《大洋国》等。这些作品大体采用文学性的表达方式，来对未来美好生活与世界图景进行描画，部分作品也带有某些哲学批判性思索。

---

① 〔美〕乔·奥·赫茨勒:《乌托邦思想史》，第103页。

　　康帕内拉的《太阳城》用意大利文写作，后又被译作拉丁文，他假借一个游历者的见闻，采取对话体的形式展开，对一种系统组织规划起来的新型社会进行刻画。他尽可能地希望所建构的社会制度不同于当时的西欧，是一个消灭了私有制和剥削的大同世界。《太阳城》勾勒了一幅空想社会的理想图景，但也直指私有制带来的种种弊病与罪恶，认识到私有制取消的积极意义，并渴望建立起没有压迫剥削的公有制度，为科学与文化的昌盛、为人类文明的充分发展提供物质保证与社会基础。太阳城内包含的一切，都经过了系统性的安排与规划。人与人之间不再是敌对关系，而是充盈着友爱与互助，甚至连快乐与荣誉等都被纳入公有行列之中，这种共产主义式的幸福生活取代了私欲的统治。《太阳城》初步创设的建立在精神道德基础之上的理想社会结晶，对意大利文艺复兴中产生了积极影响，也为后世空想社会主义者继续创作提供了丰富的思想来源。

　　18世纪的空想社会主义中期发展阶段，较之以前带有了更强烈的理论色彩，进一步将乌托邦设想通过法律条文等规范性形式展示，乌托邦从文学幻想领域逐步朝理论的规范论证迈进。[①] 这些乌托邦文本丝毫不回避其写作当下的社会问题，基本都明确的点明私有制作为社会万恶的根源，而且都试图从社会生活的不同面相，制定可以解决现存困难与惨状的社会方案。在他们看来，"没有什么生理缺陷可以使人成为无用的人"。[②] 人的命运掌握在自身手中，通过废除私有制的统治这个唯一途径，才能达到属人世界的普遍幸福。弗朗西斯·培根的《新亚特兰蒂斯》，设计了一幅充满科学精神的科技乌托邦图景，通过科学技术手段，使得人们原有的生活条件得以显著改善，不仅提高了正常的睡眠、饮食等常规生活方式，甚至连生殖等生理功能都得以提升，死亡与痛苦都可在人工技术的操作之下得以消除，并且依托于先进科技，人们可以尽可能满足自己的喜好。这种动态的开放性的乌托邦生活方式，已不再将乌托邦简单描绘为静态的固化社会图景。原先，乌托邦传统早期的空间叙事，呈现出一种无我的生存处境，个体往往潜伏又消失于文本之中，而且有意无意地擦拭掉了内在的动态时间要素，提供的完美至极的静态进步社会空间，很大程度上从一开始就在拒绝进步。而随着乌托邦时间叙事的展开，再也无法在修辞之外的更广阔视野中拒绝社会变动性与历史可能性。但能够发现，理性启蒙的强化使得

---

① 主要代表人物及论著有法国思想家摩莱里的《自然法典》，法国思想家马布里的《论法制或法律的原则》《论公民的权利和义务》，法国思想家让·梅叶的《遗书》等文本。

② 〔美〕乔·奥·赫茨勒：《乌托邦思想史》，第157页。

乌托邦思想家们有着返回到原初人类盛世的美好愿景，而达成的方式是靠高度的人类理性自觉，这种近代科学思维的态度，更多带来的是理性思维活动中的社会变革，乌托邦作为美好想象中的理想空间，不可能指引人们真正实现美好生活，实际的系统性变革并未实际发生。

随着西欧君主专制制度的逐渐崩溃，资本主义制度的显著崛起，尤其是法国大革命强力推翻法国君主专制统治，使得乌托邦思想家谋求革命性重建社会的方式与路径。他们始终秉持人性本善的理念，认为私有制这一带着血腥与罪恶的制度，才会使得人们陷入深渊不能自拔，需要通过革命原则指导下的革命行动铲除旧有制度的弊端，人类才能进入新的生活境界，在自然完善与完全理性的社会秩序里自我保存。哈林顿的《大洋共和国》，描画了一幅政治乌托邦的理想国度远景。殖民地卡罗来纳、宾夕法尼亚州和佐治亚州是美国仅有的三个英国殖民地，被规划为具有综合设计的乌托邦社会。该计划的核心是"土地平等"的概念，即平等分配土地，禁止通过购买或继承获得更多的土地，这是杰斐逊后来设想的约曼共和国早期政策。文本突出了政治权力的交代，认为其是随着经济权力出现才随之产生的，认为在有强大中产阶级的地方，民主制度才能显得稳定，而革命则是经济权力和政治权力分离的结果。这种思想具有特殊的现代意义，甚至促成了直接促成美国麻省宪法中关于"轮流执政"的原则和"法律王国"，使得美国元老级缔造者创造了他们的理想主义社会设计原则。当然，即便乌托邦思想家的种种设计无法全部兑现，但诸如无记名投票设想、男女平等、人种改良、预防医学、教育平等，至今依旧在现代社会持续发生作用，不过这些社会设计往往带有浓重的平均主义气息，并渗透了明显的近代机械唯物主义元素。

19世纪初的空想社会主义晚期发展阶段，空想社会主义者的乌托邦思想此时已较为成熟，除了对未来社会进行充分描述外，还积极投身社会活动与政治实践之中。① 这一思想观念的产生，是在资本主义两大对立阶级的矛盾显现之际，他们试图通过一定的社会改良或制度变革来完成对社会理想的构建，但这种社会构建模式由于缺乏历史总体性的思考与科学论证，被指认为包含空想性征的社会主义思想观念体系，并被一些学者直接

---

① 欧文所要解决的社会问题主要是当时资本主义经济发展所造成的人的异化和道德的沦丧，巴贝夫在其晚年曾多次密谋通过暴力创建一个政治平等和经济平等的共产主义国家；圣西门则通过演讲、出版刊物和实际行动去向公众宣传其改良社会的思想，还有傅立叶的情欲原则、卡贝的绝对平等和博爱原则等。参见张彭松《乌托邦语境下的现代性反思》，中国人民大学出版社2010年版，第3页。

译作乌托邦社会主义。19 世纪三大空想社会主义领袖的作品相继问世，成为近代乌托邦思想成熟的显著标志。圣西门在《论文学、哲学和实业》里，设计了一种实业制度为基础的未来社会。他主张推行实业制度，由实业家和学者管理社会。他提倡建立起财产公有制度，并覆盖全体社会成员，社会财产由实业家管理，实行有计划、有组织、普遍的劳动，并大力推崇劳动。而这种有计划组织起来的社会化生产，作为脱离旧社会痕迹的新生制度的显著特点。他十分强调未来社会的联合和协作，以改善贫苦阶级的生活条件，以致将实业制度也称为"协作制"。产品实行按需分配，这使他的实业制度带有明显的社会主义性质。此外，他还著有《一个日内瓦居民给当代人的信》《论实业体系》《实业家问答》等。

傅立叶的《经济的和协作的新世界》中，设计出一种"和谐社会"的未来理想社会模式，来对抗资本主义社会的丑恶现象。他认为资本主义社会必然要被"和谐社会"所代替，主张消灭文明制度来建立起和谐制度，在这一新型社会中人民按性格组成协作社，即此制度下的基本组织单位"法朗吉"，遵循自愿与纪律原则进行生产与消费，进而消灭阶级对立、脑体差别、性别差别和城乡差别。傅立叶认为资产阶级制度是贫困与万恶之源，资本主义机器工厂是温和的人间地狱，资本主义是复活的奴隶制社会，且不可避免地会发生经济危机。他还将人类历史分为蒙昧、宗法、野蛮、文明四个时期，而最后一个时期的所谓文明充满了虚伪性，认为这不过是社会历史的暂时阶段，其实就是在对应于资本主义社会。他发现了单调机械式的劳动缺陷，认为工作本应发挥人的本能效应，遵循个体的实际需要与不同个性，应把握住工人相互竞争与爱好工艺的本能特征，提升其工作积极性与社会劳动效率，但他又不主张实行社会革命，而只是期待富人慷慨解囊。此外，他还著有《文明制度的批判》《论商业》等。

欧文在《致拉纳克郡报告》中，将其所处时代的重大社会改革与制度创新融汇到对未来理想社会的建构之中，在历史上第一个明文促成劳动法与推动消费合作社的创设等。他设计了未来新型社会模式"劳动公社"，主张在劳动公社中实行生产资料公有制，并第一次提出生产力的发展是改造资本主义的重要条件。他还主张在公有制的基础上实行社会化大生产，提出各尽所能、按需分配，认为未来社会是消灭了阶级的国家等，这些都为科学社会主义的产生提供了理论来源。他曾散尽家资在世界各地搞"公社"，但不幸均以失败告终。空想社会主义者们走出了单纯构想的局限，通过小型的社会实验与活动尝试，不断唤醒民众对于改进现存社会的责任与兴致，通过各自的新型社会设计，详细阐释了资本主义制度的种种不合理性，同时指出了新制度构建的现实意义与历史紧迫性。此外他还著有《新社会观》《新道德世界书》等。

虽然宣告以《乌托邦》为显著标识的空想社会主义最终是没有出路的，没有成功造就一个成熟完善的现实乌托邦样态，但空想主义者为理想社会所设计的乌托邦蓝图，已不仅仅是幻想出来的"好地方"，还是大家心中希冀的"好时光"，带来的是某种意义上空间朝向时间的转换。在空想社会主义指引下，人们渴望在不断地积极尝试过程中期盼理想社会实验的成功，提供的这幅未来社会发展的构想图景依旧光彩夺目。空间形态的乌托邦设计所打造的社会模型，所具有的相对稳定性是由静止的空间形式加以保障，而乌托邦内生的时间性，即社会进程的时间性包含的历史维度在无形中被取消，社会变革的时空辩证法失去了活力后变得单调。当然，在译介过程中广泛使用的 UtopianSocialism 一词，在进入中文语境后发生了一定程度的语义转换，又作了意识形态化的处理，尤其是将乌托邦等同于空想社会主义的既有思维定式，不利于对乌托邦的学理性认识。

19 世纪中叶，马克思在《〈黑格尔法哲学批判〉导言》中提及"乌托邦"，将"乌托邦的"理解为不可能实现的，作为对日常语汇的借用附加在所要批判的概念之前，"对德国来说，彻底的革命、普遍的人的解放，不是乌托邦式的空想，相反，局部的纯政治的革命，毫不触犯大厦支柱的革命，才是乌托邦式的空想"。[①]"乌托邦式的空想"在这里与改造世界的"实践性"活动，形成相对立的意义表达。恩格斯的《社会主义从空想到科学》，成为 19 世纪后半叶研究乌托邦的代表性作品，他对乌托邦特征的理解是基于科学与空想二元对立划分得出的，直接用"空想"对乌托邦的基本特征进行描述。在他看来，乌托邦是空想的、是少数天才精英脑中的产物，不具备历史现实性，乌托邦的实际运用道路是盲目、虚幻的，是不能够被纳入社会历史发展的轨道中。而乌托邦作为一种不成熟的理论，将会在时代进步与现存社会弊端的揭露下，被替换为更符合时代要求的科学与成熟的理论精华。而空想与科学二元划分，作为是否称作马克思主义的社会主义理论的判定标准，实际上也是哲学阶级性与党性的生动体现。而这一评判标准在十月革命与西方马克思主义等流派兴起之后越发的扩大化，成为识别、划分非马克思主义、前马克思主义、西方马克思主义流派等社会主义思想或实践的理论武器之一，以至于马尔库塞等西方马克思主义者又倒置运用这一二元对立的划分方式，过分抬高乌托邦作为批判近代

---

① 《马克思恩格斯文集》（第 1 卷），人民出版社 2009 年版，第 14 页。

科学思维方式的利器。英国小说家威尔斯借科幻小说的形式主张全球性的科技乌托邦，相信国家应该保障公民生活，认为人类生活有可能在本质上得以提升，但无法在现实世界获取这一意愿，不过仍致力于至善理念的终极追求。

　　20 世纪的乌托邦研究越发走向成熟，直至 70 年代后，对乌托邦的研究进一步走向学科领域的多样化。卡尔·曼海姆的《意识形态与乌托邦》，从概念关系比较的角度对意识形态和乌托邦加以考察，对二者在社会政治领域的功能作用及类型等，作出了比较详细的探讨与区分，通过比较来凸显出乌托邦以不同以往的政治意义。他采用知识社会学的研究方法，提出"乌托邦心态"这一概念来激发乌托邦的超越性与批判性功能，并致力于对现存秩序进行批判，"只有那些具有超越现实的取向的心态才是乌托邦心态"。[①] 他倾向于突出社会主义—共产主义的功能实现，这一相较而言新近形成的乌托邦形式，更能够凸显乌托邦的现实性功能。20 世纪研究乌托邦最具影响力的思想家莫过于恩斯特·布洛赫，他作为西方马克思主义者，对乌托邦的系统性研究带有较为强烈的价值取向。他的希望哲学主要体现在《乌托邦精神》和《希望的原理》等文本中，对乌托邦做了学理深刻与视域广泛性的哲学阐释。"这里出现的乌托邦一词由托马斯·莫尔创造，但却不是一个在哲学上更为全面的乌托邦。"[②] 他笔下的乌托邦，被作为人自身的存在方式，乃至人类社会发展的内置动力，乌托邦被标记为人所不可或缺的精神力量即界定为乌托邦精神，不仅仅表现为一种对更好未来的希望与期待，而内生为激励人不断进步与抗争的动力源泉，以填充思想冷漠年代的信仰匮乏。在他看来，乌托邦精神意味着人类对于未来历史可能性展开，意味着人对未来生活多维度的开拓性的创造，一旦失去乌托邦精神，人类社会将迷失前进方向，人的自我发展也变得停滞不前。此后，诸如马尔库塞、弗洛姆、列斐伏尔、詹姆逊、哈维等一批西方马克思主义学者都对乌托邦思想有过理论阐释。[③]

　　赫茨勒的《乌托邦思想史》，是 20 世纪最为典型的以编年体史形式研

---

① 曼海姆依据"乌托邦心态"的含义规定及乌托邦与意识形态的关系，将现代乌托邦思想大致分成"保守主义""自由主义—人道主义""再浸礼教徒狂热的千禧年主义和社会主义"、共产主义思想四种。参见〔德〕卡尔·曼海姆《意识形态和乌托邦》，艾彦译，华夏出版社 2001 年版。

② Ernst Bloch, ed., *The Principle of Hope* (3vols), Tran. by N. Plaice And P. Knight, Oxford: Basil Blackwell, 1986, p.14.

③ 参见祁程《西方马克思主义乌托邦思想研究》，重庆出版社 2017 年版。

究乌托邦的文本。他标榜价值中立的写作原则，开篇就开始谋划了整个写作布局，然后按照历史演进的顺序对乌托邦问题加以梳理与分析，"拟对具有代表性的乌托邦思想做一次历史的抽样剖析……这是第一部对各种社会乌托邦进行无偏见的、系统的探讨的书"。[①] 他试图乌托邦进行理论溯源，基于其本人的犹太文化背景，古希伯来的先知时期被归为缘起。然后从古希腊时期柏拉图的《理想国》等，沿着历史发展顺序记述到英国科幻小说家赫伯特·乔治·威尔斯等人描述的拟乌托邦这一现代社会理想为止，通篇梳理乌托邦思想发展轨迹，后面论及乌托邦思想的意义及局限性篇幅较短。他力求客观中立地对在历史上层出不穷的各类乌托邦思想进行总括式阐释。其所谓价值中立的乌托邦研究思路，没有得到很好的保留。

神学家保罗·蒂里希在《政治希望》中，明确提出了乌托邦根植于人的自身存在的论断。他虽然是神学家的身份，但又主动将存在主义研究的人和基督教研究的神统一起来，并通过乌托邦这一代表"未来期望的范畴"，来缝合人的生存境遇与超越世俗的神性。他对乌托邦的两重性进行了深入分析，明确提出了乌托邦具有的真实性和不真实性、有效性和无效性、力量和软弱的特征，其中体现出的矛盾性，为转向研究乌托邦的消极意义埋下伏笔。而这三种特征又并存，共同作为一个整体序列，人们有效的平衡与把握乌托邦的内在关系，使得生成的乌托邦精神作为人的可能性，能将存在的一切方面向前发展推进。一旦乌托邦遗忘人的有限性，就可能会导致赞同乌托邦目标的乌托邦运动参与者们逐步走向自身的反面，从幻灭的乌托邦者变成对过去乌托邦经历的反对者，或是采取激进极端手法延缓乌托邦的幻灭，以致延续了乌托邦幻灭的现实化效果。乌托邦对其自身思想与行动构建意义的前期遗忘，会在特殊情形下转化为盲目的、极端的社会力量。

历史学家曼纽埃尔在1979年《西方世界的乌托邦思想》中，从编年叙事角度出发对乌托邦思想进行探讨，力求通过乌托邦文本来进行系统化创作，试图抽离掉对乌托邦功能、形式、内容等角度的探讨，而从人性论出发将乌托邦视为一种心智行为，并通过普遍存在的近似形式，在各种象征中加以表征。在他看来，"西方文明若没有乌托邦幻想，是无法长期存在的，个人没有梦想，也无法存活"。[②] 于是，他们对西方历史上的乌托邦

---

① 〔美〕乔·奥·赫茨勒：《乌托邦思想史》，第2页。

② Frank E. Manuel &Fritzie P. Manuel, eds., *Utopian Thought in The Western World*, Massachusetts: The Belknap Press of Havard University Press, 1980, p. 814.

思想以时代顺序的七阶段展开分析，力求摆脱乌托邦与现实之间的矛盾关系，纳入人类习性序列重新梳理其社会功能。克里珊·库玛的《近代的乌托邦与反乌托邦》，比较细致地归纳了西方传统的乌托邦理论，并对乌托邦研究的界限范围进行了界定，避免了乌托邦概念外延的宽泛而带来的研究不便。他认为乌托邦应当放置于西方现代性开端的历史语境中展开，唯一的乌托邦起源文艺复兴时代。在他那里，乌托邦被看作现代人必须的理想形式，作为一种纯现代观念从特定的历史背景下生长出来，世俗性与反宗教性作为鲜明的基础性特征。法国列维纳斯在《乌托邦的概念》一书中，对乌托邦概念进行了关于内容类、形式类、功能类的三重类型划分，并指出基于这三个角度来定义乌托邦颇显失当，这三种情况都不是一成不变的，需要以分析性的分类方式，来探寻这一古老概念内部恒久的基础性动因，即一种对更好生活方式的欲求，这种多样化的分类方式使这一概念的多样性也有章可循，而不至于变得模糊。法国哲学家保罗·利科认为，乌托邦具有独特的象征意义，这种对别处即尚未出现的社会憧憬，对于正确理解社会想象是不容或缺的，乌托邦象征打开的可能性的意愿视界，能够分离社会想象中的虚假性，将其从现存政治的扭曲策略中加以拯救，虽然乌托邦话语不完全表现出积极面，也不是所有乌托邦都是解放的，病理性征的乌托邦除了带来一种解放的断裂，还规划了与当下与过去完全割裂开来的静态未来，这种乌托邦话语提供了对当前权力遏制的借口，也在制造试图全盘改变生活世界的精神分裂话语。德国学者约恩·吕森指出，乌托邦是一种引导人们进行社会变革转型的指导性信念，能够及时释放出具有坚定方向感的激情。法国学者雷蒙德·鲁耶从心理学的角度，在布洛赫希望哲学的基础上重新诠释乌托邦精神，指出乌托邦是以与社会现实平行的一种可能性，来熏陶人类的心智。女性主义乌托邦也展露出与乌托邦的天然关联，通过超越父权中心为基础的现存秩序，急切的呼唤平等的政治诉求，以另类的话语来履行乌托邦的功能，以充分显现被现实体制所压抑的经验。女性主义的文本序列中，身体取代社会成为乌托邦想象的载体，身体解放作为摆脱现存秩序的别样未来冲动选择的借喻。

虽然上半叶经历了两次世界大战的历史悲剧到战后重建、发达工业社会从高歌猛进到种种异化困境、欧美新社会运动从觉醒到最后失败等，无不表明乌托邦时代走向衰落凋敝，但哈贝马斯所言的乌托邦力量的穷竭背后，仍陆续有一批思想家在为乌托邦摇旗呐喊。不过"冷战"结束之后，乌托邦已成为反乌托邦主义者进行理论批判的有效工具，他们刻意将乌托邦概念的语义色彩下降为贬义，乌托邦沦为批判对象时的重要标签，一旦指任某一理论成果是一种乌托邦学说，就会受到更多攻击与批判，某一思想带有理想色彩似乎就成为可能会遭贬损的乌托邦文本。[①] 如法国学者阿隆在对马克思主义进行批判时，就将其看作一种打着"历史真理"旗号的乌托邦，但他并未对乌托邦的类型作出认定，也没有解释清楚何以说明马克思主义是一种乌托邦，为何乌托邦无法成为某一历史真理。马克·里拉的《鲁莽的心灵》，批判了德里达解构政治思想中的正义观念，将其视作一种元乌托邦叙事加以理解。[②] 他指出从表面上理解的德里达，是敢于向各种传统形而上学和乌托邦叙事挑战的思想家，能够手拿解构的利刃挥舞对抗，而实际上在骨子里，仍沿袭了知识分子的乌托邦叙事理路。[③] 俄罗斯学者亚力山大·彼得洛夫将乌托邦同当代全球化语境联系起来加以分析，在他看来，全球化作为社会语境，其神话化、标准化与统一化的知识基础，有着包含乌托邦成分的社会批评分析，具有准神话话语的去符码化理解方式。英国学者多伊恩·道森区分了神话、幻想和弥赛亚主义与政治乌托邦，认为后者更现实，而这恰恰是基于某种不可实现性。他在此基础上又对政治乌托邦主义作了低级乌托邦主义与高级乌托邦主义的区分，前

---

① 罗素在《西方哲学史》等曾对柏拉图的理想国和莫尔的乌托邦进行过尖锐批判，认为乌托邦是一种由思想家人为设计的整齐划一的制度，乌托邦内的生活注定是枯燥乏味的，因为参差多样才是幸福之本。他在 1957 年出版的《我为什么不是基督徒》一书中也同样反对基督教，其中一条理由是认为其不过是一种难以让人信服的乌托邦叙事。罗素的观点遭到为基督教辩护的学者史密斯的反驳，后者在 1996 年撰写的《伯特兰·罗素为什么不是基督徒》一文中指出，罗素否定了基督教的世界观，但为给自己提供道德上和认识论上的判断标准，不得不建构了另一种乌托邦——自由人思想，炮制出宗教色彩丝毫不亚于基督教的世界观，并从庸俗的科学观出发，认为人是各种漫无目的的力量作用的产物，个体的出现、成长、希望和恐惧、爱和信仰，都只不过是原子偶然排列的结果，然后又以宗教先知的口吻告诉人们，人是唯一一种可以自由地想象创造的存在，自由可以使人在绝望的基础上完成灵魂拯救。

② 德里达认为，传统哲学中的自由、意志、自我、人格、资本主义、共产主义等概念都逃不脱被解构的命运，但却有一个概念生命力足够旺盛，足以抗住解构的利刃即正义。他把正义观念说成是对不可能事物的经验，一种存在于所有经验之外的东西，因而无法阐明，而无法阐明的东西也就无法解构。正义，并非源于自然或理性，那么，它唯一的来源应是神启，尽管德里达刻意回避神启一词，只说正义要以某种神秘方式来体会。世界上并没有在场的正义，但我们应积极地等待，因为正义弥赛亚可能随时随地降临。而积极等待的最好方式便是解构，"不可解构的正义，诚然是一切解构的不可解构的条件；但也是自身就处于解构中的条件，处于且必须处于（这就是指令）裂缝中。否则……它就会失去未来的机会，失去承诺或呼告的机会"。参见〔法〕雅克·德里达《马克思的幽灵》，何一译，中国人民大学出版社 1999 年版，第 41 页。

③ 里拉认为，德里达的正义王国，一如柏拉图的理想国，不过是一个永远无法实现的弥赛亚之梦。参见 Mark Lilza, ed. , The Reckless Mind: Intelletuals in Politics, New York: New York Review of Books, 2001。

者主要关注于乌托邦实践，兼及事态批评，重点是关于理想城邦国家的综合性设计，后者被称作古典乌托邦主义，重点是订立关于理想城邦的某一观念性规划，在现实无法最终实现，也不考虑照搬施行。

还有一批美国学者从不同角度对乌托邦进行研究，如古德温从方案论立场出发，指出乌托邦是某一美好社会中形成的关于一种好生活的详细设想。朱迪·史珂拉指认的是一种纯粹进行批判的乌托邦，认为乌托邦是一种关乎公众幸福最佳状态的方案，而这里的最佳是诸种方案相比较的产物。格雷戈里·克莱则将乌托邦与美好的传统意蕴指涉分离开来，认为其是一种人类行为的提升路径或与此行为路径相关联的设想，从行为论出发力图使得人类幸福提升到最大化或理想状态。随着信息技术革新下人与机器的融合，弗雷德·特纳为代表的学者试图用一种网络乌托邦来为构建全球社区作积极探索，希望数字乌托邦能够从精神层面克服对理性的盲目崇拜，在工作方式和生活方式的极大改变下，远离一贯浅薄的政治生命轮替。

而提出各种互不相容"现实主义的乌托邦"的推崇者们[1]，又把乌托邦归置于多元话语情境中，作为体现理想景观性质的开放进程。通过批判理论家们设想的第三条道路的现实路径，基于民主多元语境的理论框架，以求实现在乌托邦否定与歌颂之间的理性平衡，但这一想象可能性的客观界限与路径诉求的权威来源仍不够清晰。国外在如今已形成美国乌托邦学会、欧洲乌托邦研究会等专门性研究机构，出版了《Utopia Studies》等专刊来展示最新学术成果，实证研究领域侧重于乌托邦的社区探讨，甚至涉及具体社区某一制度层面的历史或实证研究。[2] 这种类型的实践乌托邦在

---

[1]　诸如约翰·罗尔斯、乔治·劳森、埃里克·奥林·莱特等，都在试图寻找传统乌托邦与乌托邦社会主义模式外的"第三条道路"，来进行乌托邦理想的现实化操作。

[2]　法国学者让-克里斯蒂安·珀蒂菲斯（Jean-Christian Petitfils）在《十九世纪的乌托邦共同体的生活》一书中分析了这一时期具有代表性的乌托邦社区的意识形态、产生、发展和消亡的过程，对分析 20 世纪的乌托邦社区而言具有借鉴意义。Chris Jennings 在 *Paradise Now：The Story of American Utopianism* 中梳理了美国历史上著名的乌托邦社区；Donald E. Pitzer 编写的 *America's Communal Utopias* 梳理了美国的乌托邦社区；Robert P. Sutton 的 *Communal Utopias And The American Experience：Religious Communities，1732-2000* 梳理了美国历史上的宗教性乌托邦社区；Jyotsna Sreenivasa 的 *Utopias in American History*（2008）介绍了美国百余个不同类型乌托邦社区的兴起与发展过程。甚至还有针对某一社区的微观研究，Ran Abramitzky 在《The Mystery of Kibbutz：Egalitarian Principles in A Capitalist World》中分析了以色列乌托邦社区基布兹（Kibbutz）的发展过程；Flo Morse 在 *The Shaker's Guide to Good Manners* 中阐述了美国震教徒社区（Shaker）的发展，乌托邦社区研究路径的主要问题在于，实证研究与理论研究存在脱节。参见许楠《20 世纪乌托邦共同体实验的经验与教训：乌托邦实现性的影响因素分析》，硕士学位论文，华东师范大学，2019 年，第 4—5 页。

现实中局部性展现的生活实验，是社会秩序尚未具体化且实际发生着的预期形式。

美国华裔教授成中英则从中国传统文化的视角出发，将西方乌托邦的类型划分为柏拉图、黑格尔、马克思意义上的三大类。在他看来，乌托邦概念已远离现实，对乌托邦的追求往往会堕入一种无力情状之中，反而折射出社会现实的反乌托邦的力量，用儒道文化传统中的乌托邦因素来调和西方乌托邦的理论困境。那么，中国到底有没有乌托邦，存在一定的争议。按照乌托邦概念的普适解释，乌托邦现象在中国也古已有之。"大同"社会、"小国寡民"、"桃花源"等一系列丰富的社会想象，已经明确提示着古代存在着中式乌托邦的理论渊源。近现代的诸多乌托邦理论所体现的精神气质与文化心态，在某种程度上参与近现代中国现代性启蒙，甚至推动了现代中国文化精神的确立，深深影响了整个20世纪中国的思想文化变迁，整个历史文化走向与对民族的复兴、对社会大同的向往紧密连接。

中国的乌托邦从性质上，划分为乌托邦思想、文学想象和乌托邦实践这几个主要门类，形成带有东方特色的乌托邦现象。各西方流派的乌托邦思想引进国内后，形成了面向过去与面向未来的叠加效应，在近代思想启蒙的舞动下，进一步推进了近现代乌托邦的广泛传播，社会主义革命、建设过程中孕育的乌托邦精神冲动，成为20世纪当代中国乌托邦的思想与实践高潮，乌托邦与现代性在不断的交锋与对峙中，推动了国内现代化与文明化进程。在中国古代这一以自然经济为经济基础的传统社会，乌托邦思想往往主要侧重于表达对现实的不满，可以看作对史前史一定程度上的歌颂与美化，而这种通过赞美先前社会历史的路径，又是一种典型想象式涂抹，人们以此来缅怀人类逝去的"黄金时代"，并在此基础上与残酷的现实进行对照。

中国古代乌托邦思想的发端，自儒家大同思想、道家的"小国寡民"与"逍遥论"就已开始。古代的大同思想在《礼记·礼运》之初，体现的是对"天下为公"这一史前大同社会的美好回望，而后大同思想又逐渐展开为对未来社会的想象式构划或是实践性操作方案，可大体将之分为六个类型。① 这种古代的大同乌托邦情结带有明显的世俗意味，带着浓烈的

---

① 一是怀古主义的道家乌托邦情结，二是传统宗教中带有的未来社会构图，三是政治改革家的政治操作布局与实践方案，四是文学艺术层面的社会大同创作，五是具有空想社会性质的局部乌托邦实验，六是均贫富、等贵贱等带有质朴平均主义性质的农民革命观念。参见陈正炎、林其锬《中国古代大同思想研究》，上海人民出版社1986年版。

现世色彩与人间性特征，它不仅充满人世的关怀，还指向世俗生活的规划，带有一定的政治伦理实践色彩。西汉思想家董仲舒坚守儒家乌托邦理念，以孔子所在的生活年代为基点，将春秋十二公的历史划分为传闻、所闻和所见三个等级，从乌托邦的时间性维度入手设计未来社会的历史演进。东汉学者何休对春秋三世说加以概括，形成了具有中国特色的社会历史进化学说，指出人类社会顺次由不同时期构成，整个社会发展终将处于至善的高度文明的状态之中，依衰乱世—升平世—太平世的逻辑进程展开，这既是一种对社会演进发展的形上描述，又是一种对美好社会想象的理想价值取向。这种浪漫主义的知识分子追求，已不在停留在文学描述中，而已经有了初步的历史哲学思考，涉及"人人有士君子之行""夷夏之分""内外之别"等具体社会设计思路。而道家的乌托邦自由传统则带有更为突出的超脱色彩与出世性，渴望构造出一个自由自觉的通达自然。

至此，乌托邦思想在中国的发端，都无一例外把未来理想社会的建构建基于现世，而不是如西方宗教那样，通过塑造一个超自然的精神实体来完成超验世界的构建。可以说，在具体的言说过程中，存在一定的差异性，但不可否认二者在思维和价值层面的融通与相合。中国传统社会的入世与经世往往界限是模糊游移的，一经产生就会自觉摆脱物理边界，从现实素材转化为四海升平、天下一家的无界想象形式。除了带有鲜明政治取向的乌托邦设想，还有一种乌托邦依托泛劳动与义务劳动的原则进行集体勾画，以现实直接的方式展开群体性劳动想象。

当代乌托邦研究，在一定程度上复原或重建了莫尔构造"utopia"的原始双关词义中的美好蕴意。而在一段特殊历史时期，乌托邦的美好意蕴被有意遮蔽、消解，或忽略不计。随着乌托邦概念的涵盖范围与适用领域展开，反而将其内涵进行矮化处理，乌托邦被等同于空想、虚无等。某一特定时期所构建的乌托邦理论或理论体系，存在一定程度不周延性的有限叙事机制。新时期的乌托邦研究更应致力于树立问题意识，解决其"是什么"与"为什么"，而不是完全比照重复莫尔意义上的内涵框架。人们在阐发乌托邦文本时错误的解读，或在修辞意义上不断泛化其内容，突破其严格的施用界限。而当代乌托邦思想家站在各自的立场上回归文本、回归语境，在展开乌托邦言说的过程中，逐渐形成各具特色的话语模式，不再谋求抽象单一界定，而是从历史语境出发，重新将失落的部分捡拾起来，将遮蔽处澄清开来，还乌托邦以本来的完整面目。

第二节 乌托邦的一般性特征及其思想关联

乌托邦以一种批判的眼光洞察现实，以一种反省的姿态面对现状，人不断地生成一种现实超越的乌托邦精神，这一对未来理想不懈奋斗、执着追求的人类本性所在，促使人们不再顺从于自然现状，不再听命于自然安排，作为人之为人的根本存在方式由此显露无遗。乌托邦的历史演进过程中，虽然经历了内涵与外延的具体变化，但仍具有一般意义上的基本特征。

随着社会历史的不断变迁，传统乌托邦思想正逐渐消解，因为人们开始质疑乌托邦的合理性与合法性，对其究竟能否实现抱有某种不信任态度。即便未来真的可以实现，也只能存在于遥远而难以落地的某一时刻，其中充盈着的则是极大的不确定性。以至于经典作家们在对乌托邦进行批判时，将其与科学对立起来，甚至便成许多人眼中虚妄与空想的代名词。而如今被一些学者指认的"后乌托邦"时代，乌托邦不再作为宏大叙事的未来场景，而成为渴求具体现实改进且具拟人化的社会细微叙述。这就有必要将其与无政府主义、共产主义、宗教的关系做一简要梳理。

一 乌托邦的一般性特征

第一，乌托邦具有现实超越性，这种对政治现实的能动超越，使得乌托邦观念得以开启广阔的可能性空间。乌托邦是基于主客观世界相统一基础上形成的逻辑性表达，这一表达与幻想的任意性有本质区别。从政治领域来看，传统乌托邦致力于设计符合于普遍真善美意义的政治体制，建构起一套具有正义标准的社会制度蓝图，进而达到对某种绝对正义的追求。当代乌托邦则聚焦于乌托邦精神的推动意义，将其视作政治生活领域具体社会存在物的存在方式与政治属性，每个个体都应当具有超越于政治现实的想象能力，带有超越自身有限性部分的积极倾向，进而为人的存在提供更为广阔的选择机遇。乌托邦主义者往往注重对现实社会与未来社会图景的反复比较，一种新型理想社会模式的建构，既是为了揭示现实社会内在的种种不合理因素，又在于为人类社会新境界展开的可能性与可行性。乌托邦还能成为政治现实的一面镜子，揭示或宣告政治合理性的风险与合法性的危机，被纳入政治现实困境中的人们，通过乌托邦来实现对不正义的政治现实的控诉与反抗。①

人的自我保存与整体解放，不应单单依靠现实逻辑加以维系，还必须以超现实的逻辑来加以谋划，"遵循现实生活世界运动的逻辑，在批判旧世界中确立新世界……现实运动中去确立真实的价值理想"。② 对未来生活的可能性进行历史选择与空间构想，在个人生存合法性的危机之中，乌托邦也能够成为一股自我反叛与救赎的力量。乌托邦对政治现实的超越，通过对现存社会体制的批判，让不合理因素充分暴露，使得人们对社会认知的广度与深度得以提升，获得剖析社会生活的洞察力。更为重要的在于乌托邦提供的可能性空间选择，为人们认识世界与改造世界的方式，提供更多的可能性路径与通道，不断促使社会机能自我修复与完善，迈向更为理想化的前进方向。

第二，乌托邦具有终极价值性，这种人类所独有的价值诉求，使得乌托邦观念得以在未来历史生成过程中赋予鲜明的价值导向。乌托邦思想来源于人的自我想象力，这种对人类自身的价值追求，体现的是对本真价值理想的向往，代表了其对于现实社会问题的深度思考，对世界前行方向的有力指引，对社会历史规律的理性求索，对于自身社会价值情怀的反思。

人类社会发展史不同于自然史的自在自发展开，而是有人的自由自觉的参与，人们不断对现实生活的超越而展望未来社会生活，才能开启新的历史视野，在形式上不断生产出一种对社会整体性建构的综合能力，体现的是一种总体性的建构思路。基于对社会变革的使命担当而非受同一性机制或工具理性装置的牵制，从而达到对于社会现实的总体性超越。历史的总体在人类社会化活动的浸润下，不再简单作为几个社会阶段部分的叠加，也不再被视作单个社会历史活动的拼接，历史的过去、现在与将来呈现一种复杂的有机联系，存在过的历史景象不是对既有历史过程的片段式对应。未来理想社会的展望，也不是对历史发展进程的机械式开启。

人类未来将以何种社会形态存在，内置了乌托邦的价值导向功能，人们对美好社会的期待与向往，不仅仅是对某种社会制度框架的制作与设计，更可以看作一种具有自觉意识活动的价值诉求，甚至成为人的先验或世俗化信仰，给社会历史发展带来自为的影响力。传统乌托邦构建起的未来理想社会图景，虽然在现实中并不存在，但不能拒绝其中保有的至善至

---

① 国内有学者分超越政治现实与追寻政治正义两个方面对乌托邦进行论述。参见陈周旺《正义之善——论乌托邦的政治意义》，天津人民出版社 2003 年版。

② 贺来：《现实生活世界——乌托邦精神的真实根基》，吉林教育出版社 1998 年版，第86 页。

美至真的价值追求。无论是进行社会改革还是根本性的社会改造，前提要件之一都需与之相匹配的改革方案或远景规划，但其中蕴含的价值理想，往往先行于对方案或规划落实的客观现实运动，"幻想乃是社会变革的前提。每一项改善社会生活的伟大方案必须首先在人们的思想中形成大致的轮廓。思维形象总是先于物质器械在起作用"。① 这就促使了人类向着自身生存与发展的本真状态前行，不至于在理想探索的道路上迷失方向。而当代乌托邦更是在无限可能的希望时空之中，彰显人的自由自觉本性，揭示乌托邦视域中的人的自由价值与个性特质。

乌托邦的终极价值特质，在于不是追求其作为凝固化制度体系或社会蓝图的实现，当然，当代乌托邦也指认了其自身永远不可能实现的终极价值，这种所谓的不可能的精神推动力，却更能在现实批判与价值制衡中体现无穷的生命力。乌托邦精神乃人类所特有和必需，如果要避免可能会导致人类陷入乌托邦运动的恐惧与不幸之中，唯有立足于现实世界的价值追求，才能使其摆脱真实与虚幻二元对立的异化束缚状态。人作为能动的社会存在物，其自身的活动开展不是如动物那样是自发的、无目的的，不可能简单遵循动物式的本能生存方式，相反是有计划性与目的性的，这就使得人的行为发生，往往是依存自我匮乏带来的内在性需要，在这种有意识的行动面前，人凭借理性指引塑造自我形象，规范自我行为，并在其中通过在对现实摹写基础上的认知创造，来试图构想符合自我需要的生活世界。人之为人的一个关键要素，在于未来的价值指向，人们需要对自身生存与发展有意义的价值理想，并且能够按照这种价值信念对现实加以重构或修复。

第三，乌托邦具有主体理想性，这种孕育其中的理想主义精神，使得乌托邦观念蕴含了一种向更高级领域与更完善层次转化的潜在效能。理想性建立在一种基本的理性预设之上，即个体与社会都存在着由低级向高级过渡、由不完美向完美转化的可能性，这是作为一种生活方式及精神的可能性。乌托邦与现行社会在核心安排上可谓是几乎完全不同，使得人不断塑造为一种双重性的存在，一方面受到感官刺激下的经验支配，另一方面则会在超验的思辨中，获取无穷灵感与启发未来想象，从形下的经验层面转化为形上本体意义的主体理想之中。人一旦局限于出场的存在，那就会反过来为现实所束缚而不成为人自身。

乌托邦理想的不可实现，进一步从趋近、逼近的意义上，激励人们不断向前追求理想的实现。乌托邦理想的某种完美，是一种包容各种方案并

---

① 〔美〕乔·奥·赫茨勒：《乌托邦思想史》，第259页。

加以比较的相对最佳状态，而不是拒绝改善余地的绝对意义观念。尤其是当代乌托邦的精神意义，其中所拥有的理想特质带有浓浓的本体论意味，秉持人类对主体性信仰的坚守，相信社会历史进程中的理性、善性、质性原则，指认属人的社会历史包孕了一种向善的潜势，具有不断朝更高层次社会生活迈进的无限可能。乌托邦精神所具有精神激励功能，促使人们在对理想的美好趋向中生成希望，激励人们通过改造外部现实与自身心理趋势，来达到既有的目标指向。"乌托邦……蕴含着希望，体现了一个与现实完全不同的未来的向往，为开辟未来提供了精神动力。"① 乌托邦理想的非现实性色彩，就在于借力于想象来突破现存世界的制约，不满足于这种不可实现的困扰，使得人们在理想与现实的互动关系中，对现实保持批判与超越的精神，对未来发展保持理性与独立的判断，将乌托邦能够最终融入现实，而不是悬置在半空，与现实隔离开来。乌托邦作为主体所把握的未来理想，集中起了现实所不能容纳的思想限度与社会内容，避免实存刻意制造出的人为虚幻性。"乌托邦作为对现存制度或现存秩序的否定和批判的他者，同现实的层面发生种种联系，与现实的关系是一种异在关系……具有一种开放的结构，永远处在与将来的对话中。"②

乌托邦主义者面对社会现实的黑暗面，没有选择放弃，面对生活世界的灾难与弊端，也没有选择逃避。他们积极投身到社会变革的实践之中，从理想所赋予的对社会肩负的使命与担当中，把主体的理想蕴含转化为去除消极的积极实践。"令人鼓舞的理想具有一种潜力，它能最终推动人们把理想变成现实，尽管是不知不觉的。"③ 传统乌托邦以往很多具体的社会制度安排，并未得到整体性的实现，但这不意味着乌托邦理想与社会现实构成一种截然断裂的关系，许多当时被看作乌托邦的东西，已然成为当下发生的事实。社会历史的现实化推进，不能完全寄托在乌托邦思想家的理念与设计之中，也不能走向另一个极端，来否定其主体理想对于推动社会文明趋势的历史意义。即便是乌托邦在精神意义上对社会现实的超越，仍然规定了乌托邦理想主义的非现实特性，揭示了乌托邦不满足于现存结构，不安于现状秩序安排的内在要求。这种对未来社会的理想构建乃至信仰坚守，使得人不再简单作为自然物被安排在世，而是成为自主理解与主动反思的生命体，实际上这是对社会现实做出的理论更新与意识改造。人

---

① 〔美〕乔·奥·赫茨勒：《乌托邦思想史》，第 122 页。
② 林慧：《詹姆逊乌托邦思想研究》，中国人民大学出版社 2007 年版，第 4 页。
③ 〔美〕乔·奥·赫茨勒：《乌托邦思想史》，第 258—259 页。

类社会的发展，没有乌托邦理想的参与是无法想象的，人类的存在，也不可能失去乌托邦理想对生命价值的深度反思。其中蕴含的乌托邦精神，不仅是对主体理想的真实表达，也是对主体精神家园的回归。

第四，乌托邦具有未来指向性，这种永不在场的指向未来时空的希望与憧憬，使得乌托邦观念有着在历史中扎根的可能性。它对未来时空指向，从虚构的静止状态逐渐转化为基于具体现实的流动状态，是一种既针对社会批判又能不断自我纠错的灵活不在场状态。虽然乌托邦从时间维度上，指向的是不可能由即时行动所达及的社会发展目标，或所要实现的人类普遍价值，但正因为这种明确超出可预见的未来指向，人们始终对未来持有希望，即便身处黑暗困顿，也能坚信前途的光明，积极乐观面对人类社会的发展。乌托邦实践的可能性，不再停留在空间维度上的某个地方，而是转入历史的时间维度，这个时间就是历史之中的时间，也就是从当下转向持续向前的历史时间之中。这就意味着乌托邦是在历史之中的，而不是完全在历史之外，而是在与当前社会情形相对的同时，置于特殊的历史方位，处在时间维度的非特定界域或位置。当代乌托邦不再执着于找寻时间维度上的某个具体时刻，但否认永不在场与历史相隔断。

传统乌托邦设想的时间维度包含了二重性，既可以是指向过去的向后看的乌托邦，也可以是指向未来的向前看的乌托邦。在一般意义上的文化情境中，前者的文化立场趋于保守，理想与现实的距离以不同的形式存在，标识了已然与应然之间难以填充既有裂隙与差异的事实，理想生活被寄放在了往日离散的文化形态之中；而后者则是近代思想启蒙的产物，前瞻性的愿景试图不断调和实存与理想的矛盾性，这种存在于未来持续的时间观念，在这种矛盾运动中不断生成与流动，不再是静止、封闭与机械的，而是一种否定之否定式的进行状态，可以时时呈现出新的历史轮廓。但从当下转向未来的努力，使得人们乐意主动扬弃历史进程中的种种弊端，朝向未来的至善境界。"被想象为未来理想的事物同时也被投射为过去的'往昔时光'——或者被当成人们从中而来并企图复归到其中去的事物。"① 这种带有过去时间指向

---

① 按照德国学者蒂里希的看法，乌托邦存在着两个基本的方向，一是向前看的乌托邦，一是向后看的乌托邦，向后看的乌托邦指在时间纬度上的回溯式的视角，基于一种先验的判断，认为在人类的早期阶段曾经存在过一个近乎完美的"黄金时代"，而整个人类的进程就是不断疏离、背叛此阶段的下坠过程，而乌托邦的内在机制就在于对黄金时代恢复的冲动中。较为典型的就是基督教的"失乐园"和"复乐园"的想象，人由于自身的过错而失去了原本的天堂，须由基督的牺牲而救赎罪恶，来最终回到天国之中。参见〔美〕保罗·蒂里希《政治期望》，徐钧尧译，四川人民出版社1989年版，第171—172页。

的乌托邦，认为遥远的过去曾经存有某种理想的乌托邦社会，只是此种理想发展到后来遭到了侵蚀与破坏，社会逐渐陷入不正义的状态里，这就需要重新回复到原有的美好。这种渴望恢复过去状态的企图，必然要在未来中才能得以实现。当代乌托邦紧扣人的存在主题，其目标指向也是朝向不可逆的未来，无须预先对具体路径加以计划。这一历史方位的确定，是以"将来"与"过去""现在"的勾连而得以实现的。乌托邦的时间指向与定位，意味着乌托邦在历史进程中的自由自觉展现。

第五，乌托邦具有批判否定性，这种对现存秩序进行合理性批判的倾向，使得乌托邦观念能够审视现实生活的种种缺失并着力加以填补。乌托邦的动力机制，恰恰是基于现存状态的某种匮乏，在于现存秩序合理性与合法性的缺乏。乌托邦冲动在一定程度上，是对实存现实暴露出的残缺性加以理性认知的结果，通过对不完美的现实加以否定性评判，提出深刻的批评性方案，真诚面对人所经历的种种真实境遇。

乌托邦在现实与理想的矛盾运动中加以鉴别与比较，进而对社会历史实践进行深入反思，在此基础上对现实社会进行系统性批判，这种现实批判力不在于提供对现实的规范与指导，而是提供改进与重构的可能性契机，提供一种可供现实参考的可能性路径。"乌托邦的核心精神是批判，批判经验现实中不合理、反理性的东西，并提供一种可供选择的方案。"[1]各种乌托邦想象发生的心理动机，几乎都逃不开不合理社会现实带来的不满境况。人作为具有社会历史性与现实能动性的独特生命体，本能倾向于从缺失与匮乏的境遇面前，通过想方设法地解决匮乏带来的苦痛与不幸，从肯定自身转向否定现实，开辟一条适应自我生存的合理合法道路。当社会现实无法带来满足人类现实发展的物质生活与文化产品，当人与外物的矛盾激化到一定程度，自在世界与自为世界的张力到了无法自行调和的阶段，批判与否定就会作为乌托邦固有的心理状态，这种否定性的文化立场，使得其自身保持与现存事物的显著差异，对种种社会现状的警惕与抵抗，使其带有强烈的距离感，不依从也不附属于任何他物。由此生发的源源不断的乌托邦冲动，把开辟出的生存之路变为人类社会发展所预留的广阔时空。

乌托邦在经典作家的批判定调后，被贴上了远离现实社会生活的标签，被当作与当下的社会历史活动完全脱节的虚妄幻想。而实际上，乌托

---

① 〔德〕尤尔根·哈贝马斯、米夏埃尔·哈勒：《作为未来的过去》，章国锋译，浙江人民出版社 2001 年版，第 122—123 页。

邦与人的实际生活境遇密切相关，其否定发展的逻辑，与人类社会真实具
体的历史逻辑也相互作用。这种批判否定的秩序重构，也在表达人与自
然、社会及其自身的矛盾运动，体现人在这一矛盾斗争中的价值取向。
"乌托邦关于未来的幻想的作用不仅仅是对现存制度的批判，而且还提供
了代替现存社会秩序的东西。"① 乌托邦不仅推动人类在意识活动层面的改
进，还积极促成人们对现实社会的改造实践。对社会生活的强烈批判，实
际上是人类向往真善美价值的强烈精神投射，带有无尽的现实主义与人道
主义情怀。乌托邦思想家眼中的社会生活是残缺的，否定、批判、抗争、
改变，是对缺陷、残缺、丑陋、罪恶的扬弃，成为社会矛盾运动过程中必
然的演变态势，是社会历史主体的必然选择。"潜能的事物（作为潜能者）
的实现即是运动"②，社会历史的矛盾运动，使得处于其中的每一股历史力
量，都在不断地冲突与斗争之中展开自身，进而在批判与否定的助推下转
化为新生力量。

第六，乌托邦具有自我悖反性，这种词义本身凸显的悖论性意义结
构，使得乌托邦观念从理论发端之时就带有鲜明的两面性表征。先前已对
乌托邦从词源学进行了分析，呈现出了"美好"与"乌有"兼具的二重性
色彩，乌托邦词源学意义上的双关属性，"utopia（no - place）乌有之乡和
eutopia（good - place）美好之乡"③，乃是乌托邦"是其所是"的应有之
义。乌托邦作为名词，具有独特的双重含义。而在词义引申后，作为形容
词的"乌托邦的"，则更多带有负面的效果。

"乌托邦"的本义绝不是如常识所言，是不可能实现的幻想，其完满
的想象性与非现实性之间，构成相互依存的独特关联。中国近代学者严复
引入这一概念，即将其译作乌有之乡，说明概念内涵的两面性从一开始就
展露出来，乌托邦追求的美好之地，其实从追求的起始处就意味着不存
在，如硬币的正反面共同揭示其独特的概念意蕴。"'乌托邦'（utopia）
这个词本身就是据古希腊语虚造出来的"④，英国作家莫尔首先使用乌托邦
这个词，他在《乌托邦》中描画出了一个人人平等的乌托邦岛国。在这个
非现实的虚幻国度，没有自私与贪婪，没有剥削与压迫，人们各得其所、

① 〔美〕莫里斯·迈斯纳：《马克思主义、毛泽东主义与乌托邦主义》，张宁、陈铭康等译，
中国人民大学出版社 2005 年版，第 19 页。
② 〔古希腊〕亚里士多德：《物理学》，张竹明译，商务印书馆 1982 年版，第 69 页。
③ 陆俊：《理想的界限："西方马克思主义"现代乌托邦社会主义理论研究》，社会科学文献
出版社 1998 年版，第 27 页。
④ 〔英〕托马斯·莫尔：《乌托邦》，戴馏龄译，商务印书馆 2008 年版，序言第 3 页。

各取所需，能够按自己的意愿来生活，享受幸福快乐的美好时光。在文本中构想的这个"向前看"的乌托邦世界，既受到柏拉图《理想国》对至善向往与追求的影响，但又带有文本生产时的特有时代语境。莫尔通过揭露当时资本主义社会的罪恶，揭示使得贫困与罪恶赖以存在的私有制根源，并且主张通过废除私有制达到改变社会贫富差距过大的状况，提倡平均主义的分配模式，进行在平等基础上的合作与交流，开展有计划地生产与消费，为早期的社会主义勾勒了比较清晰的轮廓。但随着这个新社会雏形的问世，莫尔的立场与理论定位又变得模棱两可，犹疑于在场与不在场之间，徘徊在现实的确定性与虚构的不确定之间，以至于后来的学者对乌托邦问题进行解读时也各执一词。无论是莫尔倡导的短工作日举措，还是普遍义务教育制度，或是宗教信仰自由原则，抑或是刑罚补救措施等，都在为新社会的完美图景提供切实可行的方案，但这种文本刻画出的完美无缺，又包含了不能实现的深刻意境。莫尔在《乌托邦》结语处，态度所流露的模糊化最为典型，"乌托邦国家有非常多的特征，我虽愿意我们的这些国家也具有，但毕竟难以希望看到这种特征能够实现"。①

后来的乌托邦思想家也基于乌托邦的背反性特征，按照自己的实际需要对乌托邦及乌托邦精神的性质、意义进行多重可能性的阐释。他们在使用乌托邦概念时，往往沿用了这种具备双重含义的悖论性意义结构，尤其是传统乌托邦具有的社会设计成分，使得所设想的完美与辉煌往往被历史证明是难以实现、难以落地的，带有马克思主义经典作家所诟病的虚幻性；但其中对美好未来的执着与想象，也蕴含理想的原则与积极崇高的气质，使得一代又一代人为之献身。"许多曾经被认为是乌托邦的东西，通过人们的努力，或迟或早是会实现的，这已经被历史所证实。"② 乌托邦褒贬意味的叠加呈现，使得莫尔之后的乌托邦思想家们，对乌托邦的界定与使用产生比较大的差异化效果。研究者采取的阐释进路也越发多元，乌托邦思想史中的概念澄清显得歧义丛生，不仅使乌托邦一词兼具褒贬意义，而且使其陷入多重意味与时空交错的概念嬗变之中。从积极意义上看，这也使得乌托邦这一哲学范畴，具有厚重的历史意义与话语魅力。

二 乌托邦与无政府主义、共产主义

乌托邦在理论传播的过程中，被当作无政府主义对待，其实看似乌托

---

① 〔英〕托马斯·莫尔：《乌托邦》，第127页。
② 章国锋：《哈贝马斯访谈录》，《外国文学评论》2000年第1期。

邦式的架构，却与之存在着很大的区别。无政府主义的概念溯源是中世纪宗教哲学家奥古斯丁的原罪，由此需要在上帝及其代理人的引导下被教化，才须一个出众者的领导约束。由此推论，一旦人们洗脱原罪就不再受控于政治权力。这就在反对一切权威机构的明确主张中，逐渐发展出无政府主义思想的两个分支，一是启蒙运动学派，他们坚信公众的思想境界，可以通过理性启蒙达到可以自我约束自治的程度；二是浪漫主义无政府思想，他们寄希望于人自身道德素质的发展。

无政府主义也对现实社会政治加以否定和批判，与资本主义所鼓吹的个人奋斗和自由竞争背道而驰，主张资本的贪婪本性、资本主义制度的反生态属性，会耗尽物质资源、毁灭自然生态，不相信个人通过出卖自己的时间、为雇主工作可以获得幸福，而是强调通过自由劳动获得生活所需，通过互助与他人发生关系，靠直接参与来处理公共事务。无政府主义者所形成的政治集团，时刻反对重新构建起一个新的国家组织序列，"废除国家和它的一切机构是无政府主义的根本的和最早的宗旨之一"。① 他们渴望以自治方式建立起属于自己的集体模式，来取消政党或政府之类使其无法信任的代理政治模式。"只有当人民自下而上地通过独立的和完全自由的联合，没有任何官方的监护……人民才会是幸福和自由的。"② 它与乌托邦一样试图打破现存世界的结构，从而实现人类的解放，但又不设想关于理想社会的蓝图，它不仅反对现存的政治体制，而是拒斥一切具有集中组织性的社会政治结构。他们追求的是个体性质上的自由，人与人之间的集体联合，仅仅是某种建基于个人性自由的松散契约，认为乌托邦社会的蓝图设计缺乏实质上的意义。

而传统乌托邦所主张的未来社会，具有完善的社会政治框架与制度规范，虽然这种未来社会依托于人性的自我完善，但其明确除了自身的力量对人性恶成分的压制外，还需外在力量的教化介入，同时需要配套的制度安排，形成内外相互作用的统合方式来接近或达到至善的目的。"共同生活的正常运转总是以政府的存在为前提……没有这种强制权力本身，就不能产生完完全全的正义统治。"③ 乌托邦虽然也追求个人的自由存在，但这

---

① 〔美〕特里·M.珀林编：《当代无政府主义》，吴继淦等译，商务印书馆1984年版，第230页。

② 〔俄〕米哈伊尔·巴枯宁：《国家制度和无政府状态》，马骧聪等译，商务印书馆1982年版，第147—148页。

③ 〔德〕奥特弗利德·赫费：《政治的正义性》，庞学铨等译，上海译文出版社1998年版，第168页。

种人性的解放，仍必须有赖于成熟的社会运行方式与政治制度构建。无政府主义往往对人性过分乐观，因为即便在有政治权力约束人性的民主社会，人们也有可能为了自己所在阶级的利益福利来牺牲公平正义，而无所约束的社会无法保证个人利己主义与极端功利主义不滋长开来。而当代乌托邦更为看重人为之人的精神动力，将这种对人性的自我完善放置于对社会现实运动过程之中，不再执着于政治制度实体性完善的终极效果，但也不反对人与某种社会政治的关联性。

　　自莫尔以降的早期乌托邦思想家，对待乌托邦的方式通常停留在笔端，偏重于对社会进行理性思考，这种传承古希腊日神精神而非酒神精神的理性沉思，不大重视身体力行对社会现实的改造，当时的社会条件往往也不允许。传统乌托邦的行动逻辑并不具有自足自为的倾向，虽然当时乌托邦主义者的思想可能指导以形成小规模的社会实验，或启发某种社会革命行动，但却并不致力于主动投身疾风骤雨的大规模社会运动。因为早期传统乌托邦的行动逻辑，更多地的考虑在于为批判现实提供一个明确方向，给人们认知历史发展进程设定阿基米德点。从莫尔在理想与实践领域的自我分裂体现得很明显。《乌托邦》主张宗教宽容，而莫尔在成为英国实权人物之后却积极参与迫害异教徒。早期乌托邦主义者以乌托邦为理型的社会镜像，就如太阳城隐喻的那样表现出社会平等美好阳光普照，能够成为社会黑暗现实的反面参照，并照见到处可见的种种困境缺陷，但又像马克思所揭示的那样，之前的哲学家对如何改变世界，并不能给出改造的方式与途径。传统乌托邦一开始被设定为遥远的未来或不能到达的国度，这就不应企图在当下实现它，否则在形式逻辑上就会自相矛盾。如果依靠革命行动去打破这种理论形式上的矛盾性，但乌托邦运动现实发生，往往与预期的目标设定与理论预设大相径庭，甚至会导致乌托邦实践的多歧性，因为实践的"不是逻辑的逻辑"远比思想层面的探讨来得复杂。批判的武器无法取代武器的批判，空想社会主义所带有的空想性，更多是因为停留在思维着的理性的任务阶段，而理性的改革方案终归要付诸实践的物质力量，实践的这种复杂的逻辑呈现与理论设计的区别在于，"完全注重于现时，注重于它在现时中发现的、表现为客观性的实践功能，因此它排斥反省（亦即返回过去）……亦即使其在时间中展开才能发现的种种可能性"。[①] 虽然在后来的乌托邦主义者那里，往往把乌托邦与社会革命相联系，而且有意去身体力行，但这并不意味着对社会的大规模改造在任何时

---

① 〔法〕皮埃尔·布迪厄：《实践感》，蒋梓骅译，译林出版社 2003 年版，第 143 页。

候都适用，否则可能让社会设计陷入机械化、模式化的僵死教条之中。

乌托邦与革命具有一定的思想亲缘性，两者都是为了达到社会正义的目标，都是内含了某种亲善的政治伦理规范，由于经典马克思主义作家更主张推动社会转变的方式，而非对未来社会实现方案的组织与设计，这使得乌托邦被打下非科学与不现实的烙印。但实际上，乌托邦的行动逻辑更多的是面向于思，为了人自身理论视界的拓展，而不是为了达到理论的逻辑自满性，来牺牲理论与实践的逻辑一致性。革命的实践逻辑在演绎的过程中，会发生多种形式的偏离乌托邦思想初衷的结果，必须通过一种新的理论逻辑来思考社会发展前景与革命前途问题，并对革命实践加以指导与规划。关于外部世界的感性观念与内心的逻辑架构之间的错位，往往是显而易见的。以推行苏联模式等为代表的一批革命者，在践行马克思共产主义学说之时，并没有完全理解马克思共产主义学说的内涵与本质，共产主义被简单视作一种凝固化的终极目标，作为与现实截然相对的理想社会形态，他们企图寻求脱离现实的疾风骤雨式社会改造来实现革命目标，通过强化社会历史运行的铁的规律保证这一社会改造的完成，依靠历史必然性的逻辑去维护不合理的乌托邦运动。马克思的共产主义理想在当今被很多左翼政党放弃作为指导目标，根本上不在于其实现的时间效果如何，也不在于其理论的实质缺陷，而在于他们对这一概念的严重误读。马克思、恩格斯对共产主义的考察，是从社会运动、社会理想与价值观念等多层次出发的，他们并未将之视作某种规划好的蓝图来对待并积极去推行，也不曾要求依托超越于现存社会历史条件的超人力量来完成蓝图目标。"他相信物质的匮乏、私有财产、剥削、社会阶级和我们熟知的国家都将有终结之日。"① 限于对共产主义与乌托邦蓝图设计的简单对应关系的狭隘理解，使得这一消灭现存状况的现实运动，在理论出场之时就被误认为与现实相适应的理想，导致共产主义的践行异常艰难。而现行的乌托邦革命式操作，在本质上与空想社会主义并无二致，仍然是后期传统乌托邦被革命化了的社会历史设计图式。乌托邦革命家为了尽快实现与现实相脱节的革命目标时，看上去人被赋予了革命主体的地位，在乌托邦运动中激发了人们的主体能动性，而实际上个人的价值与主体性被严重削弱，人作为历史主体往往被降格为物，成为硬性规律的追随者，或在革命具体操作时退化为了实现历史既定目的的工具或手段。乌托邦作为历史设计或实体，一旦任由人

---

① 〔英〕特里·伊格尔顿：《马克思为什么是对的》，李杨、任文科、关义译，新星出版社2012年版，第103页。

们通过各种非人化手段促成其实现，不仅导致消极的后果，而且会让人们陷入对共产主义出路的怀疑之中。

在马克思身上的反乌托邦倾向和乌托邦倾向，不能看作是一种无法协调的矛盾，实际上反映出他是一个反乌托邦的乌托邦主义者，"马克思是乌托邦的敌人，但他最终的目的恰恰是乌托邦的实现"。① 马克思对空想社会主义者未来主张的否定性批判，表明他反对脱离现实条件来给未来社会勾勒精细蓝图。虽然空想社会主义者的未来设计，一定程度上克服了之前一味贯彻的平均主义与禁欲主义，但他们只看到资本主义必然灭亡的命运，却未能揭示必然灭亡的经济根源；要求埋葬资本主义，却看不到埋葬的巨大现实力量，更无法自觉认同这一使未来焕发新生的新兴阶级；憧憬取代资本主义的理想社会，却找不到如何通往的现实道路。他们无法真正揭示潜藏于现实之中的未来，所绘蓝图不可避免的仍带有唯心、不成熟和幻想成分。"幻想的未来社会方案，是在无产阶级还处于很不发展状态，因而对本身所处地位还抱着一种幻想的时候产生的。"② 马克思虽然与蓝图式的未来设计保持距离，但这并不表示他不对未来寄予厚望，恰恰相反，他认可空想社会主义对未来社会若干重要原则归纳的理论性，也欣赏他们对现存资本主义旧制度基础辛辣批判的价值立场，而且认同他们对引导与培育阶级意识所作的素材整理。马克思反对的只是一种僵死的未来规划，"'走向何方'……决不会预先知道"。③ 在空想社会主义对未来社会期望的基础上，马克思仍执着于对未来发展阶段的想象。但他不会因为没有关于未来轮廓的清晰把握，就无从判断是否达到了理想社会，也不会因此就认为无法从思想中产生未来的问题意识。这是由于资本主义的制度性问题逐步得以揭示，社会黑暗面已得以充分暴露，"资本主义的法律并不能保证社会主义或自由。马克思主义者的理念做为历史的助产士，被单纯参与其自然进程，革命退化为对现有社会的单纯改良。而历史上的突破，则有赖于不能完全听令的主体行为"。④ 人们必然会通过相应的经济政治文化手段对抗并推翻现存社会，关于未来社会的一系列推测，如果没有物质社会条件准备作为基础的话意义不大；未来社会的组织安排与秩序建构，还是要由未来的共同体成员来处理，如果过早地对社会预测的问题加以强行解

① 〔英〕特里·伊格尔顿：《马克思为什么是对的》，第 109 页。

② 《马克思恩格斯全集》（第 4 卷），人民出版社 1958 年版，第 501 页。

③ 《马克思恩格斯全集》（第 2 卷），人民出版社 1957 年版，第 26 页。

④ Russell Jacoby, ed., *Dialectic of Defeat*: *Contours of Western Marxism*, Cambridge: Cambridge University Press, 2002, p. 114.

决，不仅因草率唐突而陷入无休止的无谓争论之中，而且可能会带来灾难性后果；任何关于未来的精细规划，都可能会抹杀更多的可能性，从本来社会历史推进中亟待完善的革命性中，代谢出反革命的逻辑意味，从而扼杀社会革命的真正意义，使得人们无法关注当下发生的事件，全心全意开展社会政治活动。

如果从现存批判与未来期望的双重视角看，马克思在某种程度上也会被归类到乌托邦主义者的行列，但他与蓝图派传统的道路界限是一目了然的。他决不主张盲目冒失的投身社会预测，而是要切实关注当下的社会问题，同时敞开思想的大门理性期待自由王国的到来。"我们真正需要的是以称作乌托邦的欲望全面代替现代性的主题。"① 当代马克思主义和新左派面临的困境在于：一方面当今比过去任一时刻都渴求乌托邦，力图通过其形成对新自由主义扩张的有效遏制，提出新的未来社会发展思路；另一方面通过对西方乌托邦思想渊源的考察，希望能够形成乌托邦对现代性缺陷的深入剖析，使之从内部生发一种洞察力与批判力。莫里斯·迈斯纳认为，马克思主义与世俗乌托邦之间构成一种复杂的联系，马克思既勾勒出生成在历史发展规律中的未来社会图景，又将若干社会主义类型的思想观念，谴责为乌托邦式的空想，认为其违背了历史发展的规律性。在他看来，20世纪社会主义革命实践创造出与空想截然不同的积极乌托邦，这是一种积极的历史表达方式。原先传统的消极乌托邦主义往往是陷入对美好社会的学理描述，并成为延续开来的持续思想倾向。积极形式的乌托邦不满足于单纯描述性地对未来社会的想象，而是试图将这种想象同依靠人自身现世行动建构更美好社会秩序的期望相结合，把乌托邦的降临视作一种现实的可能性，认为其或已迫在眉睫，至少正位于降临的过程之中，依托建立在必然性基础上的自由构想，作出改造社会现实的集体的政治行动。其实，马克思主义经典作家将空想社会主义指认为乌托邦的批判，更多不是质疑乌托邦目的的问题，而是认为空想社会主义的调和手段带有保守的空想性，对集体的革命行动无视，只能将乌托邦陷入到抽象与静止中去，而基于现实行动的乌托邦才能对真正的世界历史进程带来变革性的效果。尽管各种乌托邦理想最终都无法完全实现，但其中所蕴含的乌托邦冲动，乃是促成人类文明的精神酵母。对乌托邦的抨击与挖苦，不能看作对乌托邦本身的拒斥，倒不如说是对其某些特定阶段中的表现形式与施行效果的

---

① 〔美〕弗雷德里克·詹姆逊：《詹姆逊文集》（1—4 卷），王逢振编，中国人民大学出版社 2004 年版，第 180 页。

抛弃。不能依据乌托邦运动的可能性后果，就将其完全从生活世界中驱逐。在马克思的视域中，对未来的期望是辩证的，来自现实土壤又是对现实生活的扬弃，既可以驻留在当下的某一瞬间，又呈现出一种带有必然性的客观趋向，驻留于未来的某一历史进程。而放弃乌托邦这一视域，对于当下在场的否定陈设，或是对新型建构的美好想象，都只能在现代性的梦魇里转圈。马克思那里的共产主义，是一种开放的、科学的社会发展理论，不能像偏见人士那样简单扣一顶乌托邦帽子了之。但这并不是说二者之间没有任何联系，相反，二者有着一定的亲缘关联性，"马克思在宣告共产主义的历史必然性之前就已经得到了共产主义在道德上是可以向往的结论"。① 既不能淡化共产主义的功能、价值与前景，任意降低共产主义的水准，或进行随心所欲地去历史化创造，也不能将当下无经验证明的积极思想武器完全等同于无根据的幻想。

　　乌托邦、无政府主义、马克思主义在这一点上大体一致，都在于将道德伦理维度的未来期望同社会历史必然性结合在一起，通过践行可能性的替代方案的目标设定，从而完成对不合理现实的批判性超越。"马克思主义和无政府主义都带有强烈的乌托邦倾向，因为它们信奉一个比今天更美好的世界。"② 而不同的是，马克思主义更加注重对社会历史条件的总体性把握，更加注重现实社会运行对替代可能性未来的影响、调整与改换，且深刻反思传统乌托邦主义过度现实化的后果，不愿意舍弃对替代性社会秩序的想象能力，使得未来发生的可能性时空，进入客观历史过程的逻辑之中。随着国际范围内马克思主义研究的与时俱进，并在苏联解体、东欧剧变后在国际上逐渐增强了话语权，进一步带动了当代乌托邦重建，也为雅各比乌托邦思想提供了重要的理论支撑。

三　宗教与乌托邦

　　宗教作为一种特殊的文化现象，是特定历史阶段的必然产物。关于宗教的马克思主义解读，最为人熟知的就是宗教是人民的鸦片论断。其实翻阅出处的上下文发现，这种简单提取是对宗教功能与作用的误读，存在一定的片面性。由于宗教在带有辩护性的同时，也同时具有反抗社会现实的双重性征。"宗教与乌托邦之间有原则上根本的矛盾……宗教典型地具有

---

① 〔美〕莫里斯·迈斯纳：《马克思主义、毛泽东主义与乌托邦主义》，第9页。
② 〔英〕戴维·佩珀：《生态社会主义：从深生态学到社会主义》，刘颖译，山东大学出版社2005年版，第268页。

来世的关怀，而乌托邦的兴趣则在现世。"① 如果不能加以有效澄清与辨明，就不能认识到宗教传统对乌托邦形成与发展的作用，也不能理解之后所述犹太文化传统在雅各比乌托邦思想中的重要理论价值。

在西方宗教传统里，蕴含着正义、自由、平等、至善等与传统乌托邦具有同质性的价值观念，也在一定程度上逼近乃至契合当今所倡导的时代理念。古希腊时期，宗教与神话密切结合后介入政治生活，柏拉图将其看作"高贵的谎言"，而亚里士多德将其看作教化工具，致使这一学说反过来又为宗教领域作教条处理。随着漫长中世纪基督教的广泛传播，神学的地位优势极显，基督教哲学逐渐神学化，哲学长期作为其婢女而存在。文艺复兴时期，思想家们反对原来的神性高于人性，而是持人性应对复苏，不应受神的束缚，但这并不是彻底的反宗教，而是在宗教旗帜下的复兴。到了近代，英国思想家霍布斯用上帝的天国来证明人间的王国，哲学的实用主义功能就在于同传统神学观之间进行划界，用理性的自然之光给神学的最高权威留出地盘。法国启蒙思想家伏尔泰则宣称宗教的绝对合法性，上帝即便不存在也需将之捏造出来。社会学家涂尔干强调宗教仪式的治理功能，指出宗教信仰在维系社会、统合行为认知、制度整合等方面，能够发挥出比较强大的功能效应。帕森斯认为宗教是一种文化整合系统，能够促成人们构建起具有社会规范性的功能—结构。美国神学家蒂利希认为，宗教具有终极关怀与精神慰藉等诸多文化功能属性。

乌托邦与宗教之间所具有的亲和关系，深刻体现在犹太文化传统中。"宗教是乌托邦的潜意识，乌托邦的大部分活力及其激动人心的发展过程都来自宗教这个地下源泉。"② 赫茨勒在《乌托邦思想史》中，认为乌托邦发端于希伯来先知的思想。当犹太人的聚居地古希伯来王国面临亡国威胁时，犹太先知便以超乎凡人的敏锐洞察力，审视当时犹太民族所面临的种种不利局面，揭示犹太民族所处的艰难社会境遇，其中包含了对物欲横流与宗教极端教化的猛烈批判，并设想出一幅复国重建的美好蓝图，竭力勾勒带有时代超越性的重建方案。"有著述"的先知们所进行的未来社会

---

① Krishan Kumar, ed., *Utopia And Anti - Utopia In Modern Times*, NewYork: Basil Blackwell Ltd., 1987, p. 10. 转引自张隆溪《乌托邦：世俗理念与中国传统》，《山东社会科学》2008 年总第 9 期。

② 张芳：《布洛赫：希望的神学》，载曾庆豹主编《批判理论与汉语神学》，香港道风书社 2007 年版，第 109 页。

设计，符合犹太本民族的道德伦理色彩。① 他们自身不仅不满足于物质世界的奢靡享受，而且直指社会矛盾的深层根源，希望通过对宗教异化的否定来复归理想生活，引导犹太民众不被物质世界处处滋长的虚幻假象蒙蔽。先知解决社会矛盾的实际方案往往不尽相同，但他们都希冀于神力因素，通过朝向基督神性的皈依与指引，来实现对堕落人性的实质性改造。但乌托邦思想更多的是理性的产物，关注的是人自身的主体性价值和力量，而不是依靠皈依神灵来达到美好的生活。宗教实践中带有的乌托邦因素，对精神的正义与道德的至善之重视，与一般意义上的乌托邦别无二致，但总体上看，只能算作一种乌托邦的类状物。

　　这种宗教伦理彰显了犹太文化信仰的强大精神力量，即便这种设计带有一定的宗教神秘性，但不能否认，犹太宗教文化与乌托邦的结盟，使之能够始终与现实相对照，以积极向上的态度来面对权力腐败与阶层虚妄，设想一种带有更多可能性展开的希望生活，激励人们在拒绝与批判的脚步中继续前行。"尽管你们向我献上燔祭和肉祭，我却不想接受。"② 宗教与权力结合后，统治阶级繁华物质享乐的背后，隐藏了民众的困难牺牲，教士阶层的虚伪贪婪，整个宗教文化的献祭不再指向耶和华上帝，反倒是倾向于膜拜货币金银与华而不实的祭品。犹太先知早已预言，一旦人们不再接近耶和华，沉湎在物欲的泥潭，那么犹太国家的摇摇欲坠将是必然的，神会作出应有的惩戒。当然，这种先知可以预见的惩罚，并不意味着最后的结果，相反这才是自我救赎的开端。人们应重新选择更加接近信仰，回到信仰虔诚的轨道。

　　奥古斯丁的《上帝之城》，充满着对千年王国的深切期盼。③ 宗教对彼岸世界提供了信仰的支撑，上帝之城这种超越现实与世俗生活相对照的社会憧憬，很大程度上依托于基督教义的指引与启示。乌托邦希望与宗教弥赛亚王国的链接，使得此岸与彼岸的张力关系尽显，同时对于现世与来世的世俗拷问，也有了超乎理性划界的回答方式，既满足了人们对美好生活

---

① 这里的希伯来先知者专指"有著述"的人物，即阿莫斯、霍齐亚、艾赛亚、杰里迈亚、伊齐基尔和艾赛亚第二。

② 〔美〕乔·奥·赫茨勒：《乌托邦思想史》，第 12 页。

③ 奥古斯丁在文中比较了上帝城和凡人城，上帝城是建在上帝之爱上，住的是追求精神生活的人，并将自我置之度外。他继承了耶稣的"爱"的观点，但又指出正确的意志是受正确指导的爱，只是为了热爱正义而自愿喜悦地献出这种爱，爱即正义，将人们联系在一起的就是对上帝的爱。遵从上帝并强调精神的至善，就能获得正义。他赋予教会极高的地位，只有通过教会，人的灵魂才能认识上帝。参见〔古罗马〕奥古斯丁《上帝之城》（上卷），王晓朝译，人民出版社 2006 年版。

的合理诉求，又在现实社会一体化的基础上找到自我新生的力量。随着文艺复兴运动高扬人文主义精神，倡导以人为中心的新文化借以古典为师，将传统乌托邦观念中的宗教成分逐步被剔除，世俗乌托邦观念更为清晰。中世纪时期宗教乌托邦的文化导向，在这场欧洲新兴资产阶级主导的思想文化运动洗礼下逐步退场。转而由近现代的乌托邦主义强力登上历史舞台，通过哲学论辩、文艺诗歌或政治实践的方式，直面现代性冲击下的基督教传统地位衰退。德国犹太哲学家布洛赫更多地继承了末世论的思想传统并将其改造为解放的末世论，他在《乌托邦精神》中指出了尼采所言的"上帝死后"，如何达到完整意义上的人类精神解放。宗教在20世纪面对现代文明下异化生活缺乏指导能力后，乌托邦就成了延续这一精神合法性的唯一力量，也就是宗教的唯一指定继承者。乌托邦的本质是植根于人性内部的乌托邦精神，把救赎的使命赋予人而非上帝，乌托邦思想成为新的历史纪元下去除恶世界的革命灵知。美国犹太学者莫里斯·迪克斯坦认为乌托邦希望更多在于勾勒出前路遥遥的目标，留待更具现实感的人们来施行，乌托邦所具有的圣俗两重性，仍拥有超越于现时代的力量，在期望与幻灭的张力中，成为人类天性中蕴存的带神圣宗教性征的内在冲动。"另一种宗教思想却是乌托邦式的而不是悲剧式的……这种思想鼓励我们向生活提出尽可能高的、启示录式的要求。"① 美国学者魏因伯格通过对培根早期文本《学问的进步》的细读性诠释，旨在阐明"最为紧迫的一个现代问题"即"技术问题"，并从中作出"天真的乌托邦主义"与"现实主义的乌托邦主义"的二分法，来批判性的认识现代事业。前者是生产性的动物的人对实践目的性结果的必然期盼，而后者是源于对作为政治性与社会性动物的人，对现实技术路线的谨慎。此类乌托邦主义即古典乌托邦主义，这一主张带有明显的时代性低调与节制，包括对政治生活局限性的承认。② 虽然它渴望揭示出实践盼望的乐观主义远景，但正是为了体现出对宗教的虔诚，这一现实主义立场又主动揭示出知识的局限。但此局限并非现存之物，仍有待进一步加以界限测度与理性探索。乌托邦思想去探测其界限何在。但过于对现实基础与现实意义的关注，又会限制乌托邦的视界，使其想象力只能达及不远的将来，乌托邦会被矮化为一种基于现实基础的社会预测，而乌托邦主义者则成为线性思维带动下推论社会结构演进的技术预

---

① 〔美〕莫里斯·迪克斯坦：《伊甸园之门：六十年代的美国文化》，方晓光译，译林出版社2007年版，第12页。

② 参见〔美〕奥塔·魏因伯格《科学、信仰与政治》，张新樟译，生活·读书·新知三联书店2008年版，第410页。

测家或"未来学家"。

宗教信仰是否具有乌托邦精神，其实一直有较大的理论争议，不同思想家对乌托邦的理解决定了他们对两者亲和关系的态度。宗教绝大多数都在探讨人类在信仰中完成对世俗世界的跨越，达到对彼岸世界的追求，这种对未来彼岸的希望可谓是宗教容纳的核心态度，乌托邦明显与之有共通之处，都在于从对社会现实不满的基础上，完成对现有生命存在方式与社会状态的超越，致力于通过各种类型的功能性实践来创设美好的生活。传统乌托邦主义的宗教形式与世俗形式的界限，显得较为模糊，想从中挖掘到有历史意义的理论分野，即便具有明晰的界限，也需要极大的理论阐释努力。"至少就乌托邦或宗教救世思想都要求人类在此时此地行动，而并不劝诫人们在等待来世的乌托邦天堂时忍受现世之苦难而言是这样。"① 带有天才预见的千年王国，往往是透过超验性力量的迂回方式来解答人类自身的现实关系，并未完全从世界主义式的宗教偶像影响力下挣脱。宗教尤其在与哲学结盟之后，越发重视弘扬宗教信仰的现实力量，在某种程度上则是逼近了乌托邦精神，而且为了保有自身的神圣体验与观念合法性，不得不借鉴乌托邦思想家对于理想切近的阐释方式。布洛赫在《乌托邦精神》这一文本里探讨了二者在文化上的亲缘关系，指出乌托邦内在的本质与宗教息息相关，"不仅在本质上是真正宗教性的，而且是上帝死后宗教的唯一合法继承人"。② 美国学者希尔斯在《知识分子与当权者》中，试图找到一条知识分子参与凯撒之事的道路，即认为知识分子必定是以入世的态度，秉持某种理念来参与世俗进程之中，而对这种理念的发生史理解，就在于勾勒一条知识分子的乌托邦叙事传统即启示录传统。他将两种传统几乎是合二为一的，从源头上将乌托邦归入《旧约》先知们反复强调的叙事逻辑。这种叙事旨在解释世俗世界的恶带来的一系列诱惑与黑暗，终将被彼岸理想生活所取代。他认为乌托邦叙事传统，源于《旧约》中的先知们反复宣讲的一个信仰：充满诱惑和腐化的邪恶世界总有一天会被一个纯洁、美好的世界所代替，天国思想更加深入人心，信仰更多地被各种异教所继承。

宗教上乌托邦在叙事结构中的善恶二元对峙、正义必然战胜邪恶、不容与恶共生等主流话语，并没有因社会革命家对宗教的批判态度而无法承

---

① 〔美〕莫里斯·迈斯纳:《马克思主义、毛泽东主义与乌托邦主义》，第 22 页。

② 转引自〔美〕马泰·卡林内斯库《现代性的五副面孔》，顾爱彬、李瑞华译，商务印书馆 2002 年版，第 73 页。

继，反而在教条主义政治的革命话语中，也能延绵不绝地加以使用，并释放出激进的话语功能。还有许多知识分子试图将审美乌托邦与宗教思想中的积极因素联结，试图调和宗教与乌托邦之间的内在冲突，来世与现世融洽地在创作主体的乌托邦精神中不断加以延续和体现，显现出审美乌托邦构建中的弥赛亚情怀。

无论是归纳乌托邦的特征，还是厘清几组亲和关系，都是为了让乌托邦概念的丰富内涵，更加为人所理解与知晓。被视作文化定向途径的乌托邦，其内在的批判性向度，都在于提供一种超越不合理维度的可能性美好想象，并竭力使得人们克服自身所存有的种种弱点与消极面。这无疑是要求人们与现存世界保持界限，通过进一步检视其中的缺陷与局限性，并能避免渗透到权力结构中带来危害，"体现了对一个与现实完全不同的未来的向往，为开辟未来提供了精神动力"。①

乌托邦的理想超越维度与批判否定维度构成一种内在的矛盾性，一方面，乌托邦构成与社会现实的矛盾对立，尽可能消除现实中与人相冲突的因素；另一方面，通过希望的传达与人之为人的本真信念，不断生成内在自我超越与外在现实世界有效提升的复合冲动。这种乌托邦冲动在对人的价值与意义的追寻中，又不断体现着符合人自身本性的乌托邦精神。

第三节　乌托邦精神的重建与复兴

"乌托邦"概念的悖论性，致使传统乌托邦的目标设计具有自身无法自洽的理论局限。那么，为何乌托邦思想家仍一如既往地开展乌托邦社会建构。可以说，"战胜乌托邦的，正是乌托邦的精神"。② 乌托邦精神是嵌入总体历史结构之中且能够不断产生历史意志的动能，理解乌托邦精神的价值所在，才能真正理解雅各比为恢复乌托邦理想所作的努力。

乌托邦精神中的希望因子，相信人之为人的本质力量带给人类生活的美好，肯定人之所以立足的大地是存有希望的处所。乌托邦种种具体化的理论缺陷，凸显出现存处境的艰难，但乌托邦思想家们在 20 世纪着手开展的乌托邦精神重建，都是从这些非本质的、可克服的缺陷入手，尽可能重新激发人类改造社会的信心与超越自身有限性的能量，由不完美的状态

---

① 章国锋：《哈贝马斯访谈录》，《外国文学评论》2000 年第 1 期。
② 〔美〕保罗·蒂里希：《蒂里希选集》（上卷），第 148 页。

努力朝向尽可能的美好境界转化。

一 乌托邦精神的重建

乌托邦之所以为乌托邦，就当代乌托邦研究的评断，根本上归结为其精神向度，将其视作对人类政治生活正义的不懈追求，不断赋予其具体的、动态的、多元的时空面向。虽然传统乌托邦作为完美社会理想设计的产物，与政治生活现实之间构成一种对抗性关系，在远离现实的时空序列中，无法做到二者的融通。而具有超越性与批判性的乌托邦精神，则能够植根于人的存在，立足于现实社会，用普遍正义的精神理路来观照现实，政治现实不意味着乌托邦思想的终点。乌托邦精神不应仅仅隶属纯粹精神世界，作为一种超验性存在显露于世。它不仅跃出现存的客观视界，代表人类深层的内心情感体验，而且能够吸收当下沉淀的时代经验精华，还原特定社会历史结构中的属人世界。传统乌托邦在走向现实道路的过程中，过度膨胀与狂热极端而走向退化，使得乌托邦精神也受其影响变得衰弱，而其所具的价值取向，却无须从政治现实中确证，而是在人的自我生存与发展中就得以自证，凸显出人类社会政治生活的内在意义。乌托邦彰显的乌托邦精神，又是在这种与社会历史进程的总体性关系中揭示出自身的意义，人们在不断寻找正义希望的过程中，将其精神意义揭示出来。

乌托邦精神的重建问题，在 20 世纪的思想史中显得十分突出。主张复兴乌托邦精神的思想家，多集中于欧美左翼知识分子之中，从早期独树一帜的布洛赫专门的乌托邦哲学，到马尔库塞、本雅明、弗罗姆、阿多诺等法兰克福学派学者的集体智慧力量，再到美国当代学者詹姆逊、哈维、雅各比的世纪交替探索，串联起逻辑相对完整的乌托邦复兴道路。尤其是面对反乌托邦主义的攻击与质疑，他们一方面汲取乌托邦思想史上的经验与教训，重新塑造乌托邦精神的当代意义，发掘乌托邦精神的社会功能，与现代性保持必要的张力关系；另一方面，突出乌托邦不在场的批判属性，将之与乌托邦主义保持必要的理论边界，逐步消除公众长久以来的顾虑与误会，避免将极权主义的所谓历史公论扣在乌托邦的身上。

随着当代资本主义的社会转型，加上自由主义思潮的蔓延、全球化浪潮的冲击，乌托邦精神在世俗社会结构中，经历了同世俗化精神的博弈与斗争。现代性的话语元素，成为现时代人类竞相奔走追逐的符号化表达，社会生活带来翻天覆地变化的同时，工具理性主导的目标价值，已经如同洪水猛兽般力图彻底消解乌托邦精神。人类在世俗化的生命活动中，逐渐失去追寻自由与解放的价值理性的信心，乌托邦精神已然被一切向钱看的世俗心态所代替。很长一段时期的乌托邦政治运动，使拒绝乌托邦成为一种时髦的时代标记。但乌托邦思想家仍丝毫不怀疑未来政治实践中，当代乌托邦精神的作用与价值。乌托邦精神是人类不满足于完全世俗化的生活，"是超越当下可感的现存状态对真善美价值理想的不懈追求精神……人与哲学的根本精神"。① 与之相对的世俗化精神，则是指人的世俗生活的现实化精神，是人类立足于现实世界的表现。

人作为一种特殊的社会存在物，其包含了多重维度的两面性，如无限性与有限性的统一体、人性善与人性恶的统一体、自然性与社会性的统一体、现实与理想的统一体等。在人作为一个类的整体发育尚待成熟之际，往往只好依托某种不成熟、不完善、不深刻的形式来表达希望与憧憬。随着人类历史进程在近代以来进入跃升期，更多是依靠乌托邦这一理想价值，不断地将人类自身从自然的束缚中解救，从人自身有限性的限制中提升，人由此真正成为了大写的人。人具有不同于其他存在物的独特二重化的存在结构，仅从所追求的总体性精神向度看，一方面追求的，是关注当下实际发生的科学精神；另一方面追求的，是关注理想未来生活的乌托邦精神。由于乌托邦精神的作用力，使得人不会停留在自然性与有限性这一部分，不会满足于现存的单一化的生存方式，而是渴望从自然性与有限性中挣脱出来，找回自身被现存生存方式压制住的无限性，以促成人的本质处在无限的生成状态，不断完成自身朝社会性部分的充分超越。人依靠自身的自由自觉创造，完成对被给定性的不断超越。由于这一包含乌托邦精神的价值本性，使人不会总停留在生活的原地，而是处于充满未知的精神远方。"没有这种超越现存世界的对价值理想的追求精神，人类就失去了希望的召唤，而这一切的丧失，将是人性的彻底沦丧。"② 只有发挥人不是其所是的独特面，拥有超越自身已知状态的不懈动力，才能朝向未来释放出诸种存在的可能性，使得人性在面向未来的生存结构中得以充分地发展。

乌托邦言说的深层结构中，乌托邦精神应是其中所贯穿的主线。人是在物质社会生活中逐渐形成一整套社会意识，这些思想意识中的精华部分之所以能够保留下来，不仅是人与物质世界打交道时相互联系、相互作用的结果，也必须合乎社会历史规律与人自身的需要。人在遵循客观规律进行社会改造的同时，也应当对人类自身内在需求的表达。而这种置放内在

---

① 贺来：《现实生活世界——乌托邦精神的真实根基》，第6页。
② 贺来：《现实生活世界——乌托邦精神的真实根基》，第13页。

信念的精神因子，作为人们一般意义上的思想倾向与价值取向，也是乌托邦产生的实际深层动力，"乌托邦的基础是乌托邦主义精神，即认为社会是可以改进的，而且是可以改造过来以实现一种合理的理想的"。①乌托邦作为一种精神层面的东西，不仅无法加以拒斥，而且普遍蕴存在人类内心深层。由于乌托邦精神的可贵之处，被诸多思想家视作人类的根本精神，在乌托邦历史叙事的结构整体中，乌托邦精神发挥至关重要的作用。

然而有了希望的精神武器，自然就有失望相对而出。不在场的乌托邦总是被习惯性不计后果地加以在场化处置，使得乌托邦精神游移在超验与经验之间，或是直接消极演化为现存社会改造的实际经验，引发的悲剧后果不利于其自身的展开，导致乌托邦社会理想建构的大面积倒退，不仅乌托邦所期望的未来没有实现，反而使得乌托邦精神在对乌托邦的各种责难与人为攻击中严重受损，甚至造成人的自身真实完整性的丧失。乌托邦精神给人们带来的美好憧憬被实体乌托邦所打碎，乌托邦的不在场性与实体乌托邦之间本应有的距离，被盲目付诸实践的在场化现实所解构，实然与应然之间较难弥合的歧异被遮蔽掉了。纷繁芜杂的在场化乌托邦实践，许多都不再将人视作社会历史的当然主体，而是发生了有意为之的降格，或是成为目标设计的物质化工具，或是成为主宰权力操控的扩张手段，或是成为被超自然人力的依附力量。

这就需要通过乌托邦精神的重建，将其本应显露出的"人性的真实"加以恢复。人类只有在乌托邦精神的指引下，才能有彻底解放自身的可能性，才会进入如何更好生存的自我反思之中，才会不断试图走出为生存而操劳奔波的局面，而应转入"为什么生存"与"怎样生存"的境界之中。

二　乌托邦精神复兴的两种取向及内在的善

在乌托邦渐趋衰落的年代，亟待复兴乌托邦精神，通常的路径大致可分出三类复兴形式，第一种是保守主义，是主张"向后看"的类型；第二种是激进主义，是主张"向前看"的类型；第三种则是综合两者优势的辩证类型。

第一种乃是回归传统找寻复兴资源，期待通过传统价值的归集与重构，来提供乌托邦精神复兴的信心，并以传统文化思想为依据建立起复兴的文化价值系统；与之相反的是，第二种则主张全面地对传统文化价值观念进行清理，尽可能消除一切旧的传统和思想，重建符合当下实际的新价

---

① 〔美〕乔·奥·赫茨勒：《乌托邦思想史》，第4页。

值秩序，从而构造一个完全不同于以往的价值信念，将传统因素视作复兴力量中的最大障碍，认为只有与之彻底决裂，文化转型才得以可能，乌托邦精神才会还原以往被破坏的文化基础。

保守主义褪色的根源，主要是由于对现实社会状况缺乏深入的理解，局限于文化观念领域，忽略掉了社会生活发展的轨迹，对传统思想文化在现实领域中的深刻变化没有加以有效研究，在一定程度上脱离了现实生活世界的根基。这种带有形式主义色彩的考察取向，不仅难以对文化传统的现实变迁问题提供助益，还有可能忽略终极价值信仰与现实社会演进的内在关联，非但不能建立起有效探索二者内在联系的思考路向，反而可能成为乌托邦精神复兴的思想屏障。激进主义以期通过施行彻底的文化传统改造来重建乌托邦精神，以建立起主导性的价值观念，但如果完全取消思想文化之间的沟通与交流，割裂乌托邦历史传统与当代乌托邦精神重建的联系，把复兴停留于激进的表层改造，则必将归于失败。

乌托邦精神的消解已然是不争的事实，而乌托邦精神的复兴，实际上是要直面现实生活世界，立足于现实生活的根基，人的主体性征与生存模式发生实质性的转换，从自发朝向自觉、从依附朝向自主、从封闭朝向自由。传统的日常生活世界是相对自发、封闭与消极的，已经不具备重新激活的可行性。与自由、开放、充满创造性的现代世界不同，其在一定程度上束缚了人自身的发展，因为传统文化意义上的日常生活，往往意味着"人们的多数生活均依靠传统、习惯、经验以及血缘和天然情感等因素来加以维系，人们的基本存在方式以重复性思维和重复性实践为基本特征"。① 只有变革以往的主体性征与生存模式，人才可能进入现代化语境。一旦脱离乌托邦精神赖以存在的历史条件，背离社会生活实践的逻辑，把其内含的观念价值完全现实经验化，并加以绝对化的片面解读，乌托邦精神就会变成教条主义的思想工具，人也会随之退化为自身的奴隶，更好的生活非但不能接近于我们的理想，反而会导致种种难以言喻的社会病症，离乌托邦持有的立场越发遥远。

乌托邦精神的复兴，必须使得二者保持在合理限度内的适度平衡，对世俗化运动极端化的批判，绝非完全抛弃乌托邦精神中的世俗成分；对乌托邦运动极端化的批判，也绝非抛弃乌托邦精神的理想成分。只要达到这种相悖状态的适度平衡，对二者极端化有着清醒认识，乌托邦精神重建就

---

① 衣俊卿：《现代化与日常生活批判——人自身现代的文化透视》，人民出版社 2005 年版，第 33 页。

难以从一个极端滑到另一个极端。重建乌托邦精神的进程中，应避免产生与之相悖的状态，要时刻警惕极端化的后果发生。一方面，要警惕乌托邦运动的极端化后果。一旦通过疯狂的重建方式来进行思想观念的塑造，就会将崇高斩落在非人性的角落，甚至可能严重与社会发展的进程相脱节，造成人间惨剧。另一方面，要警惕资本主义经济运行下的世俗化运动的负面后果。一旦通过消费主义、商业主义的泛滥来进行思想观念的改造，就会将崇高斩落在世俗生活的迷津中，造成理想主义精神的滑落，甚至成为一场反乌托邦主义的极端游行与抗议，导致人文精神难以避免的深重危机。

乌托邦精神的建构是一个长期过程，往往是渐趋行进的。而其中内含的善，有着三种认知取向，这也意味着看待"善"的不同角度。一方面，体现了善的历史必然性。"善"是指向世界历史意义上的终极价值，是指向公平正义的乌托邦理论归宿，除了社会伦理上的合法性保证之外，还是世界运行与调整变化的内在动因之一。另一方面，体现了善的条件性。善的生成条件是有赖于人性的健全与社会的进步，不能脱离其所涵盖的历史总体背景。再一方面，体现了善的可实现性。乌托邦精神中存有一种本体论元素，即一种与经验层面去化开来的至善的本体论信仰。这已不单是从伦理意义上实现这种向善的本体性特征，也在于从有限社会现实活动上的无限趋近，不仅在于坚信人类社会朝向理想美好时空转化的可能，而且内生出不断朝向这种可能的精神动力与价值取向。

乌托邦精神的文化初心，都存有对善的信念。西方思想史上对善的把握，大致有两个截然相反的思路缘起，一个是以古希腊柏拉图的善为理论依托。柏拉图的《理想国》是建立在早期世俗社会的基础之上，其中所包孕的善，落实在了对理想国多个维度的建构中，既期望人性中的善通过理性的力量唤醒，又不否认人性塑造不可或缺的非理性要素的作用，既主张在新型社会形态构造中需要不断彰显国家正义，又主张人性正义的铸就对政治制度设计与实施的积极影响，承认人性与制度中的善的本体论价值。其后的乌托邦主义者很大程度上继承了善的本体论思想，并将之进一步融入乌托邦精神的建构之中，将善归因于人之为人的社会属性的内生潜能。"善的型是人们要学习的最伟大的东西，与之相关的是正义的事物以及其他所有有用的和有益的事物。"① 善作为乌托邦精神的内生元素，将人之为人的本性由个体局部向社会整体展开。无论是个体还是社会整体，都将之

---

① 〔古希腊〕柏拉图：《国家篇》，《柏拉图全集》（第 2 卷），王晓朝译，人民出版社 2003 年版，第 500—501 页。

作为思想意志与实际行动的重要目标源泉，既满足于人性正义的个体价值
实现，又满足于更高层次的社会正义的实现；另一个则是以基督教义为依
托。虽然基督教哲学揭示了物理的伦理的与认知的恶，但仍然承认上帝作
为善的根本动力与终极目的，并未排除善在宇宙本体论意义上的存在。当
然，由于社会之恶在于人之天性的失落或被后天环境所遮掩，欲望情感的
部分恶性膨胀冲破理性的约束，这就使得传统乌托邦更多地停留在观念层
面，成为平衡与衬托现实恶的善的尺度，难以将其有效地外化于形，体现
在各种实际生活的行动层面。恶也从人性层面移植到更高层次的社会层
面，现实社会发展中暴露出的种种问题缺陷，使之变成束缚人性善的外在
力量。由此，对社会正义的追求就形成对社会恶的改造，不仅是从伦理层
面实施关涉人性善的道德教化，还是短暂的人性情感的表露，都是侧重于
制度结构的革命性改造，体现为社会不断更新的革命情感观念。

　　乌托邦在近代的演进强化了理性的地位，使得人通过理性能够为自然
与社会立法，实则是取上帝而代之。近现代的乌托邦更加具有实践性，使
得普通人也能借助理性的彰显来掌握自身的命运，而不需将命运交付于上
帝处置，具有极强的平民色彩，抛弃传统乌托邦的道德教化而采取革命的
暴力手段，用一种理想的蓝图鼓舞人的革命实践，对新的历史力量进行认
定，但这又不可避免给乌托邦精神的彰显带来伤害。乌托邦具有的软弱
性，背离了乌托邦精神的初衷，而这往往是其理论预设的缺陷所致。一方
面，在于其预设了终极完美理想的非真实性。这种对希望的完美顶层设
计，使得暂时时空有限的确定性，在一瞬间变得模糊起来，"如果把那些
意义模糊的暂时性的事物和那些意义明确的终极性的事物混淆起来，那就
不可避免要产生幻灭"。① 乌托邦将预设的理想情境进行了过于提前的界
定，力图将其归位在终极完美的范围内，这反而有可能让现实行动不知所
措。看上去人类文明的冲突全部可以在此得以化解，但又陷入一种理论上
的悖论紧张当中去，完美意味着无须再行改变，而不能变化与生成则又意
味着乌托邦自身的幻灭，"描述的是一个静止和严格的社会，没有任何改
革的机会或发展的希望"。② 终极理想就等于变化与生成的瘫痪，预示着在
对矛盾的克服中达到了所有矛盾条件的和谐，而这又恰恰不符合乌托邦的
无限与有限相统一的时空性征，一旦有了终极的存在，时间就会丧失历史

---

① 〔美〕保罗·蒂里希：《乌托邦的政治意义》，《政治期望》，第219页。
② 〔美〕罗伯特·诺齐克：《无政府、国家与乌托邦》，何怀宏等译，中国社会科学出版社
　　1991年版，第325页。

的过程性。在近现代理性启蒙状态下所发现的时间，具有的历史连续性与统一性，会被这种所谓的完美终极破坏掉，消解其中的生成意蕴，而这时原本立足于近现代时间走向的乌托邦，也会在美好想象的丧失中最终向自身的反面。另一方面，在于其预设了超验人性的非真实性，人的无限性一面被无限放大，人自我形象中的有限性一面被选择性遗忘。"它在这个不真实的基础之上构筑了自己的思想和行动。"① 乌托邦有赖于完美人性的思想倾向，这就使得投射到未来的人的形象，有意无意地忘却了人与现实相异化的那部分情形，遮蔽住了人的真实存在。乌托邦的精神中的善的流露与张扬，在某种意义上也是人对其失落本质的复归，人性之中结成的善的因子，因现实的社会运动而集聚在一起，成为稳定社会生活不可或缺的有机成分。"乌托邦作为一种投射到未来的影像而提出的标准，就产生于对人的本质的信仰、对'始终存在'那个东西的信仰。"② 这也是乌托邦精神活力保持，充满善的品格的必要条件。

传统乌托邦预设的理想世界的完美性，带有非常强烈的先验色彩，这样的预设往往背后是悬置了现实的丰富想象力，这与当代乌托邦精神基于现实社会运动而生成的社会历史性，存在目标导向的偏差。一旦追求乌托邦目标上的终极实现，将机械思维强制下的同一性完美结构赋予人类，就不能排除其中所持有的狭隘眼光，也无法取消其中所存在的隐形专制。当完美社会的理想抱负与实际阶段的悬殊过大时，可能就会通过激进的暴力工具来达到目的，不仅导致结果不完美甚至出现巨大的理性消耗。任何社会都不是完美的，只能追求独特而不能追求同一，如果一味以激进暴力的乌托邦运动手段促成完美的实现，将会导致完美走向彻底的幻灭。

乌托邦作为人类的根本精神，传递的是一种本体性存在。同一时代的不同学者做出或介入或疏离的不同选择，哪怕是介入，程度上也会有很大的不同。乌托邦思想家秉持的乌托邦精神，一方面，带有历史主义、现实主义情结，可以在历史的碎片中发现规律性，能积极面对人类历史的苦难，从僵化的既定现实里找寻解决社会弊病的答案，从嘈杂的现实困境中听取历史总结的反馈声，而不会自行索取现存社会的历史遗留物，也不会被动接受历史所赋予的合理存在；另一方面，带有浪漫主义、乐观主义情结，坚信依靠人的本质力量能够实现正义，可以推进人类社会依着善的本

① 〔美〕保罗·蒂里希：《乌托邦的政治意义》，《政治期望》，第217页。
② 〔美〕保罗·蒂里希：《政治期望》，第177页。

性向前发展。乌托邦精神的坚守者兼具以上双重品格，使他们"都有同样的伟大灵感和高度热情，对所抱的理想深信不疑，并对推动世界的改进抱有强烈的愿望"。① 正义作为政治生活的本质规定性，传统乌托邦思想就一如既往秉持正义的首要性，通过乌托邦构建起适合于人内心理想诉求的公共生活，而在这一正义屏障下的每个人，都能在乌托邦庇护下获得自我的完善。对善的乌托邦守护，成为社会政治生活先天判断的价值合法性基础。② 而乌托邦精神诉求所体现的规范性，是人类合乎价值理性与人文理性的自然表达，其中对善的本体论结构把握，成为人类思维定型的有效表达式。理想本身就是未实现之物，与实存"现实"相对立，涉及人类的本质需要，包含着现实所未能提供的内容，以什么样的身份和姿态介入真实的历史语境。理想与现实的天平两端，一旦被加上经验的砝码，就不会自动实现和谐观念上的平衡，而只会在相对的制约中获得彼此关系的张力。乌托邦精神更多从付诸宏大政治实践转向个体希望心灵的建构，不断寻找可超越人现存状态的多种可替代性选择，在个体切实的社会生活意义发掘中探寻希望的奥秘。只要现代人并未丧失植根于人之内心的能力，乌托邦精神就仍然在为人类未来开辟新路。

　　总的说来，乌托邦作为横贯社会发展进程的元叙事，构成了人类物质生活与精神生活的特殊一隅。乌托邦不能简单地加以抛弃，而需要得到尊重、传承与守护。"乌托邦的伟大使命就在于，它为可能性开拓了地盘以反对对当前现实事态的消极默认。"③ 乌托邦正如哈贝马斯所言，同现代性构成丰富的张力关系，作为一项未完成的计划继续推进。把在否定传统社会时丢失的乌托邦冲动找回来，寻找一种更高的文明形态完成对困境的超越，构思更多关乎人类自身命运的可能性方案，尽可能摆脱现代性价值负面因素对人的束缚，减少人类的思维惰性并最终走出并超越现代性。

　　乌托邦作为一种不可能全部实现的想象，剔除掉其中空洞的理想预设

---

① 〔美〕乔·奥·赫茨勒：《乌托邦思想史》，第251页。
② 按照罗尔斯的概念，正义的原则主要有两条：一是自由平等原则，即权利和义务的平等分配；二是差异原则，即假如社会能为那些最少受惠的成员带来补偿，即便社会和经济的并不是完全平等的，它们仍然是正义。事实上完全的绝对的正义，并不可能出现在现实社会中，大多数乌托邦理念中的正义来源于实行绝对的平均主义，但其对于现实生活来说具有一定的危险性。绝对的平均主义的分配制度不仅会阻碍人们创造的积极性和生产力的发展，也无法体现权利与义务的正义分配。参见〔美〕约翰·罗尔斯《正义论》，何怀宏、何包钢、廖申白译，中国社会科学出版社1988年版。
③ 〔德〕恩斯特·卡西尔：《人论》，甘阳译，上海译文出版社2003年版，第107页。

和盲目的狂热，就可以转化为对世界未现状态的深刻预见，赋予人类自我更新的社会机能，蕴含着照亮人类未来的希望之光，对人类自身的发展提出了在工具本体外构筑精神本体的可能性，体现了对现存完全不同的向往，代表人类不断追求理想、追求超越的精神。这一推动历史进步的内在精神动力，是人之为人的根本精神。

第二章　反偶像崇拜的乌托邦

20 世纪人类遭遇巨大的社会劫难，乌托邦出现了一定程度的边缘化，人们难以由衷信任乌托邦。"我们再也不能够思考'根治整个人类的一切牙痛'这种主张了，而且它所再次揭示的东西也变得更少了，这种情况恰恰说明了乌托邦的终结。"① 针对"乌托邦终结"的严酷局面，雅各比出于公共知识分子的禀性，公开发声捍卫乌托邦的尊严。他试图通过对乌托邦思想史的梳理，给出一个反"乌托邦终结"论的思考向度。他绝不认可乌托邦现世终结的论调，即便在某种意义上被视作终结，也只不过是乌托邦作为某种特殊意识形态的终结。晚期资本主义带来的对乌托邦地位的侵蚀，造成乌托邦方法论的降格。原本意义的本体论论断被束之高阁，对未来生活的美好期许与展望仅仅成为一种现实投机的手段，为的只是在物欲横流的消费主义文化牢笼中开一扇窗。乌托邦深刻的历史底蕴，在现代人精神锁链的遮蔽下无法得到有力的展现。

雅各比用历史解剖刀深入查看历史碎片，将乌托邦一词限定在最宽泛且最少威胁性的意义上加以使用。在"传统夺走了此在自己的领导、探问和选择"② 的时代背景下，雅各比把乌托邦问题作为研究重心，对乌托邦力量衰竭和瘫痪进行时代性诊断。他认为乌托邦的核心，即一种未来可能要从根本上优于现在的信念，也就是乌托邦精神，并提出关于乌托邦精神复兴的真知灼见。"乌托邦不是一种表征而是一种作用，旨在揭示我们对未来想象的局限。"③ 他始终站在捍卫乌托邦的立场之上，指出在一个社会当中没有乌托邦精神是可悲的，一旦丧失对未来的想象力，就意味着历史进步力量的衰竭。针对乌托邦在当代遭受攻击批评的理论成因，他对犹太

---

① 〔美〕拉塞尔·雅各比：《乌托邦之死——冷漠时代的政治与文化》，第 45 页。
② 〔德〕马丁·海德格尔：《存在与时间》，陈嘉映、王庆节译，生活·读书·新知三联书店 2000 年版，第 25 页。
③ 参见〔美〕弗雷德里克·詹姆逊《乌托邦作为方法或未来的用途》，王逢振译，《马克思主义与现实》2007 年第 5 期。

反偶像崇拜传统开展历史溯源，并归纳出蓝图派乌托邦与反偶像崇拜的乌托邦两种类型，并通过揭示前者在理论层面与介入实践后的种种缺陷，分析当代乌托邦应当是以什么姿态展现，如何捍卫与守护乌托邦复兴的理论资源。

第一节　反偶像崇拜的历史溯源

要对雅各比的反偶像崇拜的乌托邦这一命题加以阐释，势必要先梳理反偶像崇拜的历史进程。社会历史中的具体语境，尤其是与政治相关联的语境下，难以对偶像概念以中性立场进行普遍意义的界定。历史中出现的重大偶像崇拜现象，通常多与政治事件必不可分。这其中的偶像已自觉暗含了一种隐蔽的维度，用以揭示某种隐藏的政治属性、身份，其背后也意味着权力的展现与纷争。反偶像崇拜的主体往往以偶像一词来指认自己的对立面，或者指涉一种被他者过分抬高或评介的形象。

偶像崇拜就是对偶像、图像或物体的崇拜，把某种形象无限放大为一种具有极大能量的独立对象物或自主性主体，或将这种对象信仰极端化，成为一种极端信仰着的象征物。感知与表象在其中进入到一种神秘化的状态。偶像崇拜已不再局限于原始偶像领域，而是逐渐渗透进思想观念领域及话语控制层面，成为带有浓厚意识形态色彩的虚假模式，甚至演化为一种新型拜物教。"这种模式不只存在于异教原始的偶像中，还渗透进了思想语言和之中，也同样存在于意识形态或拜物中。"[1] 可以说，偶像禁令与反偶像崇拜的发生史，对雅各比这样具有犹太背景的批判理论家产生了重要影响。

一　偶像崇拜的历史演变

思想家哈维尔曾说过：没有信仰是不可想象的。崇拜作为一种人类历史发展的文化现象，既是原始蒙昧状态的重要体现，也是现代文明狂热的文化符号之一。"宗教并不创造道德，它只是把在一定的社会制度基础上生长起来的道德规范加以神圣化而已。"[2] 偶像随着人们的蒙昧和狂热，发

---

[1] W. J. T. Mitchell, ed., *Iconology*: *Image*, *Text*, *Ideology*, Chicago: The University of Chicago Press, 1986, p. 113.

[2] 〔俄〕格·瓦·普列汉诺夫：《普列汉诺夫选集》（第3卷），生活·读书·新知三联书店1961年版，第401页。

生着不同的变化。

　　原始人类对模糊自然力的崇拜或畏惧与日俱增，而随着这一力量越来越具象化和系统化，因此就要通过图像形式将崇拜的偶像神可视化处理。原始社会生产力水平的低下，阻碍着人们对世界的深入认知，但人类开始制造使用劳动工具与自然物打交道，便产生了大量以自然物为依托的精神生产活动，逐渐孕育出带有意识形态萌芽的自然崇拜，这也是人类文明最开始的偶像崇拜。自然崇拜的对象物无非是在当时还无法理性把握的神秘天体与自然宇宙现象，反映了原始人类质朴直观的思维方式，其中更多体现的是自发形成的对陌生自然景观的本能畏惧与无助，这在多数情形下不包含严格意义上偶像崇拜的自觉态度。人们受万物有灵论的集体表象的思维模式的影响，崇拜他们生活中不能解释的现象。他们把崇拜的对象人格化，祈福自然也能具有人一样的善恶来观照人类，这与原始人的原逻辑思维方式有很大关系。他们那时还无法有足够的能力与自然分离，反过来出于对于自然生息规律的一无所知，使其处于自然力量的联合掌控之中。他们不得不寻求神力的帮助，祈祷自然神力助力于氏族部落的繁衍与长期稳定，坚信万物都为神灵所赐予或把控。同时，通过运用自然界的物质材料，并将对神秘力量的崇拜融入对象物中，制造出各式各样的偶像崇拜物。无论是哪一种形象塑造物，都将自然神力再现了出来，而且都充分糅合了原型的元素。两者交融互渗的同时，使得神像、神迹所发挥的效力，基本同原型归为一致。即便在偶像制作的过程中获得了劳动的快感，也无意识地将之归因为崇拜对象的神性力量。"人们活跃的想象力，由于对其不断利用的那些对象的抽象概念感到不适，开始把这些原因变得更加特殊，给它们穿上更适合于其自然理解力的外衣，将它们表现为与人类一样是可感知的理智存在。"①

　　经过漫长的野蛮历史阶段，物质生产的活动空间慢慢扩大，随之而来的是人们对自然领域的操控能力增强，原始宗教性质的图腾崇拜开始兴起。摩尔根的《古代社会》中，就揭示了关于图腾崇拜的一般原则，即同一部落内部具有截然不同的氏族图腾标记。原始人类对图腾的崇敬，源自人类祖先自我意识的初步觉醒，他们认为所在的氏族部落同图腾之间存在某种亲缘关系，或者视其为所在环境的创生源头。因图腾被赋予了原始先民的价值精神取向，作为氏族部落的象征物或庇佑神迹，成为早期人类社会品格的萌芽，能够凝结起更为紧密的血缘关系，具有初步理性的道德伦

① 〔英〕大卫·休谟：《宗教的自然史》，徐晓宏译，上海人民出版社2003年版，第59页。

理生活开始建立起来。

之后的自然崇拜逐渐在演化过程中，有了人形的外衣，人形偶像的崇拜逐渐取代了纯物性崇拜。以一种新的象征性的原始感性力量化身，即以神的面貌出现，"鬼和神同人一样地有喜怒哀乐的情绪，有情欲、意志和种种要求"。① 神话叙事的展开，意味着完整人性与神性的某种自觉联合，甚至成为一种社会伦理力量的化身，有了最初意义上真实与虚假交替的意识形态效果。"对原始人的思维来说，神话既是社会集体与它现在和过去的自身和与它周围存在物集体的结为一体的表现，同时又是保持和唤醒这种一体感的手段。"② 基于万物有灵的思想支撑，在对图腾供奉的同时，还通过人化造像，对象化为一种关于先人的偶像，形成了关于祖先的供奉与祭拜。人死后的物质身体不再，但灵魂却能从身体中抽离出来，具有了某种虽死犹生的神力因素，而且消退了自然生死所带有的动物性因素。祖先崇拜实际上是关乎人自身的崇拜，是一种人类对既往历史的自我崇拜。人类进入文明社会之后，宗法秩序也逐渐形成，出现鲜明的阶级分野。祖先崇拜进入到了上层建筑层面，参与到人伦秩序的建构与调节之中，也参与到了同一性社会结构内部的伦理规范认同之中，其内在意义就发生了一定转变。祖先逐渐成为一种新的冥冥神力，能够洞察与评判人类日常的社会行为与意识观念，这一神迹功能在巫史文化的作用影响下逐步扩大化，逐渐演化成了一种关于天命观的新型伦理崇拜样式。

通过宗教偶像因素的介入，宗教偶像崇拜变成原始宗教崇拜与权力崇拜相融合的产物。西方文化传统下的宗教圣性崇拜，与君王崇拜一并占据封建社会意识形态的主体位置。这些早期人形偶像的崇拜方式，提供了人类具有自觉偶像意识生产能力的社会基础。西方传统关于何谓偶像崇拜虽显含混，像奥古斯丁认为偶像崇拜仅指肖像所代表的受造物，反偶像崇拜等同于反对尊奉异教神，而使徒保罗则兼指立像与像所代表的受造物二者，着重体现在禁止立像行为本身。像阿奎那将偶像崇拜的类型大体分为崇拜神圣肖像本身与崇拜受造物，受造物可以是特定凡人改造成的神性肖像，也可以是把整个世界及其诸多构成物改造成的众神形象，还可以是至高因创制的某种灵性实体。他把崇拜肖像与神性崇拜相联系后归之于偶像崇拜，赋予其一种不能朽坏之神的荣耀。伏尔泰则认为不存在不拜神而只拜像的偶像崇拜者。人类社会的三大宗教中，基督教、佛教均力图建构神

① 朱贻庭：《中国传统伦理思想史》，华东师范大学出版社 2003 年版，第 53 页。
② 〔法〕列维·布留尔：《原始思维》，丁由译，商务印书馆 2007 年版，第 71 页。

的图像。① 在宗教偶像崇拜者的眼中，这些图像能够直接代表神，是神在世俗世界的具体化。

涉及人类信仰的偶像崇拜史大体可以分成四个阶段，不同阶段具有各自特点的表征形式。其所体现的崇拜主体异化水平也有所差别，偶像与信仰主体的关系也交织为不同的矛盾状态。第一阶段，表征为感性和理性的混杂交错，偶像崇拜附着于纯粹质朴的物相之上。物在偶像崇拜结构中的地位显著，崇拜主体几乎依赖于对物化偶像，产生的这种依附性与物的实际所有权之间，没有直接的关联性。无论是多神教还是一神教，都很大程度上体现为对人形神或有生命的动物形神的崇敬，这种对不可认知的神性探索，逐渐从各式具体的物朝向抽象的神秘力量之中。第二阶段，表征为感性认知与理性认知的初步解体，偶像崇拜已超脱于对物相本身的依赖，转而投身背后的信仰本身。偶像崇拜主体认为圣像只是作为崇拜敬仰的中介物，要尽可能地去除物本身的感性一面，将圣像作为以感性形式呈现的一种表达手段。而反偶像崇拜者基于犹太文化传统，更加拒斥一切偶像，他们担心感性物相的外在属性会弱化信仰，极力排除损害内在信仰的外在崇拜环境。"严禁为真主画像，甚至严禁画活的生物、人或动物，——为的是不给偶像膜拜留下任何借口。"② 可以说，偶像只能是手段，绝对不可

---

① 伊斯兰教是在犹太教和基督教的基础上形成的。早期伊斯兰教背景下的宗教活动，也将偶像拒之千里，拒绝审美情感和艺术形象成分的参与，不容许对基本宗教观念作出形象生动的注释，只给审美活动留下与生命活动几乎没有直接关系的抽象艺术。任何妄图对真主进行有形象的描绘，都是对其无限超越神性的亵渎，甚至禁止画人和各种动物的形象，并禁用这些形象作为装饰，所以没有穆罕默德的画像流传下来，《古兰经》中数十次提到偶像并表达崇拜偶像无用的含义，反对用偶像与圣人相对应。而今只要不是为了膜拜而造的人或动物形象，都逐渐被允许。通观《古兰经》没有描述圣人形象的文字，但也没有提到反对用文字描述形象，用文字描述圣容的做法与禁止偶像崇拜并不相违；按照佛教教义，释迦牟尼涅槃成佛后便超出六道轮回，不再具有可视形象。释迦牟尼佛在世时就出现了佛像，但这并非作为偶像来崇拜。佛陀涅槃后的六百年间，弟子也一直不立佛像。早期佛教雕塑艺术中，佛陀的莲花座上没有任何佛像，仅以其生前使用过的身外之物如法座、法轮，或佛祖传教过程中留下的形迹如佛足印作为象征。早期佛教在必须出现佛祖的画面和场景中，需观者借助于想象去填补，直至大乘佛教全面兴起才逐渐改观。而此后佛教艺术中创造了佛教造像，以至博得"像教"的别称。释迦牟尼留下的宗旨是拈花示众，不立文字，但后继者却创制庞大的偶像群，让佛像这一信仰载体与经文享有同一待遇。佛教虽然反对偶像崇拜，却也不否定佛像的存在意义。出于对佛陀的怀念，后世雕刻塑造出庄严的佛像供奉于塔寺，以寄托众生对这位正觉者的无限追思，期望佛之正法常驻人间利益群生；道教是多神教，是中国本土宗教，最终追求是得道成仙，其中涵盖了中国神仙系统中的各路得道仙人，他们都被尊奉为偶像来崇拜和祈求，成为其信仰体系有机的组成部分。

② 〔俄〕雅科伏列夫：《艺术与世界宗教》，任光宣译，文化艺术出版社1991年版，第163页。

能作为目的本身。第三阶段，表征为感性偶像与神性光辉之间隐藏的矛盾冲突，以及在不断博弈中出现的阶段性调和与妥协。偶像已不仅仅是达成信仰的外在形式与手段，而是试图传递更多超越感性本身的东西。尤其是宗教内部反偶像崇拜与偶像崇拜的斗争加剧，使得宗教的神秘性逐步下降，神圣的光环被一点点打破，通过各种艺术制作加工起来的偶像制品，从对神的崇拜中游离出来的人的光辉，人在偶像中介的作用下不仅为了达成信仰，还为了展现人自身的类本质。第四阶段，表征为感性偶像与工具理性的现代性矛盾，导致偶像崇拜产生更多的变异可能性。随着西方理性主义的日渐兴起，导致工具理性对人类精神领域的操控日益加深，理性与感性的认知鸿沟在不断拉大。人们逐步从蒙昧状态里解脱出来，偶像的感性色彩逐步退化，神性被新的理性崇拜代替，抽象化符号化的偶像模式成为现代性崇拜的主要样式，诸如国家观念、民主价值、科学话语等变形观念性的偶像成为主角，甚至成为具有意识形态统治色彩的至上偶像，原初意义上的神性代表力趋弱，对神祇的原始崇拜形式几乎不复存在。

从现代话语视角来看，偶像没有黄昏，有的仅仅是隔落与重生。偶像崇拜的现代话语方式，大体有替代、延伸、颠覆三大类。第一类大体上是用异质神对原有一神或多神的取代，抑或是通过神性观念或新兴思想立场来取代神本身。第二类大体上是制造矛盾冲突双方的紧张对立，在与原有偶像的对抗中获得显著优势地位，或同所确立的偶像势均力敌，即表示以新偶像的面貌示人。第三类大体上是保留反偶像崇拜者与偶像崇拜者、异教人士与宗教内部之间的存在的分歧，但是关于这种观点分歧之争的评价产生极大的变化，甚至是完全的反转。①

偶像化是一套技术，将一些传统的做法与对象视为偶像。从起初的纯洁到后来制度化引发的偶像崇拜，拜被看成是在拜偶像，拜的行动不仅仅被偶像化，而且也成为非常重要的偶像化缘由。传统仪式都会包含拜，会采取一定的拜的仪式，而且尚未完全除魅，同一个谱系里的仪式对信徒施以了强制性要求，拜本身具有了象征意义，对拜的拒斥是一种特殊的文化景观和心理解释。偶像仍然保留了第一可见者、不可见的镜子的含义，衡量着观看者的能力和限度。施克尔认为，偶像崇拜并不能弥补自主性的个人缺失，社群的缺度和不完整的身份，权力和认可的缺乏。现实与理想鸿沟对人类的压制往往是无意识的，个体的社会形塑与欲望表达的矛盾性，

---

① 参见 Halbertal Margalit, ed., *Idolatry*, Cambridge Mass: Harvard University Press, 1992, p. 224.

往往要通过宗教救赎加以缓解，现实与幻想的弥合很大程度上需要指望偶像崇拜，"在由社会禁忌所标出的创伤性场域，欲望与自我之间的鸿沟会显现出来，使身份和自我受到质疑。这时候，幻想可能是一个身份缝合的方式，欲望和自我被缝合并使疫愈成为可能"。① 偶像崇拜作为一种逃避和补偿机制，使得偶像崇拜者自身也形成一种风险补偿机制。这种补偿机制已经具有了某种人本学意义，既能达到心理需要的满足感，也是某种弥合现实与理想差异的替代性慰藉方式，"上帝的本质就是人的本质在幻想中的反应"。② 偶像提供了日常经验之外的权力幻想，将欲望和能力加以移位，误认作已在偶像身上得以实现，幻想自我身份的转变使得崇拜者暂时迷失在所向往的王国里。主体建构的偶像世界具有某种鲜明的叙事基础，以形成对偶像崇拜者身份与社会形象型塑的模式化理解。偶像崇拜作为现实与欲望的补偿方式，又影响到现代偶像崇拜整体性的功能发挥。

现代偶像崇拜被看作是对古代偶像崇拜类型的变形与转换。偶像崇拜具有普遍民族性、价值多样性、主观盲目性等共同特征。而在偶像崇拜的意义广延之后，偶像一词的魅性逐渐消退③，其领域与类别都有了更大的拓展，从中可以揭示出人对自身的肯定，而又揭示出人类中心主义的狂热性与排他性。虽然偶像崇拜体现了人类精神层面的美好希望，偶像正是以美好希望的符号得以保持的，但经由这一意义延拓后的偶像，最典型的就是其虚假性体现。"现代性就是过度，短暂、偶然，这是艺术的一半，另一半是永恒和不变。"④ 现代性文化中的偶像不断降格，加之现代个体的信仰衰落，偶像崇拜变成一种异化审美的形式扮演，偶像被指认为自我身份与地位的象征，在异化价值观念的影响下，甚至成为一种现有社会文化形态的工具性符号表达。由于偶像和一系列展现方式与手段的意识形态建构相联结，导致了对现代偶像的过度阐释，而这也与偶像崇拜者的意识形态生产联系在一起。偶像崇拜早已从神秘原始话语跌落到现世重压中，这种偶像崇拜的非真实化模式，并不是靠偶像自身完成，其意识形态功能的展开，都无外乎是人类思维活动运作的产物。原始社会主要呈现的是一种以

---

① 海纳曼认为幻想源自欲望，甚至是长久以来被规训的，受到压制的欲望与生活的禁忌有关。幻想的功能在于缝合现实与欲望之间的断裂，人类拥有的一种与困难情境协商的方式。参见陶东风主编《粉丝文化读本》，北京大学出版社 2009 年版，第 168 页。

② 许俊达：《神性·理性·人性：费尔巴哈三部曲》，中国工人出版社 1993 年版，第 140 页。

③ 马克斯·韦伯认为，祛魅就是指从幻觉或者迷信中摆脱清醒过来。参见〔德〕马克斯·韦伯《新教伦理与资本主义精神》，阎克文译，上海人民出版社 2010 年版。

④ 〔法〕波德莱尔：《现代生活的画家》，载〔德〕尤尔根·哈贝马斯《现代性的哲学话语》，曹卫东译，译林出版社 2011 年版，第 10 页。

自然物为对象的图腾崇拜；之后则过渡到了以圣人、仙神为对象的宗教人物崇拜，再到以世俗人、事、物为对象的先人或君王崇拜，并伴随着大量关于思想理论、主义学说的崇拜。近代以来传统文化规范的陆续解体或退场，随之对世俗人的崇拜也发生了转型，进入到英雄模范、杰出榜样、明星流量的崇拜之中，形成一个上帝缺位却都可能是上帝的时代，往往会对社会生活中逐渐形成的诸民间风俗产生崇拜心理。文明发展进程中的偶像崇拜者，不仅是一种变异的文化审美群体，也是富于社会功能与政治意义的群体。他们把个别英雄人物，具有创世意义的领袖等作为神来崇拜，使之具有更加现实生动的形象。人性和神性共建的偶像是人神混搭的，这不仅逐渐丢失上帝的圣性色彩，而且导致现代偶像更为泛滥。现代资本逻辑为满足现代人个性化的审美情趣与精神需求，通过疯狂的异化消费模式创造新的偶像类型。现代偶像似乎能够直接为人力所把握，不仅能够实现与之零距离的互动，还可以通过技术控制来完成大众对偶像的无意识支援与守护。

现代社会的偶像崇拜没有完结，相反，随着以技术所代表的工具理性不断加强，人往往变成自己所创造世界的囚徒，对世界的整体态度也在发生根本变化，人与自然、社会及其自身的关系都越发疏离，偶像以各种新型面貌呈现出来。在现实世界中的现代人，越发丧失了属人的本质，变成了孤立的异己的存在物。在这种状态下，人越将自身分离出去，把原本归属于自身完整性的力量转移到偶像那里，就越为偶像所控，越发依赖于异化偶像的力量，人的精神世界继而越发空洞与贫瘠，在自身无能为力之际，只有乞求偶像赋予其赎回原本来自于自身的那一部分本质力量。偶像应是作为价值坐标立足于世，或是上升为一种文化信仰而存在，而现代社会的偶像往往以更为特殊的方式继续存在，日渐祛魅后褪去神秘的宗教情怀，不再具备原初的仪式感，仪式化的存在意义几乎荡然无存，人与偶像之间的异化鸿沟不断加深。"只有在伪社会关系变成了社会参与的替代品，完全不顾客观的现实时，才能被当做是病态的。"① 偶像祛魅的旨归在于，负有责任地去塑造遵循当代乌托邦主旨的世俗生活。

偶像崇拜史经历了由物到人的转换，人类的偶像意识从自发走向自觉，由简单纯粹走向浓厚的意识形态层面。从偶像崇拜的历史进程可以发现，偶像的外在形象不是一成不变的。偶像崇拜的类型发生了巨大变化，由神灵崇拜到理想圣人再转向到世俗人崇拜，孕育着自觉的道德约束力

---

① 陶东风：《粉丝文化读本》，第124页。

量。这些都体现了人类对前途命运的无限期望，体现了人的自主性程度的提升，体现了人们对自由平等属人价值的追求，而这又可以归结为人的乌托邦精神的有序展开。虽然偶像崇拜活动，以不同的表征方式，在历史进程中隐晦地加以留存，但现代人自身的创造力却被置于偶像之中，转而受其压制与束缚，并顺从屈服，不仅不能在偶像创制过程中体验到自身，反而屈从于以偶像崇拜为代表的人类活动。

二　偶像、圣像、偶像破坏及其变体

偶像作为现代社会话语体系的有机组成，"大致等同于图像或形象，但也可代表真实、智性、德性或生命等的对立面，还可以指代某种虚假的人物、权威和观念"。① 可见，它往往以实物的形式被尊奉，或以真实事件的形式加以推崇，或以物化的形式现实存在，或以神话传说的形式被传承下来，或以历史故事的形式被语言记载下来，或以影音书画的形式被拼接起来，或以某种神秘存在状态的形式被后人加以广泛追逐。

偶像一词起源于犹太文化的基督教，西语中 Idol 一词一向作偶像讲，含神像、幻象、崇拜之人或物等义。偶像相对于真身而言，偶是被雕塑成立体感的真身模拟，像是被描绘或拍摄成的平面感真身模拟，两者都与人或动物形体和形象类似。Idolaty 偶像崇拜一词也指过分盲目崇拜，广泛出现于各种领域，所涵盖的内容不仅如西方艺术史家所说的图像，"任何被允许介入上帝和我们之间的事物都是偶像"。② 《圣经》十诫的第二诫规定人不可跪拜偶像，拒绝、除去与诅咒唯形式而重的崇拜仪式，其神学传统来自拜占庭破坏圣像运动中的神学辩论，而神学作为一种知识，实际对于信仰者的救赎身份既是陌生又是无用的。中国古代《说文》中曰"偶，桐人也"，意指各种艺术刻制成的玩偶。中国上古时期偶像往往以偶人一词代指，先民善于将土木等制成神像供人加以尊奉膜拜。而后经语义变迁，偶人引申作非理性膜拜敬奉的对象物。在中国古代，制成偶人尊奉与不制成具像崇拜，没有本质上的区别，而只在形式上有所差异，这与西方偶像崇拜传统有较大不同。被冠以偶像之名的事物是多种多样的，日常化而被除魅，则通常不会冠之以崇拜偶像，而是与堕落、沉迷、羞耻、轻纵等污

---

① 偶像通常指称一种为人所崇拜供奉的雕塑品或带有神秘力量的象征物，也指不经批判而盲目加以遵从崇拜的对象物，王嘉军《偶像禁令与艺术合法性：一个问题史》，《求是学刊》2014 年第 6 期。

② White Edmund, Images of A Mind Thinking, in Harold Bloom, ed., *Modern Critical Views Cynthia Ozick*, New York：Chelsca House Publishers, 1986, p. 127.

名化的道德观念或话语权力勾连起来。

在犹太文化传统的视野中，形象（image）一词除了一般性所指之外，有时指称偶像（idol）。在以书写形式记载天主圣言的《圣经》中，在相应的语境下二者被直译作"偶像"或"假神"。有时 image 则指称圣像（Icon）。Icon 一词通常被译作"图像"，而在基于教会传统的宗教语境下才特指"圣像"，"只不过它不是口头的和文字的，而是以色彩和形象体现的"。① 图像学（Iconology），也由此被译作圣像学。英文《圣经》频繁使用 Idol 一词，也数次直接将 image 等同偶像对待。圣像一词源自希腊文"εικων"，原初表意为"形象"（Image）或"肖像"（Portrait）。基督教在欧洲的地位确立之后，尤其是随着拜占庭基督画像问世，圣像开始作为所有基督圣体之画像的统称。它利用图像传递启示和救恩的真理，上帝借由此种路径将自身面向世人显示。

在雅各比看来，需要思考实践行为中的物质客体，是以何种方式同偶像相联系的，又是怎样从静态转为活起来了的偶像。图像为偶像崇拜准备了一种具象化功能，这种工具性手段又增加了偶像崇拜的神秘性效果。偶像既不能离崇拜者过于遥远，完全隔绝于感知之外，但也不能直接介入崇拜者的日常生活。图像功能的运行，使得其充任偶像崇拜者与偶像之间某种适宜的中介角色。一旦无法很好地把握这一角色定位，代表偶像的图像就会被反偶像崇拜者视作批判对象。

首先，在于对偶像与圣像作出区分。二者都为物质材料而刻画，基于某种审美方式被各种各样形象化地塑造出来，在基督信仰中二者的差异化却是显而易见的。由于二者形象所承载的功能属性有很大差别，所具内涵的差异甚至是本质上的。偶像是形象物质化的前提，一般情形下塑造的是异教诸神的形象，甚至成为异教神的代名词；而圣像是将物质化的偶像作了神圣化的神学理解，一般情形塑造的是基督内部神圣人物的形象，这种差异反映了有关于基督形象总体的对立统一。但是，由于两者在外在表现上甄别的困难，圣像崇拜在某种程度上就会同偶像崇拜产生混淆，在实际操作中往往沦为偶像崇拜的变种。从外在的仪式上，对"圣像"的崇拜有可能与对"偶像"的崇拜联系在一起。公元 8 世纪圣像捍卫者大马士革的约翰赞成"道成肉身"的基督教核心教义，极力主张基督神性与人性一体化，认为原先上帝不通过形式或身体显现出来时是无法描绘的，而通过肉身显现出来时，就能制作出能被信仰对象所见的上帝形象，"我没有崇拜

---

① 〔俄〕C. H. 布尔加科夫：《东正教》，徐凤林译，商务印书馆 2001 年版，第 175 页。

物质，我崇拜的是那个为了我而变成物质，那个愿意寄身于物质中，那个通过物质实现我救赎的物质创造者"。① "圣像"是抽象神圣上帝"原型"的自我显现，只接受相对的或名誉上的崇敬，崇敬会被导向原型，但仍然不是崇拜，因为崇拜只能用于上帝。而"圣像反对者"认定图像无法显现基督形象，而基督形象也无须借助于图像手段来得以呈现，图像只是对世俗生活的自然模仿。

其次，基督形象被称为圣像，成为神学意义上的基督形象的映照。"神像就是一种被做成人的形貌并受到崇拜的偶像。"② 这一视觉形象与基督教信仰紧密相关，不同于一般人物形象。基督崇拜活动的首要途径即对耶稣基督身份形象的认识。圣像支持者为了将之与偶像崇拜加以有效区分，尽可能符合道成肉身的核心教义，以平面化的耶稣基督形象进行展示。"借用古希腊—罗马神像的雕塑和绘画样式塑造起基督形象，又以截然相反的态度将古代神像当作偶像加以破坏。"③ 受圣像神学解读体系的支配，偶像有着多方面的罪。其一在于由凡人制作；其二在于人神同构的制作机制，使得制作出的形象接近人形，是对独一无二的神性创造的亵渎。基督文化广泛传播时期，基督图像经历了一个普遍神圣化与体系化的过程，"对信徒来说，圣像是一个活着的实体，它可以施展奇迹并保护个人与集体不受疾病、事故、自然灾害和暴力的伤害"。④ 诸如血和肉、酒和饼这些圣物、十字架和福音书等一系列象征物大量出现，暗含了基督形象视觉化的一致性，构成复杂的图像象征体系。

再次，偶像破坏及其变体，往往被视作同传统文化权威的抗争，意味着行动上的某种合法性与合理性。"偶像破坏行为的目的必定是物质的，而非仅仅概念上的。"⑤ 宗教文本中的破坏行为所针对的物质偶像，实际上也就是图像，而被日常化的实践洗礼过的反偶像崇拜行为，其指向的不仅

---

① St. John of Damascus, "On The Divine Images", From Egon Sendler. S. J., ed., *The Icon: Image of the Invisible*, Trans. Fr. Steven Bigham, Calif: Oakwood Publications, 1999, p. 40.

② 公元 844 年，麦若斯《异教诸神》一书对神像与偶像的关系作了详尽说明。参见 M. Edwards, eds., *Optatus against the Donatists*, Trans Mark Edwards, Liverpool: Liverpool University Press, 1997, p. 27。

③ Anne McClanan And Jeff Johnson, eds., *Negating The Image: Case Studies in Iconoclasm*, Burlington: Ashgate Publishing Company, 2005, p. 68.

④ 阿德里安·A. 班吉：《反偶像的战争：1910—1940 墨西哥革命中反偶像运动的意义》，载〔波兰〕安妮·麦克拉纳、〔美〕杰弗里·约翰逊编《取消图像——反偶像崇拜个案研究》，赵泉泉、张建涌、杨贤宗译，凤凰出版集团 2009 年版，第 81 页。

⑤ 〔波兰〕安妮·麦克拉纳、〔美〕杰弗里·约翰逊编：《取消图像——反偶像崇拜个案研究》，第 4 页。

仅是图像及其概念化的思想观念，还指向带有特定时代背景的传统文化权威。被偶像化的行动—被偶像化的物品—被偶像化的场所都是密切相关的，无论宗教符号被支持还是否决，其所附带的修辞有一个存在的本体论基础，即有一个神祇、灵魂或位格，要与偶像争战就需要社会认同。《圣经·旧约》明确告诫信众要坚定克服乃至拒绝偶像崇拜，将之与多神论与性罪恶相关联。在雅各比看来，这此后又走到了一个极端，反对圣像以外的一切图像。反对的图像中，既包括不带有任何宗教色彩的个人像，也包括传统雕塑绘画等带有装饰特征的审美图像。基督教丰富的象征体系，其形式和意义却时常发生变化，特别是《圣经》故事里的母题，虽时常发生变化，但在圣像发展中得以延续，而古希腊、古罗马中的异教偶像与文艺形象也在其造像过程中加以混用。基督"圣像"问题特别强调《圣经》文本，图像来源的文献资料与直接的《圣经》题材之间，都有着一定的相关性，无论是"最后的晚餐"，"下十字架上"等圣经故事，抑或是间接的教会题材，如圣徒殉难、福音传播之类的历史事件等都是如此。传统圣像被认为在本质上是神圣本体的象征，采用高度的象征手法和特定的表现形式，形象的相似度往往不是最重要的，体现的不再是感官唤起的形式审美，而在于表达被圣神所印证，圣化后的形象能否再现或正确阐发教义的真谛才是关键。基督教对圣像的理解，已认识到审美形象所传递的精神蕴含。"圣像清楚地表明了物质世界内在的神圣性，并且祈求上帝祝福所有人类艺术家的创造性。"[①] 原本拒绝一切形象塑造的立场不再，转而进入视觉艺术创作之中，并将其视作具有神圣性的对象化活动。也就是说，偶像所再现的对象本身，不应当是虚化的物象，而是能够真实可见的。偶像制作的过程，其实就是对其轮廓样式的外在描摹与刻画，以一种机械复制品的形式呈现出来，偶像与再现对象所具有的仅是外部形体层面的近似；而圣像所力图再现的神圣形象，基本上出自犹太传统尤其是教义中的记载，缺乏现实的即时摹本能够参照。圣像的描摹与刻画，主要是基于对象生命内在的精神尺度，看重的不再是外在的相似，而是要传达出同本体内在的一致性。

可以说，在宗教文本中，往往将制作的偶像视作一种假象，暗含了一种虚假的欺骗性，妄求将形象同本体的差异混同起来，受众就会不自觉抬高形象，将之视作本体加以尊崇。"偶像让掉落在它身上的目光停止不动，

---

① 〔英〕约翰·麦克曼勒斯主编：《牛津基督教史》，张景龙等译，贵州人民出版社1995年版，第125页。

禁止它再走得更远。而神像则相反，它一上来就在自身中包含了它特有的超越。"① 圣像则被视作真相，作为一个联结信仰者的中介把握不可见的本体，而不将其自身以本体的高度示人。

第二节　反偶像崇拜传统的犹太精神潜流

乌托邦著作虽然汗牛充栋，但乌托邦问题却仍待解答。雅各比貌似理性化陈述的背后，隐藏着强大的犹太精神潜流，作品中所呈现出的文风内容含混，乍看给理性陈述打了不小的折扣，看上去晦暗未明，但究其实质却是犹太文化积淀下的一次理论重建，不仅被套上一层反工具理性主义的面纱，而且为进一步坐实乌托邦思想的当代转向提供了理论资源的支持。

虽然雅各比被一些学者攻击将乌托邦游移在宗教与现世之间，但其确实是作为宗教意识形态之后才加以强化的概念，虽然乌托邦的兴趣则在现世，根本上不同于宗教典型的来世关怀，仰仗人的主体性及对现世幸福的肯定，相信人有能力把握自身命运。② 但只有深刻认识社会包裹的乐园意象，乌托邦的历史才能真正开始，这就需要以一种辩证把握两大领域言说优势的重建路径，为现时代的乌托邦提供出路，从而在犹太教这样的启示宗教中发掘反偶像崇拜思想资源，并对此进行廓清与改造，从根本上实现人们想象力的现实提升，同时为人的自由创造留下去除宗教外壳的新型空间。

一　犹太民族深刻的反偶像崇拜传统

反偶像崇拜是犹太民族的一种文化心理沉淀，具有犹太血统的思想家名单数量庞大。③ 早期犹太传统中的偶像术语往往被视作禁忌，专指异教文化中受膜拜塑造的神像。在雅各比看来，犹太人也不是天生具有抽象思

---

① 〔法〕让·皮埃尔·维尔南：《神话与政治之间》，余中先译，生活·读书·新知三联书店 2001 年版，第 370—371 页。

② 马克斯·韦伯从历史角度指出这是一种古以色列人阻止自己被同化的文化策略，至于这种崇拜为何会选择一种无偶像的形式，韦伯推测，可能是因为犹太民族在该崇拜起源之初还不具有成熟的造型技能，但他也指出了这种无形象崇拜增强了神的尊严和可畏。〔德〕马克斯·韦伯《古犹太教》，康乐、简惠美译，广西师范大学出版社 2007 年版，第 215 页。

③ 斯宾诺莎、马克思、维特根斯坦、胡塞尔、柏格森、波普尔、莱维·斯特劳斯、马尔库塞、弗洛伊德等人，均是具有里程碑式的人物。

维天赋，也不是与生俱来就具有反偶像崇拜情结，此乃独特的历史文化境遇所促成。

犹太文化最早出现严格的一神论传统。虽然远古时代的犹太人也尊奉各种自然元素，但逐渐开始剔除自身宗教文化中的拜物教因素，成为自觉地反对偶像崇拜的民族之一，"纵观宗教发展史，犹太教破天荒第一次宣称严奉名副其实的一神教"。① 随着宗教意识渐趋抽象化，他们对自身民族起源的神话解读就发生了很大变化，形成对诸如木制圣物与石刻雕像等具象物的抗拒心态，加之亚伯拉罕同一度盛行的偶像崇拜分道扬镳，偶像崇拜逐步被犹太文化增添了一种恶感。犹太人抽象智力活动越发的增加，使之逐渐进入到一种反感直观形象的集体无意识之中，自觉惯常地逃避物态形象，而强化抽象思维的穿透力。这使得他们对上帝概念的理解，都带有更为抽象更为普遍的自由象征意蕴，"它强调的是人与神的自由，而非预定的宿命"。② 而且，犹太人的敬神同学习和研究是紧密联系的，甚至直接将之视作宗教仪轨的必要构成，作为践行宗教美德的基础要件。学习不单单是自我价值的追求，而且是一种神圣的义务。犹太文化不限制更未曾禁止普通犹太教众直接领会或探究教义文本，这也滋养了数代犹太人善于抽象深思的习惯。同时，犹太人作为民族整体保持彼此之间的密切联系，成为世界文化交流的承担者，往往从多方面吸收不同民族的文化财富和思想营养。犹太民族又寄希望于自己的精神财富，以取代争取犹太国家独立条件缺失的飘零感。此外，犹太人在历史上遭遇巨大的挫折与不幸，由于古犹太立国的历史很短，他们背井离乡四处漂泊，被迫流散到世界各处，无论生于何地处于何种居所，都很难争取到有形的社会地位，也很难获取充足的民族荣耀，只能在精神世界自由驰骋，以获得完整心灵的寄托与安慰。歧视与迫害带来的深重苦难，使得他们对具象化的世界图景更为敏感，驱赶与屠杀带来的困难记忆，使得他们的心灵铭刻更多的是流浪的变动的物态印象。犹太人在无形中被锻造成敢于对抗精神偶像禁锢、创造激活新生思想的民族。

犹太民族是一个被深深打上宗教烙印的民族，其神秘性和独特性是与反偶像崇拜的宗教信仰分不开的，犹太教是这个民族的文化传统的核心和集中体现。《旧约》中虽然表述了犹太人在特定阶段违逆上帝的例

---

① 〔俄〕谢·亚·托卡列夫：《世界各民族历史上的宗教》，中国社会科学出版社 1985 年版，第 401 页。

② 〔美〕罗伯特·M. 塞尔茨：《犹太的思想》，赵立行、冯玮译，上海三联书店 1994 年版，第 27 页。

证，但这并不妨碍他们认同上帝的至上性，也并不表示阶段性的违逆行为不能进行纠错。犹太人一如既往强调对上帝的尊奉与笃信，世间的一切包括作为上帝选民的犹太人自己，均为作为其受造物，而犹太子民们也一如既往坚信上帝的眷顾，认为是看不见的上帝帮助他们度过了无数劫难，他们也只能作为从属身份的崇拜者，任何有形的上帝的象征物都是错误的表达方式。"这个无形的神却是万能的，仁慈的，无限的。"① 犹太人作为"上帝的选民"的显著身份，也揭示出犹太文化传统中这种特殊且稳固的人神结构。

雅各比认为，反偶像崇拜作为犹太教的重要传统，认为上帝不可见的存在是通过上帝的行动和言说来验证其存在。对基督视觉化形象的塑造，也是建立在这一传统基础之上。苦难深重的历史与现实，使犹太人首先以反偶像崇拜的哲学路径表达理想，保证其有灵敏的触角探寻乌托邦的理想观念与文化观照，有较为完整地理解结构清除与改造各种偶像崇拜观念。"最切实可行而或许又是最简洁地描述犹太人的方式——从神学角度来定义——可能是从反面来体现：犹太人是规避偶像的人。"② 西方广义的偶像破坏，最为主要的是各类宗教传统相互间的破坏，而涉及最广的又是圣像毁坏（iconoclasm）③，而其最初含义包含对所有图像的毁坏。这是由于受众普遍将图像视作偶像的代表所致，"毁坏偶像思想最普遍的表现形式，是通过偶像的物质存在来攻击偶像所指事物，因为所指事物要么难以触及，要么通过偶像特别易受伤害"。④ 毁坏偶像思想的普遍表现，也从侧面显示出图像在偶像崇拜中的优先位置。还有就是针对特指公元8—9世纪拜占庭神学辩论的破坏，"一场关于正确再现上帝的方式的争论"。⑤ 还有

---

① 〔英〕德雷恩·约翰：《旧约新论》，徐一新译，北京大学出版社2004年版，第72页。

② White Edmund, Images of A Mind Thinking, in HaroldBloom, ed., *Modern Critical Views Cynthia Ozick*, New York: Chelsca House Publishers, 1986, p. 127.

③ 该词来自希腊词"εικονοχλαοτηζ"，字面意思是蓄意破坏图像，特指与西方宗教文化尤其是与基督教图像相关联的毁坏，从1596年至17世纪中叶，英语中最早明确出现的"偶像破坏"，都特指占庭时期是否允许宗教图像化的神学辩论，到1654年，英国圣公会教徒杰洛米·泰勒为反对激进的新教徒对礼拜仪式的攻击，将该词作为专门术语对待，指称反对基督教图像的人。东方对佛教图像的毁坏则被称为"灭佛运动"，历史成因不尽相同。参见 John Lowden, ed., *Early Christian & Byzantine Art*, London: Phaidon Press Ltd, 1997, p. 152。

④ 〔波兰〕安妮·麦克拉纳、〔美〕杰弗里·约翰逊编：《取消图像——反偶像崇拜个案研究》，第5页。

⑤ 〔波兰〕安妮·麦克拉纳、〔美〕杰弗里·约翰逊编：《取消图像——反偶像崇拜个案研究》，第140页。

一个则是基于改建重修中的破坏。① 偶像崇拜与反偶像崇拜之间，曾经历了较为持久的对立。欧洲大陆有过多轮反偶像崇拜行动，圣像全部被捣毁，图像材料严重缺损，圣者灵骨也悉数焚化，宗教仪式中艺术加工的圣像图画也都遭到抹除，在教堂岩壁上所能看到的，皆为取而代之的关于自然景观的艺术饰物。支持或反对圣像的宗教律法文件也遭到了销毁。还有与之相关的各类言论争辩、书面记述也一并遭到清理。②

在雅各比看来，圣像被毁坏的过程，也是基督形象被视觉化塑造的过程。基督形象的最初确立，是对异教形象的借鉴或直接挪用，而圣像也是在对异教偶像毁坏中得以确立的，这也引发了关于圣像崇敬与偶像崇拜二者具有本质差异的解读方式。虽然上帝本身并未完全反对制造形象，但也只是在装饰功用上默认了形象存在的价值，为上帝所用的范围极其有限。犹太传统对人造形象诸如木偶、土偶、塑像、画像之类的坚决否定态度是相当明确的，这些人造偶像是非真实的、物质性的，是没有生命也没有灵魂的物质形体，不存有任何精神元素，更谈不上神性。偶像崇拜活动本身，就是对人造物的神圣化，意味着人的自我欺骗。异教诸神的形象，由于同一神信仰相对立，同样也是暗淡无光、空洞失色的。圣像支持者通过将这一图像象征体系神学理论化，着力回复圣像毁坏运动后的基督视觉形象，使之相应的形象替代物或象征物尽快再现。而偶像破坏者坚决反对崇拜图像形式的行径，甚至将之视作异教实践。基于犹太传统中不可雕刻偶

---

① 参见芬巴尔·B. 弗勒德《重塑早期印度清真寺中的反偶像运动》，载〔波兰〕安妮·麦克拉纳、〔美〕杰弗里·约翰逊编《取消图像——反偶像崇拜个案研究》，第 24 页。

② 现今仍存有大量文献记载反偶像崇拜运动以及与偶像崇拜的话题论争。从皇帝利奥三世于 726 年夏季颁布《禁止崇拜偶像法令》时开始，直至 843 年摄政皇后提奥多拉极力推行与之相悖的《尼西亚法规》时结束，共持续了 117 年才得以完结。公元 726 年，东罗马帝国皇帝里奥三世将地中海小岛上火山爆发，视为上帝对偶像崇拜的惩罚，并以此为由颁布圣像破坏的方针，下令废除教堂和修院内的一切圣物。摄政皇太后艾琳在 787 年召开的由 380 位主教参加的第二次尼西亚会议，推翻了里奥三世的圣像破坏政策，并视其为异端，规定一切圣像都应受到尊敬，标志圣像破坏运动以神像的完全胜利告终。教皇辛玛古在与摩尼教的斗争中，在君士坦丁堡焚烧了大量摩尼教所信奉的偶像和宗教典籍。公元八九世纪的拜占庭地区，与公元 16 世纪宗教改革时期尼德兰的圣像毁坏运动，波及面最为广泛，意义最为久远。基督新教废除圣像更加激进，几乎各个新教派别都把废除圣像、圣物作为宗教改革的重要内容，尤以加尔文宗在荷兰等地掀起的圣像捣毁风潮为甚。明清之际天主教传入中国，因为反对中国人祭祀祖先牌位，并将之视作偶像崇拜，中梵还爆发著名的"礼仪之争"。而正统天主教还是允许绘画耶稣、圣母和圣徒的形象，尤其是在文艺复兴时期，许多圣画圣像成为不可多得的珍品。陈钦庄《基督宗教简史》，人民出版社 2004 年版，第 59 页。

像的戒律，将任何加以违反的行为都视作异教式的偶像崇拜，他们拒斥以图像表现无限超越性的上帝。对其任何形式的形象化再现手段，都可能更多关注在无生命的物质材料身上，而忽视了对神圣性真理的把握与神谕的教诲。①

反偶像崇拜运动以及与偶像崇拜的话题论争，涉及犹太教的偶像禁忌。"只有这条诫命才能解释犹太民族在其教化时期当与其他各民族相比较时对自己的宗教所感到的热忱，或者解释伊斯兰教所引发的那样一种骄傲。"② 反偶像崇拜不仅包括反对崇拜图像象征物诸如各种异教神魔，还包括反对为物性实体立像。

而雅各比尊敬的乌托邦思想家，"许多人都是犹太人，他们都或隐或现地服从禁止偶像的戒律"。③ 犹太宗教文化中，上帝创造万物后必须设立律法和秩序。摩西十诫中的第二诫，即"不可为自己雕刻偶像，也不可作甚么形像仿佛上天下地和地底下水中的百物"。④ 就是在人神关系确立的基础上，进一步通过不可雕刻与跪拜偶像等条款，深化对上帝的唯一信仰。在此基础上，进而规范受众的生活行为与权利自由。这一律法的矛头并不是直指造像本身，而是对准了人造物相，坚决拒斥以人的某种形象当作神本身加以尊奉。犹太先知摩西反复告诫不要制作形象，上帝在西奈山的烈焰中发布的神谕，也没有任何形象能通过视觉感官呈现，至高无上信仰的神圣性是不可再现的。上帝不以任何形象出现，是犹太深厚历史文化的诉

---

① 鹿特丹的伊拉斯谟认为，《摩西十诫》的文本图像只是回归早期正统神学观念的一部分，信仰者应崇尚圣灵上帝的精神肖像，而不是上帝的具体形象，文本才是上帝最佳的形象表达，而《摩西十诫》是最合适的主题，借此文本形式回归到能够引导基督徒的最为本质的教义。参见 Anne McClanan And Jeff Johnson, eds., *Negating The Image：Case Studies in Iconoclasm*, Burlington：Ashgate Publishing Company, 2005, p. 140。

② 〔德〕伊曼努尔·康德：《判断力批判》，邓晓芒译，人民出版社 2002 年版，第 115 页。

③ 《圣经》第一次提到的"十诫"出自《出埃及记》20 章 2—17 节，上帝耶和华借由以色列的先知、众部族首领摩西，向以色列民族颁布的十条诫律。十诫包含着"神—人"秩序的两个层面，前四条为第一层面，是神与人关系的律法，具有根本性；后六条作为第二层面，是人与人关系的律法。在《申命记》中再次以略微不同的形式重申。摩西所著五经，即《创世记》《出埃及记》《利未记》《民数记》《申命记》，被视为敬神治民，具有最高权威之根本经典，而其中以《出埃及记》的《摩西十诫》最为著名，也是上帝律法的核心，以至"精神犹太复国主义"运动的创始人阿哈德·哈姆说整本旧约全书都是其注释。这一禁令也影响了源出于犹太教的基督教和伊斯兰教，成为确认身份的关键标志。参见〔美〕拉塞尔·雅各比《不完美的图像——反乌托邦时代的乌托邦思想》，姚建彬译，新星出版社 2007 年版，第 154—155 页。

④ 〔英〕查姆·伯曼特：《犹太人》，冯玮译，生活·读书·新知三联书店 1991 年版，第164 页。

求，并非来自于传统形而上学的本体论诉求。① 上帝否定的不是形象本身，而是把造像当成神来敬拜的行为。摩西见到人所犯的第一件罪行就是雕刻偶像，崇拜偶像。违背了诫律即确立为罪，这也规定了基督文化中的本罪传统。不信上帝这一信仰问题，是犹太律法认定的最高本罪，表现在不敬重耶和华，制造崇拜偶像，自我崇拜、妄称上帝的名等方面。然而，第二诫是十诫中首个被打破的戒律，偶像崇拜成为基督诫律惩罚体系的首要问题。② 《旧约》对偶像的否定和排斥是最为激烈的，这一思潮兴盛于公元前两千年前后，可以追溯到犹太先祖亚伯拉罕那里。③ 真正来源于上帝旨意的反偶像崇拜则是始于"摩西十诫"，这可能是最早关于禁止偶像崇拜的书面契约。《旧约·出埃及记》中记载有一个与此相关的血腥故事，④ 与此一脉相承的是，因偶像问题而引发的口舌争端，甚至屡次较为严重暴力冲突，几乎贯穿了整个基督教史。

有形与无形的区分和对照，是偶像崇拜活动所具的重要特点。按雅各比的话说，"与其纤毫毕见地描绘未来，他们毋宁是期望，等待，或者为乌托邦而工作，但是却绝不使其形象化"。⑤ 显性崇拜活动，不仅包含有形的具象作为对象，还包含具象化的文字性的记诵；隐性崇拜活动，则无须

---

① 参见 Brian B. Schmidt, The Aniconic Tradition: On Reading Images And Viewing Texts, in Diana Vikander Edelman, ed., *The Triumph of Eiehim: From Yahwisms to Judaisms*, Grand Rapids: Eerdmans, 1996, p. 96。

② "不可建立偶像"与对耶和华神的绝对信仰的"第一诫律"联系在一起。天主教会和路德教会将"不可建立偶像"同耶和华为上帝、不可信仰其他神一并作为"第一诫律"，犹太教将"不可建立偶像"同不可信仰其他神，一并作为"第二诫律"。东正教、改革派的基督教及大多其他基督教派将"不可建立偶像"单独作为"第二诫律"。犹太教遵守十诫，将其视为本民族对上帝忠诚的誓言。穆罕默德也认为摩西是真正的先知，《摩西十诫》也随着伊斯兰教的传播，成为其重要教义。犹太教和伊斯兰教甚至更加恪守"第二诫律"，反对任何形式的偶像崇拜，将神化为人形的图像被绝对地禁止。伊斯兰教和基督教发生冲突时，伊斯兰教也曾借"第二诫律"，对基督教的圣像大肆毁坏。

③ 古巴比伦盛行多神论，每年都要进行隆重的祭祀庆祝活动。亚伯拉罕的父亲擅长雕塑，专为巴比伦人塑造各种神像。有一天，亚伯拉罕刻意损毁这些神像，认为这些神像是由无意义的泥巴和石块制作成，应该崇拜上帝耶和华这一天地间唯一永存的神，进而形成批判多神论与偶像崇拜的犹太原始思潮。所罗门晚年，整个以色列王国盛行信仰巴力神，异神庙宇林立，民众信仰混乱。在以色列王国分裂后的暗利王朝，也出现了大量改宗巴力教的趋向，这些偶像崇拜行径都受到耶和华忠实信徒及犹太先知们的抗议和抵制。

④ 按《旧约·出埃及记》记载：摩西在西奈山顶待了四十昼夜，与上帝约法十条即"摩西十诫"，在此期间，其兄亚伦铸造了一个金牛犊作为偶像，率众崇拜，触犯了摩西带回的诫条，摩西勃然大怒，销毁了金牛犊，杀死了崇拜该偶像的三千多人，才在族人中树立起了耶和华一神独尊的地位。

⑤ 〔美〕拉塞尔·雅各比：《不完美的图像——反乌托邦时代的乌托邦思想》，第45页。

用形象化的文字书画符号或实物表达，而是通过具体化的行动实践，对崇拜对象加以膜拜或表示。犹太传统将偶像看作是虚无、虚假的东西，认为用有形方式来描绘无形的上帝，就是对信仰的背叛，是对超验神性的挖苦与亵渎。上帝是无限的化身，这种绝对的精神存在，不应由有限的相对的形象物来表达，无法作外在形象的简约化再现与还原，类似于中国道家传统所主张的"大象无形"。虽然立像本身只是一种尊奉神的手段，但这却有可能产生把像与神视作同一，不足以展现崇拜对象的独一无二，导致神出现降格的风险局面。根据《新旧约全书创世记》的记述，就连犹太民族的流浪生活方式，也不是人类意志想当然的结果，而是跟随神意的指引才完成的。神的谕旨在这一文本中的反复应验，使得犹太民族更加义无反顾地无条件遵守人神契约，严格按照摩西十诫行事，以防止抽象化上帝的显著褪色。这一关于偶像内容的约束条款，实际上成为禁止为上帝造像的律法禁令，意味着偶像崇拜注定要遭受律法的惩治，既而生发了基督教的反偶像崇拜与偶像崇拜的位置交替。《新约》继承了这些传统，但也有所变动，为圣像在基督教信仰体系的确立，提供了神学解释的可能性。《新约》对偶像崇拜的批判力度明显减弱，因为其旨在确立耶稣基督道成肉身的地位，传扬其人间救赎的宗教价值，但这并不表示《新约》无条件地赞同偶像崇拜。耶稣的福音传播到犹太疆域之外，很大程度上就在于解救那些偶像崇拜的异教徒，同时，借助于耶稣的神子形象，赋予其人间烟火气息，是为了缓和与异教神崇拜者之间的紧张关系；而且更加奠定了基督信仰牢不可破的地位，认为物形偶像同其他所有物质东西一样，也绝无可能威胁到上帝的神性，动摇信仰的绝对权威，一定程度上还缓和了与《旧约》中被肆意贬斥的形象概念之间的人神矛盾。

　　反偶像崇拜的文化功能主要在于巩固基督神话—仪式体系，而破坏偶像崇拜运动总伴随着政治权力争斗及政治格局的重新分配平衡。"根据传统版本，在弥赛亚时代，'上帝释放罪人'；与之不同，我们解读为'上帝允许被禁止'。"① 上帝所造物相互之间的崇拜是不足取的，注定背离了教义，是十分荒谬的。欧芝克将偶像制作界定成忌妒上帝的行为，认为制作活动是妄求同上帝竞技，偶像创造主体打算通过打造替代者来实施对抗，而偶像制造者自身也为上帝所创造，根本无法以中介者的形式自居，也同样应当加以严厉反对。而抽象化基督神性对政治权力运行的意义在于，既能维持世俗权力的具体化，又能降低对其的有效干预，将这一神性崇拜限

---

① Michael Lowy, ed., *Redemption And Utopia: Libertarian Judaism in Central Europe*, p. 24.

制在信仰的地盘之内。圣像毁坏者认识到对图像的危险力量和潜在活力，这种对图像巫术般原始力量的恐惧，从毁坏者所使用的手段中可见一斑。反偶像崇拜运动在终结了多样性的基督圣容后，反而将之塑造成一种标准样式予以普及，摧毁圣像反倒是对圣像力量的肯定。

在雅各比看来，基督可否有视觉化的形象，是反偶像崇拜牵连的主题化与特殊化问题，"偶像禁忌对犹太文化的影响仍然是一个具有争议的话题"。① 这也是圣像毁坏问题关联的主题之一。雅各比认为，反偶像崇拜之所以能得到基督教信仰乃至西方哲学的认真审视，源自犹太严禁敬拜偶像的文化传统。圣像毁坏者援引反偶像崇拜典籍，强调基督神性，"偶像崇拜是应当被彻底根除的，这种果决是真正一神教的前提条件"。② 他们对基督视觉化形象采取拒绝态度，并付诸实际行动加以摧毁。圣像在基督教内部的胜利，标示了对偶像的否定，偶像甚至成为上帝的对立面，但同时又完成了对审美形象的重新塑造，道成肉身的信仰价值，意味着反偶像崇拜理念内部的分裂。严肃对待偶像，成了为教义喋喋不休的教义争论中较容易达成的共识，虽然反对偶像的态度存在不同之处，但这种深刻的文化传统被传承了下来。

雅各比笔下的犹太思想家们，反对直呼上帝之名，反而提升了上帝的地位，而这延伸开来又同样可以用作乌托邦身上。也就是说，对乌托邦不直接进行描述，不仅不会贬低反而能够抬高其价值地位。雅各比发现了犹太偶像崇拜传统的现代密码，将犹太人与上帝订立契约的精神元素继承了下来，力求以现代话语方式对犹太律法中的反偶像崇拜因子进行加工改造，通过对现代性社会中的偶像崇拜现象的批判性阐发，并力图超越以往偶像崇拜的类型模式，来进一步发掘反偶像崇拜思想的历史意蕴，从而达到对现代偶像崇拜的抵制，完成一种强烈批判现行体制的时代禁令。雅各比对偶像崇拜传统的梳理中，一直以犹太知识分子的面目示人，力图在西方现代文明的突围中为犹太文化发声，在乌托邦精神的困境下刻上反偶像崇拜的印记，这不仅仅是犹太民族内部的值守，而应当成为一股唤醒乌托邦精神的新时代潜流。

二　反偶像崇拜传统的犹太弥赛亚与德国浪漫派情结

乌托邦自由或者解放如何可能，成为当代乌托邦思想家的共同任务，

---

① 〔美〕拉塞尔·雅各比：《不完美的图像——反乌托邦时代的乌托邦思想》，第 154 页。

② Cohen Steven M，"Jewish Contentversus Jewish Continuity"，in Robert Seltzer，Norman Cohen，eds.，*The Americanization of The Jews*，New York：NYU Press，1994，p. 372.

他们之中不少都是犹太文化的传承者，都在试图对乌托邦在当代的复兴找寻理论资源。雅各比就积极从犹太文化中为其反偶像崇拜的乌托邦思想找到理论关联，尤其是重视探讨犹太弥赛亚与当代乌托邦之间的密切联系，以期回应乌托邦面临的社会宰制与文化挤压。反偶像崇拜的乌托邦与传统乌托邦理论相区分，一定程度上借力于具有反抗行动的犹太文化资源，形成法国犹太学者迈克尔·罗威所言的"选择性亲和"关系。这一乌托邦路径借鉴了犹太弥赛亚的时间框架，敢于抵抗资本主义社会现实生活被拜物教了的各类偶像，反对社会蓝图思维中被形而上学化了的意识形态幻象，试图打破各类偶像的束缚，寻求一种意识形态迷雾外的开放希望空间。

弥赛亚，又称救世主，是现在西文词 Messiah 的音译。[①] 公元前586年，犹太王国的圣殿被巴比伦人摧毁，犹太人深受异族压迫，被迫成为"巴比伦之囚"，产生了历史上的第一次大流散，史称巴比伦流散。他们无条件地相信弥赛亚会降临，上帝会义无反顾将他们从苦难中拯救出来。果然，直至波斯人征服巴比伦后，犹太人回到故土开始对圣殿加以复建。这在历史上被称作第二圣殿时期的时间段，弥赛亚概念被赋予了特殊内涵，末世论、救赎学说，与具有神圣复兴使命的宗教乌托邦理想发生关联。犹太先知一般都认为，犹太亡国是由于违逆了上帝，上帝进而动员外部力量进行干预来实行惩治措施，但又会再度选派某一受膏者对犹太子民加以救赎，而绝不会遗忘他们的生存苦难。在世界末日到来之际，弥赛亚会降临耶路撒冷，通过帮助王国的恢复重建，使长期流亡的犹太人找回民族尊严，能够重返故土以创立新纪元。这种末世拯救的弥赛亚观念，将犹太复兴的历史使命同开创美好人间纪元的乌托邦愿景整合在了一起。这种带有一定宗教色调的乌托邦观念，成为他们精神不灭、敢于挑战一切困苦磨难的强大思想支撑。尽管犹太教形态随着历史发展几经变化，施行人类救赎的"千年王国"乌托邦理想却得以传承与发展。弥赛亚是众多宗教文化所共有的核心观念之一，这也是20世纪当代乌托邦思想家的理论底牌之一。

当代的犹太弥赛亚包含了革命维度，其特征在于深刻的辩证性。一方

---

① 该词来源于中古拉丁语的 Messias，后者又是从古希腊文的 Meooms 转译过来的。再往前可追溯到古代阿拉姆语 Meshiha，而其又由古希伯来语 Ha - Mashi 引申而来。弥赛亚的希伯来文原意为"受膏者"，泛指被授予神圣使命的犹太子民。犹太人自摩西时代起，凡是大祭司、君王、先知将立之时，都需要德高望重者在其额头上涂抹被奉为圣物的膏油，以表征此人为上帝所选派，具有神圣的权威。参见傅有德《犹太教的弥赛亚观及其与基督教的分歧》，《世界宗教研究》1997年第2期。

面对黄金时代的向后看的乌托邦复归，另一方面对千年王国的向前看的乌托邦期望；一方面需要人类的集体救赎，另一方面在于思考个体的逆悖；一方面渲染救赎的末世论，另一方面在于人类革命性的自我创造。这种在罗威那里的政治弥赛亚主义，与当代乌托邦思想家的理论旨归"乌托邦复兴如何可能"基本上能够相呼应。雅各比借兰道尔之口指出，犹太思想家的未来理想，只能在人类解放的大背景下实现，与人类一起被拯救，"在驱逐与流放中等待弥赛亚，等待成为人民的弥赛亚"。① 尤其是西方马克思主义者他们找寻犹太理论资源，是为了更好地为欧洲革命的主体性危机提供某种方案，柯尔施将之看作马克思主义陷入危机的显著标志。他们竭尽全力寻找如何才能突围，既从黑格尔的辩证法传统中寻找出路，也试着从晚年恩格斯关于早期基督教的末世论的论述里搜索话语元素，以重新建立时间框架突破传统历史言说结构，力求打破进步主义的意识形态神话。把人在对宗教信仰的真理追求中所释放的力量，转化为同社会现实相斗争的巨大批判想象力。卢卡奇将阶级意识所具的实际内容，看作是对现行社会体制的历史总体性认知，以此构造起乌托邦精神再生与革命主体性再造的辩证关系，这一具有乌托邦精神的新型革命意识，要落实在个体层面来达到革命的伦理实践，并且以普遍共在的集体行动加以展开，意味着乌托邦的时代僵局有再次打破的可能性。

　　雅各比认为，反偶像崇拜的乌托邦的代表人物，几乎都是作为乌托邦主义者的犹太人，他们受到传统犹太思想的深刻影响。基于这一传统中给上帝塑造偶像即是亵渎的观点展开，拒绝描画乌托邦反而是对其地位的抬高，"拒绝描绘上帝逐渐变成了拒绝描绘乌托邦……正如反对直呼上帝之名一样，不愿意描述乌托邦也不会贬损而只会提升它的地位"。② 这一传统不给未来提供设计蓝图，也不对其加以具体描述。雅各比所提倡的乌托邦立足于现世，而非未来人类生活的具体蓝图。它着眼于具有犹太神秘主义色彩甚至不可言说的美好情境，以便能够找到跨越现存体制中孤立个体与革命普遍性之间屏障的有力理论武器。这种对人类和谐幸福的神秘政治渴望，即"沉浸于对未来浪漫而神秘渴望中的反偶像崇拜的乌托邦"。③ 虽然雅各比并未详细阐释如何将之转化为现实的政治力量，然而这不意味着是对乌托邦的放弃，也不意味着放弃追寻社会历史发展的美好未来。在雅各

---

① 〔美〕拉塞尔·雅各比：《不完美的图像——反乌托邦时代的乌托邦思想》，第 131 页。
② 〔美〕拉塞尔·雅各比：《不完美的图像——反乌托邦时代的乌托邦思想》，第 51 页。
③ 〔美〕拉塞尔·雅各比：《不完美的图像——反乌托邦时代的乌托邦思想》，第 113 页。

比看来，一旦一种社会完全丢失了乌托邦冲动，政治就会变得苍白无力。他认为将希望寄托在这一乌托邦传统身上，当代乌托邦凋零的社会才有可能复兴乌托邦。

在雅各比看来，犹太传统中的受众拒绝直言上帝之名，而反偶像崇拜的乌托邦对乌托邦完全现实化的解读操作，认为也就意味着未来时空份额的损耗或流失。在这种未来景象无法细致镌刻与描摹，而只能以暗示或寓言方式来进行传递并加以说明，其中既意味着对未来的希望，也不放弃对现世的积极关怀。雅各比认为这一传统的力量相对微弱，但布伯、兰道尔、布洛赫、本雅明、阿多诺、卡夫卡等犹太知识分子仍然发挥了积极作用，他们既不轻易向现实势力低头，也拒绝抛开人类应当有更美好未来的乌托邦愿望。这些人被雅各比视作反偶像崇拜的乌托邦思想家，他甚至将马克思也视作批判具象化蓝图乌托邦的忠实代表人物。"从马克思到兰道尔与马克斯·霍克海默，这一戒律徘徊于犹太乌托邦思想之上。对于他们大部分的历史而言，这种有关偶像的禁忌阻止了犹太人描绘绝对，由此可以推断，即未来人们至多能抽象地追求并且感受它。"①

雅各比熟知犹太文化所记述的反偶像崇拜思潮，认为多神论、偶像崇拜与反偶像崇拜之间的斗争由来已久。《旧约》中关于偶像崇拜的理解是较为原始的文化解读，那么雅各比的理解逐渐深化，并与乌托邦的重建与反偶像崇拜传统复兴联系起来。他放弃了蓝图乌托邦，拒斥图像化的乌托邦政治实践。反偶像崇拜的乌托邦往往是看不见摸不着的，以看似神秘的方式发挥某种功能作用。同时，他借鉴了其他犹太左翼乌托邦思想家如布洛赫等的思想，对文艺的救赎与革命功能十分强调，认为在一定程度上音乐这些现代主义文艺武器与乌托邦、犹太民族文化资源是勾连在一起的。他认为音乐在反偶像崇拜的乌托邦中有着重要位置，因为就音乐而言，只能从中听见未来却无法用视觉感官捕捉，它已不再仅仅是一般性的文艺审美表征，而是对犹太弥赛亚传统的递进。犹太文化传统中的音乐，主要侧重于一种精神蕴含，而雅各比对音乐的看重，也不是包含所有的音乐类型，其外延范围已经大大收缩，主要是同犹太弥赛亚情结相关的音乐，是一种能够成为抵抗现行体制的文艺革命工具。雅各比甚至采用图像与音乐的分殊，对古希腊文化与古希伯来文化传统加以区分。看上去古希腊哲学中柏拉图等代表人物对艺术的态度是较为蔑视的，很大程度上是由于对理念世界的现实模仿，会带来明显的

---

① 〔美〕拉塞尔·雅各比：《不完美的图像——反乌托邦时代的乌托邦思想》，第 137 页。

图像效应，而再度生发出的对现实的模仿，更是图像效应的播撒。但不可否认的是，从亚里士多德到近代欧洲的卢梭等思想家，对音乐等文艺形式的态度已有了极大的变化，当然这种变化仍是为一种伦理结构图像化的表达服务。法国学者贾克·阿达利也认为，音乐从旧有符码制约下解放出来，不仅不用创造意义，而且在无意义的无意识表达中甚至试图成为所有结构的普遍理论，甚至可能成为一种极权工具。但雅各比仍然对犹太弥赛亚的音乐保持乐观态度，不会让反偶像崇拜的乌托邦陷入极权主义的牢笼之中。雅各比对两种西方文化的区分方式的理解，必须要同反偶像崇拜的文化背景结合。

　　雅各比心中怀有的犹太弥赛亚情结，使得他与蓝图派乌托邦的理论支援背景，也就是欧洲理性主义传统始终保持一定距离。他认为反乌托邦思想泛滥后展开的乌托邦精神重建，更多是要从犹太文化传统中提炼有益成分。后现代主义的主要代表人物德里达，也很大程度上从犹太文化中汲取理论成分，通过对逻各斯中心主义的理性主义情结加以解构，向着古老的弥赛亚挺进，但并不导向一种乌托邦精神的重建，他对乌托邦的态度是遵循后现代破除根基性的质疑立场。从表面上来看，雅各比与德里达对乌托邦的态度分歧又是显而易见的，但正是具有相似的犹太文化背景，二者的解读仍然具有某种共性，都是对欧洲理性中心主义传统的批判，这就使得雅各比与后现代主义哲学之间有着一定程度的暧昧。

　　此外，雅各比认为，反偶像崇拜的乌托邦除了受古代希伯来思想的熏陶，还受近代德国浪漫主义的滋养。诸如精神、社会、体验等浪漫主义概念，均付诸一种浪漫主义色彩，最具有代表性的就是德国乌托邦思想家布洛赫的希望哲学。在他看来，传统形式逻辑中"S 是 P"的基本逻辑描述是静态性的，其潜在的逻辑是僵化的、机械的形而上学路径；相反，乌托邦逻辑学的基本公式则被替换为"S 还不是 P"，这样的公式才是具有指向未来的生命力，事物潜在变化的可能性才可能被准确揭示出来。而以这种形式去看待世界，始终抱着一种对于未来的期望，才是真正的乌托邦精神。虽然他在文本中有关于不同类型乌托邦的描述，但为雅各比所赞许的，是以"希望"为本体、用"尚未"将世界描述为一个过程的"希望—尚未"乌托邦才是真正的乌托邦，布洛赫的新浪漫主义元素表露无遗。

　　反偶像崇拜的乌托邦还被雅各比置于欧洲社会危机与新浪漫主义兴起这一更为宏大的社会文化语境之中。19 世纪末到 20 世纪中叶的新浪漫主义，不再局限在传统意义上的文艺理论框架，不仅仅是作为一种艺术流派或风格展现出来的，而是深入社会多个领域的普遍性文化思潮，这一思想的崛起是对前现代社会文化生活的向往，如果进一步往下追踪，则指向对发达工业社会的文化批判，即"反资本主义的浪漫主义"① 的思想运动，这是突破传统批判思路的观念价值趋向，游离于古典政治哲学框架外。这一思想运动指认了现代性之中人与自然、社会及其自身等多元分裂的社会根源，这里对前现代资本主义的复归与还乡情结，与乌托邦对新型未来生活的希冀，从内在对世界祛魅的条件下进行施魅，"反资本主义的浪漫主义首先而且最重要的就是必须被视为对'再加魅的世界'的怀恋与渴望，这种渴望的主要方面在于回归宗教，在于不同宗教形式的再生"。② 雅各比认为，这种对浪漫主义术语的借用，使得新型乌托邦对社会批判的棱角尖锐，而后又隐藏在艺术浸润后的蛛丝马迹中，将属于个人主义与神秘主义的话语，向政治话语靠拢来观照现实。

在理论传统的考察中，可以清晰地表明，反偶像崇拜的乌托邦思想如雅各比所言，在犹太文化与德国浪漫主义的洗礼下，"它总是与充斥着圣洁和顺服观念的传统乌托邦主义和社会主义大相径庭"，③ 给乌托邦的老房子引入了一缕无政府主义的微风，让貌似秩序井然的房子不再有危险发生。

三　左翼犹太思想家反偶像崇拜的乌托邦思想因子

雅各比力求让现代性社会中能释放出为诸种意识形态批判提供价值参考的想象力。这一渗透反偶像崇拜因素的当代乌托邦与蓝图派反向而行，把现代性批判与后现代主义反传统的理论优势巧妙结合起来，将犹太传统的视角纳入对资本主义社会的总体批判。在雅各比对反偶像崇拜传统的梳理中，发现西方马克思主义者布洛赫、霍克海默、阿多诺、本雅明等也深受犹太文化影响，大多都具有犹太人的身份背景。虽然他们坚定的反偶像崇拜立场，深受马克思主义内在的批判性与革命性影响，但也同犹太文化

---

① 卢卡奇在其"自我批评"的反思中曾把他青年时期的著作，特别是《小说理论》称为"浪漫的反资本主义"作品。他试图用这个概念来描述其思想倾向的特征，以及与他同时代的其他人著作的共同特点，青年卢卡奇在诊断资本主义社会之物化现实方面最强烈、最明显地受到新浪漫主义传统引导，而且整个 20 世纪西方马克思主义文化批判立场，一定程度上就是从这一传统出发的。然而，这一重要的批判思想传统至今未受到学术界应有的关注。参见〔匈〕格奥尔格·卢卡奇《小说理论》，燕宏远、李怀涛译，商务印书馆2012 年版。

② Michael Lowy, ed., *Redemption And Utopia: Libertarian Judaism in Central Europe*, p. 28.

③ 〔美〕拉塞尔·雅各比：《不完美的图像——反乌托邦时代的乌托邦思想》，第 46 页。

传统的批判精神相融汇。他们的犹太人身份与犹太文化传统，在其对未来革命前景的执着追求、关于社会批判的理论探索中，也扮演了重要角色。

雅各比通过梳理西方现代左翼思想家反偶像崇拜与犹太传统，用批判去清除意识形态偶像，即某种所谓思想科学演变成的观念崇拜。因为在西方现行意识形态的裹挟下，会成为另一种蒙蔽现实的图像逻辑，看上去理性的启蒙完成，而实际上则往往显现出来的只是表象，也许较之以往更加晦涩难懂。[①] 这就成了当代社会误解乌托邦的瓶颈之一，使得以观念为前提的工具理性，以一种神秘化的方式，渴望寻求对世界的解读权。那么，如何让世界挣脱桎梏，脱离带有偶像崇拜装置的无意识科学话语对世界的把控，正是雅各比在梳理过程中需要回答的问题。

第一，雅各比从 19 世纪美国的犹太裔记者莫迪凯·诺亚的《乘船去乌托邦》作为梳理的首站。诺亚在文中把名为阿那纳（又译为亚拉腊）的乌托邦公社，视作全世界犹太人受迫害后的避难所，这种尝试以一种轮廓式的想象出场。这一乌托邦想象敢于面对质疑，即在一些人看来，除了上帝之外不能有人提出任何政治民族国家重组的计划企图。但在雅各比看来，不需要以完全清晰的迹象告知世界，对社会正义和历史远景的追求，不等于要对乌托邦远景做详尽描绘。诺亚的理论冒险恰恰是以设计的公社，做出一种先锋性的激进姿态，而不是制作完善的蓝图。

第二，雅各比认为，1896 年特奥多·赫茨尔在创作犹太复国主义奠基作品《犹太国》的过程中，力图避开传统乌托邦的恶名，省却很多幻想式的细节，而注重带有实践性后果的实践愿景，其中极个别的计划片段，也没有告诉读者如何将之具体化处理。但雅各比指出，其之后创作的《新故土》则带有明显的贝拉米《回顾》的蓝图派印迹。1899 年 H. 佩雷拉·门德斯的《前瞻》几乎没有为新的犹太国家复兴提供任何细节，尽管涉及采用政治策略达到目的，但对于国家生活以及政府管理、经济运行的实质问题，均未传递明确解决路径的信息。阿哈德·哈姆表述的犹太复国主义倾向，呈现出与后期赫茨尔《新故土》显著的界限划分。比赫茨尔寄希望于西方的欧洲犹太复国主义更具有东方性的特质，也就是说科技化与过度实用化的痕迹不是太明显。这种特质所要求的并非是政治上事无巨细的庇护要求，而是文化与精神上的复兴。

第三，在雅各比看来，哲学家马丁·布伯延续了阿哈德·哈姆的哲学

---

① 参见 Emmanuel Levinas, ed., *Ideology And Idealism*, *in The Levinas Reader*, Edited by Seán Hand, Cambridge: Blackwell, 1989。

立场，同样在未来构想上维护对犹太精神的复兴，呼唤超越日常理解的信仰理性化与教义简单化，这种预言式的犹太精神开启的是回归与变革两个向度。自 1899 年遇见兰道尔，到 1949 年发表《乌托邦中的道路》，从神秘主义转到了社会思想，就政治性而言，有着对未来的世俗渴望，而就犹太性而言，又拒绝对未来进行过分简单化与非历史性的描画。在雅各比看来，"布伯的乌托邦唯灵论可见于其与'新社会'集团的最初相遇"。① 布伯所理解的"新"，是一种不同于旧社会僵死的经济与文化宗教结构，它打开生活之源的同时，对整个生活满怀向往的表达。新社会产生在新的社会根基上，对革命的理解也不同以往，其本身就是弥赛亚式的乌托邦革命。雅各比认为布伯反对纯粹的科技乌托邦形式，致力于描绘完美社会结构的蓝图乌托邦，极容易变成束缚人思想与人类交往的体制。布伯高度重视人类交往的和亲善关系，由此赞同共同体的培育。在布伯那里，对乌托邦共同体或公社的探讨，乃是一次没有失败的实验或一个卓越的非失败，这种理想的动机是散漫而圆通的。"他们把创造新人类和新世界作为自己的目标。但是这一切并没有被僵化成一套凡俗的程式。这些人并没有像历史上任何别的合作居民点的居民那样，随身携带着他们的规划。"② 雅各比透过布伯在著作中对古斯塔夫·兰道尔的敬意，指出兰道尔一直致力于复兴真正的公社精神，这类乌托邦的共同基础在于，并非建立地理意义上的国家，也不是建立新的政治机构，而是对人际关系加以松绑使之获得更新，未来的希望需要避免固定模式的解决方案，不让僵化威胁到未来的鲜活和激情。个体应当深入发现自身研究自身来呼唤新的社会共同体生活，犹太人应接近自身的传统，使得更为广泛的社会团体获得新生，以至通向人类的革命与重生。他 1907 年发表的《革命》将革命视作一个微观世界，试图将文化或精神引入乌托邦政治建构之中，社会主义意味着实践与精神的双重统一，与人类生活为之关联。雅各比认为，他与恩斯特·布洛赫一样利用了犹太教资源并与革命巧妙混合，怀着神秘的希望期待关乎未来理想的真理能够传播并改造社会。兰道尔的乌托邦超越了无政府主义和神秘主义框架，得出现实乃是超越此时此地的判断，"反对仅仅将视革命为一个新的国家或者新的经济秩序的观念"。③ 乌托邦在他那里，不是公用的厨房，而是对个体关系达成的文化融洽表示极高的热忱与敬意。"我不会说，

---

① 〔美〕拉塞尔·雅各比：《不完美的图像——反乌托邦时代的乌托邦思想》，第 125 页。
② Martin Buber, The Road in Utopia, Syracuse: Syracuse University Press, 1996, pp. 142 – 143.
③ 〔美〕拉塞尔·雅各比：《不完美的图像——反乌托邦时代的乌托邦思想》，第 135 页。

正如某些人迫切希望的那样，我们期望的崭新现实应如何被构成一个整体。我没有刻画理想，没有描绘乌托邦。"① 兰道尔相信今天的生活塑造着明天的生活，这种塑造并不意味着庸俗的宣告和建筑某种蓝图。兰道尔甚至怀疑构想乌托邦的重要手段语言，以此表达对描绘未来的抗拒。他认为文字不完美地传达了人类的希望，却难以准确表达乌托邦冲动。乌托邦应逃脱语言的束缚，摆脱书面语言这种属于统治与支配的领域。蓝图派的乌托邦仅仅作为"语言的构建"而存在，存在于所谓的"矛盾与牢固的具体化"领域。"我所谓的社会主义并非尽善尽美。我不相信这样的尽善尽美。"② "兰道尔在其对书面语的怀疑以及对未来的沉默中提供了一个犹太反偶像崇拜的乌托邦思想例证，它烙上了忠于禁止偶像的圣经戒律的印记。"③ 雅各比认为，兰道尔展现了对僵化语言与僵化传统真理的怀疑，这种极具破坏力的怀疑色彩的背后，是对未来无法言表的展望。"对于兰道尔来说，生活先于语言并且取代了语言。"④ 当梦想被抛入词语之中，最美好的部分可能就被摧毁招致破坏。

第四，在雅各比看来，布洛赫的乌托邦思想借助于犹太反偶像崇拜传统，通过自我遭遇的内在之路诉诸弥赛亚的实现。布洛赫的思想既具有复归倾向，又具有面向未来的乌托邦倾向，在对异化现实的深层次危机，以及自启蒙运动后的文化道路加以深入反思中，获得了一种带有浪漫主义的弥赛亚情结，以此达到对工具理性崇拜的偶像化批判。"他将以色列人的特性表述为'对于不可见上帝的热切崇拜者'，怀疑'一种确切的、形象化的实在性神学。'"⑤ 要走出当代乌托邦的困境以唤醒乌托邦精神，实现对异化生存危机的现代突围，就需要进入布洛赫式的反偶像崇拜路径之中。

其关键环节之一在于应当是借力于反偶像崇拜传统并诉诸弥赛亚，以不断对弥赛亚的吁求作为坚实基础，通过走内在之路以实现自我遭遇，才能将束缚人性的世俗偶像破除。不仅如此，这也是他面对第一次世界大战后的历史性灾难，力图通过惊奇的神秘直观体验，去打破当下黑暗的生活

---

① Gustav Landauer, ed., *To Defend Socialism*, Trans, D. J. Parente, Thail And Taraz Press, 1978, p. 44.

② Gustav Landauer, ed., God And Socialism, The Future of Mankind: Life And Literary Essays, Trans. Teggart Diego Berwin, Pandora Press, 1977, p. 33.

③ 〔美〕拉塞尔·雅各比：《不完美的图像——反乌托邦时代的乌托邦思想》，第137页。

④ 〔美〕拉塞尔·雅各比：《不完美的图像——反乌托邦时代的乌托邦思想》，第143页。

⑤ 〔美〕拉塞尔·雅各比：《不完美的图像——反乌托邦时代的乌托邦思想》，第132页。

瞬间的路径探索。"我们活着，却体会不到自己活着。"① 由于人类意识只能以过去积累的经验为对象，没有能力足够把握当下的生活瞬间，这就使得人自身的存在，往往只是对于过去种种缺乏明确眼光的盲目体验，而在当下的黑暗笼罩外，人类实际上还拥有一种由希望本体所带来的惊奇形式，能够让深刻的真实面，从当下的黑暗中暴露出来。关键环节之二，还要将乌托邦的革命精神外在化，实现对现实世界的批判和改造。通过将反偶像崇拜的内在要素革命化，将乌托邦的批判与超越精神外在化，使之在经验世界中斩获现实媒介，以达到对抗日益分裂的碎片化社会现况，完成对现存社会的革命性改造。不仅改造的是现存的物质世界，作为创造性的革命之路，还应趋向于类似宗教灵魂世界的精神境界之中，不断超越有限超越现存事物的死亡达到永恒状态。反偶像崇拜的乌托邦，实际上已是富于现代革命维度的弥赛亚主义。布洛赫也认为犹太人问题这一民族性危机，实际上是 20 世纪人类文化危机的具体表现形式。要解决这一难题并回应革命如何可能的问题，必须重新复活犹太弥赛亚主义，才能对其加以真正克服。② 不仅是具有犹太文化传统的人要承担起"被拣选的责任"，每个受社会压制的人们都应当诉诸现代弥赛亚明确自身的使命。不能采用取消犹太人身份的同化路径，也不能依托于认同犹太身份的犹太复国主义道路。

雅各比认为，犹太反偶像崇拜传统内在的"乌托邦精神"，是体现开放性与生成性的哲学范畴，内在蕴含超越犹太群体身份的真正普遍性，不是对单一民族的救赎，而是担负全人类苦难的解放重任。只有不断彰显对光明和真理不懈追求的乌托邦精神，才能保持社会政治的革命激情与想象，穿透虚幻世界的黑暗屏障，迈向富有创造活力的总体性生活。"终极的目标是从这个世界得到救赎，而不是像格奥尔格和他的圈子那样在这个世界上寻求完善。"③ 雅各比认为布洛赫对待反偶像崇拜传统的态度是复杂

---

① Ernst Bloch, ed., The *Spirit of Utopia*, p. 191.
② 拉宾巴赫曾将布洛赫（与本雅明）的思想本质界定为"现代弥赛亚主义"，其特征在于对黄金时代之原初国度的复归，对千年王国之乌托邦的渴望，通往救赎的末世论灾难，自由目标与革命手段的伦理悖论；其主张在于救赎不是个人得救，而是集体解脱；面对拯救不再是单纯等待，有灾难才有救赎，有革命才有解放，弥赛亚也不再是神灵的救赎，而是存在于至善的指引，在其支撑下人类自我拯救、自我创造，从而摧毁旧世界、创造新世界。参见 Anson Rabinbach, Between Enlightenment And Apocalypse: Benjamin, Bloch And Modern Jewish Messianism, *New German Critique*, No. 34, 1985, p. 81。
③ 〔德〕玛丽安妮·韦伯：《马克斯·韦伯传》，阎克文等译，商务印书馆 2010 年版，第 568 页。

的，布洛赫思想的弥赛亚向度背后，有着内在的悖论性逻辑。在他看来，希望哲学的理论主张主要是关于乌托邦精神的重建，是与历史辩证法相联系的"具体乌托邦"，是对异在于现实状况的一种总体性想象能力，是积极面向可能性的未来的，乌托邦精神驱动下的人性也是面向未来所敞开，而希望哲学的具象内容又往往是朝向过去，是对一系列带有犹太文化背景的神话传说、历史言说、思想观念的解读。"在布洛赫看来，就是对存在的逻辑话语或者本体论话语的回答。"① 在雅各比看来，二者反对现代社会对人的本质力量束缚的态度没有根本区别，理论立场上保持了前后的相对统一，布洛赫之所以返回过去，是为实现对美好未来的想象，而不是作为一种抽象乌托邦。反偶像崇拜的乌托邦不仅尖锐批判旧有传统，不满于资本主义的社会现状，又是对社会历史变革后美好未来生活的向往。

　　反偶像崇拜的乌托邦中，表现出一种对犹太文化传统加工改造后的基督教诺斯替主义②、犹太教神秘主义卡巴拉③，布洛赫乌托邦思想中就有着鲜明的体现。布洛赫笔下经过确证的新型乌托邦，实际上指的就是马克思主义这一具体的乌托邦，理性与希望互相交织，没有希望的理性不能开花，没有理性的希望也无法说话，二者统一于马克思主义。他借助于希望这一核心概念，试图恢复马克思主义的乌托邦维度，并将之视作对历史趋势客观分析的"冷流"与对未来热切期望的"暖流"二者联结统一的产物。雅各比认同布洛赫将乌托邦精神视作人之为人的根本，认为只有唤醒人们内心深处的乌托邦精神，使之成为改造世界的力量源泉，才可以激活作为革命指导思想的马克思主义中的主体向度，迎来革命的再次爆发。布洛赫眼中的世界被看作有着双重面向，就外在一面，体现的是合乎永恒的形式准则，就内在一面，其本质归结为人类自身精神的本质，即当代乌托邦精神。两者统摄在"应该"与"是"的批判逻辑张力之中。"也正是在此二者之间的相互关联和相互呼应之中，才流淌出一条汇聚了所有支流的

① 〔法〕艾玛纽埃尔·勒维纳斯：《上帝·死亡和时间》，余中先译，生活·读书·新知三联书店1997年版，第118页。

② 诺斯替主义是基督教神秘主义的一派，又称灵知主义，认为基督从上帝流出，为的是拯救世人，而真正的上帝是神圣的神秘的存在，人必须凭借自己的精神获得真正的知识即诺斯，才能摆脱罪恶重返光明。但真知的获得是无法通过理性加以把握的，往往通过不可言说的神秘宗教体验来实现与上帝的精神交往。

③ 卡巴拉信徒主张《圣经》是真理的源泉，同时真正的真理超乎感性或逻辑之外，不能为语言所揭示，于是《圣经》成了某种超乎语词的神秘真理的象征。布洛赫的早期著作显示了他对卡巴拉与犹太教神秘主义相当程度的熟悉和把握。参见 Ernst Bloch. *The Spirit of Utopia*，2000。

主线：灵魂、弥赛亚、末日灾难，它代表着在总体性中觉醒的行为，提供了让我去做和去认识的最后动力，构成了所有政治和文化的先天形式。"①犹太弥赛亚中的反叛因子一步步辩证地世俗化，当浪漫主义的复归趋向逐渐转化成了对反偶像崇拜的乌托邦的不懈追求，犹太左翼思想家就能从固有文化传统中解放出反偶像崇拜的激进内容，对现存秩序批判与对新世界的美好想象同时展开，这就使其具有朝向马克思主义的可能性。"没有无神论，弥赛亚主义就没有地盘。"② 布洛赫的碎片化写作方式背后的理论意图，是隐藏在弥赛亚主义与革命乌托邦背后的人本主义批判。他反对物化现实对人性的任意支配，反对实证主义的事实性真理观，并试图对现代人的物化生存处境进行诊断。人们在乌托邦超越维度的消解之后，同外部世界之间的张力关系也随之丧失，对未来的想象能力也严重匮乏，现代人深深落入了当代乌托邦的窠臼之中。"我们已经沦为最可怜的脊椎动物……其他的一切都降到了笑话或娱乐的水平。"③ 人们在乌托邦希望所带来的惊奇里，拒斥与黑暗世界的终结相遇，向外部世界投出富有洞察能力与批判精神的目光。马克思走出了历史哲学的乌托邦，布洛赫也没有陷入历史神学，他反对把马克思主义当成"历史神学的世俗化"。④

第五，雅各比指出，犹太文化传统中的反偶像崇拜因子，对霍克海默乃至整个法兰克福学派的批判理论都产生过积极影响。"他们从早期到晚期的著作提及乌托邦救赎和偶像戒律的地方俯拾即是。"⑤ 雅各比认为，霍克海默对想象力衰退导致的后果加以审视发现，现代社会的伪装使得孩子的乌托邦梦想被扼杀在了襁褓之中。霍克海默指认批判理论是一种作为世俗化形态存在着的神学形式，在雅各比那里，这实际上是渗透了犹太文化传统中的反偶像崇拜因素，依靠这一超越性的乌托邦维度来对抗异化社会的权力宰制，反对世俗化商品、金钱、权力等拜物教式的偶像崇拜行径，拒绝现存意义上的给定条件及既定承诺。霍克海默的批判理论继续挑战上帝的绝对权威，深刻质疑上帝的边界设定，但又将之与犹太文化传统对一神的敬奉联系起来，进而在痛苦与不幸中产生对"绝对他者"的渴望，并

---

① Ernst Bloch. *The Spirit of Utopia*, p. 278.

② Ernst Bloch, *Athesim in Christianity：The Religion of The Exodus And Kingdom*, New York：Herder, 1972, p. 266.

③ Ernst Bloch. *The Spirit of Utopia*, p. 2.

④ 〔德〕卡尔·洛维特：《世界历史与救赎历史——历史哲学的神学前提》，李秋零等译，生活·读书·新知三联书店 2002 年版，第 39 页。

⑤ 〔美〕拉塞尔·雅各比：《不完美的图像——反乌托邦时代的乌托邦思想》，第 170 页。

给社会正义与乌托邦未来的实现提供终极保证，"如果没有上帝，人们虽然可以试图保留绝对的意义，但一切努力终归徒劳"。① 法兰克福批判理论对犹太神学的理论资源获取，并非要回复传统形而上学意义上的上帝地位，而是通过对上帝的介入形成一种人们对"绝对他者"的渴望，并在批判工具理性与克服物化社会陷阱的反世俗偶像基础上，将这种渴望转化为一种关于社会正义与人性自由的希望诉求。

第六，雅各比认为，阿多诺对犹太反偶像崇拜传统与乌托邦关系的态度，也同霍克海默一脉相承。霍克海默在阿多诺逝世后，针对一些人关于犹太教在其葬礼中无地位的质疑，认为阿多诺实际上对犹太人的身份是认同的，从其关于诗歌与奥斯维辛关系的论述就能清晰看出，他们共同发展的批判理论，植根于不能制作神的形象的犹太传统。雅各比认为，阿多诺在绝望与希望的悖论中贯彻否定辩证法，对同一性的逻辑进行崩溃式的解构，"对未来形象的否认保护了这一观念：否定即目的"。② 他不仅对以构造性主体为支点的主体形而上学进行彻底批判，而且将否定辩证法与希望的否定神学救赎联系在一起，以此来表达对文化工业时代机械复制偶像的控诉，在对物化现实的否定性批判中，试图重新唤起对未来正义与自由的希望，以此来追问奥斯维辛之后生活何以可能。"面对绝望，唯一能够尽责履职的哲学就是，站在救赎的立场上，按照它们自己将会呈现的那种样子去沉思一切事物。"③ 可以说，"这个被创造的世界是彻底邪恶的，对它的否定包含着另一个尚未到来的世界的可能性。"④ 在雅各比看来，阿多诺是以否定方式对抗第二次世界大战后的偶像符号压制，并探讨人类摆脱战争等社会苦难获得拯救的可能性。

第七，在雅各比看来，而本雅明的历史唯物主义思想也同犹太文化传统关系紧密。这一理论有着两重性的特征，一方面他认识到犹太人被禁止探究未来，另一方面犹太传统又"通过记忆教导其读者而'褪去了未来的神秘性'"，⑤ 让未来的时间变成了弥赛亚可能进入的窄门。他的救赎批判将马克思主义的革命思想与救赎观念并置，以此直接能够实现其所主张的

---

① 〔德〕马克斯·霍克海默：《霍克海默集》，曹卫东等译，远东出版社 2004 年版，第 263 页。

② 〔美〕拉塞尔·雅各比：《不完美的图像——反乌托邦时代的乌托邦思想》，第 47 页。

③ Theodor Adorno, ed., *Minima Moralia: Reflections From Damaged Life* E. F. Jephcot, Trans. London: Verso, 1974, p. 247.

④ 〔德〕西奥多·阿多诺：《否定的辩证法》，张峰译，重庆出版社 1993 年版，第 382 页。

⑤ 〔美〕拉塞尔·雅各比：《不完美的图像——反乌托邦时代的乌托邦思想》，第 182 页。

"神学与历史唯物主义的联盟"。① 本雅明面对第一次世界大战后欧洲革命的失败，不管是在自在的意义上还是在自为的意义上，传统马克思主义理论无法直面碎片化的世界总体性，正统马克思主义话语在逐步变质，无产阶级难以把自己拯救到历史普遍主体的地位。本雅明笔下的历史唯物主义内在的爆破性与革命性，不得不借助于犹太反偶像崇拜的神学立场，使得作为一个行动所具有的力量重新爆破出来，才能摆脱资产阶级进步论叙事的方式，击碎进步主义的神话。本雅明形成的"否定的神学"立场通过开启历史的乌托邦维度，以木偶与侏儒的隐喻，力求打破一种线性的历史进步观念，认为任何时候都有可能打破历史的必然性叙事，通过注入犹太弥赛亚传统来获得革命的正当性，填充即将到来的革命可能性的缺无，以不妥协的解放观念来完成对现存单向度世界秩序的批判性超越。本雅明眼中的线性进步观念，是一场乌托邦想象的灾难，它并不是那种存在于未来的事物，而是永远已经存在的事物。这样的活生生历史运动的凝固化，不仅意味着历史的连续性无法通过事件的介入来打断，还意味着无法实现对现存秩序的批判性超越。乌托邦复归维度紧密地联系着解放的理想图景，以彻底揭示由资本主义科技进步对社会关系的物性填埋，制造出的进步主义幻象。历史唯物主义的进步观念，作为一种富于批判性的意识，将时间进程中的空洞和贫乏的反差效果展示出来，"形成了一种既有乌托邦社会主义因素，也有布朗基主义因素的浑浊融合，所产生的是一种政治弥赛亚主义"。② 虽然他早期论述中的解构原则，暗示对昔日伊甸乐园的复归即是救赎的未来③，但这种认为浪漫主义的乌托邦复归目标，不再拒绝面向未来，

---

① 本雅明是徘徊在"远离潮流之外的十字路口"上的"欧洲最后一位知识分子"，理论定位过程中出现的紧张和对立，揭开了其具有原创性与特殊性的整体思维方式，使之不属于任何20世纪欧洲的主流思潮，却实现了历史唯物主义与神学、同化主义与犹太复国主义、保守主义浪漫派与虚无主义革命派、神秘的弥赛亚主义与世俗的乌托邦等不同理论传统之间的奇异交织。诸种理论矛盾指示出来的并不总是思想主体的缺陷，在很多情况下，是对客体内在紧张关系的准确反映。参见 Walter Benjamin, *Selected Writings Volume 4 1938 – 1940*, edit. Howard Eiland And Michael W. Jennings, Cambridge, Mass: The Belknap Press, 2003, pp. 401 – 411。

② 〔德〕罗尔夫·蒂德曼：《历史唯物主义还是政治弥赛亚主义》，载郭军、曹雷雨等编《论瓦尔特·本雅明：现代性、寓言和语言的种子》，吉林人民出版社2003年版，第376页。

③ 青年本雅明建立在弥赛亚主义/复归范式基础上的语言神学很大程度上受教于巴德尔、莫里托尔等浪漫主义思想家充满神秘主义色彩的卡巴拉主义与浪漫主义，盼望着伊甸乐园和谐的复归。"解构的原则是犹太弥赛亚主义与解放的共产主义革命之汇聚得以发生的场域。"参见 Michael Lowy, ed., *Redemption And Utopia: Libertarian Judaism in Central Europe*, p. 123。

而是力求探寻当下时间与回复过去之间的链接，找回被散落的弥赛亚印记，借助复归过去从而开启朝向未来的乌托邦之路。回到过去寻找避难所，而是将乌托邦想象看作斗争的利器。

在雅各比那里，本雅明的批判本身就意味着一种新型的乌托邦建构，对逝去经验的追寻实际指向的是未来，是为了完成对现代性的弥赛亚中断，能够重现出已消逝的经验。罗威也认为，真正的解放既是一种革命的乌托邦，又是一种反偶像崇拜的弥赛亚救赎，革命的实现在与犹太神学结盟的意义上才有可能。本雅明的历史唯物主义不仅仅是一种被错误挪用的术语，而试图调和兼容马克思主义与犹太神学、唯物主义与弥赛亚主义。他将自己比作朝向莫斯科的马克思主义，与朝向耶路撒冷的弥赛亚主义的雅努斯双面神，强调的是在双向交互转换中悖谬地展现自身的同一性。"不妨想象有一个与此类似的哲学装置，那木偶就叫'历史唯物主义'，它将战无不胜。只要借助于神学之力，它轻而易举就堪与任何人匹敌。"① 这个经过自动装置的历史唯物主义产物，即所谓的自动装置（木偶），在导向未来的过程中，不再具备提供乌托邦想象的能力，这对社会历史必然性的把握是非常不利的。渴望超越历史必然性领域的救赎对象，自主性越发丧失，过分依赖于历史进步的启蒙神话，盲目推崇现实化的体制偶像。这种改造过的历史唯物主义，是经第二国际与斯大林主义意识形态中介的机械唯物主义，也反过来为其渴望突破的某种同质性逻辑所困，对未来社会的历史进步性考察过于乐观，由此忽略了革命过程中的辩证否定性，也忽略了乌托邦主义运动到达顶峰中的崩溃与毁灭。"历史唯物主义不仅在生产力维度上，而且在统治的维度上都依赖进步的步伐，它不可能如同披上一个僧侣的袍子一样被罩上一个反进化论的历史观。"② 本雅明历史唯物主义重建中渗透的犹太反偶像崇拜传统，带有终极性的寓言式自白，希望能在犹太弥赛亚的乌托邦观念视野中保存继续革命的能量，相信革命会如弥赛亚一样，会在希望耗尽处焕发新生。

第八，在雅各比看来，弗洛姆的人道主义理论也涉及对犹太反偶像崇拜传统的介入。弗洛姆对反偶像崇拜传统的把握更加直接，认为偶像崇拜就意味着将异己力量凌驾于主体之上。经典西方马克思主义的核心概念异化，主要是人原本作为认识与改造客体的主体，与客体相分离后反过来被

---

① 〔德〕瓦尔特·本雅明：《本雅明文选》，陈永国、马海良主编，中国社会科学出版社1999年版，第403页。

② 〔德〕哈贝马斯·瓦尔特·本雅明：《提高觉悟抑或拯救性批判》，载郭军、曹雷雨等编《论瓦尔特·本雅明：现代性、寓言和语言的种子》，第397页。

其控制与束缚，被动完成对于世界的观照与体验。他认为马克思对于未来社会的展望内容，很大一部分就是为了扬弃异化，而人在偶像崇拜过程中的主客体相分离，又是社会异化的重要环节。马克思对新型社会主义的建构，相应的重要任务就是在扬弃异化与重塑异化社会结构的过程中，达到实践、认知、价值主客体的重新统一，"社会主义就是实现这位预言家的目标：摧毁偶像"。[①] 造成人类自造物偶像与人这一创造主体的分离，陌生的客体显露出了权威的意义，而人则是被动地接受来自偶像的非真实赐予。"整个异化概念在旧约的偶像崇拜概念中得到了它在西方思想中的头一个表现。"[②] 在雅各比看来，随着词与物、意义与材料的日益分离，对观念性偶像的异化崇拜占据绝对的主导位置，具有某种类似神性的至上性特征，由此必须破除偶像崇拜。

　　雅各比从西方马克思主义的异化理论启发下，从宗教中剥离出偶像崇拜的新形式。随着社会异化的日益严重，金钱、资本、技术、娱乐等拜物教模式进一步开启，看似僵硬的物重新具有了变味的感性色彩，"偶像崇拜的实质在于，偶像是人自己的双手做成的东西，它们是物，而人却向物跪拜，对物尊敬，崇拜他自己创造的东西"。[③] 被异化了的感性形式，实际上是一种感性与理性矛盾加剧后产生的疯狂非理性，人类真实的感性因素部分反而被长期无形压制。随着传统形而上学的解构，体制化了的偶像崇拜机制，使得人们沦为类似于僵化运转机器般的抽象人格，偶像也成了相对应的抽象机制符号。即便是偶像是具有现代人形因素的杰出榜样，也只是出于视觉感官的刺激，这种瞬时的快感中带有的精神性意味，也很大程度上只是世俗文化力量推波助澜的结果，是对整个消费社会与机械复制的臣服。神圣性的元素逐渐失落，偶像蜕变为一种深度异化的现实物质载体。在雅各比看来，一些带有犹太血统的左翼思想家，他们的文化批判尤其是对意识形态的体制化批判，深刻内含了偶像禁令传统的文化元素。[④] 无论是阿多诺"奥斯维辛之后，写诗是野蛮的"这一经典语录，或是布洛赫通过音乐等艺术话语方式来表达乌托邦思想，都能体现一定的犹太弥赛

---

① 〔德〕艾瑞克·弗洛姆：《马克思关于人的观念》，载《西方学者论一八四四年经济学哲学手稿》，复旦大学哲学系现代西方哲学研究室编译，复旦大学出版社1983年版，第57页。

② 〔德〕艾瑞克·弗洛姆：《马克思关于人的观念》，第57页。

③ 〔德〕艾瑞克·弗洛姆：《马克思关于人的观念》，第68页。

④ 霍克海默曾指出，他与阿多诺共同发展起来的整个批判理论都源于这一禁令。参见〔美〕拉塞尔·雅各比《不完美的图像——反乌托邦时代的乌托邦思想》，第171页。

亚主义复活味道。而其中对于乌托邦合法性的展示，又意味着对传统乌托邦思想体系重构的一种非体系化操作。逃离资本主义铁笼的突围方案，难以摆脱资本主义宗教的逻辑。

诸多具有犹太血统的思想家，都在文化危机中转向超越性的宗教，不约而同地强调犹太文化资源在乌托邦研究视域中的作用。在雅各比看来，在历史唯物主义及法兰克福批判理论内部引入反偶像崇拜思想，有助于弥补可能出现的乌托邦未来可能性消解，以及导致革命理论的衰退与僵化。学者肖勒姆清醒世俗与弥赛亚信念合二为一所包含的危险："未能区分弥赛亚主义和世俗运动，容易导致这些运动受挫。这样的融合变成了一种毁灭性的因素。对弥赛亚术语的滥用给献身于那些世俗运动的人的精神和自我意象输入了错误的暗示。"① 不过，雅各比对犹太反偶像崇拜传统的介入，仍然持有一种相对乐观的态度，在传统乌托邦招致唾弃的情形下，这一理论武器能够为乌托邦精神的复兴提供一种新的思考框架。

第三节　反偶像崇拜的乌托邦的思想内涵

雅各比对偶像禁忌传统的梳理和分析，需要思考的是，偶像禁令能否冲破破坏与崇拜的两极？他旨在通过对乌托邦思想史的划分，来从中提炼一种既贴近犹太传统的类型模式，又能够不陷入乌托邦的传统分类思维之中。

在雅各比看来，乌托邦的式微既是我们时代政治瘫痪的原因，也是它的征兆。为未来描绘蓝图的乌托邦已过时，但是，"现代的问题不是过度的想象或社会工程，而是过度的常规化和默许"。② 在他看来，乌托邦历史中一直存在两个不同的传统，其中之一是反偶像崇拜的乌托邦传统，这是犹太救赎论传统中保存的一条隐秘通向真正乌托邦的道路。蓝图派乌托邦传统经受了太多的历史逆转与侵蚀已逐渐褪色，"它已经遭到了太多的逆转；遭到太多历史的侵蚀；而且其想像力的资源已经枯竭"。③ 而雅各比关于偶像禁令的新型乌托邦阐释，不仅能够防止进入传统偶像崇拜陷阱，也

---

① Gershom Scholem, ed., *On Jews And Judaism in Crisis*, New York: Schocken Books, 1976, p. 26.

② Michael Hirsch, "Flattened Worlds, Modest Reforms And Utopian Impulses", Democratic Left: New York, Vol. XXXIII, Iss. 1, Summer 2005, p. 13.

③ 〔美〕拉塞尔·雅各比：《不完美的图像——反乌托邦时代的乌托邦思想》，第 52 页。

不会在破除偶像的状态下由权力机制取而代之演化为一种新的偶像，而是带着超越时代的普遍意义，完成乌托邦精神的复兴。

一　乌托邦思想史传统划分及蓝图派乌托邦

雅各比认为，乌托邦冲动的瘫痪，本质上是政治本身的瘫痪。当今的理论往往不是缺乏批判对象，而是难以将之纳入乌托邦视野中加以审视。他通过揭示乌托邦思想史中的上述的两大传统，来试图恢复乌托邦原初所具有的美好蕴含。

雅各比认为，对于乌托邦理论而言，人们将大部分的注意力都集中到了蓝图派乌托邦上面，而忽视了乌托邦其实还有另一种传统，即反偶像崇拜的乌托邦。"反偶像崇拜的乌托邦主义者倾注于未来，但是不同于蓝图派乌托邦主义者，他们竭力避免对它进行描绘。"① 这一派传承犹太文化基因，并经过革命化改造的反偶像崇拜乌托邦主义者推动。这一传统主张对乌托邦作出非蓝图描画的理解，既重视希望的力量，又不固化未来目标，用打碎视觉偶像的方式展开未来社会的想象与建构，复活冬眠中的社会政治想象能力；另一条则是试图精确设计与指导人类如何生活的蓝图传统，企图替未来设计某种"公共厨房"，其中关于自由向往的未来轮廓是靠绘制一个蓝图式的未来铸就的。而反偶像崇拜的乌托邦主义者注重对此生此世的把握，却绝不描绘具体的未来，反感蓝图设计师对细节的过分重视，"对于想要逃离司空见惯之事的符咒的任何努力来说，反偶像崇拜的乌托邦主义者都是不可或缺的。那种努力是探究未来严肃思想的必要条件，也是任何一种思想的前提"。② 反偶像崇拜的乌托邦传统，通过对普遍伦理的形上意义进行重塑，坚决抵制现代各种偶像崇拜形式的渗透与诱惑，以期人们将生存体验重新由一种现实强制下的无能为力，转化为自由能动创造与可能性的展开。

首先，蓝图派（blue - print）乌托邦，基于先验理性的理论基础，总是事无巨细地对未来进行图像化处理。它致力于在某种绝对真理的引导下倾向描绘出美好的未来，事无巨细地对未来苛刻规划，勾勒出关于未来社会的完美图景，最终沦为某种隐蔽的乌托邦历史设计，带有传统形而上学的特征。雅各比通过对乌托邦发展历程的简单梳理，认为几乎以往所有的乌托邦主义者都是类似以莫尔、贝拉米等为代表的理想社会构画。马克思

---

① 〔美〕拉塞尔·雅各比：《不完美的图像——反乌托邦时代的乌托邦思想》，第 113 页。
② 〔美〕拉塞尔·雅各比：《不完美的图像——反乌托邦时代的乌托邦思想》，第 11 页。

极度反感"为将来的小餐馆规定食谱",① 他眼中关于未来社会的规划,无论多么完美精细,都有着鲜明的时代烙印,难以摆脱具体历史条件与特定社会阶级视角的局限性,只有立足于现时代构想未来,才能免于不切实际的实践发生,不会为非科学的理论主张所驾驭。雅各比认为,蓝图派乌托邦虽然想象力的资源已枯竭,为人类展示榜样性的失败结局,但仍然能够启示后人思考乌托邦的命运问题。"忽视失败的意义是对历史的不公平对待,似乎失败没有留下任何积极的或者人道的借鉴。正相反,胜利与其说能够证实真理或合法性的结构,不如说可以证实强力或权力的结构。"② 蓝图派乌托邦在乌托邦思想史长期居于主要位置,精确地规划构成乌托邦的各种要素,但这种谨小慎微的管控,事无巨细的规划,从长远看是对人的主体自由的剥夺,也不利于社会长期的进步稳定,甚至会通过权力的运作机制产生专制与极权。而在意识形态话语权的争夺中,又容易给反乌托邦及其衍生形式制造话柄的机会。"在乌托邦传统里,事实上所有的注意力都集中在了所谓的'蓝图'派乌托邦主义之上……他们合理布局;他们精心阐述;他们圈地划界。"③ 过剩的图像展示,会导致形象审美的疲乏,也会制造重复机械的社会产品,使得人们会从对乌托邦的渴望中滋生反感甚至失望,进而阻止乌托邦未来图像的生产。不过英国学者大卫·列奥帕德认为,并不能将对未来的精细描述,完全视作每一个细节都必须全面执行的封闭制度性计划,不能完全排除发挥指导当前工作的参照作用,"详细的积极的乌托邦可以以所谓的启发方式而非系统方式发挥作用"。④ 当然,这种理解仍然是帮助厘清乌托邦如何发挥作用的诸种可能。

其次,蓝图派乌托邦的理论主张,虽然主要针对其所在时代的制度性黑暗,但这种规划设计仅仅依据所在时代的需要来设定,这种设定方式往往使得关于未来理想的主张具有僵死的味道。这种乌托邦蓝图被作为客观存在的唯一存在方式,不免带有另一种隐匿的控制倾向,甚至会导致专制走向极权主义。"他使用作为一个整体的社会蓝图,这就要求一种少数人的强有力的集权统治,因而可能导致独裁。"⑤ 在雅各比看来,蓝图派乌托

① 〔英〕史蒂文·卢克斯:《马克思主义与道德》,袁聚录译,高等教育出版社2009年版,第45页。
② 〔美〕拉塞尔·雅各比:《不完美的图像——反乌托邦时代的乌托邦思想》,第6页。
③ 〔美〕拉塞尔·雅各比:《不完美的图像——反乌托邦时代的乌托邦思想》,第44页。
④ 〔英〕大卫·列奥帕德:《社会主义与乌托邦》,张永红、马天平译,《国外理论动态》2016年第12期。
⑤ 〔英〕卡尔·波普:《开放社会及其敌人》(第1卷),陆衡等译,中国社会科学出版社1999年版,第295页。

邦主义对共同体的政治设计思路，往往更多从政治层面思考如何设计，且从地理空间层面保障上这种共同体的稳定。文艺复兴时期的乌托邦主义者，希望将乌托邦的空间意义从历史中抽象出来，并脱离时间意义而存在，一旦发现与现世隔绝的地理空间，则可以抽离现实因素，专注乌托邦的自身发展而对现实社会忽略不计，带有消极逃避的心理倾向。充满丰富想象的乌托邦设计，由于时间意义的缺失并未在历史进程中取得优势，也没有被乌托邦文本创作者严肃对待。而人类理性在历史中地位优势凸显，尤其是工业革命完成之后，工具理性的科学主义思维方式，不断造成对人自身认识能力的盲目崇拜，这又成了乌托邦规划推广的信心来源。"唯理性和相信理性是《乌托邦》作者人道主义世界观的典型特点。"① 当乌托邦理论被植入了绝对理性至上的思维模式，对基督神性的崇拜就被置换为一种对人类理性自身的膜拜，看似思想解放的同时却变成新的精神束缚。"科学就是我们已有的或者将会拥有的唯一值得信赖的工具。"② 先前乌托邦设计中展现的对富足生活的期盼，很大一部分已能够变成现实，但乌托邦蓝图设计中起基础性作用的理性，却遭到反乌托邦主义者的强烈攻击，学者波普就将之视作一种伪理性主义，也就是说蓝图派乌托邦设计，背后是由于带有缺陷的方法论所致，不是一种经由潜在证伪加以检验的科学方法，也不是一种发现理性自身缺陷的批判性评价。

再次，雅各比也发觉了蓝图派乌托邦传统的历史观缺陷。第一，蓝图派乌托邦主义者几乎都是历史目的论者，他们理解的历史，是朝向所构想的至善世界不断前进的历史，历史被视作理性主导的规律性与目的性过程，能够朝着既定目的不断向前发展，且能够最终达及预期的终点。只要把握、支配并妥善运用住其中的规律性，就必然能实现某种终极的乌托邦。蓝图派乌托邦把人充任为乌托邦的实践主体，他们往往不再受社会历史条件的被动支配，而是践行历史宿命的主动驾驭者。乌托邦世俗化版本的历史观理解，就成为一种被曲解了的否定辩证法，似乎最深刻的否定达到顶峰，完美的乌托邦复归就不可避免在某一历史时刻得到实现。"乌托邦作为一种投射到未来的影像而提出的标准，就产生于对人的本质的信仰、对'始终存在的'那个东西的信仰。"③ 雅各比认为，乌托邦与作为主体的人之间，带有一种操作上的悖论性。人假设确实存在所谓客观的本

---

① 〔美〕乔·奥·赫茨勒：《乌托邦思想史》，第 144 页。
② 〔英〕以赛亚·伯林：《扭曲的人性之才》，岳秀坤译，译林出版社 2009 年版，第 30 页。
③ 〔美〕保罗·蒂里希：《政治期望》，第 177 页。

质，应能够加以描述，而且具有某种唯一性。一种观点认为，人类曾在历史开端保有其本质，随之而来的就是，"每一个乌托邦都表现了人作为深层目的所具有的一切和作为一个人未来自己将来实现而必须具有的一切"。① 但是在历史进程中，人固有的本质，已经在现时代同自身相疏离；抑或认为，人虽然具有实在的本质，但从未在历史上真正实现，必须要通过作为历史主体的人自身去争取。乌托邦的推动依赖主客体二者本质的共同实现，任何一方出现问题都影响乌托邦的目标达成。长期的乌托邦运动实践中，蓝图派乌托邦自身的理论缺陷被归咎到了实践乌托邦主体的问题。蓝图派的乌托邦设计往往是完美的，而作为蓝图设计的主体却并不如想象中那样完美。历史上出现的各种乌托邦实验，它们最终失败的原因需要由乌托邦实践操作者自身来承担，很多参与设计的人们还没有规划设计的资质。雅各比认为，达到蓝图派乌托邦设计资质的人，只能出现在所绘制的蓝图内部，如果形成对不完美现实中完整性缺失的人群，即"毫无个性的好人"② 的依赖，乌托邦蓝图的实现便隐含了一种潜在的风险。狂热的蓝图设计师将人自身的改造，视作社会蓝图最终实现的必要路径，这似乎意味着只要现实世界中的人，能够符合乌托邦设计中的居民标准，乌托邦设计变成现实便指日可待。

　　第二，蓝图派的乌托邦传统都宣称自己方法设计于历史之中的合法性，这种往往是绝对的一元论设计，才是乌托邦未来得以实现的最正确选择。一旦乌托邦精神被形形色色的一元论独断，被深藏背后的独断论俘虏，便会被至上权力尊奉成一种所谓的绝对性真理，形成对现实人性之思的剥夺，进而完成一种对历史真实的僭越。诸多蓝图派乌托邦文本突出对教育的重视，将之视作蓝图设计的重要环节，希望通过教育能塑造与培养出匹配美好蓝图的完美人性。受这种思维的制约与控制，始终难以顺应这种强制性教育规则的人，则从蓝图的规划过程中淘汰掉，要么在不愿改变自身的前提下自愿退出，要么再分享乌托邦生活失败后被迫离开。甚至在伪乌托邦的意识形态的诱导下，现实生活中的人们，尤其是具有批判立场

① 〔美〕保罗·蒂里希：《政治期望》，第 178 页。
② 雅各比的想法与存在主义者有类似之处，后者认为人不存在所谓的"本质"，任何复归都是不可能的，把人的状态称为"堕落"，对人的看法带有历史建构论的色彩，认为人所表现出来的特质，在不同的历史阶段有着不同的表现，对个体而言，此时此刻所表现的就是你的"本质"，这个本质并不是预先设定好的，乌托邦希望恢复人的"本质"的努力注定是徒劳的。参见〔法〕让·保罗·萨特《存在与虚无》，陈宣良等译，生活·读书·新知三联书店 2007 年版。

与未来想象能力的一批乌托邦主义者，成为极端政治斗争的牺牲品，对人的教育塑造成了纯洁队伍排除异己的有效方法。这实际上违背了马克思关于人的全面自由发展的主张，共产主义未来社会的全新人类是在丰富的多样性中实现解放的，并不把对人自身的改造归入完全一致性的人性目标之中。

雅各比不希望再去执着于构建出一个幻想中与现实完全相悖的社会样式，他认为那种替未来设计公共厨房的实体乌托邦构想，简直是登峰造极，使人深恶痛绝，是在试图拼命扼住乌托邦批判的脖颈。在雅各比看来，乌托邦蓝图设计师采取的是面面俱到的设计笔法，对蓝图规划过程中的每个细节都进行了描画，涉及经济关系、政治制度、文化娱乐及日常生活的各个方面。"即使拥有最善良最美好的愿望，蓝图设计师们也难免将未来束缚在过去了。"① 表面上来看，此类设计方法在运用中，可能会以其通俗的话语方式为人们所接受，通过对人类社会生活经验的全面介入，达到未来设计想象空间的拓展。"当自由的各种精确维度受到限定时，自由本身也将衰落。"② 而今随着社会的进步，需从切实的当下生活出发去创造未来新世界，不现实的蓝图设计行为被认为是愚蠢的，也已不为人类所需要，根本不可能存在永恒的完满国度，"我们这个世界与乌托邦的不同之处主要是在于，我们还有点欠发达，只需也有点混乱。但决没有理由因此而悲观"。③ 而这又可能会导向另一个极端，导致人们很大程度上不再通过基础性变革实现社会的改造，而仅仅依托于某种小打小闹般渐进的社会改良。精确的未来构想，貌似以理性力量瓦解传统乌托邦的幻想性，但理应逐渐内化的人性之光却被理性的膨胀遮蔽掉。蓝图派乌托邦所幻想的完美世界与现实的区别，"只在于发生时间上'量'的不同而已，而根本没有什么'质'的区别"。④

---

① 如果用"有"和"无"这对中国哲学的范畴来刻画乌托邦，直指乌托邦在现代社会中的功用。非历史塑造了历史，不可能塑造了可能，不可言说者塑造了可言说者，"无"塑造了"有"。乌托邦处于有无之际的这种观念，彰显其在现实与虚幻、可言说者与不可言说者、肯定与否定之间的内在张力。蓝图乌托邦思想家往往浓墨重彩描绘衣食起居和宫室车马之盛，让乌托邦显得十分"真实"，但那些部分正好是乌托邦最不"现实"的地方，它们来自太多的历史偶然性，甚至可以说是作者的游戏之笔。从就餐的安排、座次的设计、谈话的题目，到工作的时间、劳动的强度、寝室的面积、服饰的款式都有精确的安排和严格的指令，无不在对未来想象的规划设计之中，这最后反而是想象力的窒息。参见〔美〕拉塞尔·雅各比《不完美的图像——反乌托邦时代的乌托邦思想》，第44页。

② 〔美〕拉塞尔·雅各比：《不完美的图像——反乌托邦时代的乌托邦思想》，"序"第4页。

③ 〔美〕乔·奥·赫茨勒：《乌托邦思想史》，第246页。

④ 张彭松：《乌托邦语境下的现代性反思》，中国人民大学出版社2010年版，第4页。

由此，雅各比认为，必须放弃这一传统，从另一个传统中寻找自己的资源。虽然蓝图派的乌托邦主义者，提出了乌托邦社会的设想，还有一系列的施行方案与配套设计，动用了尽可能多的资源来达到理想目标，以期让这一社会理想能够尽其所愿地付诸于世。但他们在这些规划设计与方案操作中，往往通过某种极端的强制力来推行，甚至主张要求社会意识与进步观念的集中统一，不越出其所规定的范畴，强制人们按照其规定行动等来实现社会的规范性和划一性。这是在一定程度上，以对个体自由的损害甚至丧失为代价换取来的，是对某些人格权利的实质性剥夺，也违背了个体自由意志的原则。如果是以牺牲个体来换取社会整体的稳定和谐是得不偿失的，看似未来理想状态是无矛盾的，但实际上经过精确规划的群体的美好生活，是不能够完全等价于独特的人的灵魂体验。以社会整体的名义，通过公式化标准化的激进策略，将一切都化为基本静止的时空结构，遮蔽了作为个体的人的真实意愿，进一步限制他人决定未来的能力，人们对未来的丰富体验也被无形中戕害。一切都经过精确地计算的社会，从本质上是一种具有空想性的外在生活。"什么都不能使人挣脱他自己"，① 社会人在精细的生活设计中，彼此自由生活的限度会受到或多或少的干扰。相比于对社会美好追求的空洞外在生活，更深层的价值意义在于，在外在生活中实现对内在生活世界的观照。

蓝图派乌托邦渴望彰显的乌托邦精神，往往以超自然超社会的精神实体作为生长根基，将所有差异在整体性之中进行肆意调和，属于一种需要被否定的乌托邦精神形式。蓝图派乌托邦对终极实在的追求，已蕴含抵抗现存世界的否定性冲动，但这种抵抗受制于理论的局限，注定是不彻底的，一旦要求依托于某种终极存在依据，或遵循某种终极价值标准来展开批判，就会使得更为真实的社会个体的历史主体地位被剥夺，逐渐丧失自我的存在意义，沦为实现乌托邦主义蓝图目标的特定手段与工具。蓝图派乌托邦主义者最终就会在具有超历史性的绝对依据与标准庇护下，获得被豁免的特权，丧失彻底的批判性与想象力，陷入独断教条的蓝图式规划逻辑之中。无论怎样细致勾勒，都不足以成为社会政治纲领的天然例证。

二　反偶像崇拜的乌托邦的内涵与哲学价值

反偶像崇拜的乌托邦，属于一种特殊的反乌托邦的乌托邦主义，这一

---

① 〔法〕让·保罗·萨特：《存在主义是一种人道主义》，周煦良、汤永宽译，上海译文出版社 2008 年版，第 25 页。

乌托邦思想轨迹具有其特殊的性质：拒绝细致设计未来并将之具体化，拒绝详尽阐释乌托邦的诸种核心观念，包括和平、幸福、和谐等。这种从犹太反偶像崇拜思想中发展而来的乌托邦类型，允诺了完全不同于传统乌托邦眼中的未来。"之所以说这种反偶像崇拜的乌托邦主义是'反乌托邦'的，是因为它拒绝规划未来。"① 雅各比认为，以布洛赫为代表的反偶像崇拜的乌托邦思想家，对此种新类型的乌托邦精神不懈地努力用心培育，"反复推敲那些传统上与乌托邦相连的观念——和谐、惬意、和平、愉悦——却从不用言语去描述他们可能是什么样子，而是让它保持原本的模样"。② 他们形成了对蓝图派乌托邦虚幻性与独断性的遏制，而且通过理性的想象与革命的精神，将之从历史的禁欲主义中加以解救，并保有乌托邦一直以来所具有的想象力与批判力。

　　雅各比提出了拯救乌托邦主义精神的响亮口号，指出对乌托邦问题普遍持冷漠态度的时代，人们不仅深陷资本主义的意识形态迷雾中不能自拔，而且还受到赤裸裸后现代犬儒主义的深刻影响，为此他坚决反对意识形态的终结论调，要求把备受打压的乌托邦从中拯救出来。在他看来，恰恰正需要真正的乌托邦精神，才能对乌托邦的命运加以挽救。蓝图派乌托邦虽然曾经作为乌托邦思想的主要方面，但由于其不断将自身过度实践化，剥夺了个性自由与解放的空间，违背了美好世界的希望承诺，实质上是对乌托邦精神的背弃，"反偶像崇拜的乌托邦主义者却绝少提供可以把握的具体东西：他们既不讲述关于明天的故事，也不提供有关明天的图画"。③ 这一富有特色的非极权主义乌托邦线索，通过暗示或者寓言来关注未来，打破了视觉再现的限制，不再精确地绘制历史的工作进程，而是潜移默化地以艺术、哲学思维、寓言叙事等非常手段来逼近真实，活灵活现又不失深刻地洞察乌托邦的走向，不至于陷入政治无能的恐慌之中，"与其为实现抽象的东西工作，不如为消除具体的罪恶而努力"。④ 由于犹太偶像戒律这一行径不仅没有导致不敬上帝，相反是应验与荣耀了上帝。那么，人们对自身未来的处理也是如此，在这里需要的不是蓝图的压迫性叙事，而是调动除却视觉感官的其他心灵感知方式，不对未来理想强行加以阐释，不确证一种必然的未来样式，不以丰富的外在色调涂抹希望空间，

---

① 〔美〕拉塞尔·雅各比：《不完美的图像——反乌托邦时代的乌托邦思想》，第113页。
② 〔美〕拉塞尔·雅各比：《不完美的图像——反乌托邦时代的乌托邦思想》，第45页。
③ 〔美〕拉塞尔·雅各比：《不完美的图像——反乌托邦时代的乌托邦思想》，"前言"第9页。
④ 〔美〕拉塞尔·雅各比：《不完美的图像——反乌托邦时代的乌托邦思想》，第189页。

而是渴望倾听未来的虚空，突出某种不确定的现实可能性，让心灵敞开以聆听来自未来的美好音符。犹太人对于未来渴望无法抑制，这种藐视对未来社会的具体描绘又不会掏空这种渴望，拒绝制订关于未来的计划，不以权力规划未来，使得渴望的未来更能为世人所关照。"犹太人用耳朵聆听未来，而不是用眼睛展望未来。描绘未来是悖理逆天的行为，但我们可以听见，也可以渴望未来。"① 在他看来，当代乌托邦思想家如此这般接近乌托邦，类似于犹太传统中灵魂对上帝的接近，警惕现代知识话语形成的文化专制，"他们却倾向于神秘主义，而且对未来三缄其口。然而暗示着和谐和欢乐的零星片段及短语也会从他们的作品中流露出来"。② 这种流露出的只言片语，暗示着对未来世界的不确定性，期望在差异化、多样性的和谐统一中，洞察希望的理想状态，避免带来乌托邦想象力的枯竭，维持对遥远未来的乐观态度。

反偶像崇拜的乌托邦归结起来，有多重的意义蕴含：

第一，有限中包含无限的乌托邦未来希望。作为乌托邦精神生出的希望，不能无期限延宕，但又不能即刻加以实践操作，而是建基于可实现的现实内容，即便是提供某种对未来希望的理解，也立足于当下的社会存在，着力去除内容中的空想成分。乌托邦幻灭很重要的原因在于，人们无须在历史进程中遥不可及的等待，而是在批判与想象的乌托邦精神指引下，就能体验乌托邦的希望生活，如果乌托邦意味着社会历史发展的终极形式，那么随着时间推移也会凝固化静止化，继而导向某种反乌托邦的到来。"如果没有一种具体的状况来供它否定，乌托邦冲动就会显得模糊不清；如果离开了特定的政治语境，乌托邦冲动看起来就会不切实际。"③ 每一次有限实践中生发的乌托邦精神，都意味着无限的未来希望，是对阶段性乌托邦发展的回应。对于社会历史进程的有限发展，放在乌托邦的历史长河中来审视。不能仅仅将乌托邦精神视为遥遥无期的终极乌托邦形态，否则乌托邦的命运就会在线性逻辑的推动下走向自我终结。

第二，合宜的终极乌托邦。反偶像崇拜的乌托邦思想家不提供任何具体的乌托邦规划方案，拒绝提供一种精确的设计尺寸交付使用，而只能通过暗示、寓言对更高级的未来社会加以深入理解。这种新型的乌托邦理论与阶段性乌托邦的实现之间始终保持一定界限。随着阶段性乌托邦希望的

① 〔美〕拉塞尔·雅各比：《不完美的图像——反乌托邦时代的乌托邦思想》，第 182 页。
② 〔美〕拉塞尔·雅各比：《不完美的图像——反乌托邦时代的乌托邦思想》，第 188 页。
③ 〔美〕拉塞尔·雅各比：《不完美的图像——反乌托邦时代的乌托邦思想》，第 195 页。

有限推进，意味着现实并非无法选择，而是展现出诸多可能的多元面向，且带有朦胧神秘的理论光彩。美国学者詹姆逊也执着于建构一种新的乌托邦形式，这种具有丰富多样性与流动性的乌托邦以最变化多端方式想象所有可能性。

第三，以总体性的人的存在为中心。这种以人本身为出发点与归宿点的乌托邦形式，从制度建构转向人自身的总体性建构。乌托邦的核心要务不再归咎于某种单一的社会方案或理想模式，而是关乎人本身。在蓝图派乌托邦中，作为主体的人没有在其中出现，而在这种反偶像崇拜的乌托邦指引下，人不再是某种制度或者理想的附属品，对人的关照意味着对社会历史的终极关怀。如果不顾忌人存在的现实基础与长远发展，就会导致阶段性的社会理想实现丧失可行性，健全的社会人普遍被消解。犹太左翼学者高举反偶像崇拜的理论旨趣，不是面向物而是面向人本身的。在雅各比看来，现实社会结构的不健全与不合理，人类思维的片面化与单向度，乃至社会发展的总体异化，都揭示了当前西方文明深刻的异化情境。雅各比也指认了当今的社会，在整体上患有社会健忘症。新型的反偶像崇拜乌托邦建构，力图摆脱形而上学的固有思维逻辑，从所批判的社会现实着手，内在地赋予乌托邦以现实具体的、具有丰富多样性的人的价值取向，不脱离于人的社会活动与生活方式相联系的现实基础。

第四，历史总体性的乌托邦。反偶像崇拜的乌托邦传统，在开始生发时所具的思维方式，就力图打破二元对立的限制，转化为一种带有历史总体性的辩证方法，对乌托邦思想的发展史及偶像崇拜史进行客观具体的总体性分析。乌托邦类型的现实转换，意味着传统乌托邦思维方式发生了某种变革。雅各比延续了早期西方马克思主义一贯坚持的历史性与总体性的辩证思维方法，对乌托邦的内在理论困境与外部总体环境加以深入分析。乌托邦问题的总体性研究，就表示需要进入到一种具体的历史的眼光考察之中，把乌托邦观念的演化脉络及其与反乌托邦的抗争，看作全面性的、过程性的历史整体。虽然阿多诺眼里所作历史总体性的判断较为悲观，指认了一种总体性神话的理论逻辑，"一切总体性神话背后仍然是某种非强制的更深层的隐形奴役和支配。……任何总体化都是一种暴力过程"。[①] 但雅各比仍然坚守了乌托邦精神问题探索的历史总体性态度，通过思维方式的转换形成乌托邦的历史总体性维度，催生一种灵活的现实批判力。这种

---

① 〔德〕马克斯·霍克海默、西奥多·阿多诺：《启蒙辩证法》，洪佩郁、蔺月峰译，重庆出版社 1990 年版，第 1 页。

对乌托邦现实状况的考察，又揭示了其所依赖的社会总体的异化状态，并力图通过这种历史总体性批判，探讨人特别是知识分子的真实价值和存在意义，以更好地反映展示人类对开放性未来的不竭希望，反映左翼思想家对待社会历史的真实性。

第五，永不言败的乌托邦。乌托邦经历了屡次的磨难与考验，但都没有完全被打倒，乌托邦的发展轨迹与概念演变，不能够用胜负成败来衡量。在雅各比看来，唯有秉持西西弗斯的理念精神，在哪里跌倒就从哪里爬起来重新在现实废墟里完成新一轮的营造。丧失了乌托邦渴望的世界是没有希望，而反偶像崇拜的乌托邦主义恰恰是拨开光怪陆离的现实乱象，提供一种不同以往的逆异化潮流的希望。"从更为流行的意义来看，反偶像崇拜者指的是这样一些人，他们逆潮流而动，挑战种种盛行的真理。"[1]

反偶像崇拜的乌托邦思想家几乎都始终遵从偶像戒律，但却没有转向清教徒的全面性严苛之中。人类的未来如上帝一般是不可描画的，人类社会的美好想象绝不应被语词或图像困住，无法通过"看"的途径达到对未来的把握，那就敞开耳朵去"听"。真理往往会被视觉直观所蒙蔽，但听的内容在摹写的基础上经过创造性的诠释，往往更加接近真理。反偶像崇拜的乌托邦作品，不给出任何图像意义的乌托邦，而是采用非视觉的各种路径引导人们接近于未来希望，能够更为精准探寻人类美好未来的蛛丝马迹。也就是说，虽然人类没有权利去设计规划某种未来，却能够在"听"的通途中对未来进行选择。反偶像崇拜的思想家们对关于未来的具体样貌保持沉默，却在倾听中达及通向真理的进路。在这种充分的引证过程中，体现了一股独特的犹太文化传统的神秘味道，"说它是反偶像崇拜的，是因为它竭力避免描绘蓝图，而说它是乌托邦的，是因为它引发了未来'完全得到满足的至福'"。[2] 反偶像崇拜理路借助于音乐、诗歌、哲学、故事等手段，充分打破了未来在视觉或语词上的限制，使得人们哪怕不知道接下来会是什么，也会在倾听中形成对未来的美好期望。

反偶像崇拜思想家对未来持有的立场附着了某种禁欲主义因子，但他们拒斥贞洁与顺从，不仅不乐意成为宗教意义上的禁欲主义者，而且执着于把乌托邦精神从历史禁欲主义的牢笼中解放出来。对未来保有的期望与

---

① 〔美〕拉塞尔·雅各比：《不完美的图像——反乌托邦时代的乌托邦思想》，"序"第5页。

② 〔美〕拉塞尔·雅各比：《不完美的图像——反乌托邦时代的乌托邦思想》，"前言"第9页。

想象，不意味着抱守原始的低下与落后，"难道因为你们自己是善良而贞洁的，就认为这个世界上再也没有更加可口的蛋糕、更加淳美的香槟了么？"[1] 也就是说，匮乏从来就不是内在于乌托邦传统之中的东西，匮乏与欲望之间积累的冲突，必须富于对未来有限生活的无限想象力，通过社会物质条件的高度发展加以解决，而不是靠消除对美好世界的想象动力得到。

在雅各比来看，正是由于对上帝形象的各类细致刻画，才导致了"多神"的问世进而引发实际争端。而反偶像崇拜的乌托邦虽然不具有以往乌托邦的精确维度，但却也因此避免了不同乌托邦思想派性的口诛笔伐。蓝图派乌托邦往往是通过击穿文字屏障来实现对未来的把握，但由于外在语言往往会扭曲地颠倒地显示内在，从言说中推断出一种未言说的东西，或发现某种不可言说就变得十分困难。因而，他拒绝将书面语言当作偶像来崇拜，认为对社会关系等现实神圣之物的把握要另辟蹊径，从暗示、寓言、否定的非书面语言途径中，不仅可以读出而且还能够听到未来的消息，这就有效避免了繁复的评注，也不会涉及对言辞内在含义的破坏。

当代乌托邦的重建，需对不会简单重复的乌托邦历史进行梳理与总结，在缺乏政治想象与创新的时代，必须急迫地唤起乌托邦精神。雅各比认为，要站在人性的现实基础上去理解世界，以避免蓝图派传统的在场化乌托邦设计的缺陷，抛弃这种追求的绝对性。"今天讲'乌托邦精神'绝不是、也不可能是简单地回归。"[2] 反偶像崇拜的乌托邦所弘扬的乌托邦精神，力图全面抵抗禁锢人自由发展的一切抽象力量。其中所坚持的未来信念，不是通过社会中介达成的自然冲动，而是具有社会构成性的。它对蓝图派乌托邦的反思，就在于克服以往乌托邦精神的虚幻性和独断性，并且不必然导致对乌托邦精神本身的舍弃。

三　反偶像崇拜的乌托邦内具的犹太偶像禁忌关联

反偶像崇拜的乌托邦主义者的理论探索，超越给定经验主义的现实界线，从尚未实现之物包孕的乌托邦精神中汲取希望的力量，使得当下生活积极面对被现时代质疑的乌托邦理想。它不是要在思想中超越其时代，也不是简单追求某种不可能性，而是提供给现时代重建乌托邦精神的强制性

---

① 〔美〕拉塞尔·雅各比：《不完美的图像——反乌托邦时代的乌托邦思想》，"序"第7页。

② 高清海：《人类生存活动的"张力网"》，载贺来《现实生活世界——乌托邦精神的真实根基》，吉林教育出版社1998年版，"序"第4页。

理由，以克服蓝图派乌托邦的思想局限性。犹太文化的偶像禁忌传统与乌托邦精神犹如两股潜流，涌动于犹太知识分子的思想脉络。

反偶像崇拜的乌托邦主义者几乎都是在两次世界大战导致的文化危机中，转向对犹太传统与乌托邦精神关联性的强调，以此为突破口切入对当代乌托邦的重建。"迈克尔·罗威在他的杰出著作《救赎与乌托邦》中借用歌德的术语'选择性亲和'试图在一系列中欧犹太思想家和作家……身上梳理出犹太的和无政府主义的维度，这些都是头脑中没有关于乌托邦的完美图画的反偶像崇拜的乌托邦思想家。无论如何，他们都是当之无愧的思想家。"[①] 在传统哲学体系受到质疑的时代，他们不得不去重新塑造真正革命性理论武器的一般框架——批判理论与犹太传统的联盟。虽然他们的具体思想各不相同，然而他们的信念却能保持高度的一致性，认为无论是理性思索，还是对现实世界的改造，无外乎要从尚未的本真状态下找寻希望，不断生成超越现实的当代乌托邦精神动力。

雅各比对犹太反偶像崇拜传统与乌托邦这两种文化构型之间的关系进行阐述。这种弥赛亚偶像禁忌与乌托邦所具有的同源性结构，将激进革命倾向的社会思想，转化成了当代乌托邦精神建构的可能性。雅各比在对一批有着犹太背景的思想家的研究过程中，发现当代乌托邦思想中包含有犹太反偶像崇拜因素。乌托邦内生的革命性、批判性与否定性维度，在反偶像崇拜的乌托邦主义者的理论建构中体现得淋漓尽致。"他们一如那些严格遵守《旧约》反对偶像的禁律之人一样，既拒斥蓝图设计师对细节的痴迷，也抗拒现代图像的引诱。"[②] 他们从未顺从于现存事物的宰制，也不拒绝关乎未来的希望，渴望在超越日常生活状况的条件下，摆脱描绘未来的无休止的精确语言。从表面上看，犹太反偶像崇拜传统超越于当下的世俗生活，所关注的思想维度，往往与世俗政治领域无涉，而在 20 世纪西方左翼力量的兴起后，尤其是西方马克思主义的乌托邦思想的发展，找到了这一文化传统作为新的支援背景，提供了关于批判现存秩序的激进革命想象。

第一，犹太文化中的弥赛亚偶像禁忌传统以二元性特征给予的革命性启示，与反偶像崇拜的乌托邦实现合流。犹太偶像禁忌传统的二元性，是犹太知识分子思想传承的重要特征。犹太偶像禁忌内在具有两种趋向，一种是重建昔日已逝去的黄金时代与复归往日的伊甸乐园；一种是希冀之前

---

① 〔美〕拉塞尔·雅各比：《不完美的图像——反乌托邦时代的乌托邦思想》，第 49 页。
② 〔美〕拉塞尔·雅各比：《不完美的图像——反乌托邦时代的乌托邦思想》，第 12 页。

从未出现的崭新未来的乌托邦。二者呈现难以分割、相辅相成的辩证关系。"即便在复归的力量中也存在着乌托邦的因素，在乌托邦主义中复归因素同样发生作用。彻底的新秩序拥有旧世界的成分，旧世界也是在乌托邦梦想之光的普照之下对昔日现实的转换和升级。"① "古代犹太人对人生的整个态度便是取决于这样一种未来由神来领导的政治与社会革命的观念。"② 洛维特、别尔嘉耶夫等思想家直接将马克思主义纳入犹太弥赛亚主义的世俗化版本之中，曼海姆也将无政府主义、现代乌托邦、基督教的千禧年主义联系在一起加以理解，"激进的无政府主义是千禧年原则的现代实现，是现代乌托邦/千年王国意识的最纯粹且名副其实的表现形式"。③ 虽然以上论断有所偏颇，或是对马克思唯物史观作出了极富宗教色彩的狭隘化理解，或混淆了千禧年主义与犹太文化传统中的反偶像崇拜思想及弥赛亚主义。

在雅各比看来，这种二元特征从一方面看，向往未来，而另一方面又回望过去不愿冒险，从法兰克福学派中犹太思想家的思想历程就能反映，"几十年来，法兰克福学派谈及甚微；但并不只是单个人的失误，如果他们的语言和概念缺乏政治影响的话。无家可归的德国犹太流亡者的情形是不鼓励大胆"。④ 雅各比所意指的新型乌托邦，也存在着复归与乌托邦的二元性。"这一 Tikkun 的世界观就是弥赛亚革新的乌托邦世界，其间一切污点被排除，一切邪恶被打败。"⑤ 雅各比重视的反偶像崇拜的乌托邦主义者，如古斯塔夫·兰道尔等，总是将乌托邦植入对前资本主义文明的留恋之中，把指向过去的德国新浪漫主义的思考模式，整合进自己关于未来理想的构思里，而且掺杂着对传统农村社区与手工业经济的依恋情结。"他们不仅恪守关于偶像的禁忌，而且还在对未来可能是什么保持沉默的边缘摇摆不定。"⑥

---

① Gershom Scholem, ed., *Toward An Understanding of The Messiamic Idea in Judaism*, *in The Messianic Idea in Judaism*, Trans. Michael A. Meyer, New York: Schocken Books, 1971, p. 4.

② 〔德〕马克斯·韦伯：《古犹太教》，康乐、简惠美译，广西师范大学出版社 2007 年版，第 14 页。

③ Karl Mannheim, ed., *Ideology And Utopia*, New York: Harcourt, 1954, p. 175.

④ Russell Jacoby, ed., *Dialectic of Defeat: Contours of Western Marxism*, p. 114.

⑤ 对卡巴拉主义者来说，Tikkun 这一希伯来概念重建了由于亚当堕落而毁灭的原初和谐。Tikkun，既是万物终结之路，也是万物生成之路。Tikkun 意味着向原初和谐的复归，对一切世间之物的重建与整合。弥赛亚的降临即是 Tikkun 的实现，救赎意味着世间万物复归其与上帝的原初关联。参见 Gershom Scholem, ed., *Major Trends in Jewish Mysticism*, London: Thams And Hudson, 1968, p. 286。

⑥ 〔美〕拉塞尔·雅各比：《不完美的图像——反乌托邦时代的乌托邦思想》，"序"第 12 页。

　　第二，犹太偶像禁忌传统与乌托邦理论的融合，颠覆性呈现出推翻现世强权与权威的效果。偶像禁忌取代了自启蒙运动以来一直宣扬的永恒进步的理性乌托邦，"这一理论强调的是从每一历史性的当下向弥赛亚的未来之转变过程中的革命性灾难元素"。① 在当下的堕落与未来救赎之间，存在着一道无法逾越的鸿沟，弥赛亚只有在偶像戒律被完全打破的总体性堕落中才会来临。这一鸿沟无法依靠现存社会的制度性约束来填补，而是需要通过乌托邦对现实状况的否定性超越与批判，对现存秩序中的偶像彻底摧毁才能开启。"犹太传统的真正继承人是我们这个世纪的那些最重要的革命弥赛亚主义理论家：恩斯特·布洛赫，瓦尔特·本雅明，西奥多·阿多诺与赫伯特·马尔库塞等。"② 犹太文化传统中强调的终末的时间，表征的是崭新世界的创造与生成，将给人们的精神生活带来普遍意义上的时代性变化，而不仅仅是现存之物的局部改进与阶段性完善。"任何进步或进化的可能性被彻底否定，革命被视为对现存世界的闯入。"③ 反偶像崇拜的乌托邦指向的是对新世界内容的建构与想象。

　　第三，对冷漠时代的政治与文化批判与带有犹太传统的偶像批判的动力源泉具有相似性。它们所能体现的批判力度，均源自乌托邦精神的复兴，将复活冬眠中的社会政治想象力，旨在洞察资本主义的本质属性，探讨这种社会制度如何一步步沦为邪恶的拜物教。资本主义经济伦理如韦伯所述，已从原先的宗教轨道分离而出，不再受到宗教领域偶像崇拜的管辖，作为抽象的量的财富取代了原始基督教中上帝的地位。现代社会通过一种新偶像崇拜实践形式表现自身，在其内部可以识别出一种功利主义的世俗宗教，处于其中事物只有在与偶像崇拜的关系中，才被赋予了一定的意义，人们陷入盲目偶像崇拜的行事风格之中，对其行为的本质浑然不知。资本主义统治拒绝任何可能的替代方案，是一种韦伯意义上的"绝望的铁笼"，资本主义体系的无情逻辑带来的拯救，导致的是绝望的加剧。反偶像崇拜中的"既非上帝又非主人"的观点，意味着对神圣或世俗偶像的全面性清理，逐渐演化成 20 世纪犹太知识分子的世俗反偶像情结，与欧美新社会运动融汇后，形成了雅各比意义上的一股清新的无政府主义微

① Gershom Scholem, ed., *Toward An Understanding of The Messiamic Idea in Judaism*, in *The Messianic Idea in Judaism*, p. 7.

② Gershom Scholem, ed., *On Jews And Judaism in Crisis*, NewYork: Schocken Books, 1976, p. 287.

③ Michael Lowy, ed., *Redemption And Utopia: Libertarian Judaism in Central Europe*, London: The Athlone Press, 1992, p. 19.

风。曼海姆则将消解限制、追求自由，视作激进无政府主义之千禧年主义立场的范例。

第四，犹太文化中反偶像崇拜传统的复兴与乌托邦精神的重建具有结构同源性。绝大多数反偶像崇拜的乌托邦主义者，要么选择回归反偶像崇拜文化的犹太历史之根，要么坚守兼具革命性与批判性的乌托邦精神。"一方面，重新发现犹太教，确切地说，是弥赛亚的复归/乌托邦之维，另一方面，认同革命的乌托邦。"① 犹太文化传统浸润的左翼思想家们拒绝一条现时代同化之路，而是在反同化运动的进程中尽可能摆脱历史遗忘，通过兰道尔、马丁·布伯等人走上了对犹太教的再文化化，重新拿起弥赛亚先知的反偶像崇拜思想资源。具有爆破性与批判性的犹太弥赛亚主义，依靠走乌托邦之路更易被政治激活。他们选择的这条道路与犹太知识分子边缘化的生存处境联系起来，使其不断被激发获得自由平等权利的乌托邦热望。"世纪之交，这一新知识分子阶层不得不到犹太社会之外寻求生存与自尊，种种边缘化与无家可归的遭遇滋生了一种反叛性的贱民意识。"② 他们通过对反偶像崇拜的乌托邦传统的发掘，对现存秩序加以批判，释放乌托邦的解放性质。

第五，犹太理论家通过对马克思拜物教批判思想的重构，揭示这一批判理论内在地包含犹太偶像禁令传统的维度。"在马克思那里，唯物主义分析与革命政治携手共进，抛弃了所谓以真观念向假观念开战的建构理性主义信条。"③ 要想实现对资本主义偶像崇拜的扬弃，即坚决与抽象劳动对人的普遍统治相抗争，必须借助犹太传统的支撑，批判理论必须内在地包含犹太思想传统的维度。"它是一种向中产阶级社会的多神教多元主义发起挑战的预言式的偶像破坏……而精神和市场中的资本主义偶像都被简约为邪恶的拜物。"④ 物相崇拜作为一种原始物质崇拜，在资本的洗礼下幻化成了一种新的意识形态模式。拜物教在本质上是偶像崇拜观念的意识形态投射，可谓是偶像崇拜与拜物之间的有机链接。马克思笔下的现代拜物教所崇拜的对象，诸如商品、货币与资本，在资本主义意识形态的内在逻辑中，已经不仅仅是一种既是符号化的物型存在，而且成为人的本质力量的

---

① Michael Lowy, ed., *Redemption And Utopia: Libertarian Judaism in Central Europe*, p. 34.

② Hannah Arendt, ed., *The Jew As Pariah, Jewish Identity And Politics in The Modern Age*, New York: Grove Press, 1978, p. 144.

③ 〔英〕特里·伊格尔顿：《历史中的政治、哲学、爱欲》，马海良译，中国社会科学出版社1999年版，第84—85页。

④ W. J. T. Mitchell, ed., *Iconology: Image, Text, Ideology*, p. 206.

替代方式，似乎这个物已经成为偶像崇拜的主体，能够直接地驾驭人自身，化身为人的物质生活实践。在雅各比看来，现代拜物教在某种意义上是对宗教偶像崇拜的阻断，但是看似在对传统偶像崇拜方式加以破除的基础上，非但没有彻底摆脱拜物的原始基因，反而促成了一个个现代偶像的产生，新偶像试图动摇甚至逾越了传统宗教信仰中的上帝权威。马克思在《资本论》中提出的三大拜物教把社会关系隐藏在物与物的关系背后，成为一种纯粹偶像崇拜的宗教，也许是存在过的最极端的一种。资本主义社会的商品生产，变成了一种具有拜物教性质的"社会的物"，"充满形而上学的微妙和神学的怪诞"。[1] 马克思对已沦为类宗教偶像崇拜模式的现代拜物教统治的资本主义现实，加以深刻的政治经济学批判，并发展了早期宗教异化批判的立场，从犹太的反偶像崇拜传统中找到了一部分蕴藏的批判资源，"无论在论述架构上或是在推论的结果上，都与对宗教的分析在方法上具有强烈的相似性"。[2] 这就意味着既不能放弃犹太的偶像禁忌，又要杜绝类宗教的拜物化上帝对现实世界的统治，坚定反对重新在乌托邦精神复兴的过程中，谋划建造自我意志偶像，来美化反偶像崇拜者自身的企图。

乌托邦理论从犹太反偶像崇拜思想传统切入的策略，为乌托邦衰落问题的解决提供了超越性的路径依赖。这对于从总体上理解反偶像崇拜的乌托邦主义者的当代乌托邦转向，乃至如何处理当代资本主义社会中乌托邦理论与社会革命的关系提供了现实参考。雅各比通过梳理 20 世纪左翼思想谱系的犹太反偶像崇拜传统，揭示了犹太反偶像崇拜文化传统在乌托邦精神危机中所具有的功用，还在更广范围内重新定义了当代乌托邦理论谱系与犹太反偶像崇拜传统之间的联系，尤其是找寻西方马克思主义乌托邦思想的犹太文化来源。他试图以此给社会机制与个体作出病理性诊断，超越了单向度的单一批判的阐释路径。面对现代异化社会的权力主宰机制，乌托邦精神的重建与完善如何以可能，成为当代乌托邦对晚期资本主义和文化工业所带来的苦难和宰制加以诊断的深刻课题。反偶像崇拜的乌托邦思想与犹太传统在这里形成了一种相对稳定的共生关系，同时双方又保持着一定的距离。犹太传统为乌托邦精神重建提供理论构架，而乌托邦精神的复兴又能激活犹太思想深刻悠久的批判理论传统，内在凸显革命、反抗

---

[1] 《马克思恩格斯选集》（第 2 卷），人民出版社 1995 年版，第 137 页。

[2] 曾庆豹：《木偶与侏儒——马克思与基督教"联手"面对当代资本主义》，《现代哲学》2011 年第 1 期。

与解放之维。

　　可以看出，雅各比反偶像崇拜的乌托邦思想根本旨趣在于，破除一切与人类生存与发展不相适应的偶像崇拜因素，运用犹太传统文化语境中的文化价值加以重塑，既避免一劳永逸地实现某种终极价值，又竭力克服种种现代性的偶像崇拜隐忧，以实现人不断在对现实超越中的自我跃升。

第三章 反偶像崇拜的乌托邦的
三重偶像批判视野

　　偶像崇拜发展到今天既丰富多样又隐晦曲折，极为复杂多变，不可简单对待。偶像在社会发展进程中，表现为多种多样的存在形式，甚至作为一种意义存在于人们心中。几乎每个时代都拥有着属于它的特定的偶像崇拜形态和价值体系，而每个时代对此的不同理解，又一定程度上反映这个时代所具的价值取向。尤其是理性主义的宏大叙事以普遍性出场，实则这种充盈着压制性色彩的意识形态话语，通过现实权力营造出一个个虚假的观念偶像，又被冠以现代人的普遍价值尺度，充任在不同的生活领域。

　　反偶像崇拜是人类文明开启后的主体觉醒意识，是抽象思维上升到一定程度的产物，尤其在宗教思想史层面表现得较为显著，但也并非固有的教义化身。出于对现代异化社会既有的、推崇偶像崇拜的世俗权威的反制，雅各比乌托邦思想的偶像批判视野，不再具备原初文化基因中的强制性宗教禁忌意义，而是凸显其中对直观具象的清斥意义，与现代社会虚假的情感体验格格不入，着力批判现代社会出现的学院化与专业化体制、功利主义大众文化与多元文化主义、过度图像化与视觉中心主义三大类现代偶像。如果说，犹太传统中的反偶像崇拜思想，是从内在遏止住对外部偶像的形象化追求，而反偶像崇拜的乌托邦则超越了犹太文化传统的固有界限，既从内部蕴含出发，拒斥了蓝图派乌托邦传统的蓝图偶像情结，又在同外部的现实关系中，重点形成对几类现代偶像的批判。由反偶像崇拜的乌托邦来代替蓝图派乌托邦，并在与时俱进的时代阐发中对特定现代偶像的辩证批判，以期恢复在现代偶像崇拜中失落乌托邦精神，使得人们的价值取向与审美趣味从失范状态回归到理想状态，偶像塑造能重新回到传承文化、张扬价值、协调社会的正常轨道。

第一节　学院化与专业化体制批判

雅各比深谙乌托邦历史话语的流变，对公共文化的贫困与知识分子乌托邦精神的衰落甚为不满，尤其是揭示出美国知识分子圈层的市侩化历史。乌托邦精神的沉沦、在城市物欲横流中挣扎、恢复传统知识界的荣光、世俗偶像的自我救赎，构成了美国知识界复杂的精神镜像。

新一代知识分子原本是社会文化批判的角色，经由对学院化与专业化体制的崇尚，逐渐蜕变成狭隘细密学术圈的专业人士。他们不再对大众实施教化，而是逃避学术责任，在学院化体制中忙于聚敛文化资本，收获身份地位与媒介形象，在专业化体制中为圈内人士著书立说，奔走在各种学术活动舞台。明知真正的乌托邦精神背负极大怀疑却仍要为其正名。昔日的咖啡屋文化，创造出的精神文化成果是大众所喜闻乐见的，而今学院出产的则往往是闭门造车而来的圈子文化，晦涩不堪的公报式专著。当代知识分子蜗居于书斋里、龟缩在书桌前吞没文字符号，在对专业化与学院化体制的过度偶像崇拜中，放逐了对社会文化的理性思辨，抛弃了本应固守的道德责任感。随着美国社会影响力的公共知识分子剧减，"最后的知识分子"如何破除学院化与专业化体制偶像的倾轧，重新恢复自身本应具有乌托邦精神，是一个沉重的话题。

一　关于学院化体制的偶像批判

大学的理念本应是如此：大学之所以为大学，只有一个理由，即他们必须是批判的中心。学院化体制的出现，使他们摆脱了原始的生活上的枷锁，可同时也使他们套上了新的精神枷锁。雅各比感慨美国"最后的知识分子"的消失，将矛头直指现代大学。学院化成为识别新旧知识分子的主要特征之一，这也使得他们从上一代知识分子的社会边缘处游离上岸，开始了"穿过院校的长征"。他们只能继续依靠学院在日益封闭的学术之路上愈走愈远，自由独立的乌托邦精神日益式微。

在雅各比看来，现代大学工具化的转变，导致知识分子的学院派演化，对乌托邦精神的退却负有不可推卸的责任。大学从中世纪开始兴盛，很大程度上由于其蕴蓄一种自由独立的现实批判精神，才被冠以象牙塔的称誉。大学一开始就已不混迹于浊世的吸引力受人们尊重，其反叛与抗争的独特气质，感染了一大批以知识分子自称的人士。而今的技术理性化时代，大学没有摆脱传统象牙塔形象崩塌的厄运。尽管大学在现代转变的经历饱受争议，但其却并没有因为这种深刻地改变而感到尴尬或蒙羞，也没有因为现代的经历而遭到冷落。和以往人们向往大学的初衷相比，相反，现代大学仍备受追捧，当大学成了知识分子主要栖身地，人文领域的功利目标越发明确，以致原先在咖啡馆、郊区小阁楼里生存的知识分子，放弃作为独立撰稿人等独立身份，不再面向公众写作，形成趋之若鹜的学院化崇拜。在雅各比看来，被学院化了的大学，不再是学术领域的自由王国。大学成为一种体制内人群身份的依附对象，是进身某些权力机构的阶石。在雅各比看来，尤其是年轻知识分子进入大学，就意味着获取到之前未曾享有的便利条件，而且还意味着一种稳定生活的降临。上一代知识分子也可以退回大学体制，重新享受这种职业化的稳定生活。社会大众积极靠近大学的目的也不再单纯，生活经验同被习得的知识似乎已经等量齐观。学院化体制反过来成为一种避除现行体制迫害的偶像，知识分子如果不打算失去这种依附，就不得不遵照其体制化的规范律轨行事。美国知识分子开始自觉地不再充当普遍真理的代表，而成为特定群体，如专家、教授或特定身份的代言人，这就迫使知识分子必须按照学院化体制的规矩来从事学术工作。

更进一步看，雅各比认为，大学学术的制度化和职业化窒息了学术自由和公共话语，大学里的精英受学院化的影响与外界绝缘，批判现实与宽容传统集于一体的优秀品质不复存在。一方面，进行学术小圈子内的著书立说，他们的写作对公众的影响日益弱化；另一方面，不得不心浮气躁地接触一大堆与学术无涉的琐事。大部分知识分子甘心被体制收编，甚至结成了共同进退的攻守同盟。而不适应学院化体制的一批人，在激烈的批判与斗争声浪之后，为学院化体制打压而选择了妥协，个别选择成为磨合失败后的出走者。许多学者将雅各比对所谓"最后的知识分子"的强调，视作一种饱含文人情怀的文化癖，则正暗含了知识分子看待思想与乌托邦精神的态度。因为他们自己所做的学问，确实越来越接近对一种关注效益化的癖好。学院化体制不断蚕食乌托邦精神的批判内核，不断消解知识分子最为重要的公共性。在此对照下，雅各比犀利的眼光可谓独到："在20世纪80年代，几乎没有人问及独立的或波西米亚的知识分子之未来。这个问题已经解决，因为不存在什么未来。"① 雅各比认为，公共知识分子的地

---

① 〔美〕拉塞尔·雅各比：《最后的知识分子》，洪洁译，江苏人民出版社2006年版，第96页。

位、贡献和社会影响力都在持续衰落的判断，被归结为学院化体制的巩固与完善。处于学院化体制的新一代知识分子，本应自觉保持独有的判断力与警觉力，抵抗各种过于制度化的公共行为，将自身放置在体制中心的边缘，继续存有批判性的学术立场。

第一，雅各比将批判的矛头对准学院化了的大学文化资本化。学院的使命本来是在于探索无功利的人类真理，而平民主义的社会改造潮流，影响知识分子放弃其社会职能，这种文化精英的溃退行为与当代学术文化的弱智化直接关联。现代商业运作逐步渗透进学术生活，进一步导致文化形式的通俗化，知识和艺术的商品化，文化生活平庸化，学术性问题的狭隘化。知识分子掌握的文化资本变成了货币资本的潜在形式，知识被视作可以商品化操作与销售的现存消费品，从潜在向现实的转变在市场的等价交换中和在大众媒介上的抛头露面中完成。对学院体制的偶像崇拜，建构起了美国社会中的文化生产工厂。以消费为导向的知识再生产，在学院化体制的培育下不断生产并消费大众，成为了现代社会特殊商品生产的重要组成部分。学院化体制下的知识分子摇身一变，成了新的商品生产者。他们借助于学术市场的话语转换，通过学术话语的交换经济来积累身份与地位资本，以此维系自身与知识系统的再生产。在雅各比看来，原先以非正式社会资本来维系知识再生产的知识分子群体，在学院化体制偶像面前逐步消散，而受众群体的消失更加导致其无法在社会上自立，远离曾经高扬的乌托邦精神。

第二，雅各比将批判的矛头对准学院化了的大学学位化。"诸如对现状提出批评、充当社会的良心，或者追求真理、不计后果，这类型为都不能完全构成专业人士的工作。"① 相对于普通"打卡族"而言，他们占据着话语资源的优势，依然在某些时候不乏因此而得的精英感，并努力维持着审美层面的身份意识。只是一来他们已失去利用此优势推动公众进步的兴趣，二来他们所产出的价值甚至已不如某些实业的"打卡族"。这就注定了学院化的知识分子的批判意识减弱，更多把目光盯在个人发展而不是广阔社会上，来屈从于论文、职称等制度性环节。大学从教者有了某种学术的错位自觉，已不在一起研究学问，社会公共生活不再被纳入课题制定的范围，学术自由让位于对成果的量化审查。大学通过重建学院化的一整套规范，更强化了这种错位的自觉，学术逐渐淡化对社会问题的广泛

---

① 〔美〕弗兰克·富里迪：《知识分子都到哪里去了》，戴从容译，江苏人民出版社2005年版，第36页。

兴趣。

第三，雅各比将批判的矛头对准学院化了的大学企业化。在雅各比看来，大学成为服务于美国社会改造与发展目标的简单化工具。工具理性主宰了大学的日常运作，大学变得越来越职业化的企业风格。他孜孜不倦针对所谓"波西米亚群体"追根溯源的本意，希望借此为当代学院科研机构日益企业化，知识分子逐渐沦为普通员工这一课题导入更为丰满的内容。被技术理性操控的大学，在国家、企业和个人的资助下只能选择与之结盟或联姻，以确保市场得利的胜券。权力机关与企业精神牢牢抓住了大学运转的命脉，在市场机制的作用下夺取了对大学的绝对控制权。资本社会借由学院的企业化改造隐秘，消除了自身的潜在批判者。进入大学之前，知识分子并没有条条框框的束缚，而进入大学内部之后，高校知识分子又在失去对真理掌控的无力中，沦为相对价值的吹鼓手。职业专家的行为方式与传统知识分子的行为方式完全不同，于是企业化的后果，实质上促成了知识分子的转型或者说最终消解，职业精神所提倡的价值和行为方式很可能与知识分子的价值和行为方式相矛盾。大学的商业化与企业化，促成学术与利润的联姻，学者们忙着进行技术孵化，为新发明颁发特许证，忘记了代表公众说话。

第四，雅各比批判的矛头对准学院化了的大学科层化。现代社会逐渐形成科层化的结构，大学除了吸纳新一代知识分子进入从而完成教学规模的扩张，还日益吸收科层管理方式，以完成大学科层化的思路改造。当代大学将本应坚守的真理追索价值观，替换为官僚进阶价值观，越发倾向于沦落为以人际关系为决定要素的非正规体系。当代公众承认的教授身份不但不是真正知识分子的代表，其本质甚至更接近于一般意义的雇员。大学越来越呈现出体制官僚化、考核功利化的倾向，高校知识分子与体制官僚化的权力表现之间冲突激烈。媒体工具与社会利益团体的介入，压抑了大学的独立思考，干扰了原先独立的学术系统。这不仅引起高校知识分子对学术生活的态度变迁，更以管理的名义，为其社会角色的功能实现设置了不同等次。领导、教师、学生等多股力量纠缠在一起，构成了大学的官僚逻辑。高校知识分子与权力的联姻，有可能会导致新一轮的专制，进一步盘剥了高校知识分子的独立自主地位，挤压了其自由民主的研究空间。科层制从 20 世纪后半叶开始在大学生发，最终在全球以体系化确立下来的体系，与更宽泛深广的社会文化语境更多关联在一起。这并不能单单将资本运作规律的作用，看成是促成异化的唯一同化动力。这种权力集中的体制化回归，使得投入高校领域的资本飞速扩张，原先还保留一丝余地、在公共空间徘徊的知识精英到体制内部，寻找可能的职业生存空间，这样就使得学术呈现出等级化的取向。

雅各比看到如今所谓的"新左派"，已只是冷静地从学理或系谱学角度分析和整理，曾经由一代独立知识分子基于社会进步责任的亲身参与和呼喊不再，这一切的形成令他感到，公共精神消退和多元文化主义泛滥互相构成推动的因果。在他看来，当代生成的这类学问的奇特与复杂之处，正在于一种强烈的学究气，似乎专家之外的所有人都无法驾驭，也没有任何普通受众愿意主动接触。"当新左派知识分子在一些重要的机构中获得了稳定的职位时，他们所取得的成就变成了一种最深刻的讽刺。他们的学术看上去越来越像他们过去试图颠覆的那一套。"[①] 大学向公共知识分子抛出了橄榄枝，而又在不断吞噬其赖以安身立命的公共领域，学院化偶像与之与公众隔开。知识分子经由偶像崇拜的规制，形成了一个包含特定话语规则与观念架构的体系化场域。大学看似自足的公共空间，实际上是要求高校知识分子对这种体系化观念场域的服从，促使他们都逐渐转型为校园里的专家，淡出了社会公众的视线，大学的繁荣一定程度上促使知识分子自由独立的批判精神日益式微。

雅各比尊敬学院化体制之外的老派知识分子，对其褒扬的乌托邦精神极其赞赏。他们不仅能够以其独立的个体参与多元文化语境下的意识形态论争，而且针对普遍性公共议题能提出为公众接受的建议与意见，而不会拿枯燥晦涩的学术话语当作逃遁的保护伞。工具主义话语下的学院化体制，势必促成人文理性与工具理性之间的不平衡，塑造起一种对学院化体制的偶像崇拜，消解高校知识分子的独特价值。大学的学院化体制化，使知识分子的公众意识越发冷漠，对社会良心的认知也越发暗淡，以致美国社会公开发声哀叹知识分子已死。而如今大学学院化体制的偶像确立，又需要借助于发达的媒体传播，为获取体制内的特殊利益，高校知识分子尽可能地选择取悦、谄媚公众。加上大学的非城市化，使得知识分子远离了社会的价值中心，对知识分子固有的乌托邦精神的需求程度降低，启蒙领路人的地位不复存在。

二　关于专业化体制的偶像批判

随着现代社会的经济文化转型，社会分工越来越细，社会资本化进程也随之加快，大学的学术研究与文本创作，也逐渐形成专业化和职业化格

---

① 〔美〕拉塞尔·雅各比：《最后的知识分子》，第124页。

局。知识圈层产生了对专业化体制的崇拜，技术化的不同类型分工之间，形成了各式独立的知识体式，随着"二战"后高等教育体系的扩张，知识分子在获得大学教授的体制内身份之后，已无法自觉同公众自由对话。高校不同专业分工的高校从业者仅仅关注于专业研究，院系及学科之间相互独立甚至分离，导致知识分子阶层仅仅注重于专业化的个人发展，他们不再具有道德权威，甚至成了一个与社会主流相脱节的阶层，而逐步放弃自身独立的品格，忽视对公众利益的关注。乌托邦精神遭到了被漠视的程度，拒绝对现实生活进行积极干预的惨淡现状，产生了一种合法化的意识形态。

雅各比认为，第二次世界大战后，世界进入高等教育"大爆炸"的时代，新创建和扩充规模的学院空前地增长，公共文化空间与氛围的消失显而易见，无疑令人倍感痛心。知识结构的精细化和学术领域分工的细化，往往会摧毁文化和精神的传承，使真正的知识分子难觅其踪。专业学科确实获得了一定程度上的良好发展，先前无人问津的偏门领域重见天日，甚至由于专业知识门类的扩展，图书馆也增加了分类领域，但受众群体局限在同行专家当中，即便是考虑到大众的接受，也仅仅是出于利益或声誉的考量，"他们的专业生涯成功之时，也就是公共文化逐渐贫乏衰落之日。"① 而雅各比心目中的知识分子典范，令保守派和当权者胆战心惊防范的犀利攻击，早已难觅其踪，不再有直面大众的眼光与格局。

雅各比慨叹，在这种状况下学术自由如何可能？雅各比承认，进入体制内的大学教授的研究能力，可能都要超过老一代。专业细作的助推下，高校知识分子变成了知名的黑人小说家，或是诸种新社会运动的研究者，需要实现专业化体制内利害的重新平衡。美国学者波斯纳同雅各比一样，也认为知识分子的身份本身，包含了会为更广大社会公众思考和写作的属性，只是以娱乐节目的表面形式呈现，导致混淆视听，如同电视文化节目那样，将严肃学术成果转化为非专业人士可理解内容的机制。在雅各比看来，知识分子除开闭门造车，便只能做些表面文章，专业人士虽然以知识为工作的核心和目的，但并不面向大众，这是大学专业细分背景下造成与社会脱节局面的根源。

在雅各比看来，《党派评论》等左翼刊物在数年前，就警告专业化体制下的知识分子，已正逐步代替不隶属于专业机构的独立知识分子。"开

---

① 〔美〕拉塞尔·雅各比：《最后的知识分子》，第5页。

明的和有技术的新知识分子抛弃了真理和道德，而代之以专业化和权力。"① 职业身份的转变无疑已暗含了社会角色的转变，有些人将此变化仅仅看作无关痛痒的时代模式或习惯。这在雅各比眼中，便成了对知识分子体制化相当敏感的短见或逃避之辞。"开始时，一个人最终学位的高低和毕业时的导师是谁比其学术成就更重要，更易获得学校里的好职位。而后来，专业上的成就也不能改变而只会加剧这一不平衡。"② 曾活跃在格林威治村，及远离灯红酒绿的书店或咖啡屋中的传统知识分子，由于过去从未隶属任何专业性的体制化机构，才能使其占据自由思想的一席之地，甚至能够拥有最为独立的创作天地。而今，大学以数量上的优势急速扩张，专业化模式的复制规模越来越迅速，超出了原本属于公共知识分子栖息的自由空间。大学作为一种社会机构，自然也就使作为雇员的教授们受到如何写、何时写以及写什么之类的制约。

首先，高校知识分子一旦膜拜于现代大学的专业化体制之中，占据大部分工作时间的论文写作，则成了他们斩获学术地位的资格证。高校知识分子所写的学术论文需要专业化的集体加以认定，学生的专业论文写作，更是经由高校教授、研究员和专家委员会评定。学院的知识生产，依照严格的学科规范与生产程序来加以管理，同时也根据同样的生产建制来评估知识分子的业绩成果。他们基于专业化的知识评估，对学术语言与课题结构内容等事项，作出与之相适应的改换。教授们共享一种专业术语和学科，既然成为学院派人士，就没必要在公共读物上写文章。"大学只是传授那些被认为可靠的知识，通过教学保障教师的复制，而不是学者的复制。"③ 这就使得他们被迫认同于高校专业化体制下的技术文化规训，一旦学术自由受制于屈从于专业化体制以后，学术研究难以保持自主的选择性，知识分子自然也难以保持自由的创作个性，学术自由在细密的专业化塑造出来的关系网络中，成为一种纯粹的空谈。

其次，在技术理性主义的统治下，大学堕入一种纷繁的利益纷争，正逐步缺失思辨合法化的功能，原先丰富的学科话语日渐狭窄，尤其以人文学科为甚。企业、基金会等各种利益团体显性或隐性渗透，各种社会思潮在这一平台相互影响冲突，思辨叙事的解体使科学极力寻求摆脱束缚的路径，虽然各专业领域的界限备受争议，但由于专业学术研究中的功利主义

① 〔美〕拉塞尔·雅各比：《最后的知识分子》，第159页。
② 〔美〕拉塞尔·雅各比：《最后的知识分子》，第127页。
③ 〔法〕让·弗朗索瓦·利奥塔：《后现代状态——关于知识的报告》，车瑾山译，生活·读书·新知三联书店1997年版，第83页。

话语不断凸显，学术公共领域被功利性的力量占据，导致专业化了的知识的思辨等级依旧坚挺，专业的边界保持不变，这种浓郁的专业气息，使大学成为一块独立领地，高校知识分子无从再保证自身所具有的超然性。大学原有的象牙塔形象渐失，学术研究极具人文魅力的研究意义被抹杀，带有创造力和反抗性的乌托邦精神被逐步放逐。

最后，大学专业学科实用化与功利化的结构设置，使得高校知识分子的考核评价也变得功利化，大学的思想创新与文化传承功能发挥受到一定程度的影响。专业化的结构性分工，对学术生活的影响越来越大。由于工业化造成的社会分工日趋细密，学术分类上也是日趋专业化。实利化的专业学科，导致大学内在气质也发生着深刻的变化，逐渐成为"一个具有国家目的的主要工具"。① 同被体制化知识分子群体的专业化与职业化联系在一起，甚至具有同发达工业社会的制度联合。市场与传媒的双重介入，使大学里除了教授、专家和学者外，还有商人和座上嘉宾，大学在现代已经被同化为制造技术专家的协助者。知识分子们只能通过学术大跃进，来赢得所谓的声誉与地位，把主要精力投入到著作论文的累积过程里，以此来应对专业化体制规定好了的考评标准。大学通过制定标准化的学术评估与奖励资助措施，客观上刺激这种知识泡沫的生产，但这种严重违背学术规律的专业化操作导向，挤占了高校知识分子独立的思考空间，行使意志自由的公共场域被侵蚀。学术质量非但没有出现上升势头，反而呈下降趋势，学术界的浮躁风也越刮越烈，大学被推进深不见底的学术娱乐化深渊，自由开放的学术阵地成为一个个孤立的专业化圈子。

随即，雅各比指明了不同学科领域受专业化体制带来的负面影响。在学术被推进一种工业化生产线，就会在合体制的规律作用下失去原有的文化尺度，依照用统一的生产模式制造出常人化的学者，影响到了整个群体的健康生存发展状态。专业化只是一种潮流，而不是自然的法则，如同过去人们把"哲学家"术语与爱智慧相勾连，而今只作为在哲学系占据职位的标识而已，哲学的话语逻辑的用途也不复从前。"正在膨胀的大学和政府机关雇佣的是专家和技术人员，而不是批判性的作家和思想家。"② 对于政府机关来说，专家和技术人员从来都是最适合的，如果像某些研究者那样单纯针对这一点开展抱怨，容易流于文人式却欠缺学术意义的个人好恶。只是批判性作家和思想家再无容身之处，并最终不是同化就是消亡的

① 〔美〕克拉克·克尔：《大学的功用》，陈学飞译，江西教育出版社1993年版，第47页。
② 〔美〕拉塞尔·雅各比：《最后的知识分子》，第64页。

今日局面，这就意味着单纯以企业眼光追求学术效率的政府和大学难辞其咎，而奉行投机取巧追求安逸的知识分子同样脱不开关系。这一奇怪组合所造就的，无疑是荒诞与意义缺乏的学术泡沫。学院政治对学术创作自主性造成了严重伤害，反过来，专业主义的盛行也将知识分子的社会道德热情，与本应具有的政治洞察隔离开来。更糟糕的是与社会公众之间的深深隔离，他们不再对公众的认知与思想接受有传播的需求，"他们几乎无一例外地都是教授，校园就是他们的家；同事就是他们的听众；专业讨论和专业性期刊就是他们的媒体"。① 法兰克福学派曾认为，技术专业化的危害导致法西斯时代普通人将屠杀视作普通工作的一大关键点。但在大学专业化体制的驱动下，"民族的就是世界的"这一大众文化营销口号，似乎同时已被学者们视为真理。

在经济学领域，雅各比认为经济学家善于选取复杂的数学模式，应用到专业化的写作之中，并非这些模式能够清晰地对现实情况加以解释，只是便于顺利发表而已。他们不需要继续收集新的有用信息也可以有成果问世，而成果发表后大多数就因无所作为或者成效低微而束之高阁。

在历史学领域，雅各比认为史学家佛吉尔等所谓的"科学的"史学观念，过分注重于量化研究，使得在史料整理的过程中突出数量统计的推断，出现了明显的偏差。比如他统计某农庄主几年时间鞭打奴隶的数据，从平均单个奴隶鞭打的次数与整体鞭打的频率不多，就推断出奴隶并非由于体罚而从事强迫劳动的荒谬结论。高度专业化的"科学的"史学量化研究，不能代替史学的社会分析与宏观背景考证。

在政治学领域，雅各比认为政治学的范畴被切割为极为细微的专门知识来加以研究，政治学知识的范畴越分越细，作为某一细分领域的学术竞争者的数量，也就自然下降，获得细分领域的专家身份就更为便利。专业化了的政治学，已被逐渐矮化为一场封闭的职业游戏，研究成果无法使得一般读者产生兴趣，在百无聊赖中越发难以卒读。在专业化的研究视域选择下，往往忽略掉最为紧迫的社会问题，而是对掀不起任何争论水花的问题大肆讨论。尤其是青年政治学者对一些温水煮青蛙式的问题研讨，以纯技术方法给予探究论证，通过这种操作尽可能降低他人的反对程度。

在文学领域，雅各比认为美国学者詹姆逊善于运用结构主义与符号学的新理论，通过这种强专业性的自说自话来装扮自己，虽然实际上造成了远离公众的效果，但理论的发明者自身是不在意的，哪怕这套论述方式已

---

① 〔美〕拉塞尔·雅各比：《最后的知识分子》，第4页。

远离现实的关怀，丧失了公共批判的价值导向。入侵大学的不是一般新左派知识分子，而是满脑子全神贯注于学术话语观念的新左派教授。他认为路易斯·芒福德、马尔科姆·考利从未抛弃过公众，写的东西是为了让人读的，而詹姆逊则连自身学术话语体系中的常识性问题都无法解答，也无法去回应一般受众的质询。"问题不只在于杰姆逊的过剩术语，而在于术语本身：一切都是文本加文本。都市本身消失了。"① 雅各比在谈及其文本中有关公众问题的讨论时指出，由于后现代主义在于抹消高尚文化与大众文化之间存在的界限，詹姆逊将建筑纳入研究视野，看作后现代主义的显著例证，并从小众的专业化视角，对各种后现代主义文本进行考察。位于洛杉矶为富豪提供服务的波拿文都拉酒店就是其中的典型。在雅各比看来，詹姆逊通过对诸如波拿文都拉酒店的文本考证，以一种后现代的思维框架，试图创建新的空间构型，以表明一种新类型文本的问世。后现代主义视角下的酒店入口有着深刻的隐喻，"这些入口既小又无标示，为的是不让当地老百姓，主要是穷人和拉丁美洲人走进去"。② 而这种看不见的入口即为其中典型形式，并将其视作体现政治行动能力的集体行动，看成一种集合行为的实践方式。实际上他则从未去寻找过公众，著作是为大学的讲习班写的，要有许多解说文字材料来帮助理解。他用马克思主义的术语来所标榜的这一空间类型，描述楼梯和走道的意义："这里的自动楼梯和电梯代替了人的走动，而且，最重要的是它们被看成是走动本身新的反身符号和象征。……这是对一切现代文化自动性的一种辨证的强化。"③ 这种理论的通货膨胀严重背离了"左翼"的原初诉求，倾向于作冗长的注解，虽然看上去左翼话语的份额在不断增加，然而却背离了知识分子乌托邦精神的公共批判维度。随着文学的萎缩，文学理论却不断扩张。文学界的教授们也在研究问题，但将行云流水的文字变成了没有任何可读性的符号渣滓。他们注重专业领域的精确性，为文本写作中无意义的分歧作出各种显著的标记，并且使之在印刷品中呈现出来，既要体现出修改增删的痕迹线索，又要保存原始的文字样貌。

针对以上对不同学科专业化体制性缺陷的分析，雅各比从总体上认为，在人文学科的广阔领域，要想开展真正的学术研究，就必须将人类社会作为考察对象。在他看来，上述的批判对象都不算一种真正的学术，真

---

① 〔美〕拉塞尔·雅各比：《最后的知识分子》，第150页。
② 〔美〕拉塞尔·雅各比：《最后的知识分子》，第149页。
③ 〔美〕拉塞尔·雅各比：《最后的知识分子》，第149页。

正的学术绝不是脱离社会的纯学问，重点并不在于到底是围绕某个具体问题展开，还是构建某个理论本身，而是要看这些研究的内容有无实际的社会价值可言，应从中汲取无尽的思想资源，对人类事务保持高度关怀，以启发人们寻找更好的存在方式。当今文化研究领域颇为典型的就是，伴随文学的萎缩，文学理论却不断疯狂扩张。雅各比认为，对教授们沉迷于批评理论这种现象，需要像查尔斯·纽曼那样进行反思，否则这最终必将引领人文学科走向布卢姆所深深担忧的驳杂与混乱局面，"从来没有谁能忘记自己整个精神的突然贬值，因为它的匮乏过于令人触目惊心"。① 而在此混乱驳杂的意义上，畅谈学术体制的革新为研究者带来更自由的空间，并由此激励知识分子全身心投入旨在促进社会进步的多元研究，在雅各比看来便显得相当可笑。

　　在具体分析了各学科的情形后，雅各比指出了专业化对公共空间的侵蚀造成公共性与专业性的对垒，扼腕于专家学者对具有公共视角的知识分子的取代。科技作为一种无形的软资本，成为社会物质财富积累新动力时，专业化体制下如福柯所言的专家型知识分子，已然成为现代性神话的创造者。知识分子被狭隘的专业化领域所束缚，越来越膜拜于专业化身份标注，失去了公共视角与公共旨趣，形而上的价值诉求显得越发地虚无缥缈，不可避免地成为被忽略、被遗忘的群体。从事学术研究成为人文知识分子逃遁现实最好的借口，总体性价值的守卫者主动地放弃乌托邦精神守护的职责。"如果专业人士无视他所从事的科学工作的哲学基础，他将从根本上全然蒙昧于科学的存在与延续的历史条件，亦即如何组织社会与人的心灵，使之可以继续造就后起的研究者。"② 只有在科学技术知识与人文知识的相互结合并共同形成完整的知识时，进步和发展才会成为可能。在雅各比看来，专业化体制崇拜的后果在于，高校知识分子的劳动付出，仅仅是在于提供一种服务，而不是其思想本身具有价值。研究领域日渐缩小导致的是追逐所谓的可靠性、精确性与唯一性，而思想仅仅作为一种工具性的手段，体现在专业性目标的实现之中，对于其中存在的可能性、不确定性与多样性，本能地有一种拒斥的态度。职业精神所提倡的价值和行为方式可能与知识分子的价值和行为方式相矛盾。当知识分子是一个专家时，权威的专业更为人所重视，人们关注他的行为，而不希望他好争论、

① Maurice Beebe, Charles Newman, eds., *The Post - Modern Aura*: *The Act of Fiction in An Age of Inflation*, Evanston: Northwestern University Press, 1985, p. 6.

② 〔西班牙〕奥尔特加·加塞特：《大众的反叛》，刘训练、佟德志译，吉林人民出版社2004年版，第110页。

涉足政治以及擅长批判。知识分子的权威不是建立在表现真理的能力上，而是建立在捍卫特定群体身份或专业身份的能力之上，知识分子的理性让位于实用主义和工具主义。人类知识不断增长，新兴学科不断涌现，面对庞杂的知识体系整体无法应付，只好潜心于某一学科的某个子项。他们囿于一种工具化的专业主义方式，不自觉地把理论视野和价值旨趣局限于所在特定的学科，而在这些专业视野之外，就逐步退化成一种"有知识的无知者"。

在雅各比看来，专业化的知识生产体制成为公共知识分子的坟墓。资产阶级夺回了旁落的文化领导权，成为拥有道德和正义呼声的普遍阶级。而漂泊的知识分子则在所谓叶落归根之后，摇身一变成了资产阶级的代言人。多数学院派教授由于专业受限及存在某些顾虑，往往只是聚集在熟悉的学术圈捍卫他们所理解的专业知识，具有普遍性知识对他们而言，仅仅是一种业余兴趣，甚至僭越自己的领域，妄图凭借着专业知识支配一切，实现对通才、博学者的化约。于是他们战略性地退却公共空间，进行闭门造车式的研讨与交流，留下一大片空白。他们一方面不停感慨学院化与专业化体制付诸体面安全的收容所，另一方面感慨在精心分配的狭窄学术圈中无异于坐井观天。

由此，雅各比悲叹，在专业细分的话语主宰的真实面目下，细究人类的整体命运对于专业化体制下的知识分子而言，不再有任何乌托邦激情可言。自 20 世纪 60 年代欧美文化革命之后，伴随着差异与流变，盛行的是接近于萎靡里略带狡计的虚无主义。明知真正的乌托邦精神背负着极大怀疑却仍抹平的全球化趋势，人们越来越相信未来不过将是今日的复制品。讨论意识形态问题既艰且险，还不如做一些现实工作，这几乎成为普世常识的安全认识，更显出时代精神的衰竭与倒退。面对知识界思想僵死的状况，只有通过重新扛起乌托邦精神的大旗来进行宣战。"在相同的主体性驱动力上，政治左派和非左派参与都犯了社会健忘症，仅仅证明了社会的恶意，而不能证明政治主张差异性是无意义的。"① 虽然雅各比的浪漫主义情怀无法避免阿隆的调侃，但就这个时代而言，他并没有像一些人所以为的那样要将纷乱无序、意义有限的波西米亚青年文化运动，视作严肃知识分子独立精神的完全体现，反而一直有意识地维持"荷尔蒙冲动"与理性实践的距离。

---

① Russell Jacoby, ed., *Social Amnesia: A Critique of Contemporary Psychology*, Boston: Beacon Press, 1975, pp. 102 – 103.

雅各比着手复活被学院化与专业化体制所禁锢的传统知识分子范式，以能够清晰地指明乌托邦在知识分子中遭遇的时弊，认为新一代知识分子应超越二元对立思维方式的"第三种立场"和"第三种声音"，使得乌托邦精神在知识分子精神重建中的位置得以凸显，响应而不必屈从其所处的时代，"在充分意识到历史主义与道德主义的区别及效度的基础上，融历史理性和道德激情于一身"。① 专业化是一把"双刃剑"，需要在专业化体制与普适的人文关怀之间形成一种张力。学科边界的消解，迫使当代知识分子要从狭窄的专业领域走向广阔的公共领域，一旦把专业的思想观念限制起来，乌托邦精神就会在封闭的专业领域内部窒息，公共知识分子也就轻易被取代。"人性并不要顺从历史，而要创造历史。通过这道人性之门，选择的权利进入了历史的大厦。"②

三 "波西米亚"式乌托邦的自由向往

在对学院化与专业化体制偶像的膜拜下，知识分子进入失去象牙塔韵味的大学，遵照严格的学科规范开展专业化的知识生产，形成一种流水线式的职业分工模式，来代替个人爱好、思考自由的知识生产，无形中阻碍了对"波西米亚"式乌托邦自由的向往。雅各比将波西米亚文化作一批判武器，更多的是将其作为一种文化空间模式变形的极端典型参照，并回过头为乌托邦精神洗刷误读作出努力。

在雅各比看来，传统知识分子的延续成为一个严肃的时代问题。美国公共知识分子已逐渐被"常人"所取代，他们面对的是学院化与专业化的圈子，而其他人则无法深入知晓与接近他们的专业领域或思想。大多知识分子蜷缩生活在大学校园里，封闭在狭窄的专业化学科领域。学术界无序的专业化扩张，进一步造就了职业化知识分子的产生，严重损害了知识分子生活的生命力。乌托邦精神被侵吞亦被销蚀。

雅各比对"波西米亚"概念进行了深入的探讨，阐述了波西米亚群落消失、精神发展状况同现代社会文化生活的错综复杂关联。波西米亚群落的组成范围非常广，包括短暂在都市中停留的"青年人和学生，还有或多或少的永久居民及多余的知识分子"。③ 多余的知识分子又是其中一个重要的组成部分，他们主要是在美国经济大萧条时期，处于失业状态的知识分

---

① 陶东风：《社会转型与当代知识分子》，上海三联书店 1999 年版，第 201—202 页。
② 〔美〕拉塞尔·雅各比：《最后的知识分子》，第 208 页。
③ 〔美〕拉塞尔·雅各比：《最后的知识分子》，第 26 页。

子。这些人由于尚未找到满意工作，转而成为无业游民、局外人，甚至变成对社会的痛恨与不满人群。这些人被雅各比视作"独立知识分子"，他们不依赖于某一学院、研究部门、党派、机构团体而独立行动。而这些人经常活动的聚集地，集中于小餐馆、咖啡屋等适宜讨论交流的地方，便于其开展社会批判，对未来社会进行畅谈与想象。原先那些真正的乌托邦代言人，寄身于这些不引人注目的地带来锤炼语言与锻造思想，进而秉持一种不为人知的乌托邦精神，敏锐洞察现实及想象未来社会可能性。这些聚集空间的地理位置通常是远离城市的，一方面这个群落依托城市的文化氛围与独特气质帮助其形成固有群体；另一方面他们需要考虑与平衡房租廉价、餐饮物美价廉、交通方便、环境优雅等因素。但是这些聚集和开展活动的条件极易被破坏，使得这一群落的组织处于比较松散甚至解散的风险。社会财富资本的不断涌流，又使得美国城市向郊区猛烈扩张，城市空间快速增加，郊区范围的急速拓展造成聚集的难度，加之房租的不断上涨造成廉价聚集空间的停摆甚至淘汰等，城市的居住条件日益严酷。城市发展规律令生活于城市中心的廉租房和咖啡屋的客观条件不复存在。加上杂志转型，严肃却又面向公众的文章稿费不足以维持生计，波西米亚文化群落彻底远离时代的文化中心。

在雅各比看来，取而代之的，则是以此为暂时跳板的新青年或来此消遣怀旧的成功人士，重新被命名的波西米亚，彻底进入了资本社会的主流。"在一个短暂的时期内，波西米亚俱乐部从一个自由的记者、反叛者群体发展为期待成功者的藏身处……已经逐渐成了财富和权力的象征。"[1] 这些在影响波西米亚群落发声舞台的同时，会冲击这一群体本以残酷的生存状态，波西米亚文化人在生存条件意义上发生了质变。这就导致群落生存空间的急剧萎缩，使"独立知识分子"的身份逐渐丧失，在寻求新的生活保障的同时，进一步远离都市作为纽带的精神家园，以城市为根据地的波西米亚文化人日渐式微。法国学者伏尔泰曾认为，作家就是一些与世隔绝的人。从与世隔绝到走进咖啡屋再归于体制生活的知识分子，一开始都试图保持与当下的流行观念与主流思想的界限，但功利主义的情绪向着整个社会弥漫，一直以来勇于与环境抗争的波西米亚文化群落不再保持传统意义上的界限，文本创作也不再有足够的公众感召力可言。

雅各比十分重视波西米亚文化人的过往影响力，认为他们勾连起与现

---

① 〔美〕拉塞尔·雅各比：《最后的知识分子》，第30页。

存社会生活的真正往来，能够直视社会的阴暗面加以批判，敢于挑战社会制度的缺陷与不公。而这一群落的逐步消散，就意味着波西米亚精神的衰微，而这又是同知识分子的心理活动变迁与价值观念调整，有着必然的关联。由于他们长期处于生活得不到有效保障的状态，一旦群落的现实土壤不复存在，就会使得他们在离开之后，被迫转入大学、研究组织、政府和企业等，以求获得稳定的收入、丰厚的社会福利、与安定的居住条件。这些靠社会批判与人格魅力占据社会舞台的独立知识分子，从混迹都市角落到逐步体制化、学院化、专业化，演化为新生的教授、学者、高科技知识群体。浸润波西米亚精神的都市文化也荡然无存，城市的生机活力受到重创，批判理念价值渐趋退场，都市集聚的发声者与受众的思想生命活力被打压。按照雅各比的分析，知识分子的公共属性与思想独立性也由此丧失。他们只有在对体制的依附下继续生活，不继续充任社会大众的引路人角色。整个知识分子群体被时代进一步裹挟，用被异化了的多元文化路径来逃避现实。这种知识分子的精神退场，导致思想活力的源泉渐趋枯竭，人们又会进一步在失去引路人后，导致洞察力与想象力的丧失，进而陷入社会健忘症的困境之中而无法自知，失去了原有的自由创作与自主认知。公共知识分子的乌托邦精神正由此进一步衰落，公共事务与文化坚守仍依靠于个别的老一代知识分子，而新一代的精神境界，在对经典与历史遗忘后被重新异化塑造。具体而言：

第一，专业化与学院化体制偶像的建构，背后都建基在世俗化的逻辑规范之上。现在所谓的知识阶层，事实上更接近于各种社会阶层中的普通一员。林立的大学城将原本散居社会各角落，并保有独特个性的年轻学人悉数收纳，并赋予科层制下的职位与任务，最终令知识分子各自所属的机构和学会，成为比他们本身身份更为重要的区分标志。"强大的文化压力促进了一种衰弱无力的知识，如今盛行的正是这种知识，它鼓励了对待思想生活的庸人态度。"[1] 知识分子持有的不再是乌托邦精神的理念，雅各比感叹由其所造就的文化停滞后果："知识分子越来越不作为独立的作家或诗人而生活了，他们更多的是作为专业集团、利益联盟，或许是一些阶级而存在。"[2] 即使在这种世俗偶像倒逼的压力下，仍然有一部分知识分子拒绝在专业杂志上发表文章，职业身份的变迁并未从实质上影响到知识分子本身的独立身份。而新一代知识分子则将学院化与专业化体制，视作他们

---

① 〔美〕弗兰克·富里迪：《知识分子都到哪里去了》，第66页。
② 〔美〕拉塞尔·雅各比：《最后的知识分子》，第96页。

摆脱孤独无助境况的依靠对象，指望借此来安身立命。他们生活的重心旨在竭力挽留这一体制偶像，并按照这一世俗化的逻辑规范行事，以此来主动接受来自偶像的馈赠，而不再是如何自发调动潜能以赢得自主的生存。他们承担的已不再是知识分子的责任，雅各比看到他们对于曾经的知识分子思想，也只是冷静地从学理或谱系的角度分析和整理，而他们最终需要承担的则是体制偶像要求其履行的义务。

第二，雅各比心中的年青一代，本应站在体制对立面的特立独行群体，首次在西方历史上被强行推上无用而多余的创业者位置，在最后演变成了守护体制偶像的主力之一，甚至接近于学术资本主义的旋涡之中。雅各比由此试图具体厘清公共知识分子，特别是年青一代的缺失。寻求事物之真固然是知识分子的天职，但真正强大的知识分子绝对不会依附于外在的力量，不会限制这些个性生命的展开，也不能与追求事物之善的乌托邦精神相背离，而是超越这种束缚自由精神的外在强制，建构起属于其独特的世界。从适合交流的咖啡屋到整齐划一的大学食堂，从侧面展现出知识分子思维方式的转变。咖啡屋文化下出产的是划破时空的格言警句与济世文学，而学院化与专业化文化氛围下，只有专题论著、小众演讲扎堆出现，伴随而来的还有各种资质证书与奖学金的申领表格。具有体制迷恋情结的知识分子，和大学的关系极为微妙。社会发展造成的结构性改变，严重阻碍知识分子社会角色的发挥。此前，知识分子的知识理论都相信整个世界有其整体性，但战后迄今，人们越来越认为每个人的不幸都是他个人出了问题，而不是社会的责任，因而造成了一种虚假的多元主义，人们不再相信"整体性"这样的东西。现在这个时代"以天下为己任"，受到的揶揄多于喝彩。在越来越复杂和庸俗的世界，年青一代的视野也被诱导得越来越浅化。号称反叛者实际只是故弄玄虚的"自恋"或"新虚无"，只会用激烈的言辞讲无人听得懂的话，与体制到底是对立或是共谋都已无法分清。古典知识分子关心人类的共同福祉，他们唱的是"大调"，现在的知识分子，在校园内只唱小圈子里自己喜欢却无甚意义的"小调"。知识分子的"自我边缘化"，也与社会思想的平庸化，不能在广泛的思想上求新求进，因而发言权开始变小。随着全球化信息化的普及，发言权已达到了任何人只要不满都可多渠道表达的新阶段。这种假象的自由，造成一种反面后果，人们不再认为需要知识分子来代言，其实这是以另一种方式剥夺了知识分子的角色。"这个社会健忘症的形式呈现出左派加倍缺乏时代性的趋势探讨；这种讨论不仅脱离个人直接需求，而且审查已经被抛弃和遗忘的政治思想和口号已是过时的。左派立场如此迅速的改变，这种讨论与分析似乎注定要落后。"① 雷蒙·阿隆也曾断言："历史上的左派语言或许在当代会受到喝彩，然而，当怜悯本身只具有唯一意义的时候，永恒的左派精神实际上已经死亡。"② 面对社会的不幸与不公，做出在道德上无懈可击的表态，早已成为新一代知识分子们的基本技能。正如阿隆所言，更多空泛的、只是出于满足自身道德感的表态，只是为"左派精神"开出了更多的死亡证明而已。

第三，在学院化与专业化的偶像崇拜导向下，失去乌托邦代言人角色的知识分子以纯学术的名义为自身张目。他们过去从庸常世界中独立，而如今又无法忍受现存的不安处境，而选择走进校园逃避学术自由。当今语境下的"自由"，其实更接近一种责任感与学养缺乏所体现的"自由散漫"："当他们在大学里获得了一个职位时，新左派知识分子便获得了利益：稳定的收入、长假以及写作的自由，有时他么想教什么就教些什么。"③ 当一个知识分子的前途完全依赖于同行和行政人员的评判时，学术自由本身的原则事实上正在遭到侵害。逼迫或诱导你在安全领域为所欲为的自由，无疑很难被称为真正的学术自由。"这或许是一个悖论，但是，它使我们想起了学术自由的内在冲突——学院体制抵消了它所保证的自由。对于许多大学的许多教授来说，学术自由仅仅意味着做一个大学教师的自由。"④ 自由和责任之间本来具有严格的约定，一旦无法承受担当责任而给付的一切代价，就只能将逃避自由列为单独的选项。这种对自由生活的放弃，也是对现实空间里"自由思考的头脑"的放弃。与大学体制外的自由生活相比来看，这些知识分子对不自由的接受度，远远超出了对不安全的容忍度，恰恰是得以恢复一种与世界新的统一。"我们的眼睛和耳朵能轻而易举地发现添加了什么，却不太容易注意到'减少'了什么，比如物体和声音的消失。"⑤ 年轻的知识分子在尴尬处境中藏身于体制化的巢穴，看上去既能够维系远离尘嚣的正面形象，又可以在高高在上的文化表象中赢取相应的不菲回报。而实际上他们的工作与生活都被体制所监督与看管，自由的思想也在与世界的同一化过程中，失去了体会自身创造力与生命力的权利。雅各比认为，美国知识分子堕落的过程中，甘心逃避自

---

① Russell Jacoby, ed., *Social Amnesia: A Critique of Contemporary Psychology*, p. 102.
② 〔法〕雷蒙·阿隆：《知识分子的鸦片》，吕一民、顾杭译，译林出版社 2005 年版，第 33 页。
③ 〔美〕拉塞尔·雅各比：《最后的知识分子》，第 105 页。
④ 〔美〕拉塞尔·雅各比：《最后的知识分子》，第 105 页。
⑤ 〔美〕拉塞尔·雅各比：《最后的知识分子》，第 1 页。

由，放弃了对学术自由的追求，已把自己交给了一种外在的力量，自然也用不着承担责任。学术自由仅仅以一种保守性的形式加以解读，对学院化与专业化体制中的学者而言，是奢侈品而非必需品，牺牲自由以换取富足、荣誉与安稳是值得的，甚至终其一生也在这一体制偶像崇拜中度过。

第四，知识分子被大学收编，面临如何解决好工具化知识生产与乌托邦精神生产的逻辑自洽困境。学院化与专业化体制下，陈式化工具性的知识生产方式意味着与自由的创造性思维之间，从本质上是难以兼容的，这种矛盾对真正的公共学术创作构成极大的现实障碍，自由写作者早已在理论或技术权贵的力量制约下，成为缺失独立性创作与批判人格的困兽与受人摆布的木偶。在被蒙蔽的受众与晦涩的文本意义之间，横亘着助长体制偶像崇拜之风的理论或技术权贵，面向公众自由表达是绝对行不通的，这就意味着创作独立性和批评独立性的双重丧失。大学教授在利益驱动与现实生存的助推下，自觉以所谓的客观中性研究进行某种陌生化的知识生产，而实际上早已成为某种去意识形态化的虚假意识形态的提线木偶，消解了知识分子的乌托邦精神与公共情怀。现代化的都市已不再具备波西米亚的乌托邦气质，知识分子的学院化生存状态，使之研究取向内置在精致的象牙塔内，无法容纳现实世界的宏大时空视野，对于精致的体制化研究的迷恋，使象牙塔原有崇高属性也变得虚假不堪。

第五，作为开放文化代表的"波西米亚精神"，事实上具备了与"乌托邦精神"某种相似的性质与重要性。在知识分子气质塑造的关联语境中，体制所附带的名利追求因为当事人本身的非体制性而自然消解，暗中推动了将单纯的精神活动当作核心诉求的交流氛围。而在这种没有事业与道德压力的环境中，波西米亚人对于真理的真正探索才具备了达成的基础。对雅各比而言，波西米亚人的不再，已不单纯是一种文化活力消退的隐喻，而更多是切实造成知识分子整体倾向逃避主义，并以多元文化为幌子局面的导火索。"过去人们曾把知识分子说成是批判者和波西米亚式的文化人，现在却把知识分子当作社会学意义上的一个阶层来谈论了。"[1]知识分子应运用只对自己内心负责的言辞和思考做武器，来面对公众并介入现实。美国学者萨义德强调的是一种独立自主的行动性，表现为以本身智识的优势承担起不断反思社会并引导大众的知识分子天职，这也正是雅各比一贯坚持的老派知识分子所应具备的"乌托邦精神"。这一精神的题中之义在于与行动、社会同步，简单归纳少不了独立、公共、责任这些最基

---

[1]　〔美〕拉塞尔·雅各比：《最后的知识分子》，第95页。

本的属性，"依赖的是一种意识，一种怀疑、投注、不断献身于理性探究和道德判断的意识。……知道如何善用语言，知道何时以语言介入，是知识分子行动的两个必要特色"。① 而塑成这一品性的土壤，在雅各比看来，波西米亚文化群落中的咖啡馆，在那种特定的环境下，知识分子方可因独立开放的风气成就敏锐思维与对真理的专注，并最终将成果以大众得以接受的媒体形式传播开来。

第六，道德良心和勇气是知识分子乌托邦精神复兴的先决条件。雅各比在《最后的知识分子》结尾不禁感叹："年轻的知识分子对他们的时代作出了回应，因为他们必须如此；而他们也屈从了时代，这却是不必的。"② 无论出于专业化还是市场化的目的开展研究，实用主义已逐渐成为知识分子行动背后的动力之源。首先依靠教职达成谋生的目的，其次凭借标新立异的研究获得业内与社会的声望，最终借此占有荣誉、地位和话语权。如圣诞节礼品般夺目与丰富的文化产业背后，无疑掩藏着知识分子已甘愿沦为庸众一员的尴尬。雅各比认为，知识分子不应作一种简单的知识传授，还应打破学科和校园的限制，回到公共领域去关注社会问题，在限定的知识底盘外从事公共性活动，从原有的封闭性学术讨论、体制性评估中走出去，重新审视人类解放等公共话题，"如果文化研究被理解为一个对立的公众领域，它就不应被理解为是某个部门或划分职业与业余的界限。我们应该在对理论基础的重新审视中创造与之对立的实践，而不是用恰当的学科性的术语来看待它"。③ 曾经波西米亚文化人的转型，归因于类似简·雅各布斯提出的"大城市公共空间的死与生"。"思想和梦想都需要能自由支配的时间，知识分子不停地逗留于咖啡屋和酒吧，乃是以努力摆脱金钱和苦力的束缚来影响坚如磐石的公民的，哪怕这种努力只是做个样子。"④

可以说，雅各比所批判的美国高校，早已不是宁静的象牙塔，进入高校的大部分知识分子，也不再是秉持乌托邦精神的个体。体制内循环的学术生产系统，将高校变成一头自我游戏与外界分离的困兽。而知识分子对被异化了的世俗社会的顺从与追逐，加剧了乌托邦精神的退散。资本大潮如洪水猛兽般将其安身立命的根基冲垮，既已不再具备作为知识分子的道

① 〔美〕爱德华·萨义德：《知识分子论》，单德兴译，生活·读书·新知三联书店 2002 年版，第 23 页。

② 〔美〕拉塞尔·雅各比：《最后的知识分子》，第 208 页。

③ 〔美〕爱德华·萨义德：《知识分子论》，第 87 页。

④ 〔美〕拉塞尔·雅各比：《最后的知识分子》，第 25 页。

德良心与勇气，无论他们是以怎样的心态投身体制的洪流，依旧还是要从无上的精神导师还原成常人。他们努力摆脱现实的困境，却在理想被嘲弄的时代，又滑入另一个更深的泥淖，知识分子形象摇摇欲坠，知识分子的神话就此轰塌。本应具有强烈批判意识与抗争责任的知识分子，选择了丧失批判话语权力的犬儒生存状态，只能遥坐书斋营造虚幻的乌托邦空间，在失去了强大精神避难所的异化泥潭顾影自怜，甚至会失去自我持存的意义所在。

德国著名诗人荷尔德林曾预言还乡，但是学院化与专业化的体制偶像，已经深深击破了知识分子内部的体系平衡。知识分子现代意义上的家园，不是传统意味上的乌有之乡，也不是对学院化和专业化体制的偶像化崇拜方式。美国历史学家施莱辛格所预言的知识分子形象危机，会在低潮过后再度崛起，而这一崛起在他断言的20世纪末尚未发生。对知识分子的精神重构，以雅各比提出的公共知识分子等理论形式出现，雅各比式的反偶像崇拜乌托邦希望，给这一危机之后的转机提供了一个精神窗口，然而新的价值规范与精神坐标还未被广泛接受之时，都可能遭受不同程度的质疑与攻讦。

第二节　功利主义大众文化与多元文化主义神话批判

雅各比把想象力视作动力的最初形态，他指望知识分子重新认识到精神指导原则选择上的错误，并从此恢复对社会发展有价值的想象力。虽然雅各比心中反偶像崇拜版本的乌托邦从未失去生命，但大众文化与多元文化主义的进攻，确实令雅各比意识到拥有这种想象力的难能可贵，对乌托邦精神的命运感到寒心。

在一个抗拒正面深化现实问题的环境中，知识分子最易持有多元文化主义需求。法国学者阿隆曾将法国长久以来的革命神话轻蔑地称之为填平道德不妥协和智识之间的鸿沟的欲求，并将精神上的异化与学识上的退化勾连起来。在大众文化与大众传媒日益扩张之际，知识分子的活动空间日益向媒体延伸，媒体成为公共知识分子活动的公共领域。"近几年的努力，已经更新了反思弱点，缺失，或不要轻举妄动的阶级意识，大众文化理论，广告理论，富裕理论，和合法化理论。"① 在真理简单化、娱乐化、装

---

① Russell Jacoby, ed., *Dialectic of Defeat*: *Contours of Western Marxism*, p. 125.

饰化存在的时代，事实展现了雅各比所理解的乌托邦思想第一个环节，即想象力的轰然崩塌，而这又不影响其对乌托邦重建与大众文化批判关系的深入思考。

一　功利主义大众文化批判

思想的逆流和社会的转型，使得文化体系的价值取向发生了转换，逐渐呈现出反文化的倾向，从而构成了当代文化的新语境。大众文化是工业化进程后出现的一种与精英文化相对的概念，不仅具有一定的娱乐消遣功能，还有意义阐述、意识形态宣教、知识传播等功用，"通过大众传媒传播，由文化产业按照资本主义现代化生产方式进行生产，满足大众私人文化空间需求的文化"。① 大众传媒决定了大众文化的形态，具有商业性、私人性和制作性的大众文化与追求原创性、深度和理性的精英文化构成了激烈的冲突。② 从当下出发融合自我的艺术体验与时代特征，探寻着自我的崇拜语言，凭借着敏锐的时代感觉和崇拜定位能力，逐渐找到了自己的位置与身份。艺术、金钱与权力交融成一体，构成了新的创造情境与价值取向。

在大众文化崛起之前，精英文化往往引领着社会的价值取向。随着大众文化的活跃与地位的转变，文化中心的阵地随之被其占领，形成一种关于大众文化的狂热偶像崇拜。再加上在后现代主义纷纷登场之后，其与解构情结的遥相呼应，知识分子的文化处境进一步恶化。大众文化在创造文化新气象的同时，也在刻意制造与知识精英文化之间的二元对立。在大众

---

① 王治河主编：《后现代主义词典》，中央编译出版社 2004 年版，第 72 页。

② 约翰·费斯克认为，大众文化研究中存在着两种研究心态或趋势，一是以法兰克福学派为代表的对大众文化的彻底否定性观点，他们对其非创造性、操控性、欺骗性、虚假性、复制性、平面性等特征进行尖锐的批判，不过并没有构成实质性的打击，反而显露出精英文化在衰微之际的剧烈挣扎。大众文化又与西方的后现代文化取向相契合后态度出现回转，认可大众文化并从其中发现了反抗的力量。二是精英式人文主义的民主观，即从文化和谐角度出发包容大众文化，但未考察大众文化的对抗性的态度。费斯克提出第三条道路，从正面积极地肯定大众文化，并将其视作一种反抗的表现，把它作为大众对付、规避或抵抗社会宰制性力量的战术，是一种潜在的、具有现实性的进步力量，这是精英文化在大众文化的重压下的心态调整和自动适应，是精英批判意识遁入了逆来顺受的心理自慰。席尔斯、丹尼尔·贝尔、D. 雷士曼等后工业理论家也发现了其积极面，突出表现在大众文化表明多元化的政治、社会、价值、权力的出现，进而体现了一种民主的形式。但其在后来的发展中，在展现多元化和民主性的同时，也霸道地消灭了多元和民主。参见〔美〕约翰·费斯克《理解大众文化》，王晓珏、宋伟杰译，中央编译出版社 2006 年版。

文化的笔触下，权威退场后众神狂欢局面得以呈现，而大众的想象力也仅仅停留在感官的满足阶段。乌托邦的未来视野不再，大众被局限在大众文化规制好的生活既定状态里，仅限于贫乏的想象日常生活空间的种种。大众文化批判，便在二元对立的冲突中不断得以展开。当代大众文化具有精神产品与商业产品的二重性，是一种由现代工业文明和商品经济催生、创造出来的新文化。由于世俗化的解神圣化使命远远没有完成，可能导致一种悲观主义情绪和浪漫主义的怀旧心理。在雅各比看来，大众文化作为现代工业社会和商品经济的文化产品，看作西方理性主义文化在当代的逻辑发展。西方的精英文化和知识分子都充分地享有独立性和自主权。作为一种消费层次的文化，大众文化存在于发达的工业社会，在此时的兴起无疑是历史的错位。大众文化的错位兴起，解除了知识分子与政治权力的同构关系，迫使知识分子从无法忘情于政治的情感纠葛中清醒，能够安静地重新审视、思索自己与政治的历史共谋关系。在一个多元化的社会中，各种文化都有自己的价值取向和存在的合理性，大众文化作为与知识分子的精英文化相对立的文化形式。它的出现进一步表明知识分子不再对文化具有"立法者"的权力，利用技术消解了艺术的自由和超越本性，使之成为批量化生产的商品，并以此对个体的乌托邦想象、创造精神、个体的独特性加以涂抹，以快乐原则剥夺了个体的思考活动。历史的发展越来越显示出知识精英们对大众文化的批判与反击，他们有一种重拾知识分子独有文化身份的冲动，然而在功利主义的大众文化统治下却无奈止步。

必须承认，大众文化发展步伐加快并很快成为一种不可小觑的力量，与主流文化、精英文化和民间文化并立，甚至对这三种文化形成倾轧欲抢占全部文化阵地。知识分子所把持的精英文化与新崛起的大众文化形成了一种对抗性关系。然而，如雅各比所言，"然而选择从来就不是非此即彼的，即并非要么赞美'高级'文化，要么拥护大众文化"。[①] 发达资本主义经济的快速发展，以及对经济效率的追逐，使得人们的工作与生活节奏增速。普通人面对紧张的节奏，往往不由自主地选择简单便捷的轻松休闲方式。大众文化便以娱乐功能和平面化特点，适时地带来了满足繁忙者需要的文化快餐。大众文化以新的文化形式主导大众的日常生活、消解崇高构建虚无、放弃超我回归本我，进而消解精英文化的同时媚化民间文化，实现了对文化结构的重组，展现了新的中心化格局。大众文化将文化创造

___

① 〔美〕拉塞尔·雅各比：《乌托邦之死——冷漠时代的政治与文化》，第126页。

的主体界限模糊化，公众阶层受这一新的文化理念影响，第一次拥有了言说的权力，打破了知识分子对于话语权的天然垄断。"公共舆论不仅包含着现实界的真正需要和正确趋向，而且包含永恒的实体性的正义原则。"①由于舆论自由受权力干预，而大众面对这种干预无能为力，这才能够让知识分子以反抗者的姿态呈现于世人面前。而大众文化善于调用大众的盲目冲动，编织无尽的白日梦为公众的原始欲求服务，"大众文化的花招很简单，就是尽一切办法让大伙高兴"。②一部分知识分子面对大众拒绝思考的现状，便与普罗大众一起投身大众文化，不再提供给大众对社会问题的关切与思考，放弃对终极意义的追寻。在大众文化对精英文化的取代下，他们本来具有的乌托邦冲动减弱，他们作为社会的一员极易受到渗透与浸染，一定意义上说，大众传媒时代，已是知识分子生存的固定场域。"尽管他们有颠覆的诉求，但是他们颠覆的却是超越现存社会的努力；他们堵塞了弥漫在大众文化批判中的乌托邦冲动。"③在资本主义大量信息媒介的主宰下，思想文字与传统媒介不再以某种同构关系出现，知识分子与媒介之间构成越来越复杂的联系，两者往往处于相互的改造与利用之中。

雅各比认为，每个个体的生存境况，都必然受到社会文化观念的规范，成为特定的文化存在物。在市场构建的神话与金钱充塞的谎言里，学者们逐渐偏离初衷放弃了崇高理想，任凭作品沦为商品，成为谋取利益的工具，他们对主题的把握和题材的选择，不再是出于政治理想和批判意识，而更多的是出于一种利益驱动和市场行为。对思想成品的价值评判，已不再以精神价值为标准，而是以商品属性作为衡量标尺。"大众文化的魅力和炫惑已经成指数地强化了；大众文化的受众扩展到了每一个方向。"④知识分子作为特定的社会存在，必然要面临新旧价值规范的抉择。大众文化一时间在西方世界强势崛起，最大限度地满足了人们在快节奏时代的娱乐需求，不再"载道"，只为娱乐，这种涌现出的新型文化取向，必然影响知识分子的价值信仰与生存态度。大众消费文化使得知识分子的身份发生了改变。知识分子与大众传媒同流合污成为社会的名流，证明了

---

① 〔德〕格奥尔格·黑格尔：《法哲学原理导读》，高兆明译，商务印书馆 2010 年版，第166 页。

② 〔美〕丹尼尔·贝尔：《资本主义文化矛盾》，赵一凡译，生活·读书·新知三联书店1989 年版，第91 页。

③ 〔美〕拉塞尔·雅各比：《乌托邦之死——冷漠时代的政治与文化》，第106 页。

④ 〔美〕拉塞尔·雅各比：《乌托邦之死——冷漠时代的政治与文化》，第104 页。

他们自身的名声和合法性。市场经济和商业价值至高无上，知识分子与功利主义大众文化的结盟，一方面意味着他们的社会角色在迁移，大学的功能也在同媒体的联合中不断退化；另一方面，文化也处于变质的当口，具有了一种非反思的性质，导致知识分子不仅会去主动迎合大众眼球，而且逐渐失去了文化类型的区分能力。

在雅各比眼中，大众文化呈现出非常复杂的特点：

第一，写作是知识分子存在的重要表征，其实也就是知识分子创造思想这一活动本身，然而话语正在被后现代的文化氛围所框定，读者群体正在被快餐式的大众文化所浸淫。"憎恶大众传媒的'文化拟古主义'演变成了左倾的'文化研究'，它对大众传媒多多少少有些崇拜。"[1] 知识分子本应写出能够唤起大众道德良知的时代文本。然而，事实上他们正通过在文化生产与流通中的便捷位置，制作意义匮乏的世俗化文化快餐，以其自身独特地位来培育大众的文化消费观念。他们不仅充分利用通行的文化市场运作规制，也善于选取发达的媒体资源。由于自我丧失了批判的眼光，他们也因此受到相关的责难，但这并不妨碍他们继续通过自身的文化资本，生产满足大众文化消费需求的文化产品。"那些试图通过媒体传播思想的知识分子……常常发现只有当他们提供没有损害的针砭和娱乐时，才会被容忍。"[2] 在对大众文化偶像的膜拜氛围下，传统道德价值观念解体甚至被抛弃，在势不可当的偶像崇拜大潮中风雨飘摇，公众的思想观念不断受大众文化的侵扰，知识分子不仅无法盲目地对大众文化的扩张下某种定论，而且也不断进入大众文化的裹挟中，无形中加深了精英文化和大众文化之间的鸿沟。知识分子需要通过大众传播媒介的助力获得大众的认同，但这使其实际上无法厘清精英文化与大众文化的界限，不但难以扭转大众偏离原初的价值导向，而且难以清楚表达自己的真实见解，往往还会主动迎合市场偏好来引导大众，这正是由于"大众'想要的东西'并不是自发地产生的，而是受到限制，被人为制造出来的"[3]。知识分子本应利用自身所长以人文精神向大众文化渗透，建立不同网络拓展大众文化的精神维度，将其提升到理性高度，但资本主义发达工业机器的长期运行，使得现实中的大众媒介往往成为文化生产主体，最终建立一套大众文化的生产秩序，进而使得原本的主体被写作者身份模糊的生产过程所同化，逐步不再

---

① 〔美〕拉塞尔·雅各比：《乌托邦之死——冷漠时代的政治与文化》，第108页。
② 〔美〕弗兰克·富里迪：《知识分子都到哪里去了》，第37—38页。
③ 〔美〕拉塞尔·雅各比：《乌托邦之死——冷漠时代的政治与文化》，第114页。

具有自主权，甚至与媒体结盟，导致精英文化难以产出。这种大众文化的生产过程，也是一种精神矮化和犬儒化的过程。

第二，大众文化和知识分子的精英文化形态相互交错利用，难以继续保有既定文化的纯粹性。追求乌托邦精神的知识分子，也无法抗拒大众文化与商业化时代与现代消费主义模式的结盟，知识分子专属的文化系统自身也已分裂，很难最大限度地同化影响力越来越大的大众文化。"在反驳对大众文化的批评和精英论的过程中，他们却使自己退回了一种没有出口的世界之中。"① 在雅各比看来，面对二者错综交叠的当代社会文化语境，大众文化开启的消费市场，极大挑战了精英文化一直以来所坚持的社会责任、终极关怀、乌托邦信仰，似乎唯有顺应时代潮流采取退让策略，降低姿态与之相结合才是更好的选择。大众文化正以一种大众易于接受的方式，折射着人们的集体心理。大众的审美能力在逐渐提高，审美逐步在精英的引领下面向大众。人类活动是按照美的规律来创造美的，但违反了马克思意义上的"美的规律"，打破了自然和社会的和谐，造成大众文化中极不稳定和矛盾对立的形式出现，个体在偶像崇拜潮流的压迫下背离了文化审美的规律，与乌托邦精神极不相适应的异化形式被塑造出来。"上帝死了，他们把人们原有的行为准则和价值标准都带进了坟墓。"② 而新型的无规则的规则正在诞生，新型的人文观念与新的崇拜对象也在诞生并急速更新。当代祛魅的偶像塑造是碎片化的，大众文化往往执着于通过机械复制的单类型文本塑造偶像，导致偶像的塑造陷入低俗化的反社会误区，滋生了受众由人性向动物性倒退的病症。由于意识形态的祛魅，公众本应不再深受权力话语的绑架转而关注自身，然而现实的自我享乐非但没有带来更多的益处，反而失去了主体价值，导致空虚和无休止的欲望。作为思想者的知识分子变成实用功利主义者，推崇娱乐化、浅俗化来迎合公众的趣味，形成与乌托邦精神之间难以调和的冲突。

第三，现代世俗社会中的理性甚至商业化浸润的大众文化，实际上扮演了影子上帝的角色。借助雅各比对大众文化的偶像批判，不断反思人们对知识分子、差异、他者的态度。大众文化所创造的文化符号背后，充满了现代性的气息，同时也生产了个体的认同。隐藏着的独特文化意义，保证其偶像的地位与特点得以稳固。现代偶像崇拜与大众传媒的有效联合，

---

① 〔美〕拉塞尔·雅各比：《乌托邦之死——冷漠时代的政治与文化》，第 107 页。
② 陈炎主编：《当代中国审美文化》，河南人民出版社 2008 年版，第 14 页。

使得功利主义大众文化的符号生产，可以渗透到各种文化现象中进行某种偶像崇拜的建构。"年轻人所从事的符号工作对他们的生活至关重要……我们仍需要从权力的不平等分配的角度来理解这里的文化建构。"① 现代社会给人以眼花缭乱的浮躁情态，时尚令人应接不暇，潮流光怪陆离。当代生活方式正在发生明显的变化，消费意识开始萌芽，大众文化开始膨胀，诸多商业性的视觉文化逐渐占据了人们的生活空间，正一步步主宰着社会关系和人际关系。大众文化冲击下的知识分子文化取向，有着不同程度朝向商业化与消费主义的转变。"每一种艺术形式的发展史都有危机时期，在这样的时期，该形式所迫切追求的效果只能随着技术水准的变化，即在新的艺术形式，才能产生。"② 雅各比认为，精英文化丧失中心地位后，功利主义的伪大众文化占据主要角色，而其往往没有乌托邦精神的指引，缺乏充分的文化积淀，只能通过样式的变换与低俗的策略吸引大众的注意力。大多数人并没有对偶像崇拜行为形成认可，大众文化的狂热者与理性的越轨者们，在建构一个自己所钟爱的乌托邦，使用互文性的线索参与对世界的理解，进而建构自我期许的文本意义，偶像与文本达成了错位的结合。

第四，从整体上讲，由工业、技术、传媒和市场共同打造的大众文化构筑了一个社会神话。"当今的局势已经发生了彻底的变化。很少有人赞成操纵的观念，嘲弄大众传媒的人则更加微乎其微了。"③ 在神话中静止于此时此刻，意义和价值在神话中消解于虚无。打碎大众文化的神话，是对人的自由与尊严的确认和尊重。面对发出声音的代价，最明智的选择就是不动脑筋，长此以往会导致一种习惯性沉默。"如果说人类以文化作为手段，确认其人文性质与人生标的，并以文化作为鼓舞自由与尊严之追求，那么大众文化这样的概念与理论，也就否认了、拒斥了文化的这些意义。"④ 公众一旦习惯于保持一致的论调，看似表面稳定与和谐的背后，实

---

① 陶东风：《粉丝文化读本》，第64页。
② 在本雅明看来，新艺术形式的登场需要借助于技术手段的介入，不过这一需要却来自艺术的内部，技术的介入要服从艺术所追求的某种效果。电视已经成为人们的超级审美器官。在这种超级审美器官视界下，人们对审美空间的诉求发生了变化，促进了审美文化新类型的形成。这就意味着科技与艺术形式之间不仅是渗透与被渗透，而且还是召唤与被召唤的关系。参见〔德〕瓦尔特·本雅明《经验与贫乏》，王炳均等译，百花文艺出版社1999年版，第285页。
③ 〔美〕拉塞尔·雅各比：《乌托邦之死——冷漠时代的政治与文化》，第108页。
④ 〔英〕阿兰·斯威伍德：《大众文化的神话》，冯建三译，上海三联书店2003年版，第173页。

际上是一种文化的高度强制，惨重的代价是对真理的无情抛弃。他们通过大众文化的不断角力使得自己不必再仰望知识分子，反倒是让知识分子不再以俯视的姿态面对他们，但这并不意味着他们能够取代知识分子的声音。在雅各比看来，知识分子对社会问题的独到洞察与现实审查，是普通大众无法达到的，然而知识分子如果仍以话语权力"代言人"的身份自居，势必会面临公众的诘难。加之功利主义大众文化神话的蔓延，其头顶的神圣光环越发暗淡，只有以平等谦虚谨慎的心态参与社会问题讨论，才能使之与公众积极对话而不致虚妄。

知识分子独有的文化系统向大众文化的转向，表明了新一代知识分子的生存状态的深层变化。表面上雅各比在哀叹知识分子的消失，实际则暗含对知识分子天然社会职能恢复的希望及对大众文化偶像的批判，依循回归古典且脱离学院化与专业化体制的心灵微光，才可能超越被装置在了学院化的制度结构和专业化的学科领域，重新触摸到"反抗绝望"的乌托邦之门，以重建公共文化的颠覆性力量。"要求认真对待日常生活和文化中的原料，即偶像、仪式和图像，这一主张是无懈可击的。反过来，拒绝考虑大众文化的主张或立场则会妨害我们的思想。"① 现代个体的行为追求，使得个人审美在偶像崇拜者竞争的压迫下被异化。文化遭遇前所未有的去精英化、解神秘化和剔除乌托邦想象的趋势，现代社会里的偶像祛魅并没有在世俗化的底线上止步，而是陷入了低俗化的误区，以至关闭了一条雅各比所说通往完全不同的未来大门。

二　大众文化绑架下的媒介失语症

如今的社会大众文化盛行，媒介在大众文化的绑架下出现了媒介失语症。知识分子以其批判姿态介入媒介场域，能够在大众媒介的娱乐化泛滥中起制衡作用。由于社会大众仍受消费主义的深度影响，沉浸在集体的无意识狂欢之中，通常只愿意追逐短暂的享乐主义，而放弃追求长远的价值完善。在体制化与多元文化的双重归约作用下，一方面，知识分子不得不介入大众传媒，促成大众文化与精英文化的积极融合，使之成为拓展开来的言论场；而另一方面，知识精英们不再独占信息资源，公共知识也以大众文化的形式传递给大众，在新场域中的知识分子不得不受媒介规则的反向制衡。

雅各比意识到，大众文化日益将人们的生活与社会的联系割裂，以至

---

① 〔美〕拉塞尔·雅各比：《乌托邦之死——冷漠时代的政治与文化》，第 127 页。

媒介失语成为乌托邦脆弱的重要助推剂。"很少有人用心去理解媒体曾经的所作所为，或者去搞明白媒体是怎样操作的"①；人们都被安顿在自己的狭窄天地，他们对公共事务的热情降低，导致公共话语空间在无形中收窄。大众文化鼓噪下形成偶像崇拜的霸权话语，打击了人们对社会问题的关注热情，原有的强烈乌托邦价值追求与批判意识被消解殆尽。普通大众个体，随着潮流时尚的压迫，变成了非理性的受害者。对应于大众信仰的脆弱，异化的审美方式让现代偶像崇拜声名扫地。德国学者洛文塔尔认为，现代化危机下的消费偶像问世，已将偶像的审美意义充分解构，剩下的不再是美学的崇高而是狂热盲从。大众媒介并非热衷于塑造真正的精英榜样，而是提供一种没有灵魂的物化偶像，在时代的反复检验之下，变成转瞬消遣的低俗玩偶。受虚无主义浸淫的偶像崇拜，无法承载严肃宏大的主题，怀疑一切公共道德规范与传统文化价值，对权力或话语权的掌控者进行消极抵抗，任何形式的终极价值，都被看作虚幻无用之物从公共生活领域不断褪去，主体性生存的意义也随之逐步淡化，与主体生存相关联的外部世界，始终在神秘的超验领域徘徊不前。

　　学术课题与课题之间，学术价值与审美价值之间，必然是存在裂缝的。由大众文化来填补这样的裂缝，最终是以价值的消解作为代价。雅各比一再表示担心新一代知识分子，特别是新左派知识分子越来越接近他们父辈曾抵抗的对象。他看出，新媒介作为多元文化主义当代最重要的助力剂，不但非常容易融入文化语境中，而且将这种融入看作是对文化领域积极的影响，并将这一观念持续传播下去，"它的热心支持者设想，如果更多的人能够更加方便地获得知识，那么这个世界就会得到改善。然而，问题在于知识的可获得性吗？"② 这些知识分子具备理性主义与世俗主义价值观，却同时丧失掉了全面的能力："这种能力是指重组社会的能力以及按照柏拉图观点改造人类的能力。"③ 在各类学会泛滥、教授不断得到讲座邀请的繁荣景象下面，知识分子意见从来没有如此得到公共传媒重视，掩藏的是因顺从而得到表演机会的卑微形象。在大众文化崛起的过程当中，传媒的介入步入市场化轨道，获取讯息的途径越发广泛，普通受众遇到公共事务中的问题亟须解疑释惑。一部分知识分子能够快速适应这一市场化需求，在与媒介联姻的过程中逐渐转换原有的话语方式与传播路径，通过大

① 〔美〕拉塞尔·雅各比：《乌托邦之死——冷漠时代的政治与文化》，第 108 页。
② 〔美〕拉塞尔·雅各比：《乌托邦之死——冷漠时代的政治与文化》，第 251 页。
③ 〔美〕卡尔·博格斯：《知识分子与现代性的危机》，李俊、蔡海榕译，江苏人民出版社 2002 年版，第 121 页。

众媒体的渲染来树立能言善辩的人设，进而著书立说吸引公众眼球。这批人关心的不是对其言说或文本的公共评价，而是关切言说的流行程度、商业运作的流程细节、文本转发与刊印的数量。"一般说来，陈腐平庸都起源于一种理论上的行话，它扼杀了任何一种思想，即坚持要在所有的地方都发现颠覆和复杂性。"①受这种媒介逻辑的支配，学术的自明性似乎不再重要，服从媒体化生存的规则，则成了公共知识分子向"传媒化知识分子"身份转化的必然选择。当受到大众文化浸润的学者完成文化资本的原始积累，他就有可能在与大众文化结盟后，将其学术名声等转化为一种吸引眼球的文化产品。大众传媒借此作为提高收视率的手段，利用知识分子的权威称呼，扩大社会影响力，带来巨大的经济效益。知识分子即便进入学院体制，也逐渐偏离治学空间转投文化资本的怀抱。学界人士面临价值形而下的艰难选择，欲望之箭直指现实可感的利益，实利价值以其无坚不摧的利刃，改变了学院重义轻利的准则，冲击着他们安身立命的精神根基，被迫沦为媒介狂欢盛宴的牺牲品。

首先，雅各比所理解的知识分子心中的价值批判逻辑，可能会受媒体传播逻辑的支配。商业行为尚未在大众媒介中泛滥，知识分子依托媒介话语传播思想的鲜明批判色彩，与其独立意见的身份化身，极大地助推了公共领域的形成与发展。而现如今，隐秘的媒介话语逻辑要改变知识分子传播的主体地位，降低其合法性来源与独立性空间，把知识分子从神圣启蒙的位置上拉下来。大众进入享受声色带来的愉悦感之中，知识分子以启蒙者的姿态出场几乎变得不可能。知识生产的过度商业化制造了伪公共知识分子，面临被商品社会边缘化的境地。知识分子作为启蒙者，与大众这一被启蒙对象的关系渐行渐远，知识分子的导师身份自行消解。原先自我确认的责任使命被世俗化的脚步抛弃，终极的生存意义被低级趣味无情嘲弄。知识分子只能按照市场的消费规则与受众喜好，开展文化产品的制作或文本创作，大众文化的流通分配也一度迎合商品的通行秩序执行。如法国学者布尔迪厄所理解的那样，这类大众文化传媒控制下的知识分子，是依照隐含的市场逻辑展开对社会公共事务的探讨，而不是执着于公共批判，反映了有限生产的场域与大规模生产的场域之间的深刻矛盾。知识分子作为产品供给方，已不具备明显的地位优势，往往只能在大众文化的一端与公众平起平坐。"这些所谓的知识分子在探讨公共事件时不是从自己所理解的公共立场出发，而是遵循

---

① 〔美〕拉塞尔·雅各比：《乌托邦之死——冷漠时代的政治与文化》，第127页。

隐秘的市场规则。"① 即便是持批判立场，也具有明显的市场化感情偏好，倾向于其至纠缠于如何取悦大众。法国学者德布雷也认为，在经历了"大学阶段"和"出版社"阶段后，知识分子开始转向大众媒介，成为活跃于其中的重要角色。此举虽然帮助他们赢得了可能更广阔的受众群体，但思想逻辑的传递也遭遇了瓶颈，知识分子很难清晰批判与自由表达，目睹的种种社会不公也难以正义的呼声给予揭露。大众媒介营造的话语生产平台，表面上具有了市场机制所确立的合法性，能够提供大众话语表达的空间。不排除部分公众具有较为成熟的认知判断，对知识分子的真知灼见给予适当的回应。但由于媒介运行的世界整体已不是良性的场域，它们充斥着娱乐化的机器宰制，面临着公共性的实质性空虚局面，在提供不同阶层公众话语权力的同时，也在对其着以无意义的分类选择与识别。知识分子又试图把媒介变成利益表达的言论工具，而媒介的商业属性又迫使知识分子回避媒介因权力介入而形成的话语霸权，以取悦于消费者作为发表言说的首要推动力。不仅公共舆论面临公共性流失的严峻挑战，公众也在话语霸权化与娱乐化的刺激下无所适从，文化批判的大众逐步转变成了文化消费的观众，知识分子因其无法自由言说而患上了失语症。

其次，雅各比深刻洞察了媒介强权软性且无形的性质，是来源媒介对于公众注意力的影响。广告的入侵与娱乐节目的泛滥，媒介公共领域日趋空洞化。传播媒介在小圈子中自娱自乐，成为不乐意沟通交流的排他性组织，这类更加狭隘排他的组织，未能孕育出包容的社群。原先为知识分子所掌握的公共性舞台被分割为封闭的孤岛，而生活在其中的成员都在自我编织着虚幻的公共性迷梦，导致了大众的独立判断意识显著退化，只能在这个小圈子里不断地巩固自我达成的共识，这无疑削弱了作为公共领域对自由开放乌托邦精神的追求。"电视时代的来临，形成了欣赏大众传媒的基础"②；哈贝马斯笔下的公共舆论往往成为权力的传声筒，由于背后的操控权力，使其寻得了一种具有政治意味的话语霸权，进而对传播媒介进行了过度干预。这种不可抗拒的霸权使得大众媒介依据自身的利益偏好，对进入该场域的知识分子进行甄别与遴选，而知识分子只能以他者的身份参与进去，在政治话语与商业逻辑的双重劫持下，没有选择的主动权。他们参与公共事件靠的原本是良知与正义，而今则是利用媒介扩展言论影响

---

① 〔法〕皮埃尔·布尔迪厄：《文化资本：社会炼金术——布尔迪厄访谈录》，包亚明译，上海人民出版社1997年版，第19页。

② 〔美〕拉塞尔·雅各比：《乌托邦之死——冷漠时代的政治与文化》，第110页。

力。而与之相对应的是，大众媒介通过自身的扭曲异化，在利用知识分子来筑牢话语权威的地位，穿上了一件权威性与合法性的外衣。它们往往需要充分利用这种专家学者身份与具有区分性的思想主张，来进一步增强传播内容的可信度。"大众传媒都可以塑造大众的观点。"① 它们通过言论编辑的方式对公共信息加以取舍，依据媒介法则进行话语传播的前置审查，需要则加以宣扬或歪曲，不需要则加以删减或剔除。雅各比认为，表面上看，知识分子既可以拥有思想表达的机会，还获得了较为出彩的社会资本，与媒介的合作似乎达到了二者的互利双赢；而实际上被媒体霸权劫持的知识分子，因媒介传播的限制而得不到自由，他们本应在公共舆论中生长的乌托邦精神受到极大的挫折。而且随着大众文化在媒介推动下迅速滋长，公众对专家型知识分子们的信心不仅没有提高，甚至对媒介与知识分子的结盟而感到大失所望。一部分知识分子很快又在公众的嘲弄与批评声中，选择同文化资本带动下的大众媒介分道扬镳。

最后，在雅各比看来，知识分子群体为了取悦公众而使得乌托邦精神退化，放弃了本应具有的自主性和独立性，是整个大众文化时代的悲剧。知识分子介入大众媒介的诸种情形，似乎已是社会发展的必然结果。但其绝不应被大众媒介所劫持，也不应对大众文化的商业化氛围妥协退让，更不能以他者的身份介入大众文化这一公共场域。知识分子一开始面对市场化的大众媒介，以启蒙者的身份自居而与大众产生隔阂。他们只在意自己的身份能否为公共媒介所捕捉，自己的形象能否为公共舞台所聚焦，这种身份自恋极易导致与大众的疏离感。"何为知识分子的提问，绝非抽象概念的厘定，更是实践理性的问题，关乎当代社会中的一种特殊的社会角色的认同和行为问题。"② 对社会公共问题的点评，似乎仅仅是公共舞台的话语符号，变成了自我表达的行为道具，言说机会与捕捉效果才是更值得被关注的对象。学者布尔迪厄也认识到，新闻场更容易受制于外部力量，大众媒介本就是以大众为目标群体，势必要对注意力的分配进行调控，专家教授的言谈就需要进行审查。"在大众媒介上的频繁曝光，可以很轻易地增加知名度，进而把这种符号资本转换为社会资本和经济资本，这两点充分体现了媒体的霸权。"③ 知识分子在媒介逻辑的操控下，被媒体塑造成了权威专家的假象，人们不能直接检验其话语的真实性与批判性，而只能依

---

① 〔美〕拉塞尔·雅各比：《乌托邦之死——冷漠时代的政治与文化》，第 110 页。
② 〔美〕拉塞尔·雅各比：《最后的知识分子》，"序"第 2 页。
③ 〔法〕皮埃尔·布尔迪厄：《文化资本：社会炼金术——布尔迪厄访谈录》，第 257 页。

据媒体提供的身份符号，来对其言行的权威性进行检验。① 加之知识分子与大众之间的数量悬殊，使得文化资本带动下的媒介，在商业化的行为选择中倾向于目标受众，不顾媒体规则与学术规则的冲突，越发降低知识分子走向前台的机会成本，不断向公众兜售这种身份信用品，不惜违背学术话语方式，以旁观者乃至对立的姿态呈现变得不可能。而且大众媒介的传播信息被篡改歪曲也变得可行，而且在直面公众的社会事务评说中变得十分正常。"这种变化已经从众所周知地凭僵化标准的名义公开指责电视，转向了对电视的复杂性的欣赏。"② 知识分子活跃于大众媒介之中，本身有一种追寻失去传统的历史情怀。然而，知识分子远距离的冷静观望，本应形成独立思想理念对蔓延开来的大众文化的有效制约，但面对着舞台灯光下的兴奋人群，又难以保持具有独立性的清醒参与。大众传播符号的塑造形成对社会的软控制，使其非但并不表示独立思想的普及化，反而与本应追寻的历史情怀渐行渐远。

　　在雅各比的深入批判背后也应看到，知识分子群体本身的反思反省和自我批判一直存在。尽管专业化与学院化体制使得一部分专家局限在自己的小圈子，与大众文化保持距离，以展现出一种相对封闭的独立性。但仍有一批人能保持知识分子的良心，没有离开对公共事务的关注，他们采取走出学院开展跨学科研究，主动通过媒介传播与分享思想。公众形成的所谓公共舆论，其实是表面上的群体共识，不一定具有真理性；而冲破学院化与专业化体制的知识分子往往会免受个人情绪的干扰，能够以自身言行与公众积极对话，并在内部形成自己的纠错体系，而不停留于由大众媒介来操纵评价，更未屈服于公众未经引导的非理性判断。

三　多元文化主义神话批判

　　知识分子的学院化，正加深了多元文化主义泛滥与乌托邦精神成为笑

---

① 布尔迪厄意识到，没有一种事物能像传媒一样充斥和占据着人们的文化视野，尤其是电视。他指出电视是一种极少有独立自主性的交流工具，并不太有利于思维的表达，必须在固有的思想轨道上运作。他提出"快思手"概念对"电视知识分子"也进行了批判，意即电视赋予那些认为可以进行快速思维的思想者以话语特权，因而出现一批"媒介常客"去提供文化快餐与预先已形成的思想。真理被淹没在无聊烦琐的世事中，文化成为充满感观刺激、欲望和无规则游戏的庸俗文化，人们由于享乐而失去了自由。"新闻场"通过媒体的评价功能放大功能，从而对来自其他场的"电视知识分子"提供外在于其专业领域本身的一种媒体性认可。反过来，媒体则依赖"电视知识分子"参与，而力图达到自身的各种目的，所谓的双赢局面的生成机制称为"互搭梯子"。参见〔法〕皮埃尔·布尔迪厄《关于电视》，许钧译，辽宁教育出版社2000年版。

② 〔美〕拉塞尔·雅各比：《乌托邦之死——冷漠时代的政治与文化》，第133页。

谈的程度。雅各比认为，无数人投身越来越细分的专业之中，甚至不断为了生存，凭空在社会生活中发掘或是塑造出一组组所谓的"文化研究"。虽然这正是"文化研究"落入恶性循环之始，一些严谨的学者也渐渐对此敬而远之，但整个学界的学术趣味却似乎乐此不疲。由此导致的直接后果，除了令学术研究的价值走低，便是让沉迷其中的教授们，彻底将自己的志业视为一种单纯的工作。

在雅各比看来，知识界企业化事实上呈现出的后果，一部分是源于倡导多元文化主义所形成的分工细做研究模式。这也许使得专业科学收获一定的进步，一些冷门绝学在教授雇员的专业分工下有了重见天日的机会，不仅增加了研究人员的数量储备，也为图书馆新书目类别的开启提供了机会，不过仍局限在少数领域，而且这种研究仍在同行间开展，偶尔为了大众媒体需求推出猎奇性的文化启蒙成果，最终其实是导致了真正具备普世价值的严肃思考的萎缩。各个行业领域都开始生发对多元文化主义的兴趣，甚至对文化多样性的关注越发变得痴迷，这种情形尤其在美国具有典型性。"我们这个时代的一个重要标志就是：美国教育委员会出版了一本厚达四百页的指南，就有关文化多样性的项目和出版物做出了规定。"[①] 跟随公共精神萎缩和多元文化主义泛滥，那些本应在咖啡厅、郊区小阁楼里面向公众写作的知识分子，抓住文化革命一代为其攻破"学术霸权堡垒"所开创的良好就业机会，集体开始了"穿过院校的长征"。与其说在成为学院派人士之后，便再也不愿在公共平台上发表公众能够看懂的意见，或许残酷的事实是他们已丧失这样的能力。

与曾经的人文科学成就相比，目前众多系科的工作，其实更接近于单纯的资料整理与润色。在这种情况下，再要求他们对公众承担起判断与教诲的重任，事实上也已超出他们的能力范围。这种表面上精英与大众和谐与共的形象，令人诧异这种民主生活为公共空间的构建做出了某种妥协。雅各比深感丧失公共性本意的伪公共幻象，根植于民主主义的泛化。与多元文化主义造成的影响一样，泛民主主义用太多外部标准限定了真理，并最终将这一本应独立存在的体系归并进了世俗生活之中。"民主只关注实用之物，只关注大众眼中最紧迫问题的解决，这就使与现实拉开距离的理论不仅显得毫无意义，而且不道德……'只讲事物本身'与现代民主精神是格格不入的，在精神问题上尤其如此。"[②] 大学存在的本意，是为了防止

---

① 〔美〕拉塞尔·雅各比：《乌托邦之死——冷漠时代的政治与文化》，第49页。
② 〔美〕艾伦·布卢姆：《美国精神的封闭》，战旭英译，译林出版社2007年版，第205页。

并时刻纠正这种典型民主特有的盲目。只是在如今的语境中，踏中了消除特权和限制的底线。坚持自由平等的公众，由此限制了本应给予最大自由的一群人的思想自由。最广泛深刻的思考不能因为公众兴趣的缺乏而无法开展，社会进步的幅度也不能因此低过可能的预期。太多对于时评家和文化掮客的需求，大大改变了知识分子的本性。

雅各比所关注问题的核心，正是文化的这一异化过程，并最终令作为研究对象的知识分子群体呈现出前所未有的面貌。当前思想的性质越来越不像一种全人类智识的标杆，由精英人士共同推动，并始终只以推动它的前进为唯一出发点。美国学者古德纳同样承认，当代知识分子反而更乐意得到官方认证的资格证书，以此来证明其掌握了相对应的文化技能，似乎得到了官方的加持就借此获得了谋生的工具，"优先获得某些官职、生活条件或工作——就想把收入留起来——的权力，如同在任何官僚机构、知识精英阶层或公务员体制中一样，是这些文化技能的资本化"。① 这种资本获取的代价，将文化资本与资格证书相联系，把知识阶层活动的空间拱手让人，并完全消解知识的意义。当代知识分子看似得到了比以往更好的福利与开放的研究条件，但事实上他们能够参与并产生影响的领域，却仅局限于政府为文化形象所开设的"大学城"中。西方商业文明、消费文化及后现代理论无孔不入地侵袭着普通人的社会生活，文化殖民者为了获取更多的文化产品和更大的文化利益，以殖民者的文化体系为参照，以殖民者的价值取向为准则。美国学者萨义德认为，对于被殖民者而言，其代价则是文化独立性的沦丧和价值体系的丧失。随着国际政治的多极化发展，经济的市场化推进，后现代主义对西方文化中心主义的解构，使得"文化全球化"改写原有的中心主义立场，而日益呈现出一种以平等对话与交流为模式的文化多元主义态势。当代资本主义意识形态策略指向性十分明确，利用特定政治和意识形态的因素来增强作品的影响力度和影响范围，呈现出特质的多元文化产品元素，极大地满足了猎奇者们的欲望要求，这种强制性征服转变为潜移默化的后殖民式文化角色。

雅各比认为，多元文化主义的热情根源于乌托邦精神的终结，乌托邦的让渡给他们的出场铺陈了一条现实道路。"关于多元文化主义的争论，

---

① 〔美〕艾尔文·古德纳：《知识分子的未来和新阶级的兴起》，顾晓辉、蔡嵘译，江苏人民出版社 2006 年版，第 35 页。

大体上是建立在意识形态基础上的，对整个美国社会相对缺乏反思。"① 关于社会价值重构的思想努力与行动付出，在后现代主义的攻击下溃于无形。由于缺乏乌托邦的理想指引，左翼知识分子的文本创作只能在贫乏的想象中滋养力量，他们追随自由主义者的步伐，试图渴望通过文化多元主义的行事手段来填补思想的匮乏。甚至满怀期待地付出意愿，都不再是值得尊重的，而被视作一种俗不可耐的古老笑话来对待。"他们把文化身份认同、本真性、反霸权、表征、改革的以及打破平衡的这些流行的词语连成一条线，它们赢得了来自其追随者阵营的嘉许；而且他们还加上了一套苍白无力的政治口号，作为他们的政治正义的证据。"②

与后现代主义对文化多元主义自我标榜相反，在雅各比看来，文化多元主义的兴起，是在左翼知识分子中滋生的现象，反映了在与自由主义意识形态的斗争中，政治思想的精神力量已经消耗殆尽。不仅以福山为代表的意识形态终结论调没有被驱散，而且其固有的政治冷漠症也感染到了激进的左翼知识分子群体，大家在面对乌托邦问题时，都出乎预料地保持了一致的调门，即宣扬乌托邦已死的社会，乃是现时代我们能为之生活的唯一可能环境。"被打扮成多元文化主义后，多元主义就成了幻灭的知识分子的鸦片，即没有意识形态的时代的意识形态。"③

雅各比所谓"乌托邦精神"当前最正面的敌人，与所有敌对意识形态相比而言都危险数倍的，无疑正是后现代主义及其所倡导和塑造的多元文化主义语境，这正是当代知识分子精神衰竭的真正根源。文化范畴本身就显得过于抽象，容易在话语层面导向空泛，想象力也会在琐碎的课题研究里解体，导致文化研究的最终成果不具有实在性。过去存在着的诸多思想观念，在各自构建起来的知识体系中，还能将原有的坚实维系下去，而后现代思路下的文化多元主义，把一切固有体系都视作虚无，通过对地位差异的怀疑与抹平，使得思想观念赖以存在的社会文化基础被破坏，似乎乌托邦精神到了面对"历史的终结"时刻。无论曾经的价值有多宏伟，如今也自然被解构得最为彻底，取而代之的，便是勃兴起来的个人化的亚文化价值体系。这在本质动力上，和所有革命的冲动甚至都是一回事。而最大的不同在于，虽然在表面上当代与老一辈知识分子都表现出一种强烈的批

---

① R. J. Saunders, "Book Reviews – Dogmatic Wisdom: How The Culture Wars Divert EducationAnd Distract America by Russell Jacoby", *National Municipal Review*, Vol. 75, Iss. 2, Spring 1995, p. 45.

② 〔美〕拉塞尔·雅各比:《乌托邦之死——冷漠时代的政治与文化》，第102页。

③ 〔美〕拉塞尔·雅各比:《乌托邦之死——冷漠时代的政治与文化》，第52页。

判性，但其中恰恰隐含了一种从追求真理向怀疑论的转变。"被夺了激进风格和乌托邦希望的自由主义和左派以进步名义撤退到了对多样性的拥护。他们对如何构建未来几乎没有什么想法，因此，就拥抱所有的想法。"① 雅各比便发现，腐蚀性的怀疑主义已成所探求的普遍见解，在亚文化泛滥和后现代主义观念的夹击下，坚持向普世真理求助，听起来几乎是令人难堪的事情，甚至会被人当作是不学无术的幻想分子。社会需要不求甚解地为个体趣味正名，消解权威所带来的压力，最后达到社会个体都充分相信的目的，由此，理性、客观、视域都已不再作为知识研究的基本尺度。雅各比不加掩饰地嘲讽道："今天，新一代批评家不仅看穿了梦话，而且他们看见的也更少了。"② 知识分子成了想象力衰竭的典型病人，他们甚至对这种症状视而不见，而这一衰竭恰恰可能又是以文化国度的蓬勃生机表象反映出来的。英国学者伊格尔顿也认为，文化精神处于一种难以被人们普遍洞察的危机之中。雅各比认为，被学术使用的名词概念，被任意在词尾处加上文化一词的词缀，仿佛这就使得文化改头换面，在一夜间成了平等权益的授权认证人，从今往后关于文化的讨论，非但不能再无视所谓的种种"草根""新兴"文化，更是在话语权和被重视权上与曾经的所有严肃文化门类完全平起平坐。大众和一大部分知识分子开始热衷于充当自身历史档案和生活经历管理员的工作，伴随大学的扩招新建，这样的一种视角惯性便自然被引入到知识界的研究之中。欧美的文化研究所现在成为独立大学不可或缺的组成部分，打上文化研究标签的所谓学术读本都要比严肃小说要好卖。在人人推崇文化的氛围中，雅各比还是对此表示异议，并认为这更可能是一次精神危机。不要指望一个手捧普罗旺斯文化著作的人，他们不会为一篇话题沉重却深刻的社论而激动万分，也狠不下心真正投身于正消亡的文化研究中，决定不带一丝时尚元素。

那么，发达工业社会的同一化机制中，文化多元主义又是何以可能的呢？雅各比认为，在古典的文化观念中的所谓文化，充满了有关教育、教养和进步的观念，文化暗含着进步的观念；在宽泛而科学的定义中，文化则是颇具包容性的，且能够为社会成员习得的复杂整体。但由于这两种有关文化的定义都同教育和教养的观念相联系，因此必然包含了判断并带有假定的等级秩序，因而在当代遭到抨击和削弱。他指出，文化多元主义是美国文化领域的典型标志，但其无法推进其他领域改革的前景。虽然种族

---

① 〔美〕拉塞尔·雅各比：《乌托邦之死——冷漠时代的政治与文化》，第 52 页。
② 〔美〕拉塞尔·雅各比：《乌托邦之死——冷漠时代的政治与文化》，第 235 页。

认同实际上还是存在着的，但并不意味着被归结为一种文化认同，更多反映的是社会强压机制下的效果。不同文化之间的交流在这种文化多元的状态下该如何进行下去？答案是极其悲观的。雅各比认为，文化多元主义的初心，也许是面对强力的美国化倾向所作出的一种文化认同尝试姿态，通过对同一性文化的反抗保持不同文化门类的自我认同，但最终却演化成一种对社会公共资源的争夺。多元主义的兴起在实质上没有取得成功，它揭示出的不是丰富多样化的文化生活，而是激进革命乌托邦的衰落，是美国社会生活不同方式碰撞出的杂乱无章。文化多元主义仅仅在教育体系的构建过程中，吸纳了新的教学元素与代表性人物面孔，而在课程体系改革外的其他众多领域，非但起不到积极革命的带动作用，甚至是无所作为的。文化多元主义不能提供对现存经济有深刻调整的目标方案，也没有能力带来超越于现存民主政治的政治想象形式，"民主的多元主义概念一直是意识形态的、蒙昧主义的，因为我们的政治秩序既不是真正多元的，也并非总是民主的"。① 文化在多元主义的刺激下为所欲为地进行着主体化操作，变成了任何研究主体不经深入考察就随性意指的对象，虽然各类思想活动群体之间的差异仍不可能得到彻底的消弭，但不得不承认这些区隔正在日益收缩当中，"文化和种族的集团不能够支持他们自己来反对美国社会的同质化力量"。②

多元文化主义理论并不是自我标榜的社会激进批判，而是一个自我虚构的神话。缺陷之一在于，从经济主义批判转入非唯物主义的谬谈之中。从经济基础上看，文化多元主义脱离了经济基础，仅仅关注文化层面的问题。多样性的文化形式被任意安放于某一种固定的经济基础上研究，这就导致文化与经济的分离，违背社会经济发展的规律，无法对文化进行更为深层的阐释。西方马克思主义早期代表人物对"正统马克思主义"的局限性加以批判，尤其是对其中的经济主义给予抨击，有助于更深入地理解文化与经济的关系，摆脱经济决定论思维方式的偏见，但这一批判发生了错误的迁移。随着现行体制中的经济多元主义缺席，文化多元主义只能以进步的面貌出现，把习以为常的日常思想观念进行加工改造，塑造成一种为现行体制粉饰的时代神话。知识分子在此中已不再坚守基础性社会改革的激情与信念，文化多元主义终究是走向了自己的反面，他们退居多元主义来让渡本应具有的乌托邦精神，看似进步而实则是一种历史的倒退，陷入

---

① 〔美〕拉塞尔·雅各比：《乌托邦之死——冷漠时代的政治与文化》，第74页。
② 〔美〕拉塞尔·雅各比：《乌托邦之死——冷漠时代的政治与文化》，第80页。

了唯心主义的谬谈之中，"经济的马克思主义成了文化的马克思主义。对还原论马克思主义的批判变成了对其唯物主义精髓的完全放弃"。① 左翼知识分子似乎陷入一种文化多元主义的哲学幻觉，离辩证唯物主义的研究路径越来越远，甚至放弃了马克思主义赖以存在的理论前提。

缺陷之二在于，文化多元主义对文化与政治的界限把握出现了偏差，不属于真正的乌托邦。从思想渊源上看，文化多元主义中的文化概念就带有一定的歧义性。文化在这一特殊的多元指向性中，通过模糊的文化定义背景，抽离了传统文化界定的等级性，脱胎于人类学思想的定义路径。虽然它在一定程度上对旧有的概念内涵进行了扬弃，批判了古典及科学中的文化定义，突出了对文化内部的平等性色彩。但由于一味地强化平等化的情势，使得文化本应具有的种别性色彩越发淡化，不仅使得不同特征的文化因素无法自由结成某一种文化类型，而且导致各类事物都有被构成某一种文化的可能性。文化多元论者其实是无力去佐证文化之间的异质性特征，所以也解释不出究竟那样东西能够识别不同文化，也就无法交代清楚它们同美国主流文化之间的差异性所在，不可能去厘清各种文化门类与占支配地位的文化形式之间的复杂关系。进而，其也无法探讨多个文化门类与文化总体之间的内在关系如何，所以也解释不了甚至根本没有思考过文化如何真正构成。由于文化概念的界定缺陷，已从根本上为文化多元论者整体上的失策埋下伏笔。

文化多元主义不是政治斗争在文化上的继续，在泛文化主义意识形态的话语控制下，文化多元论的拥护者们一方面将政治还原为文化，另一方面又将文化与政治等同起来，他们同样无法界定清楚文化多元主义的政治，陷入了文化主义的政治幻觉里无法自拔。"当一切都成了政治之际，也就没有什么东西是政治的东西了，或者说就没有什么东西比任何其他东西更加具有政治性了。"② 文化不具有文化的固有特征，而政治这一改造世界的特殊空间，则被文化多元的幻象所抚平。

缺陷之三在于，文化多元主义本质上是美国主义，"多元主义"实为一种形式主义的多元。雅各比认为，文化多元主义的激进性是表面上的，是一种自娱自乐的话语狂欢。"今天，文化多元主义、多元文化主义以及文化多样性这些术语并没有表示不同的生活，而仅仅表明了美国社会的不

---

① 〔美〕拉塞尔·雅各比：《乌托邦之死——冷漠时代的政治与文化》，第 64 页。
② 〔美〕拉塞尔·雅各比：《乌托邦之死——冷漠时代的政治与文化》，第 65 页。

同生活方式。"① 文化多元主义的盛行，不仅不能被看作是不同种族异质性文化生长的标志，反倒是其一定程度上文化衰败的征兆。种族划分没有获得某种新生，而是消失在了为文化多元主义所掩盖的同一性当中。在文化多元的繁荣背后，一致性地效力让各种文化门类几乎都期待获得彼此相互的认同，"多元文化主义并非同化的反面，而是其产物"。② 多元文化主义中的各种文化形式，被同一性机制所左右而无法获得完整的意义，通常只能以孤立的个体形象呈现出来，"它们更希望被搁置在外面，而不是让人们进入其中"。③ 美国变得越来越多样只是一种假象，实质是将差异彻底地抹平。不同种族文化下的圣诞节、光明节和宽扎节已经在消费主义的渗透下被同化，成为消费者共同的节日狂欢，没有其他文化元素上的意义被添加进去。20 世纪 60 年代文化革命运动，给了希望社会特别是学界恢复理性思考的学者们致命一击，手持汽油瓶的激进青年人群，哪怕是在面对感情选择时也出现了实质性的人格分裂，一方面享受着艳福的刺激，另一方面投掷深刻的感情体验，似乎这两种情感注入与体验追求不存在冲突，可以顺其自然地在想象的世界中交替呈现。这些青年人甘愿孤注一掷，缺乏主导力量的多元文化给这种极端行为的产生带来了完美注解，"只要青年人觉得自己前程远大，可以大有作为并受到欢迎，他们就会意气风发他们也甘愿为实现某一理想而忍受最大的苦难"。④ 美国越发的多样化，实际上不如说它越来越同一化。从圣诞节的遭遇发现，多元文化主义实际上只是在辞藻上出足风头而已：上述的美国不同种族十二月的三个节日，事实上早已被同化为了相似的消费购物形式。此时在相同商品上贴上不同节日的促销标签，除了增添打折机会，并未添加别的文化上的意义。仅仅靠保留原始文化的诸种形式，来对抗多元文化主义在辞藻上的用意，那么损失是极为惨重的。

　　虽然相比于单一性或绝对性，文化多元主义具有一定理论逻辑上的优越感，但其发展进程是不够成功的。多元主义对于知识分子而言，不仅算不上一个真正成功的故事，相反是在乌托邦精神淡漠之后的被动选择，知识分子向后撤退，不得不进入这种对多元主义的进程中以聊以自慰，无论抱以怎样的进步之名也难以粉饰其退步的本来面目，而且，文化多元主义

---

① 〔美〕拉塞尔·雅各比：《乌托邦之死——冷漠时代的政治与文化》，第 64 页。
② 〔美〕拉塞尔·雅各比：《乌托邦之死——冷漠时代的政治与文化》，第 78 页。
③ 〔美〕拉塞尔·雅各比：《乌托邦之死——冷漠时代的政治与文化》，第 84 页。
④ 〔委内瑞拉〕奥古斯托·米哈雷斯：《解放者玻利瓦尔》，杨恩瑞等译，中国对外翻译出版公司 1984 年版，第 73 页。

陷入了对平等性与数量情结的盲目崇拜之中，"多元主义这一隐语赞成这一骗局，即更多就是更好"。[①] 这种盲目的研究态度难以生出对社会问题的清醒认识，甚至连多元主义的多元性如何保证，也没有任何办法给予解决与回应。

四　文化研究中的"厚重的审美主义"批判

雅各比将视线集中于与此直接对应的所谓文化研究，对厚描研究方法的兴起表示怀疑。他发现人文社科研究的方式与风气在逐步退化，采取类似于文学语言的创作手段，通过细节的添加或是强化感性成分来进行事件描画。雅各比将此视作"厚重的审美主义"，认为这种勃兴的厚描手段，是对某一简单事件加以层叠式的处理。而严肃文化研究的成果则被排除在外，以一种被雅各比称为"稀薄的本土主义"形式被贬抑。

在雅各比看来，文化研究中的"厚重的审美主义"批判，一般包含如下几个层面。

第一，口头上宣扬多元主义，造就出彼此之间虽消除不适但事实上完全"单一化"的社会。反而那一些表面上看似保守、政治不正确、坚守某些固定价值的"过气"学者，不受道德审美需求的影响，在维护学术领域的本性并最终促成思想真正的多元开放。知识分子角色的贬值，除了高度的专业化与知识碎片零散化，逐渐降低其作为整体与社会打交道的本领之外，知识分子本身的工具主义是致使其异化的重要原因。整个文化生活的平庸，使得知识分子的工作不再具有英雄般的色彩。多元文化主义对真理的强制限定，无法穷尽其背后深远复杂的文化僵局，必须通盘考虑知识分子性状、文化语境和公共渠道目的的转变。现代性危机意味着看待问题，将面临更为有限的既定参照物，这就使得这一通盘考虑十分困难，"社会身份和知识分子身份既不相同，也不固定，而且，今天也越来越受到分裂的、不和谐的和不断改变的经验以及需要领域的影响"。[②] 就当前这一文化背后的知识分子阶层而言，多数认为知识的可获得性更加重要，他们显得与艾尔文·古德纳曾归纳过的"技术知识分子"与"人文知识分子"两类人相比颇有不同，在一些讨巧的方面融合了两者的优点。要真正做到尊重启蒙理性，就要承认每种学问都有其恰当且互不相同的理解与阐释模式。而当前的问题却是，知识分子热衷各类琐碎门类的研究，似乎更倾向于认

---

① 〔美〕拉塞尔·雅各比：《乌托邦之死——冷漠时代的政治与文化》，第 53 页。
② 〔美〕卡尔·博格斯：《知识分子与现代性的危机》，第 225 页。

为只有一种混合式的论述方式，即研究一方面是微观理性的，另一方面又要做到普适的文化导向，这便直接反映出当代知识分子的矛盾性特征与儿戏态度。最后的结果，往往便会成为真相遭蒙蔽或混淆的奇怪学术产物。"你需要科学来告诉你树叶是怎么变黄的，冰凌是怎样形成的。但科学同样无法渗透到常识中去。科学绝对无法告诉我们任何关于我们生活的人性的部分。"① 他们的研究两者兼顾，在理性与感性层面都不会受到大众的质疑，只是离真相越来越远。而他们本身的目的，可能也早已不在于此。

　　第二，文化研究中"厚重的审美主义"，成了为大众增加智识的多元文化主义的成果之一。人类学研究往往不再需要从事田野实验，多数人文科学领域也都兴起建基于文学想象力之上的"厚重的审美主义"之风，把学科的研究基础作出根本性的改造。这种想象力的本在成分，与乌托邦精神截然不同，"它贬低处理宽泛问题的种种雄心勃勃的理论，反而尊重描绘细小事件的谦虚观察；它鼓励一头扎进日常生活的材料之中，使得历史学和人类学有了更多文学，而非冷酷的科学的感受"。② 这种研究旨趣与乌托邦想象机能大为不同的想象力，对人文社科研究的客观性研究形成巨大挑战。厚描手法在科学与美学之间来回游移，通常分为两个步骤以便操持整个研究进程。一开始出于文化多元主义的价值导向，研究理念具有了相对主义的色调，研究对象似乎被赋予了无限可能；然后再通过文化的演绎与包装，研究对象具有了鲜明的独特性，感性化的细节增添与文学化的正面强攻随即展开，这种感官色彩浓郁的涂抹成功吸引了大众的眼球。文化突然变成了"任何团体或研究者希望它意指的无论什么东西"。③ 厚描手法将文化多元主义的平等姿态进一步展示出来，而在雅各比那里，其被视作一种隐含禁忌与权威要素的文化意识形态。随着对文化多样性的肆意追捧，一批人只能选择避而不谈，而一部分持质疑态度，反倒成为文化研究中最应当倾向于回避的要素。雅各比指出，为一本已厚达四百页的指南继续加厚没有问题，而一旦你想指出其中的一些研究不具价值，或其中的某些论点存在谬误之时，最可能得到的回应，无疑是被套上反学术自由的道德主义帽子。在最为倡导"学术自由"的时代，知识分子却无形中遭遇了更隐秘难缠的学术枷锁，这个荒唐的现实展现出一种清晰的对抗姿态，即以往知识分子与阻碍进步研究的意识形态之间的是非曲直。抛却集权专政

① 〔美〕R. W. 费夫尔：《西方文化的终结》，丁万江、曾艳译，江苏人民出版社2004年版，第195页。
② 〔美〕拉塞尔·雅各比：《乌托邦之死——冷漠时代的政治与文化》，第195页。
③ 〔美〕拉塞尔·雅各比：《不完美的图像——反乌托邦时代的乌托邦思想》，第42页。

下的学术研究空间无限广阔，却令新一代知识分子无法认知与认可学术门类的合适位置所在，这种脚踏实地的实证基础难以找寻。雅各比对此倍感不解，"对于那些有心观看的人来说，到处都存在着证明独特文化并不独特的证据"。①

第三，要剖析多元文化研究中虚浮审美的性质，应对过分强大的道德主义弹压做好足够的心理准备。多元文化主义在受到普世追捧后，需要借助道德作为自身权威实现的帮凶。与道德的勾连与结盟，使得文化多元主义如同其他主流意识形态的地位获取一般，保持了从非主流到地位升格的一致性。普通大众强烈的泛道德主义，基于非理性的本能反应，需要通过与所升格的意识形态勾连获得坚实的话语依托。在雅各比看来，"厚重的审美主义"甚至认为，对多元文化主义支持得越多，众人觉得这样的学者越有德行。在严肃严谨的学术领域，这一倾向事实上偷换了其赖以立足的根本性质。一旦道德诉求而非理性论争，成为知识分子进行研究的指导思想，无疑要令整个学术局面大大失范。直接结果便是导致鼓吹自由多元的后现代文化，大家只能采用同一种文化观，且产出的诸多所谓"成果"无法通过学理得到价值的认证，呈现出一个相当荒诞的局面。费夫尔在《一切都是相对的吗?》中辛辣回应："运用政治上不正确的语言与对宗教信徒来说亵渎上帝的话效果是一样的。被禁止的语言是不道德的，令人焦虑不安的。这种新的道德准则使得语言带有倾向性并产生与所说过的话完全不相对称的反映，因为被禁止的语言的效果是要否定一个基本道德戒律。"②雅各比作为严肃的知识分子，理应对学术研究不应由道德诉求牵引，有着充分的认识和警觉。他由此认为，鼓吹自由多元的后现代文化凸显的荒诞局面，乃以秉持同一种文化观而告终。而且，"厚重的审美主义"使得保守主义者的姿态也发生了畸变。他们也不再选择逆潮流而动，而是顺应多元主义的潮流而动，"克制着他们对这种皮相的文化畸变的反对，而不是反对多元主义本身"。③民众在多元文化的鼓动下，渴望出现更多的文化研究可能性，面对着诸如期待黑人科学家、妇女艺术家等问世的态度，即便表示异议也不会有任何实际效果，"他们相当成功地把自己的独特风俗，描绘成一种受到宪法蔑视的、具有迷人的多样性和个性的文化的一部分"。④虽然没有相当有说服力的证据表明，论证妇女艺术家的研究更多依

---

① 〔美〕拉塞尔·雅各比:《乌托邦之死——冷漠时代的政治与文化》，第83页。
② 〔美〕R.W.费夫尔:《西方文化的终结》，第185页。
③ 〔美〕拉塞尔·雅各比:《乌托邦之死——冷漠时代的政治与文化》，第50页。
④ 〔美〕艾伦·布卢姆:《美国精神的封闭》，第8页。

赖的是一种身份而非进步课题。

　　第四，严肃文化研究成果的资料搜集和整理极力展示自身的独特性，被称作一种"稀薄的本土主义"。一些研究成果穷尽毕生心血，也不一定能令人满意，由于不具有吸引感官刺激新奇感，自然无法讨好一些学界人士与大众，而他们恰恰是希望以最快速度获取新奇感的人群。由于严肃文化的研究成果无法速成，从而缺乏市场的需求而被市场迅速淘汰。多数人似乎在这个时代获得了基于共同理念上的归属感与安全感，但他们并不满足于此，而是有限度地放大彼此的独特性。厚描手法带来的新奇感，提供了他们虚假的想象力空间，看上去在学术市场上的研究成果之间，互相比较出各自所具有的专业性，而实际上体现出的专业风格不过是厚重审美时代逻辑下的开放姿态而已，"他们所接受的教育的宗旨不是让他们成为学者，而是为他们提供一种美德——开放"。① 文化研究也不再惧怕学术资源的稀缺与高门槛，而是苦心竭力向公众展示可以通过厚重审美主义手段而顺利把握的研究内容，即使原先是不入流的，也能为之争取到经典话语权同等的正当性。而一旦有公共知识分子秉持乌托邦精神站出来，无论他们的政治倾向如何，只要坚持维护理性与真理，都将被团结一致的学术权威体制打入道德深渊，落入一种被攻击或怜悯的命运。虽然本土主义的文化研究具有一定的研究价值，但最终被描绘成具有多样性的个性文化，这也是厚重审美的时代逻辑，从另一方面映衬出这种本土主义倾向的意义是如此稀薄。

　　雅各比指出，这一在文化上南辕北辙的征候与乌托邦精神有过数次回潮，最典型的参照就是1968年"五月风暴"中席卷欧美的文化革命。虽然时至今日，即便当年最好事的当事人，也已将年轻时因反叛视作回忆时的笑谈，将之视作一场青春期的赶集。文化革命符号化的形象，与随其而生的浪漫、个性、自由却根深蒂固。单单在并不景气的学术出版业，引介与原创针对文化革命的著作可谓独具一格。它们的忠实读者除了各校文史系的大学生，更包含着来自社会各行各业的所谓"知识精英"，没有比身处资本社会的同时，重温或臆想一个乌托邦更美妙的体验。当年甚至没有出手相助的左派力量，若要跳出争辩乌托邦的真正题中之义，就必须重新审视行动主义的革命话语，否则激进的青年学生们追随文化革命的精神导师马尔库塞，他们坚信社会主义文化革命事业的光明前景，并开始鼓吹"在异化社会要感性解放"的乌托邦精神口号之时，"五月风暴像超现实主

----

　　① 〔美〕艾伦·布卢姆：《美国精神的封闭》，第2页。

义运动一样，在所有次要方面获得了胜利，但在所有主要的方面都失败了"。① 这种在道德和审美上的事实叠加，就注定了这场自发革命的惨败。

在雅各比看来，乌托邦精神都成了革命文化退隐的关键词。形形色色的左翼团体在开展文化斗争时，涂满了创造性的革命标语，这些在文化革命旗帜下一个个鲜明的表现主义文化符号，虽然释放出了空前的革命激情，反映了左翼激进理论指引下的行动斗争策略，但在短暂的革命风暴退却之后，乌托邦想象不再由狂放有力的线条涂写，而是陷入一种短视与贫乏的想象视野里，语词意涵与真实社会的断裂已显得分明。"革命事业不是一系列的宴会和一系列的尊号，也不认为有趣的研究或对教授工资的承诺。"② 一直作为符号化存在的人民群众，似乎在文化革命之后经历了比以往更好的生活，但革命的年轻人则在逐步的乌托邦幻灭后投入现存体制的怀抱，头号学生领袖柯恩·邦迪就是对文化革命态度裂变的代表，时隔三十年后的自传中既叹息悲愤于五月风暴的激情冲动，也继续自豪感怀于那抹历史遗迹。他们在东欧剧变后更越发一蹶不振，甚至开始转投历史终结论的怀抱，通过对原先革命的彻底否定与批判来获得新生活的正当性。乌托邦的种种信念与语汇口号，自然也顺带转入了更学院化的论述格式，或是继续被知识精英们作为靶子进行抹黑。就更新的青年一代人而言，乌托邦精神似乎成了时尚文化潮流的符号，或许需要通过文化商品的形式来进行贩售。

雅各比很少正面言说这场街头革命，直到发掘出"文化青年"们反知识的本质，才开始号召复归传统知识分子的乌托邦精神与此作结。与工人阶级与现实情形的脱离，逐渐使当时的学生们产生了自卑情结，甚至自我贬抑、自我虐待的倾向，"最终便以蔑视知识分子的形式表现了出来，因为他们自己就是知识分子，同属'书生造反，十年不成'的一类。这种蔑视却为当权者的利益提供了很好的服务"。③ 缺乏统一政治纲领的文化革命，从本质上说是一场寻求话语权平等的斗争，为自我过分膨胀、价值标准混乱、虚无主义横生所触发，这在某种程度上为文化研究批判提供了理论与实践参照。学生的无心插柳，意外地给当权却弱势的资本主义多元文化提供了洗白和进军传统精英领域的千载良机。大学作为给民主社会提供必要多元经验的精英保留地，在此之后彻底沦丧了权威性与再造的可能。

---

① 参见王昶《1968 年 5 月，或，我为叹息》，《读书》1998 年第 5 期。

② Russell Jacoby, ed., *Dialectic of Defeat*: *Contours of Western Marx*ism, p. 112.

③ 〔美〕布莱恩·麦基:《思想家》，周穗明译，生活·读书·新知三联书店 2004 年版，第 63 页。

无因的反叛实际上反映了左右两股力量，在文化和生活方式领域里的继续斗争。中产阶级的青年知识分子们合目的性的反叛方式，看上去好像仍然在继续与资产阶级的前人父辈进行斗争，但实则他们既从无产阶级那里赢回道德上优越感，又从没落的贵族上层那里争得了所谓的文化领导权。资产阶级长久以来的尴尬，在于一种地位与身份的极度不协调，他们对于艺术与文化话语权的谦卑与渴望达到了顶点，却又苦于找不到颠覆这一稳固并且弱化理性格局的道路。文化领域的权威性与现实政经领域的失势并无同步关系。没落的文化精英话语权，反倒往往由于利害的被迫规避而得到强化。

雅各比将滋养乌托邦思想的想象力衰竭，归罪于看似百花齐放的伪文化麻药，文化根基遭到与无条件并列量产的工业化文化的重压，草根研究的大量挤对也导致了文化的无序与两代知识分子的大相径庭。"孩子们"以追求个性、推崇感性审美、打破单一性的面目走出家门，最后却沦为街头数量庞大的"群体的人"的一分子，并最终亲手将文化扯下神坛。但就他们本人来说，当时无论如何是相信自己站在雅各比们一边的。20世纪60年代中产阶级大学生的服装选择，便体现出对于"乌托邦精神"的回应，哪怕从西装等服饰文化中都发现了其内部对身体的敌视，将美国西部工人阶级化身的牛仔裤作为标志符号，以针对资产阶级的异化消费文化，甚至将牛仔裤的破旧程度视作革命忠诚度的大小。在这样的光环与引导下，"资产阶级"这个词语本身承载的许多历史遗留形象，都已得到了彻底的遮蔽。本应自成一体的精英最后堡垒，便成为威权体制的文化象征。于是"经典"就此被描摹成一种"压迫"，自由民主与人性审美大旗为无限等候进入校园的课题，开出了无节制宽容的保送认可书。在多元文化主义的浮躁语境下，文化研究与知识分子由此成为一种相当中性的存在。曾经的知识精英光环尽丧，不再具有指点大众的资格。过去抱持道德优越感的工人阶级，也将此等荣誉让给为他们争取到平等话语权的代理人。只是在新一代知识分子坐享其成的背后，世界也正日益呈现知识界流于哗众取宠与互致善意，相同诉求的表面平滑之下却对思想生命力极尽扼杀的面貌，乌托邦精神的理论支撑被看成是一无是处的残余。

雅各比对文化多元主义的批判十分深刻，他坚持对大众文化的各种现象进行辩证批判，同时又不断地对自身进行自省。在他看来，必须要能够在对大众文化的批判过程中形成一定的文化约束，才能对乌托邦精神的恢复与社会大众的觉醒有实质性的助益。大众文化是暗中流动的随意之流，使人们对社会问题的思考陷入随波逐流的境地。公众往往一直处于大众文化的消费模式之中，在文化工业产业化的大规模带动下陷入日常生活的平庸，媚俗的生活方式将自我逐渐放逐。所谓自我的自由实现，实际上是把自我的需求与欲望投射到了文化产品的生产与消费过程中，文化符号偶像地位确立的同时，其中的人文价值元素就被无情抛弃掉。站队的冲动与需要取代了表达意见之前必要的理论实践，是当代知识分子自文化革命后形成的根本恶习。在雅各比看来，对于文化革命本质的再认识，揭示了当代知识分子的这一断裂和异变，正是由此被引向深入。随着经济发展所带来的职业、环境与对于消费文化的逐步认可，特别是文化革命将曾经自为的波西米亚文化过分赋予审美意涵之后，曾经的街头知识分子，也以文化研究工作方式的转变体现了被收编的全过程。大众文化在资本主义文化产业中的规模优势显著，这就导致了以往的大众文化批判局限于文化消费领域，虽然大众文化与大众媒介对精英文化有着一定程度的自省意识，但由于不涉及与精英文化之间地位与话语转换的矛盾关系，就无法真正形成有效的自省与自我批判意识。

雅各比希望知识分子应当对文化生活的发展前景提出质疑，并且承担起应有的社会责任，对大众文化的未来趋势给予监督与评判，使之能够形成良好的社会导向，在不断净化与自我否定中，形成具有乌托邦精神的价值评价尺度，推动当下的社会现实无限接近未来构想。"（乌托邦）所赋予真实运动的意义，在于实现一种产生于纯粹精神领域而不是当下历史经验中的理想……但乌托邦仍然是对现实有效的行动工具或策划社会活动的工具。"① 雅各比的乌托邦思想对文化多元主义与大众文化偶像崇拜机制的批判，不仅仅停留在一种官能的欢愉中，更多是能揭示乌托邦式微既是现时代政治瘫痪的原因也是它的征兆，表达出对社会生活想象力提升与批判思考力满足的积极姿态。

雅各比对文化研究的批判，抓住了后现代主义文化政治的弱点，但他用以抵抗新自由主义和文化多元主义意识形态的工具，即反偶像论乌托邦传统，更多的是知识分子的精神上的救赎。把文化多元主义的判断导向否定的批判，不仅建立起文化批判与乌托邦之间的桥梁，而且在文化批判声浪中的未来希望不再变得抽象模糊。随着大众文化传媒的急速推进，知识分子理应处理好与大众文化之间的关系，把握好彼此结合的尺度，既不屈从于知识精英的话语权威，也不向极端的草根意识妥协，而是要以具有人

---

① 陈周旺：《正义之善——论乌托邦的政治意义》，天津人民出版社 2003 年版，第 114—115 页。

文关怀的乌托邦精神向大众文化加以渗透，逐步摆脱工具理性的束缚，释放其中包含的价值理性与精神向度，建立一套符合乌托邦精神重建的文化生产秩序。从历史主义的角度来理解，大众文化的出现有其合历史性的一面，表现在其解除了个人崇拜和政治意识形态，拓展了社会文化的公共领域，推动了某些现代进步思想观念在公众精神生活中重要位置的确立；从道德主义的角度来看，知识分子以价值理性反思和批判大众文化，关注其使传统文化价值观念受到一定程度冲击的消极作用。不应在其与精英文化之间人为设置障碍，而应在两个视角之间形成良性的动态互补关系，并引导建立一种新型的大众文化，具有某种精英意识，且以带有乌托邦精神的人文理想为其终极价值。雅各比的这种对待大众文化的乌托邦思维方式，正以开放的态度继承文化革命的政治遗产。

第三节　过度图像化与视觉偶像批判

在西方历史上，关于图像论争的历史由来已久，支持圣像破坏与反对圣像破坏的两种声浪，以至形成是否借助图像手段达成信仰通道的分野。而被图像所浸染的形象塑造，不可避免地带有权力象征，生活世界在某种意义上被图像所殖民化，而被赋予了偶像性质，从一定角度而言，图像学史几乎意味着偶像崇拜史的演绎。反偶像崇拜的幽灵在图像时代频现，通过将犹太传统内部的偶像禁令，视作泛化的视觉中心主义与形象化禁令，借助以听觉为媒介的口头艺术与口头传统，成为视觉图像的主要替代之一，在控告过度图像化的同时，又为乌托邦想象提供辩护。当代反偶像崇拜思想通过抵制与摆脱图像的诱惑，旨在构建批判偶像崇拜的理论模式。

视觉规训的历史，是一部偶像崇拜与反偶像崇拜的交替史，视觉图像的全球化扩散，随之而来的已然是图像的祛魅化。雅各比反偶像崇拜的乌托邦这一植根犹太传统的文化因子，力图让图像符号与权力的错综复杂关系变得明朗。过度的图像化难以与历史的文化惯性相抗衡。反偶像崇拜接替偶像崇拜，成为新的时代话语，以一种理想符号与时代表达方式，载入人们渴望超越与找回真我的价值追求。

一　反过度图像化的宗教渊源与图像化时代的权力运作

图像论争由来已久，在基督传统的论争中体现得尤为鲜明，以至涉及对视听官能的分野。基督教初期，以"道成肉身"这一基本神学原则，通过具体的肉身立像，作为描述基督神人二性的隐喻，重要目的是对视听感官在把握世界上的裂隙和分歧加以修复。基督教内部对"道成肉身"理念，有一个连续加以丰富阐释的过程，而长达将近一世纪的圣像论争及波及的圣像破坏运动，对视听两种感官认知上帝及其存在的必要性与可能性做出界划。

在雅各比看来，支持圣像破坏运动的理由，主要建基于《旧约》，偶像崇拜是圣经教义相关条文明确反对和加以拒绝的，支持者担心基督信仰者的视线，会被具体物质形象外部的美所吸引和迷惑，在追索和领悟上帝之道的通途中迷失方向；上帝应当是无限和绝对的精神存在，与有形且附着相对色彩的具体形象而言，被涂抹上一层不可简约的意义，以有形的图像或雕塑或施以文字或对无形的上帝加以描绘，可能面临让物质崇拜取代精神信仰的风险。通常当完成塑造一尊基督雕像时，神职人员或坚定的信仰者或圣人会凭借神圣的征兆，决定雕像灵性的归属。君士坦丁五世时期，宣称圣像崇拜即为偶像崇拜，皇帝有权直接对教会进行干预，这就使圣像破坏运动被推向高潮，圣像被看作是对超验神性的亵渎。究其实质，圣像毁坏者的行为直指偶像而非圣像，他们反对任何形式的视觉中心主义和图像崇拜，把圣像崇拜等同于偶像崇拜来处理。[1]

而反对圣像破坏运动的理由，是建基于将圣像与偶像分而处之的理论。《圣经》文本与偶像化图像的斗争，产生对圣像的否定性解读。该理论认为圣像乃是信仰的表白，而非异教的遗存。圣像支持者从"道成肉身"理念入手做出相反的解释，"既然基督是通过肉身显现于世的，那么用线条和颜色来描绘他的面孔不仅是可能的，而且也显然有此必要；拒绝描绘基督，在某种意义上就是对他的完整人性表示怀疑。"[2] 他们认为，神性并非不能由形象进行展示，对上帝的形象刻画，也并非仅在于展示其人性。虽然上帝的本体特质不能通过外在形式表现出来，但是其人性通过某种外在的描绘就能做到不与神性完全切割。圣像支持者把基督图像看作信仰者与基督交流互通的媒介，而基督的不断肉身化，实则赋予物质存在以焕然一新的面貌，物质生命形式拥有了表现神圣精神的能力与趋势。"道成肉身"理念背后凸显的圣像的精神功能，在使用物质材料表现基督神圣性的过程中起到了示范作用，"第一，什么图像可被使用；第二，诉诸于

---

[1] 参见 Anne McClanan And Jeff Johnson, eds., *Negating The Image*: *Case Studies in Iconoclasm*, Burlington: Ashgate Publishing Company, 2005, pp. 65 - 68。

[2] 〔英〕约翰·麦克曼勒斯主编：《牛津基督教史》，第 125 页。

惯例；第三，定义什么构成一个图像。断然否认基督信徒崇拜图像，因此已成为拜偶像的说法。神学提议人只是崇拜图像，而不是偶像崇拜"。① 相比而言，偶像则是魔鬼的化身与欲望的代名词。不过，在偶像朝圣像的衍化当中，会出现将异教神形象衍化为基督形象的情况，这就促成了异教神的偶像向基督圣像的转换。

在雅各比眼中的圣像辩护理论家们看来，"圣像崇拜者"这种字眼只是一种错误的说辞。圣像作为描绘基督的形象化图像，在信仰生活中成为某种中介途径。作为低于有限圣物而存在的崇拜对象，起到的作用已不单单是辅助物功能，而且达成与上帝沟通交互的中介作用，依此种中介环节，从而被纳入信仰生活的序列。圣像辩护者通过强调圣像的中介功能，在贬斥通过语言、概念理解和识别上帝本质可能性的同时，达到对圣像崇拜指责的澄清。作为圣像哲学的代表人物，大马士革的约翰认识到通过视觉洞察与领悟上帝的可能性，强调圣像并非神本身，对神必须敬拜，而对圣像只是尊敬，他企图通过对两者的界划达到消解指责的目的。

圣像破坏运动起落及基督形象确立的神学理论论争，"三位一体"的基督论，通过坐实可被描绘的上帝人形肖像，促成人们广泛接受"道成肉身"和圣灵、圣父和圣子"三位一体"的图像—象征体系。可见，其所带来的不仅仅是确立了上帝的视觉化形象，而且伴随视觉化形象的风格流变，导致对基督形象多样化描绘，促成基督形象的替代物或象征物不断出现。"成文的语言是给那些识字的人看的，而圣像是给没有文化的人看的；用耳朵聆听演讲与用眼睛欣赏圣像是一回事。"② 更重要的是，在基于上帝标准圣容的基础上，基督圣像的象征体系不断得以丰富和完善，对现当代基督形象的理解产生深远影响。

在雅各比看来，由于圣像支持者与圣像破坏者彼此不同的神学主张和理论观点，双方此消彼长的论辩纷争过程背后，其实映现的是裁定基督视觉形象价值标尺的分别。一方面，基督形象的持续与流变，反映着信仰对视觉形象的依赖；另一方面，一旦基督人形形象无法出现，就会生发出新

---

① 神职人员或坚定的信仰者或圣人，通常会以一群代表恶魔或神圣的黄蜂作为对信徒施行认证的标尺。如其一旦落在雕像上，则会被看作寄存或施念恶魔的偶像加以毁坏。参见 John Lowden, ed., *Early Christian & Byzantine Art*, London: Phaidon Press Ltd, 1997, p. 150。

② 拜占庭"圣像毁坏"运动中形成了象征基督罹难的十字架，宗教改革时期运动中形成了象征基督的圣餐，激进的宗教改革中，还形成了替代基督形象的圣经文本图像。参见〔英〕约翰·麦克曼勒斯主编《牛津基督教史》，第 125 页。

的视觉形象，蔓延至新一度的圣像复兴。对视觉性的依赖，表明救世愿望的强烈感。基督教信仰体系对"偶像崇拜"采取的否定态度，正是建基于批判异神教偶像崇拜，并有针对性地破坏有限崇拜的物质实体，不是借助于有限想象力的途径来转化成基督形象，而是沉浸到基督信仰生活的话语体系中去体验上帝的存在，以做出对图像放弃的神学企图，建构起更为纯正的信仰空间。归根到底，两者的分歧只是在于是否通过借助图像手段达成上帝意义的道。

广义上的图像概念，指代涵盖文化艺术门类及其衍生产物或作品中塑造的对象。就特定历史阶段或社会形态看，被图像所浸染的塑造形象，不可避免地带有权力象征，因而被赋予了偶像性质，因此同偶像崇拜的历史也难解难分。在雅各比看来，当今时代正很大程度上被声像所俘获，凭借现代科学技术的进步，世界逐层遭遇到了图像化和视觉中心主义的冲击，图像以其独特的表现方式，前所未有地驾驭着感官世界。生活世界在某种意义上，正被图像所殖民化。就一定角度而言，图像学史几乎意味着偶像崇拜史的演绎。而图像背后所传达的权力运作色彩，有着较为复杂的历史缘起。图像曾被用作以方舟、鱼、锚、饼等符号或圣经文本等秘密传教的形象化语言工具，一旦基督图像权力化与世俗权力形成冲突，就不可避免对图像重新进行反视觉化的改造。毁坏图像及图像艺术的文化现象，在基督文化领域的运用和泛起，反映偶像诫命反图像权力运作在犹太传统中的位置。即使拜占庭时期基督教内部掀起的圣像毁坏运动，以及中古时期伊斯兰教对神像的排斥，都没有从根本上影响到图像在偶像崇拜过程中的功能发挥。图像的生产、复制与普遍化流通，使之能够在偶像崇拜中广泛运用，涉及的社会范围更广，所达到的思想领域更深。

古代和中世纪哲学领域，占主导架构古希腊亚里士多德意义上的原型。柏拉图主义者往往将现实世界，作为不可见的原型来对待的，而有形世界是以图像身份存在的，被看作是对不可见原型世界的模仿。曾经的偶像破坏者们把图像视作某种原型的影像，图像与原型享有共同的本质，以"三一论"从圣子和圣父"本质相同"的意义上进一步予以等同把握。而圣像拥护者指出了图像的教化功能，是为了教化与指导有限性的受众，受众所崇拜的并非图像的本质而是原型，图像作为原型的模仿或象征，两种有本质差异，只是具有形式上的相似性。作为圣像的图像，某种程度上可以克服偶像崇拜，但终究需要依照基督这座活的圣像完成合法性的证明。圣像在于基督放弃人的形象显示自身，以不可见的方式显现自身，从而完成圣父的意愿。基督圣像具有不可见性，既有启示世人的效果和目的，同时又不可化约为可见形象，如此才能将反偶像崇拜的使命与荣耀归于原型。

现时代的哲学土壤，为图像提供了一个特殊场域。现代以来，图像试图从传统形而上学的哲学架构脱离，不再依照原有的模仿逻辑，而是面向现实生活展现自身，但意识主体对现实世界的反映与摄影，依据难以摆脱图像背后不可见原型的束缚。因为在自由意志驱动下的意向性观看，标志对图像的把握意味着对世界的重新诠释与评价。图像从原型中的这种自我拯救，实际上将其作为单纯的客体交付观看者和评估者，原型世界的超验地位由作为主体的大写的人所替代，人成为隐蔽的原型与上帝，图像则沦落为人在其中树立自身权威，并彰显人自我意志的偶像，作为自身偶像原型的人这一自我形象的投射。在投射过程中，人被自我偶像化，达到人自身意愿的图像才能够被人的自我意志把握，把握到的图像，实质上乃是一种镜像。图像演变成为一种时代的偶像，这面隐蔽的镜子封闭在主体自身里，让观看者只停留在直接的可见性之中，满足于寻求自己制造的神圣性，却没有察觉到这面镜子的存在，从而看不到偶像对主体意识的操控。

由此，图像时代旋即成为操控主体性的偶像时代，而偶像本身，则被视作图像时代所赋予的某种形而上学理念。[①] 可见的世界变成主体自我的一种感性的再现，不仅难以从形而上学的藩篱中挣脱，反倒是陷入一种哲学悖反之中，成为形而上学在现代的继续留存与映现。

二 图像化权力的偶像化运作机制及对其批判

图像化时代由于商业元素的不断涌现，陷在其中的人们，遵循消费社会的逻辑思维方式进行着视觉界域的扩充。图像生产以大量碎片化的形式流动，并以极具变幻的速度占据人们的思想空间，传统的话语形式逐渐向新型图像文化形式转变。由于长久处在规范化操控的封闭格局里，生活流程不能突破传统模式，异化的生存体验把人固定在僵化的社会生活中，置身于社会机器的压迫下难以自拔，想象力与创造力减损，个体零件毫无个性可言，社会分工明晰的现代工业社会和后现代的神话时代，对传统真善

---

① 在宽泛意义上，"形而上学"通常用来指某种超越的、抽象的理论体系或整体性图式。形而上学是一个有着自身悠久历史和独特含义的词汇，和"存在"问题，尤其是以"实体"概念为出发点的存在问题直接相关，并非所有系统的理论构架被称为形而上学。参见 Jean – Luc Marion，"Giving More：Jean – Luc MarionAnd Richard Kearny in Dialogue," in Ian Leask And Eoin Cassidy eds.，*GivennessAnd God：Questions of Jean – Luc Marion*，New York：Fordham University Press，2005，pp. 244 – 245。

美价值的界定做了改写，让原先已经造成的感性与理性分裂更加显著，多重类型的价值解读，让生活轨迹的单一化痕迹没有减轻，反而使得人们对多样化的综合需求缺乏关注。

法兰克福学派的文化批判理论认为，形象化的权力神话不受时空限制，现代技术培植起了一套融会视听感官的欲望工具，作为本雅明笔下的现代艺术的机械复制品，有效整合了感官欲望和图像化表现形式，通过制造与买卖欲望来获得满足感，并谋求物质利益的报偿。强大的物质机器，识别不同个体的差别化需求，通过精心制造的若干视觉符号，打造适应现代性的大众文化，个人的生活图景抽象化为不停被制造出的群体意识，这种具有时代感的典型群生方式，实际上形成了对传统价值观的反动，可能导致极权思想的萌生，也可能与权力结盟让个体成为无主体的个人。

现代科技使图像摆脱对原型的依赖，图像在盲目复制延伸的过程中，不受时空的阻隔而试图无限制地扩充，逐渐变成自身显现的来源。雅各比认为，现代图像世界混乱无序的状态，让生活其中的接受主体无所适从也无所把握。现代传媒技术延续了图像与原型的传统关联，生产的影像在真实与虚构处来回交替。通过取消影像再现的时间性，让影像不停处于虚拟的复制状态，其呈现形式不再受困于现实事件的时间性，既在虚拟的制造过程中摆脱掉对原型的捆绑，又重新形成虚构的图像和原型关系传统，混淆了世界与图像之间的界限。图像生产与复制，都积极依照观众的欲望标识，妄图使自身成为观众的偶像，并不停施以偶像的元素特征。"不可见的上帝是不能通过给偶像献祭或侍奉占星术来讨好的。"[①] 图像混淆了真实世界的本来状态，将真实掩盖在虚幻之中，并置身于偶像崇拜者的目光统治中难以自拔，形成现代科技图像的崇拜效果。在雅各比看来，图像化权力具有一套独特的偶像化运作机制。

第一，图像与权力的关系可谓是相辅相成。图像最终承载的权力来自隐蔽的特质，而权力的隐蔽性又靠图像无处不在的全球化扩散。将图像视为无形力量的标志或权力象征。无限全能的上帝，有着无法描绘的图像，并禁止展示其肖像，以至于无法用具体的形象来表现，隐蔽的权力将替代无限全能的上帝，反过来让不存在的形象可视化，而不是相反地去表达对形象的禁忌。在图像权力的偶像化运作中，过分依照丰富的色彩构图的视觉化空间，迷恋的是一种自由的个性读图，对外在视觉化呈现的图像世界盲目热情，很容易陷入一种被外表或成功迷惑幻象之中。图像获得其象征

---

① 〔美〕拉塞尔·雅各比：《不完美的图像——反乌托邦时代的乌托邦思想》，第 161 页。

性的价值，而内在本质被表现工具客体所控，成为生活世界一种独立的存在物。[①]

在雅各比看来，图像在现时代的权力话语体系中，成为权力的公共象征物。图像与权力冲突密切关联了起来，一旦形象向图像转化，就意味着知识向权力的转化，作为记载知识组成部分和表现手段的图像，更多表征的是权力与律法，图像被权力赋予超自然的生命力，形象直观的品性经过权力运作，内在拥有了原先缺位的无形掌控能力。人与图像的关联性，不仅界定于人与媒介两者，更深入权力在现时代的运作，以及权力产生发展的媒介文化与制度传统之中。世俗权力通常采用强制型权力即通过实施惩罚或惩罚的威胁赢得服从，或采用报偿型权力方式，即通过提供利益或利益许诺来换得服从。福柯所理解的权力，是某种无处不在的内在关系。这种权力内在地存在于图像与接受者的关系之内，以网络形式勾连不同的力量因素，使得各种图像元素不断在其中运作流动，在运作权力的同时又服从权力的安排。"权力不是一个人'拥有'的东西，而是他享有或遭受的关系。"[②]尼采则通过重估一切价值的论证，预示了图像时代的降临。他认为感觉世界乃唯一真实的世界，这个作为图像的世界，无须去探究事物本身，而是以解释与评估对所谓的真实世界加以诊断。重估一切价值的背后，是由评估者所掌控，驱动其进行掌控的则是强力意志，而作为原型的彼岸世界不复存在。这种虚无主义的立场，在某种程度上对批判的形而上学做了加法，在消解传统偶像的基础上，又以反偶像的手段，促成对世界的偶像化。

第二，犹太文化中的反偶像崇拜思想经过现代思想家的改造，更为重视现时代的图像泛化和视觉中心化问题。雅各比认为，摆脱图像的诱惑，需要反偶像崇拜的力量介入更多。"反偶像崇拜的乌托邦主义者抵制现代

[①]　在偶像禁令下对于视觉和听觉的不同对待及对语言之表现限度的思索，源于希伯来上帝之不可称谓，它是语言层面的偶像禁令，深刻影响了现代犹太思想家如布洛赫、肖勒姆、本雅明、阿多诺甚至维特根斯坦等人的语言观，也构成了在列维纳斯等犹太思想家影响下兴起的法国后现代思潮的反视觉冲动，后现代思想家们对以"光"来定义真理的启蒙理念和当代的图像专制发起了挑战。而阿多诺、布朗肖、利奥塔和南希等人对奥斯威辛之后文艺表象困境的探讨也与此相关。参见〔美〕拉塞尔·雅各比《不完美的图像——反乌托邦时代的乌托邦思想》，第169—180页。

[②]　米歇尔认为，福柯提供了两种基本的权力图像，"施于事物之上的权力"与"某些人对他人行使权力"。"施于事物之上的权力"，用特殊技法和想象力的图像，让"事物看来如此"；"某些人对他人行使权力"的方式，将图像与展示事物真实性的能力相联系，让"事情原本如此"。参见〔美〕W. J. T. 米歇尔《图像理论》，陈永国、胡文征译，北京大学出版社2006年版，第303页。

图像的引诱。"① 反偶像崇拜幽灵在图像时代频现，旨在构建别于偶像传统的理论模式。犹太传统一直坚持清理视觉异端，批判视觉图像领域对形象化维度的过度抬高。对偶像诫命的重视，使得犹太人对伦理道德的态度鲜明，虽然容许形象造型艺术的存在，但他们轻视诸种外在艺术，偶像诫命特别是《圣经》第二戒律，对犹太视觉文化的冲击显而易见，不允许形象造型的艺术形式呈现上帝肉身，更不能因此而唤起对上帝的思考，决意在精神领域内达到对自身象征形式的实现，从而超出了对和谐艺术形式的追求。"这一戒律使得犹太民族通过限制视觉艺术而保持了精神的纯洁。"② 源自犹太传统的反偶像崇拜教义，开启了否定上帝视觉化形象的道路。"他们反对视觉的再现。就像未来一样，上帝可以被倾听，但不能被看见。"③《圣经·旧约》的《摩西十诫》中，偶像崇拜是仅次耶和华一神崇拜的第二文本诫律，这一律法只允许使用语言描述神的形象，禁止一切形式造像与偶像崇拜，成为禁止图像论争的理论文本来源。一方面，可以回避受众为何不以人形塑造上帝的质疑；另一方面，用上帝的言语替换基督视觉化的外在形象，在于对上帝圣言深入聆听的信仰，又预示这种聆听乃是一种深入受众内心的心灵邀约，作为视觉化上帝可被接受的形式，而不偏离圣言的实质所在。④ 早期基督教吸收了犹太传统，与犹太教、伊斯兰教及早期佛教有异曲同工之妙，都是通常采用无形化理念化的方式，以坐实超自然实体的存在，且达到不以视觉感染与冲击为目的的效果。早期文本中还会有摩西形象，而后偶像诫命规定了上帝精神化的隐蔽属性，企图以视觉化的图像手段达到对上帝的外在呈现，都是对基督信仰的歪曲，由此会反过来遮盖甚至抹杀上帝的神圣性。文本语言图像化，成为上帝形象的替代或象征，强势的文本图像已将摩西形象覆盖。没有人可以见到上帝的面容，因为见其尊容不可活。文本的或宣讲的《圣经》话语，成为受众宗教生活的几乎全部，进而皈依上帝的精神原则，视觉图像不再作为领会上帝意图的辅助手段，其工具化的意义已转化为非视觉意义的澄明。

　　第三，偶像崇拜从诫命本身来看，是将人造物视作神的在场并显现为虚假的绝对权威。图像化时代所能做的，就是企图通过形象来限制真理的

---

① 〔美〕拉塞尔·雅各比：《不完美的图像——反乌托邦时代的乌托邦思想》，"前言"第9—10页。

② 〔美〕拉塞尔·雅各比：《不完美的图像——反乌托邦时代的乌托邦思想》，第154页。

③ 〔美〕拉塞尔·雅各比：《不完美的图像——反乌托邦时代的乌托邦思想》，第45页。

④ 参见 Moses Maimonides, ed., *Guide of The Perplexed* Vol. 1, Chicago：University of Chicago Press，1963，p. 59.

无限与超越。西方马克思主义者中的犹太思想家们，如马尔库塞、阿多诺、本雅明、霍克海默等，进而把诸如意识形态或拜物教此类现存之物，视为错误的表现形式进行偶像崇拜批判。雅各比进一步深化这些犹太思想家一脉相承的反偶像崇拜主旨，研究其中"不可表现"的表现可能性，将偶像禁令视作泛化的视觉中心主义与形象化图像化禁令，并在此基础上寻求其他的表现媒介。他深入犹太传统内部，发现以听觉为媒介的口头艺术与口头传统，就是其中主要的替代之一，以至既可以控告过度的图像化，又可以为乌托邦想象提供辩护。这一针对现代性的图像时代诊疗，具有更丰富的时代内涵和阐释可能。

　　第四，当代反偶像崇拜思想的发展路径，和观测方式同犹太艺术形式一样，深受偶像诫命的影响。在雅各比看来，图像的生动性和色彩的丰富性，却阻碍了思想本身的发生。"犹太人的乌托邦屏幕几乎是一片空白；它做好了被填满的准备——但还尚未被填满。它是由无图像的追求来界定的。"① 雅各比认为，存在着犹太艺术与抽象派艺术具有选择性亲和的证据。"对希腊人来说最重要的感官是视觉，而对犹太人来说则是听觉。通过听觉获得的印象是'不断地变化着'的。"② 在文学语言表达上，古希腊语言也偏离了文本传统，与重视口头表达的诗歌等文学体裁关系紧张。希腊语与诗歌关系的紧张来自柏拉图对诗歌的敌意态度，他渴望挑战当时处于支配地位且依靠记忆的口头传统，影响了适合于当时的文化传播方式。对语音的表达变得更加纯粹与空间化，通过从书面文本中抽取声音元素，从而切断了时间的连续性。人们应当重新审视公共经验，改变古希腊的仅为表述的方式。而犹太传统则正是采取宽容的姿态，来对待口头诗歌的表现形式，犹太声音的隐喻性也不影响其内在的开放特质，其表现力度是面向未来敞开而又活力四射，同时不失沉着坚毅的爆发力。形象与它的对象不能在犹太传统下的弥赛亚世纪联系起来，世界将会变成一种无法用形象来展示自身的新型存在形式。如阿多诺所言，形象化的视觉效应，必须保留适当的距离和隔阂。阿多诺认为，现代艺术如何从现实主义走向表现主义，其实现路径是靠乌托邦内化功能把外部形象分裂而完成的。人们出于对观念化形式的偶像反感，而形成对外在化视觉形式的关切。对外在形象的把握程度，导致了深入思考复杂问题的迟钝和乏力，在一定程度上反映了视觉图像消费的广泛性。对深层次理解的空洞性把控不满，同时对

---

① 〔美〕拉塞尔·雅各比：《不完美的图像——反乌托邦时代的乌托邦思想》，第180页。
② 〔美〕拉塞尔·雅各比：《不完美的图像——反乌托邦时代的乌托邦思想》，第187页。

浮于表面的理解能力感到无措，才会深陷对于视觉化、感官化图像的偶像崇拜之中。

当大众文化变换为社会文化的主导形式，艺术从作品沦为产品而需要不断加以复制后，大众的消费主义情结便将艺术的精神属性逐渐磨损，最后蜕变成一种可供选择的物质利益符号。对权力图像新一轮的挪用与再造变得流行起来。图像世界中大众文化情境传播过速，造成创作者偏离原先的艺术意图，日益追寻视觉化的创作效果，以期达到与大众心理吻合的接受旨趣，大众的欣赏品位由此不得不同图像联姻。雅各比眼中当代反偶像崇拜的律法，规定了对抽象派现代艺术的碎片化操作，将权力图式看作特殊的图像符号处理并加以解构，力图冲破封闭于图像陷阱里的旧世界，而要开启反偶像崇拜的新世界。

视觉全球化不断为图像祛魅，把彰显的各种鲜活的差异化表象与冲突化风格，转变为标明现代性符号的文化政治，"再也没有什么神秘莫测，无法计算的力量在起作用，人们可以通过计算掌握一切，而这就意味着为世界祛魅"。[①] 原本的世界图像具有一元论总体性特征，但是图像与权力的结盟，使事物背后隐藏了超自然力量的想象，让世界变成韦伯意义上神秘的魔术花园。当图像祛魅化在反偶像崇拜的批判中，为普通大众所掌握之时，就意味着图像与权力的牢固关系得以瓦解，其内在的书写方式，不再成为韦伯意义上的非宗教性的世界图像。

三　听觉高置对视觉偶像崇拜藩篱的破除

希腊文明与犹太文明作为两种异质性文明架构，其认知理解的渠道分别诉诸视听，某种程度上反映了视听维度重要性的转换与异质性的融合。高置听觉的犹太传统，试图从犹太文化内部通过听觉中介达到对圣言隐遁的破解。信仰的边界和听觉密切相关，犹太的听觉传统旨在打破偶像崇拜的藩篱，不再是通过理性来描述和认知绝对的上帝，而是进一步回归到真实生活世界。雅各比试图让反偶像崇拜思想中的不可言说从信仰的裂缝中跻身进来，将谛听与沉默作为反视觉图像崇拜策略的两条进路，以最大可能地接近道和终极真理，并由此建立起反偶像崇拜叙事技巧，通过有限的谛听与不可言说的静默力量，来把握其真正内含的无限超越。由犹太传统引发的"听"的乌托邦希望，将视觉偶像与"人"保持合适的距离位置。

---

① 〔德〕马克斯·韦伯：《学术与政治》，冯克利译，生活·读书·新知三联书店 2005 年版，第 29 页。

历史的无情就在于忘却，曾经强大的图像符号渐渐失去与时代关联，然而终究难以抵挡历史的惯性，犹太传统文化一直贯穿其中的反偶像崇拜，在历史的记忆中又无法抹去。雅各比认为，在犹太传统中，十分重视视觉与听觉、书写与口传的冲突。原先这一犹太传统正与偶像禁令密切相关，而继承并不断发展的反偶像崇拜思想，与属于希腊传统的逻各斯语音中心主义作了切割，同时对属于犹太传统的重口授语言作了改造，实现了谛听传统的发展与超越，又进一步重视书面语言的功用。在如今视觉图像纵横的大众文化崇拜情境里，需要介入犹太文化中的反偶像崇拜传统并加以改造，在澄清视觉偶像崇拜的同时，直面口头传统、书面语言、谛听之间的关系问题。在雅各比看来，听觉高置对视觉偶像崇拜藩篱的破除至关重要。

第一，希腊文明与犹太文明这两种异质性的文明架构，两种文明对认知理解的渠道，分别诉诸视听两种感官，某种程度上反映了视听维度重要性的转换与异质性的融合。古希腊有一贯重视视觉传统，对视觉的重视程度往往与听觉成反比的，对听觉的贬斥则意味着在视听的对比中，视觉对总体观照的作用占有优势。而中国传统文化往往也带有视觉表意的习惯，自《易经》就有"圣人立象以尽意"，以突出视觉的抽象表意属性。希腊人的理解就是去看，或能看，看既是知；希腊语中的知道就反映了视觉的审美维度，这种感性追求表达了"看"的感性体验和理性表达。通过具体可见的感性表达与操作，来追求形而上学的哲思魅力。古希腊以来的"图像""视觉"传统，一定程度上被早期基督教造像禁忌所困。柏拉图对延续了赫拉克利特对视觉中心说的推崇，认为听觉效果的达成，并不一定借力于某个中介因素，而视觉效果的达成，则需要光这一外部力量的介入。亚里士多德则以模仿学说催生出视觉高置论，普罗丁则以视觉美的标准归为对称与悦目的颜色，进而追问出美的源泉，最重要乃诉诸视觉官能。奥古斯丁的光照论依旧延续古希腊的视觉审美理念，认识到无论是认知行为还是对美的感受，都通过理型与观看相关联。

第二，从日神精神的理性象征到光的理性隐喻，都体现了古希腊哲学话语体系中对视觉官能的重视程度，固化了向阳传统的位置。古希腊文化浸润了视觉文化因素，透过西方文化的演进过程反映出"视觉中心主义"的理论倾向。古希腊哲人在识别知识范围时指出，亲眼所见未必是真正的知识，通过"不可见"与"可见"这对范畴来表征视觉与认知之间的关联。可见的世界往往因变动易朽而并不真实，不可见的，视觉感官无法企及的不可见世界，往往又是恒久不变的，而真正的知识则正好意味着永恒不朽的现实，靠的是理性直觉达及。这就出现了一种哲学悖论，在给予视觉在认知功能中优先位置的同时，又把真正的知识归结用理念化的灵魂视野才能触及。按照柏拉图的观点，视觉感官所触及的世界，其根源于不可见的理念世界。视觉图像的基础乃是不可见的原型。万物的目的都导源于体现其本质特征的原型或理型。图像依托某种原型而存在，为某种原型而显现。这一影像依据原型树立，两者之间的关系结构，是依照模仿的逻辑规则而定，原型作为事物的本质，先于图像这一映现的影像而存在。基督教理论借鉴这一理论视角，完成从上帝之言到上帝之形的转换，从而影响了人们对视听两种官能作用的认识和重视程度。

第三，希腊和犹太两种异质文明交融互动越发显著，来自犹太传统的宗教性听觉与古希腊传统的哲学性视觉之间，才有审美官能间越明显的对抗发生。希腊传统过分沉溺于"空间的看"，希腊传统下因视觉高置造成圣像崇拜，犹太传统补充了为希腊传统所缺乏的"时间的听"，则因听觉审美达成圣言隐遁。犹太文明作为西方文明另一源头，认为依靠听觉感官才可触及理型世界的真谛，犹太人视听觉为主要手段来实现形而上的抽象思维活动，最具代表性的即《圣经》中通过高置听觉达到对上帝的阐释。《圣经》用"Shama"或"Ozen"两个译自希伯来语的古词，来表达听的含义并反映人们的理解判断能力，光"Shama"在就 1050 次频繁出现，不仅能表征声音本身，还能标识听读动作等外在行为方式。在早期基督教既具有犹太传统中宗教的神肃美，又具有古希腊传统中哲学的崇高美，两者间达成信仰形式一致性的契合效果。[①] 两者间的理论差异与理分野，经由道成肉身的宗教哲学理念改造，一定程度上得以缓和。犹太宗教学家斐洛把《圣经》里关于上帝的溢美之词，都看作是对古希腊哲学精神中"逻各斯"的赞许，因为 Logos 表征理性与思考，把逻各斯视为人格化的上帝神智，这就接近于《圣经》中关于"Word"智慧的表达。"不可见"与"可见"这组二元对立的范畴与视觉官能直接相关，由于历史上对图像态度的变化而呈现出不同形态，古希腊是以理念世界和感觉世界区分的，中世纪是不可见的上帝和可见的上帝造物区分的，近代是以物自体和现象界区分的。其中，不可见者是更关键的一维，是可见者显现的前提和可能性条件。可见性伴有的形象色彩越浓，与不可见真理的间隔就越大。不可见现

---

① 约翰在向世界解释基督宗教的救赎时，诉诸的是希腊的精神，"在他关于道、逻各斯的绪论中，他采纳了犹太人斐洛早期把希伯来传统柏拉图化的方法。"参见科林·布朗《基督宗教与西方思想》（第一卷），查常平译，北京大学出版社 2005 年版，第 51 页。

实的显现，由听觉感官的介入而越发显著，随之而来的是现实距离的扩散化，以及感觉形象的逐渐退缺和散失。

第四，高置听觉的犹太传统，试图从内部通过听觉中介达到对圣言隐遁的破解。基督形象的初期创造，一般是靠视觉再现的手段来建构的，这种由视觉传达或文字符号生产方式，来实现创造的想象欲求。从表面上看，借助视觉力量的显现，上帝完成世间万物全景式的创造，并由此彰显自身。而实际上，基督形象的创设，则通过言说方式再现视觉效果，以简单的话语符号，来实现从有形形象到话语再现上帝形象的转换。一方面，借由外在的圣像显现；另一方面，则通过《圣经》的文字话语符号显现。而圣像以图像的方式呈现，则使得形象和言说相一致，但这又与偶像诫命相背离。"因为那是上帝的作品；如果你少写了哪怕一个字母，或多写了一个字母，你将毁灭整个世界。"[1] 语言不能完全去除形象的效果，语词内部在一般情况下，均会展示某种形象特征，"书面文字比口头语言衰退的更快。文字因没有精神而死亡"。[2] 然而对上帝形象化的处理，又极容易呈现出多变性特征，恰好与一贯对神的不可知性相吻合。

雅各比认为，破解圣言的隐遁难题，从《圣经》的书面记载里就已经被打开一个缺口，激发了犹太传统内部通过听觉中介对其进行探求。圣言的不可言说性，通过听觉喻指人类对终极意义的洞察，也意味着这种特殊交流方式和理解渠道的重要性。犹太传统把用人类的语言言说上帝的方法归为象征，但通过象征的语言，便自觉地传递出不可言说的经验。不可言说的真实也在其中一并被加以传达，从而造成了一种悖论。上帝本身在《圣经》中常通过"火"这种意象表征最强的视觉形象，作为《旧约》里上帝的视觉形式出现，上帝之光由此淋漓尽致地表达。而希伯来传统却并不认可通过视觉把握上帝的企图，表现了上帝公义的临在与绝对的荣耀，人是不可能全部达到对上帝荣耀的绝对认识，也不可能接近上帝公义的临在。在《出埃及记》中，上帝在西奈山完成偶像戒律的制定后，用指头书写并遗留下两块法版，这种书面语言拟就的圣言，以人言形式书写，与视觉认知上帝的传统大相径庭。基督传统意义上的视觉之"光"，更多由"言"加以替代和转换，作为预备意义而存在的圣像，在某种程度上仍然达及不到上帝的终极意义。基督生活从外在的仪式到内在的修炼与神契

---

① Gershom Scholem, ed., *On The Kabbalah And Its Symbolism*, New York: Shokan Book Company, 1969, p. 45.

② 〔美〕拉塞尔·雅各比：《不完美的图像——反乌托邦时代的乌托邦思想》，第166页。

合，都需依托静默的方式来"听"，继而静思真理之言。① 静思默想，作为一种直指人类自身归属感的表达——"听"，它从原先天国回归日常生活世界。这种"听"，很大程度上由反偶像崇拜的视野进入图像世界，对视觉化空间的扩张进行制衡。雅各比认为，就犹太思想家的理解，偶像是对图像的希腊式观看理解方式，在这个意义上，任何形式的基督形象都被当成一种偶像崇拜。图像既可看作偶像对待，又可看作圣像以通达不可见的上帝。希腊人通过雕刻等手段制作了可见的神像，神像作为偶像即表现为"神人同形"。偶像作为可见的形象表示观看者的经验、意志与希望。在人类经验里，依托自身的神圣经验将神圣形象显现于偶像之中。② 神的神圣性本身，即使达到信仰完备的条件，但并未制造出且显现为偶像，而是把对神圣的显现归于人类经验的条件。在雅各比那里，现代主体形而上学作为被深化了观看的欲望，欲望的生产满足了匮乏的需求，也成为一种制造偶像和自我偶像化的过程。

在雅各比的乌托邦叙事中，犹太的听觉传统打破偶像崇拜的藩篱，从视觉传统转换到听觉传统，不再是单纯依托理性的安排对上帝加以解释与认知，而是进一步还原到回归真实生活世界。雅各比沿袭犹太传统的观点，认为秉持听觉来接近神性的永恒，又不局限于圣经的字面阐释，听觉中内在的乌托邦精神因子，不再是虚化在空中的隔音符，而是彰显了人性的因素，不仅不会在人们的视线中消失，而且让丰满的言说直指人类的心灵世界。摩西·门德尔松认为，图画和象形文字导致迷信和偶像崇拜，人类屈服于通过卑贱的仪式，从形象化的角度获得信仰。而犹太禁忌对教义真理的寻找，则摆脱了偶像的束缚，遵循思辨知识和道德教义。犹太哲学家赫尔曼·科恩将一神信仰与偶像戒律巧妙融合，指出如果不明白摧毁偶像崇拜的必要性，就无法真正理解一神教。上帝绝不是通过偶像的指令加以想象的对象，不可能有真实上帝的形象存在。在雅各比看来，日常生活观念中，视觉上经历的东西似乎就是提示事实本身，而听到的东西则需要加以理解阐释或是调和。"耳朵不像眼睛，它们不能徘徊也不能闭合；它

---

① 参见曾庆豹《上帝、关系与言说——批判神学与神学的批判》，华东师范大学出版社 2008 年版，第 79 页。

② 偶像是由观看者构造而成，以概念的形式出现，基本特点在于其内在性，即内在于人们自身的意识并因此为意识所掌握。两者并不反映不同类型的存在，而是代表了不同的观看方式，观看方式的不同决定了最终所见的不同。参见 Jean - Luc Marion, ed., *God Without Being: Hors - Texte*, Trans. Thomas A. Carlson, Chicago: University of Chicago Press, 1995, pp. 7 - 15。

不能来回移动也不能旋转。耳朵永远在准备谛听。"① 汉斯·约纳斯认为，声音是动态的，与视觉静态所不同在于其能进入被动的对象。时间究其本质而言是一维的，而听到的东西正好符合事件发生顺序的一维效果，而凝视则符合空间的多维本质。"犹太人只聆听，而听见则存在于一个时间的连续统一体中。"② 马丁·杰伊认为，犹太传统挑战视觉这种当今时代的主要感官，后现代思想中的反视觉冲动深受此种传统影响。"耳朵不仅能够接受信息，并且能够记录时间的序列；声音需要持续。"③ 声音包含了时间，而时间蕴含着历史。声音形成了一系列的印象，这种时间性的印象带领人们进入的是一段一维性的时间而不是一个形象化的空间，提示人们接下来会是什么，继而展开对未来的想象。"人类的倾听是并非一味地被动，在与圣言的互动中体现出一定的张力……人之所以可以进入谈论上帝的阶段，是因为先有上帝的言说，对此言说作出倾听的动作。"④ 倾听过程后能实现与信仰的相遇，同时与上帝相遇之后的倾听更能够把握真谛，"听"与相遇过程本身如影随形。

"听"在反偶像崇拜的视野里，成为犹太固守传统和聆听未来的方式。听觉不断地落地生产，这种事件化使得听觉在时间中展开。一维性的时间性质，无法保证持续性的声音生产，听觉展开运作的方式往往转瞬即逝，这就要对当下发生的行为负责，以构成反偶像崇拜的乌托邦运作的典型方式：憧憬未来并珍视现在，既作为"听"的运作权利，又作为"听"的规定义务。

四　不可言说的反偶像崇拜策略

雅各比意义上那种无法言说的渴望，直接对希伯来精神与希腊精神作出了界划。古希腊哲学中缺席的那种由倾听而升腾的对神圣的敬畏，由偏向会意的犹太传统得以补缺，某种程度上弱化了西方哲学一直以来的向阳传统。"耳朵胜过眼睛。单有书面文字可能导致误解；它太过于形象具体。"⑤ 在基督偶像戒律的影响下，雅各比的反偶像崇拜策略，进一步形成了犹太不可言说传统的合法性支撑。

雅各比指出信仰的边界和听觉密切相关，反视觉中心主义的反偶像崇

① 〔美〕拉塞尔·雅各比：《不完美的图像——反乌托邦时代的乌托邦思想》，第181页。
② 〔美〕拉塞尔·雅各比：《不完美的图像——反乌托邦时代的乌托邦思想》，第181页。
③ 〔美〕拉塞尔·雅各比：《不完美的图像——反乌托邦时代的乌托邦思想》，第182页。
④ 曾庆豹：《上帝、关系与言说——批判神学与神学的批判》，第88页。
⑤ 〔美〕拉塞尔·雅各比：《不完美的图像——反乌托邦时代的乌托邦思想》，第166页。

拜力量，便在这反复交替的冲突中得以展示。借助谛听的沉思与静默，口头传统也不会像视觉图像那般，造成某种偶像化的效果，而书面语言则受自身内容的限制，易受到视觉图像挑战。"当语言从形象与图画中衍生出来的时候，这种禁忌同样也挑战了书面文字。"① 原本图像虽获得同文字抗衡的权利，但神圣的文本内部，往往存在内外两重内涵，一种提供了外在的文本指引，另一种则提供的是内在的价值意义。"只有通过注意口头传统，才能够揭示书面文本中的真理。的确，一个文本的公开的含义与真实的意义有可能完全相反。外在可能错误地显示内在。"② 用谛听和关注来取代凝视，才能靠近真理，这使得书面语言成为新一轮偶像崇拜对象的可能性减弱，甚至可加以避免。雅各比在谛听的沉思与静默的理解基础上，进而制定了一套不可言说的反偶像崇拜策略。

首先，雅各比回溯了诸多犹太思想家对口头传统的认识，指明其在犹太思想传承过程中体现的重要意义。"大体而言，他们都反对将语言当成用来交流的工具或一套符号系统的科学观念；他们都提倡关于语言的所谓弥赛亚理念。"③ 他借肖莱姆之口指出，"我们可以接近上帝之名，但不能朗读"。④ 他引述犹太哲学家弗朗茨·罗森茨威格的观点指出，犹太人面对形象艺术时往往带着担忧，这种担忧却又没有出现在诗歌艺术之中，口头诗歌、音乐这一类艺术表达形式，既提供话语也提供结构，比形象艺术往往更能深入心灵之中进行思考，使人真正称之为人。"绘画产生欺骗，而口头诗歌指明真理。眼睛给人误导，耳朵给人引导。"⑤ 他又引述犹太历史学家海因里希·格拉茨的观点，强调口头传统的重要性，认为拥有耳朵的人们才具有否定的批判立场，对他们而言，上帝通过意志，并通过耳朵为媒介彰显自身的存在，而非以眼睛为媒介让人们在自然中去感知其存在，否则就会让神成为可以去加以凝视的东西，而提供其虚假的形象意义。话语内部的整体建构，也往往容易被表象化的视觉图像攻破。而依托口头的效用，图像中所显现的一切内容，比原先视觉所传递手段更能激活接受者，可以获得更为充足的真实感。⑥ 语言在某种程度上，"与其说它是真理

①　〔美〕拉塞尔·雅各比：《不完美的图像——反乌托邦时代的乌托邦思想》，第 137 页。
②　〔美〕拉塞尔·雅各比：《不完美的图像——反乌托邦时代的乌托邦思想》，第 175 页。
③　〔美〕拉塞尔·雅各比：《不完美的图像——反乌托邦时代的乌托邦思想》，第 169 页。
④　Gershom Scholem, ed., *On The Kabbalah And Its Symbolism*, p. 42.
⑤　〔美〕拉塞尔·雅各比：《不完美的图像——反乌托邦时代的乌托邦思想》，第 179 页。
⑥　诺瓦利斯在《花粉》中指出，用声音和笔画命名，作为一种令人惊叹的抽象。参见〔德〕诺瓦利斯《夜颂中的革命和宗教》载《诺瓦利斯选集》（卷一），刘小枫主编，林克译，华夏出版社 2008 年版，第 77 页。

的载体，不如说它是真理的障碍"。① 反形象化视觉语言的要旨在于，聆听到掩藏于图像之后的话语。"声音包含并浓缩了无法预测的变化。我们不知道接下来会发生什么，但是我们可以预测和展望下一个和音或音符。"② 声音和笔画正是界定语言特征的两个方面，言说被赋予了深刻的意义，作为创造性的表达途径，是衡量语言功能的重要方面，照此看来，"人类的语言存在就是为事物命名"。③ 不可言说的圣言的无限性，在有限的人言的口头表述中，体现出人言诠释时的不堪重负，但又暗示了潜在的力量所在。

其次，雅各比指出，人类语言包含形象和肖像两种信息，在词语的表达和传递中往往存在虚构。词语中的形象并不一定是真实的，而仅仅是一种暗示或者语言。对偶像禁忌的论争背后，实质上已变成了一种反对语言的战斗。"痴迷的拘泥字义同它的对立面——对无文字的或不可见的事物的神秘信仰——共存，某些时候前者甚至孕育出后者。"④ 他坚持摩西·迈蒙尼德宣称，语言表述形象与图画，语言本身也遭受偶像禁忌的制约。然而先知却运用语言来暗示上帝作为一个实体的存在，这实际上形成一种僭越。语言表述作为一种修辞手法可以被接受，上帝只能从否定的意义上加以描绘，通过描绘上帝不是什么来抵达上帝的本真，而形象化的语言无法企及。描述造物主，除了用否定方式别无他法。⑤ 上帝不可用语言描绘，因而就此诉诸沉默。"书面语言的具象性象征着无法打动至高无上的上帝，一次不可言说的交流或许会避免这一失败。"⑥ 他坚信口头传承比书写文本的优越性，并采取含蓄隐晦的创作手法，传达不情愿表述不可表述者的观念，传授真理的过程不是直接的而是间接乃至神秘的行为。"对偶像的逃避可能也包括了对语言的逃避，因为语言像视觉艺术一样容易被'偶像化'。"⑦ 雅各比指出，摩西·门德尔松担心书写语言本身会有被崇拜的偶像产生危害性，真理被隐藏在词语数字等书写语言之中，继而奇迹的力量被归于此。"为了探寻出文本的真理，就要有口头交流和传授——正如听奏并聆听长笛。我们无法看到成文的真理。充其量我们只能聆听其他学者和学生的阐释，他们把我们引向那真理。"⑧ 如

---

① 〔美〕拉塞尔·雅各比：《不完美的图像——反乌托邦时代的乌托邦思想》，第169页。
② 〔美〕拉塞尔·雅各比：《不完美的图像——反乌托邦时代的乌托邦思想》，第182页。
③ 〔德〕瓦尔特·本雅明：《论语言本身和人的语言》，载《本雅明文选》，第256页。
④ 〔美〕拉塞尔·雅各比：《不完美的图像——反乌托邦时代的乌托邦思想》，第166页。
⑤ 参见〔西班牙〕摩西·迈蒙尼德《迷途指津》，傅有德、邹鹏、张志平译，山东大学出版社2004年版。
⑥ 〔美〕拉塞尔·雅各比：《不完美的图像——反乌托邦时代的乌托邦思想》，第163页。
⑦ 〔美〕拉塞尔·雅各比：《不完美的图像——反乌托邦时代的乌托邦思想》，第164页。
⑧ 〔美〕拉塞尔·雅各比：《不完美的图像——反乌托邦时代的乌托邦思想》，第178页。

此看来，偶像戒律很可能包含对书面语的戒律。

再次，雅各比试图让反偶像崇拜中的沉默气质，从信仰裂隙中迸发出原初的世俗活力。"在想要领悟绝对的努力中，语言可能会中止。一种沉默的精神气质渗透到了魏玛乌托邦思想家的全部作品中。"[①] 在他看来，霍克海默如此认为，继续提供一种令人费解的语言是没有意义可言，在可能受到极权主义威慑或是大众文化幻象迷惑的情形下，流行的思想交流形式因强化了因循守旧而收到攻击，留下的希望恰恰是欧洲那些所谓的"听不见的耳朵"，这是对于虚假交流形式和氛围的反抗。悲剧主角只有一种语言与之相称，即保持沉默。阿多诺指出奥斯维辛之后写诗是野蛮的，这对重写偶像禁忌是不可或缺的。绝对在这里是无法被理解的，对待极端的历史要求谨慎甚至保持沉默。"拒绝为绝对命名保留了获得救赎的可能性。反之语言利用假象诱使人们相信它占有真理。"[②] 阿多诺认为艺术的真正言说即无言，当形象不在场才能思考和把握全部对象，不在场的立场才能把握事物，与偶像戒律保持一致性。[③] 把乌托邦救赎的希望同偶像戒律联系在一起，这一保障是对任何将乌托邦救赎取而代之观念的拒斥，反对把有限当无限，反对把虚假的形象神当作真理神来企告。

雅各比指出，视觉标志几乎是所有传统乌托邦的标识和共性，而犹太思想家的乌托邦理论却缺乏这一共性特征，而重视谛听和书面静默的效力。"由于缺少这种视觉上的标志，犹太乌托邦思想家就很容易被人忽视。"[④] 德国犹太学者毛特纳倾向于上帝面前应当保持沉默的观点，沉默无言具有其必要性，他认同维特根斯坦关于不可说东西必须保持沉默的立场。沉默精神渗透在无法言说的写作效果之中，而且不可言说包含在已经说出来的东西之中，最重要的东西恰恰如维特根斯坦所理解的，是没有写出来的东西。斯特劳斯认为，真正的文本含义往往与明确的外在意思相反，这就必须考察文本词语背后的内在表达效果，这类似于阿尔都塞所提出的症候式阅读。[⑤] 写下所坚信东西的对立面恰恰能做到对真理的保存，

① 〔美〕拉塞尔·雅各比：《不完美的图像——反乌托邦时代的乌托邦思想》，第 169 页。
② 〔美〕拉塞尔·雅各比：《不完美的图像——反乌托邦时代的乌托邦思想》，第 170 页。
③ 参见〔德〕西奥多·阿多诺《否定的辩证法》，张峰译，重庆出版社 1993 年版。
④ 〔美〕拉塞尔·雅各比：《不完美的图像——反乌托邦时代的乌托邦思想》，第 159 页。
⑤ 这种结构主义的马克思主义文本解读方式，通过对书面文本深入阅读后悬置的方式，努力发现和说明文本的各种悖谬、含混、反常、疑难现象，即作品的症候，并以此切入文本的最深层含义，由作家创作的无意识动因，深入挖掘、分析文本创造的生动内核，重新阐释作品深刻复杂的意义。参见〔法〕阿尔都塞、〔法〕艾蒂安·巴里巴尔《读资本论》，李其庆、冯文光译，中央编译出版社 2008 年版。

这就是在令其相互矛盾的状态下掩藏真理，之所以如此，乃是考虑到真理可能遭遇到的压制和暴虐，而丧失了独立自主的思想属性。肖莱姆则激进的认为，保护真理的最好办法则是利用公开的声明直接向不理解真理的受众加以揭示，以此保持并维护真理的安全，这可能是比沉默更奏效的方法。雅各比在一系列梳理后认为，对口头语言的偏爱贯穿于犹太传统之中，口头律法的黑色之光让不成文法或口承传统中不确定的东西，反而获得了生命力，容易完全为人们所理解。

反偶像崇拜尝试尽可能地朝向真实的未来，并接近终极真理，虽然惧怕偶像背后的空无，但仍坚信能达到未来的真谛。任何有价值的思想文化传承，都需借助符号标识的功能与工具手段的作用。在图像化时代开通的反视觉崇拜策略，并由此建立起的反偶像崇拜叙事技巧，正是力图通过有限的谛听，来把握其真正内含的无限超越，在以人自身为立足点的对象有机体内重新生长。由犹太传统引发的"听"的乌托邦希望，将视觉偶像与人保持合适的距离位置，获得通向无形之道一种新的路径。反偶像崇拜所具的价值在历史的长河中许久不能抹去，而被反偶像崇拜思想所批判的图像符号，却在历史的磨砺下渐趋失色。反偶像崇拜在当今时代的演绎，就是为了破除图像这种大众文化中的偶像符码，从而唤醒人自身的存在意义与内在超越性。偶像崇拜这只历史的晴雨表，很大程度上呈现出视觉图像时代的诸种变故。

犹太文化传统中的偶像崇拜或反偶像崇拜之间的分野，主要就是在于是否借助图像来达到信仰的位置。犹太左翼思想家则将现存图像意识形态视作一种偶像崇拜加以批判，雅各比在延续这种反图像文化与意识形态批判的基础上，重新命制不可表现的时代答卷，开始思索不可表现的可能性，而且没有简单移植基督偶像诫命。在世界图像化时代，对过度图像化的偶像批判，作为对现代性问题的一种传统诊断，具有了更为丰富的内涵和阐释可能性。

总的来说，反偶像崇拜是为过度图像化形象化与视觉中心主义、学院化与权力的联盟体制、大众文化与多元文化这三类偶像祛魅，是期冀在打破偶像神话后，对其神秘幻象的摧毁，偶像降格到世俗道德与公众认知之中，不再让公众依附和盲从于世俗偶像，也不再让新式偶像驾驭人们的世俗信仰，使之能够重新进行公共价值选择，以建立起新的健全人格。破除这三大偶像崇拜，绝非意味着可以任意消解价值尺度，而是要从由偶像的桎梏中解放出来，避免在形如上帝编排好的脚本中按部就班演出，无可奈何走向自我放逐。这是一个"祛魅"和"复魅"的过程，旧有的崇拜对象被消减，而新的偶像崇拜在新的文化语境中生成。如今上帝死了，现代偶像不仅仅是活生生的真人形象，而且从形式到内容都趋于多元化，光怪陆离千姿百态。雅各比给了人们一把解读反偶像的钥匙，穿过时空去探寻图像、大众文化、体制权力这些偶像背后潜藏的信息、社会意义和文化价值。

第四章　反偶像崇拜的乌托邦主体构建

知识分子称谓曾闪耀着无尽的光辉，而自第二次世界大战后就进入一种基本属于知识分子凋零的悲惨境遇之中。大型知识分子的时代业已结束，雅各比探讨的以美国为蓝本的公共知识分子，已经化作知识分子光辉传统的一抹余晖。在法国"五月风暴"这一改造社会的失败尝试过后，乌托邦精神逐步走向凋零，而西方左翼知识分子则仍然不曾放弃唤醒乌托邦记忆，雅各比就是其中的代表人物，他不禁感叹自己只属于"最后的知识分子"。他深刻觉察到知识分子的功能日益衰落，而且认识到其功能缺失背后可能出现的身份陷落。

乌托邦的凋零成为左翼内部分裂的轴线，在某种程度上改写了乌托邦思想家们的激进政治面貌。在雅各比看来，左翼力量的自我定位及其政治介入方式都开始发生巨大的变动，他们对于乌托邦精神的时代叙述和政治想象也已不同于以往。这种深刻的政治影响，甚至跃出了传统意义上的思想史逻辑，乌托邦与当代社会政治的关系构成，已然呈现出一种阿尔都塞意义上十分繁杂的结构因果式架构。知识分子也在这种关系的作用下，从时代车轮的重要推动力量，滑向不具鲜明社会群体身份属性的当代身份结构之中。雅各比以大学体制内的局内人身份，以美国政治生活土壤下的知识分子命运为对象，深入研究知识分子界定及异化成因，并深入剖析了美国战后社会文化生活的全景式异化现状。

马尔库塞曾以"乌托邦的终结"为题进行演讲，来回应知识分子对乌托邦主体重塑的关切，雅各比则以乌托邦精神重建为框架，从反偶像崇拜的乌托邦主体构建的角度，探讨当代乌托邦的激进思想如何发展，知识分子如何可能这个命题，并对西方政治文化的异化现状加以批判。乌托邦精神，即当年所谓公共知识分子所独具的左翼精神，在当今社会地位尴尬。在雅各比看来，这正折射出一代人的意识形态冷漠症，执念于强调彼此语境的本质不同。与新一代相比，公共知识分子最大的相异之处正在于研究一种能够为未来期望留足可能空间的乌托邦精神，这种知识分子精神秉持尊重真理且热爱公共生活本身，就算诸如论敌雷蒙·阿隆等富有敌意的乌托邦批判者都表达出敬畏。

第一节　"乌托邦之死"语境下知识分子的社会角色与话语权

　　面对乌托邦之死的当代语境，雅各比由衷地向世人呼号，我们的知识分子到哪儿去了？乌托邦精神建构主体的身份在逐渐褪色，必须要明晰知识分子的进展动向，这一发问已不能作为经验问题对待，而是直接关系到对知识分子价值定义的理解方式。公共知识分子无疑作为这一理解方式的理想模型，将知识分子概念的本源意蕴揭示了出来。关于这一概念的明确表述，最早见于雅各比的《最后的知识分子》一书。

　　在雅各比看来，知识分子是具有波西米亚气质的自由者，希望通过探讨知识分子从公共生活中消失的现象和事实，深入分析知识分子社会影响力日益减弱的原因。他要求知识分子通过各种方式对社会公共事务产生切实的作用，坚持自身的独立性及所具有的批判能力和批判权力，肯定大写的知识分子，反对知识分子局限为某个专业的学者、专家。雅各比对所要求的公共性实践积极回应，与将"公共"作为一种目的或谋生手段的观念相对照，代表了人类智识的各种维度。面对牵涉大部分人命运的课题，对大大超出他们专业限度的问题，应思考如何作出有价值的回应。

一　知识分子社会角色的公共性

　　"知识分子"这一概念不是从来就有的，而是一个历史的范畴，是伴随西方近现代化进程而出现的具有现代意义的概念。知识分子一词初现于19世纪，一般认为其词源学意义来自法语的 Intellectuel，该法文词最先来自法国哲学家欧内斯特·雷南于19世纪40年代创作的一部手稿。而该词的流行则归功于1894年德雷福斯事件，知识分子被指认为具有批判精神与独立品格，勇于追求公平正义，以独特眼光看待政治和权力，能够为真理而献身且无固定外延的社会群体。以左拉为首的法国知识分子身上具有一种超越职业之上的公共关怀，所展现出的惊人勇气和为公平正义而战的决心，让世人为之震撼。知识分子第一次以社会公共舞台上的体制的批判者角色出场，此种价值内涵上后被广为使用。[①] 而另一个来源，最早由俄国文学评论家别林斯基在 1846 年使用，即俄语 ИНТеЛЛИгеНЦИЯ（知识阶层），英译为 Intelligentsia，指代具有良好品行与文化素养，对沙皇俄国政府不满且敢于批判与抨击的精英群体[②]，19 世纪 60 年代由俄国文学评论家弗·博博雷金使用后得以普及。20 世纪初传入日本后，该词被译作知识人或智识阶级。由于该词在历史上的意义流变，导致其成员来源具有一定的模糊性，整体意义结构松散化，而这又反过来加重了这一概念的多义效果，"知识分子的定义多存在自我定义的危险"。[③] 知识分子概念在使用过程中呈现出的多样化，使其时至今日依然未形成公认的界定。中文表述中的知识分子一词，既非对英文词直译，也非直接取自日文汉字，而是演化自 20 世纪 20 年代初中国共产党文献中的"知识阶级分子"一词。西方学者鲍曼所言，该词的创造用意，主要是为了重申并复兴其在社会公共事务中的核心地位。

在雅各比看来，现代社会对发展偏差的矫正，不能没有知识分子力量的参与。在狂热的蓝图派乌托邦主义与近视症间的来回摆荡，致使一部分知识分子好高骛远，不能够冷静面对社会变迁与动荡，形成复杂问题简化处理的极端局面；或者又目光短浅，在公共价值的取舍中故弄玄虚。而在萨义德看来，新兴后进国家知识分子的处境更为艰难，他们缺失一种对自己民族与国家历史的同理心，既无法做到对其保持一定程度上的疏离，又放弃了基本的同情与怜悯。

---

① 法兰西陆军上尉德雷福斯因其犹太人血统的关系遭受诬陷，法国军事法庭在证据并不充分的情况下，"间谍罪"和"叛国罪"判处其无期徒刑并革除军籍。围绕这一事件，法国全社会卷入了一场旷日持久的争论之中，引起一批具有正义感与社会良知的人士，包括左拉、雨果等文人站出来为德雷福斯辩护。1898 年 1 月 13 日，左拉在《曙光报》上发表了致共和国总统的公开信《我控诉……!》，大批作家、艺术家、学者和教师在该宣言书上签了名，这封公开信被法国知识界称为"知识分子的宣言书"，这批为社会正义辩护的人士便被称为"知识分子"。广大知识分子对该事件的介入，使这一冤案得以重审并予以平反。这实际上是一场正义与秩序的冲突，冲突双方一边是握有国家权力的体制，一边是来自各种职业的知识人。参见徐艳《大众文化时代知识分子的当下困境与角色焦虑》，硕士学位论文，浙江师范大学，2005 年。

② 当时的俄国、波兰等欧洲不发达国家，存在一种独特的知识分子类型，他们接受过西方教育，具有西方的知识背景，对封建专制统治有着强烈不满并对现行体制尖锐批判，一开始就以群体形式而不是以个体形式出现，虽来自不同的社会阶层，但却有共通的精神气质，如十二月党人、民粹派等。参见徐艳《大众文化时代知识分子的当下困境与角色焦虑》，硕士学位论文。

③ Shils Edward, ed., *The Intellectuals And Powers And Other Essays*, Chicago: University of Chicago Press, 1972, p. 55.

雅各比秉持了知识分子特有的敏感性，洞穿了美国知识分子群体的变化。在他看来，"纽约文人集群"作为 20 世纪美国作家与批评家的特殊群体，是公共知识分子的典型代表，他们的著述带有强烈的公共性气息，属于绝对的知识权势集团。受西方现代性与后现代性之间话语斗争的深刻影响，作出对知识分子的二分化处理，即将之划分为公共知识分子与专业知识分子。他所言的公共知识分子根源于知识分子群体，是隶属于其中的一个特殊分支，是知识分子群体发展到一定阶段的表现形式之一，是为挽救知识分子乌托邦精神而提出的概念。雅各比进一步加强了复兴乌托邦精神的主体身份，认为他们不仅在于拥有较高的智识，献身于专业工作，而且对社会负有责任感，力求对不符合乌托邦精神价值的社会公共事务展开批判与重建，有能力在现时代起到文化生产的传播作用，并有意愿展现总体性的人文关怀。

雅各比理想中的公共知识分子模型，务必能够有效行使对公众的话语权，也就是在进行抽象理论创造的同时，超越于私利之上，深切关注公共利害问题，且投身社会实践之中达到知行合一的良好状态。他们已不单单是一般意义上的知识分子，而是成为知识分子中的知识分子。知识分子的社会活动，往往介于民众私人生活与国家政治生活之间，之所以称呼其中一类为公共知识分子，乃是他们就是在二者间的公共地带发挥功能作用。其所具的公共性，即面向公众进行的知识行为。[①] 古典西方的知识分子，选择知识或专门技艺来体现思想和追求，但往往又超越于此，以期提升某种崇高的精神境界，弘扬完美的人性风采；而雅各比意义上的知识分子，其实是由各阶层的社会良知共同联合而成的复杂群体结构，知识分子的公共性能够在公共空间的塑造中加以体现，而在随着公共文化生活的不断展开，又反过来进一步触动公共性品质的贯彻。他们不局限于某个单一社会角色，并形成一种超越实体意义的精神文化现象，既不是脱离于社会现实的纯粹评判人，也不是与社会大众阶层断裂的文化精英符号。自由意识和

---

① 关于公共性，当代学者持两类殊途同归的看法。一类类似乔姆斯基的"常识万能论"，将公众理想化为具备天生的判断智慧，属于左派中流行的民粹主义思潮，这催生了伪公共性的泛滥。学者们乐于通过媒体与公众进行交流，只是考虑到交流障碍终将专业知识引入媚俗化、简单化和碎片化。他们认可公众文化价值的同时，并不认可公众具备相应足够的能力，并不是任何草根习性都值得大做文章。他们号召学者应当走出书斋，不要把体制外的东西先天排除。另一类看法则承继了法兰克福学派的精英主义姿态，倾向于认为公众缺乏知识，因此容易被体制所愚弄。要扭转这一局面，便只有靠精英分子代为立言，做好自己范畴内的研究更有效率和意义，自然不用再去公众中浪费时间。这反倒为脱离实践经验的书斋式研究，提供了正当性理由。雅各比则提供了另一种新的思路。

独立人格是其最重要的特征，也就是美国学者萨义德眼中真正的业余者与对权势说真话的人。知识分子作为在社会结构中相对独立的阶层，这种独立性的特权意义，来自对知识的实际掌握，以便其有能力对社会发挥作用或施加影响，既不能等同于知识背景与职业叠加的外在框架，也不能简单以社会理性阶层加以界定，使得评判的标准陷入道德伦理化之中，导致尺度过于主观。

在雅各比看来，公共知识分子是一个充满困难的范畴，不能将之等同于曾在美国社会流行的"公共专家"一词，也就是传媒知识分子，这批人已然变成了形如好莱坞的大众媒体文化的操控者，或者是与公共关系密切往来又在最后被抛弃的牺牲品。公共知识分子必须保持独立性，在此基础上掌握公共话语，并有能力积极执行其公共功能。可以看出，公共话语与独立性是一体两面，光有专业领域的独立操守，还不足以真正拥有专业上的独立品格，只有超越自身的专业属性，参与并运用到公众活动之中，才能进入到对社会事务的独立考察之中，进而获得公共话语以维护自身的合法性。公共知识分子这一社会群体，有人曾将他们比作"牛虻"，他们的行为及其后果的复杂性，很难以用一种框架模式解释。作为一种对于美国学者布卢姆坚持大学是精英主义最后阵地的回应，雅各比同样暗示，作为知识分子特质核心的乌托邦精神，本意在于引导和启发公众。如果说资本体系下的企业化促成了知识阶层的职业化，并催生出文化之所以会沦为消费品的基础，如今根源于泛民主主义所导致的相对主义世界观，则直接限定了真理得以被独立言说的可能，并呈现出由伪公共实践遮蔽交流障碍的现状。由于争夺话语空间所导致的恶性循环，逼迫知识分子无视科学法则与真理价值，从而将获得影响力放到第一位。最直观便是如同电视文化节目那样，将严肃学术成果转化为非专业人士可理解内容的机制。当面对牵涉大部分人命运的课题时，各类工厂技术员般工作的当代知识分子，对大大超出了他们专业限度的问题，作出有价值的回应确实困难但又是绝对必要的，"尽管现代大学的工作条件，尤其是以任期合同为基础的学术自由原则，令知识分子的职业安全且舒适，他们因而能够远离尘世且怡然自得，但是，知识的专门化毕竟导致知识的深度以牺牲其广度为代价"。①

雅各比就泛民主时代公共性已被重新定义而做出的判断，即专业人士已放弃了公共舞台，公共知识分子存在的合法性受到了极大的质疑。随着

---

① 〔美〕理查德·波斯纳：《公共知识分子——衰落之研究》，徐昕译，中国政法大学出版社2002 年版，第 5 页。

当代人的生活主题转向经济活动领域，知识分子就应当从政治语境中相对分离，来建构其自我持存的基本立足点，他们理应明白，目前自身已不再适合继续成为公共文化生活的主导力量。如果从大众的角度看，再也没有人能让知识分子承担鉴别真理与否的重任。"准确地说，他们成为了职业化的怀疑者，对意识形态和乌托邦保持着同样的距离；他们最终并不相信理性和真理。"① 一部分乌托邦精神缺失的知识分子，进入现代知识体系以追求自我生存的完善。在大众思维被平面化文化碎片统治的世俗社会中，知识分子的公共性表达顷刻失去意义。20 世纪 20 年代末，班达就提出了"知识分子的背叛"一说，指出部分知识分子在世界大战中接受法西斯者所鼓吹的"政治激情说"，沦陷为"种族""民族"和"阶级"的奴隶，甚至充当起法西斯的帮凶，与其本应代表的"和平""仁爱"等社会理想背道而驰，而权力、金钱等世俗的政治利益会将这种公共性日益侵蚀掉。20 世纪六七十年代，几乎世界范围内地出现了知识分子秉持的启蒙与救赎乌托邦思想软弱疲乏的情形，"这是资产阶级民主和平等展开的全部内容：一个全部破碎和相互利用的乌托邦。所捍卫的权利是已全部分发的金钱权利；异化的广泛是超出限度的"。② 知识分子群体性地发生转型，迅速撤离社会中心地位退居当代文化的边缘地带，社会批判功能逐渐丧失，不再代表公共理性说话，公共性出现了深刻危机。

　　雅各比无奈认为，当下的左翼学者并不算作典型的公共知识分子。虽然这些人从数量上在新社会运动之后逐渐增加，可他们的行踪也局限在会议厅这样的学院环境，学术眼光缺乏实践，理论研究没有真面公共生活，不能直接联系公众，他们从公众的生活旨趣中缺位，原本热门的公众杂志纷纷黯然无光，被细分的通俗专业性媒体代替。从表面上看，这种左翼知识分子的缺席趋势是不可避免的，甚至可能是一部分公众期望中的。美国的公共知识分子在经历了"五月风暴"之后，也进入到了大学体制，他们参与公共事务的效率与能力同之前相比显得不足，往往只能处于边缘地位。但即便如此，他们还是继承了知识分子特性，能够运用所掌握的专业知识，小心翼翼地利用公共平台来维护社会的公平正义。知识分子应该成为一个知识上自主、独立于其他势力的群体，不惜一切代价地介入公共生活。"知识分子是以再现艺术为业的人，不管那是演说、写作、教学或上电视。而那个行业之所以重要在于那是大众认可的，而且涉及奉献与冒

　　① 〔美〕拉塞尔·雅各比：《乌托邦之死——冷漠时代的政治与文化》，第 162 页。
　　② Russell Jacoby, ed., *Social Amnesia: A Critique of Contemporary Psychology*, pp. 112 –113.

险，勇敢与易遭攻击。"[1] 他们在所开展的专业活动之外，把专业领域的知识予以大众化，又不陷入过度大众文化的陷阱里，并且在赢得大众文化认同的同时，责任又绝非仅仅停留于一种表态，更重要的是对事物进行鞭辟入里的判断和分析。知识分子理应具备的社会公共性功能，要求进行公共性的生产而使其不致流失，这一群体往往成为公共领域发言的代表者和主要表达者，"是具有能力'向（to）'公众以及'为（for）'公众来代表、具现、表明讯息、观点、态度、哲学或意见的个人"。[2] 具备完备知识体系的知识分子对于"公"与"私"的理解是超越性的，他们希望能够同权力系统适当的分离，旨在通过乌托邦精神的构建，建立起一套属于自身身份角色的独立文化系统。他们既是私的代表者，也希望成为公的阐释者，从私走向公的过程是由特殊走向普遍的过程。西方学者阿伦特也将公共性看作带有特殊寓意的公共生活的本质属性，具备某种实在性与公开性的明确指向。[3]

在雅各比看来，捍卫公共话语的自主性，是走向公共生活的必要条件。知识的生产、流通和分配，无形中都受到现存权力秩序的掌握。在科层制的知识专业化体制结构中，虽然他们投身于学院体制后免除了市场的竞争压力，但学术机构纷纷迫使知识分子接受知识生产的工作规范与绩效，"文化生产者在他的特定领域越是没有作为，越是没有名气，就越加需要外界的权力，也就越热衷于寻求外界的权力以抬高自己在本领域的身价"。[4] 如果没有足够的理论素养和道德操守，长此以往就会进入恶性循环，即学者布尔迪厄所言的"日丹诺夫规律"。看似反对权力的知识分子其实不管表面上与权力关系如何，最终都指向权力。雅各比所谓的公共性，根源于知识分子与大众的对立，这就要以公共渠道给予业余大众更多的理性依据。但如今的意见领袖更像是公众赋予他的一个社会角色分工：他之所以能站在这里对大家讲话，是因为大家能听到自己希望听到的东西。"在民主社会里，对于大学来说，对急迫、变化和一时的事物持反对态度，要比全盘接受它们冒的风险更小，因为社会已对这些事物持开放态

---

① 〔美〕爱德华·萨义德：《知识分子论》，第 17—18 页。

② 〔美〕爱德华·萨义德：《知识分子论》，第 16—17 页。

③ 公共性所指涉的既是与公共性中"他者"联系和分离的物质世界，也指向关于此类世界的"共同体想象"。它表现为公开环境中具有差异性视点评判下形成的共同认识，进而巩固维系在人们之间共同存在的意识过程，努力创造一种为所有人认同的理想存在。参见〔法〕汉娜·阿伦特《人的条件》，竺乾收译，上海人民出版社 1999 年版，第 38 页。

④ 〔法〕皮埃尔·布尔迪厄：《自由交流》，桂裕芳译，生活·读书·新知三联书店 1996 年版，第 72 页。

度，它既不监测自己所接受的东西，也没有对旧事物给予足够的尊重。"①雅各比没有武断认定当今的知识分子就此满足于"车间劳作"，再也不对出现在公众面前表达出兴趣。与此相反，随着媒体极大程度影响公众，知识分子面向公众的沟通渠道越发完善，促成其行为的动力变得强大。媒体需要借助专业人士作为观点合理性的支撑，而教授们自然也乐得借此扩大影响，在学术地位与经济效益上都更进一步。雅各比更倾向于将知识分子公共性这般实现，视作一种低俗的谄媚和顺从，与其说它是公共性质的，莫若坦率承认自己的市场目的。

可以看出，在雅各比那里，不断寻求明晰知识分子存在的合法性。知识分子作为乌托邦精神的核心建构主体，其功能和社会角色不是一成不变的，其演变过程取决于社会自身发展，不能仅仅从知识分子的生存空间进行内部改造。知识分子既不是单纯作为伦理意义主体的道德人，也不能简单归结于某一特定社会集团，也并非完全超然于权力结构之外的异乡人。当社会需要知识分子的社会角色与功能发生转变，也不意味着要放弃知识分子的精神气质，不意味着取消明确的自我认同，而仍应不断追寻乌托邦精神的人文价值，发出具有批判性与真理性的独立声音。

二　知识分子公共性危机成因

第二次世界大战后经济的快速复苏，新自由主义在专门学术领域也蔓延开来，随着媒体知识分子也开始出场，知识分子的话语运作慢慢沦为了不同商业集团的话筒，沙龙和咖啡馆等波西米亚精神家园，转向体制内狭隘知识分工的专门学术机构。与权力结盟的高等教育体系，极力垄断知识分子的话语空间，被改造成专门家的知识分子致力写出的学术文本，已无须对公共生活负责，也无须照顾公众的智识与阅读情绪，似乎写出业内人士才读得懂的晦涩著作，才能证明其职业身份话语的独特性。"后马克思主义工作继续在大学中传播，但只有在同一个小的、智力上相亲相爱的群体中，使用深奥和疏远的语言，这一方法有效地阻碍了实际的政治行动。"②雅各比察觉出美国社会正出现被忽略却不容小觑的大问题，即美国文化正日益面临着一种缺失，这种缺失主要是美国年轻知识分子公共话语的缺失，他们渐渐以漠不关心的冷淡方式对待公共生活。他感到十分恐

---

① 〔美〕艾伦·布卢姆：《美国精神的封闭》，第 208 页。

② Goffman, Ethan, "The New York Intellectuals And Beyond Editor's Introduction", *West Lafayette*, Vol. 21, Iss. 3, Spring 2003, p. 1.

慌，觉得非常必要能引起人们对知识分子现状的关注。

20世纪40年代或之后出生的美国一代，几乎群体性地消失在现代性的大学校园里。而在20世纪20年代左右出生，如艾尔弗雷德·卡津、丹尼尔·贝尔、欧文·豪等则成为美国最后的公共知识分子。现代资本主义社会的发展，使得公共文化与公共生活越发贫乏，而这又促成与加剧了这一群体的逐步衰落。随着大学的全面普及化，他们又被科学家、专家、大学教授等专门人士取代，沦落为一种为专业写作者。知识分子的公共性被解构，这一群体的独特身份在消亡，而这又反过来加速了公共文化生活的衰落。为什么会出现如此令人尴尬的局面？雅各比进行了深入细致地反思，"有两项或许能解释消逝的一代知识分子：第一，受聘于大公司的人数不断增长，取代了独立的商人、工人和手工艺者；第二，第二次世界大战后高等教育的'大爆炸'，这些潮流使知识分子独立性转向了依赖性，并放弃了自由撰稿人，转向在学院里作付酬的教学工作"。① 一些后现代学者认为，现实世界并非由虚幻的意识形态构筑出来的，也并未被现行体制完全分隔开来，也没有被后现代元素攻击的一地碎片，在存在于资本和权力以外且没有绝对中心的话语力量中，知识分子获得了公共性，促成普遍的公共性空间的形成。

在雅各比看来，后现代的话语模式，全面拆解知识分子总体性，在现代社会异化体制下，将其零散化为专业知识分子的情势下，应恢复知识分子的公共批判维度。在前现代社会里，宗教、政治、经济和知识分子的生活之间的关系十分密切，文化的界限非常模糊，知识分子有着令人敬畏的文化权威和社会影响力。在近代社会中，伴随着现代化的加快推进，社会职能分工的不断演进，知识分子占据了整个社会的中心位置，产生强烈的文化英雄体验，作为西方现代化进程的引领者与社会变革的急先锋出现，进一步通过现代化进程走向社会政治前台。知识作为无数文化活动的凝结物，而其中所包含的每一类型的文化活动都有历史的见证者，会生产出扮演这些角色的社会群体，知识已成为他们进入社会主流的敲门砖。然而，有知识绝不是作为知识分子的充分条件。在雅各比那里，有担当的知识分子应重新建立起符合自身形象的精神样式，通过对社会问题的理性反思与深入批判，较为全面地把握现代性的困境。知识分子应当遵循既有的学术传统与规范，并依托学术知识生产中内生的批判工具，给出对于社会事务的建议与阐释。知识分子致力于乌托邦精神重建的目标，但又受到工具理

---

① 〔美〕拉塞尔·雅各比：《最后的知识分子》，第10页。

性技术与意识形态的限制。他们正成为物质商业利益的婢女，具有批判话语元素的乌托邦理想被世俗的市场与权力标准唾弃，既有的知识分子文化秩序逐渐分裂为公共知识分子与专业知识分子两个对立群体。① 公共知识分子的作用在备受指责的同时，其地位则以另外一种形式得以巩固，正日益成为一个新的阶级和强大的群体。他们力争其群体所代表的行动取得成果，并力图找到理论依据使其合法化，依据自身的方法论原则自由进行乌托邦精神重建的探索，他们同时是事实的发现者与问题的归纳者。这些知识分子作为富有策略的行动者参与政治生活，不仅继续开展智力工作，而且为大众提供一种与日常生活认知所不同的认同观念。雅各比认为，知识分子群体性地发生公共性危机，绝不可能是由某个单一的因素引发的，而是众多因素共同作用的结果。

第一，市场经济因素。经历了第一次世界大战和第二次世界大战后，世界各国都纷纷把精力转移到集中发展经济方面。截至 20 世纪六七十年代，世界经济得到了全面地复兴与发展。市场就其本性而言，对知识的美德是中性的。然而，由于市场经济的本质属性，在于通过相互竞争而获得最可能大的利润，为了在竞争中处于有利地位，采取专业化形式来追求更高效率。当市场经济的专业化，渗透并应用到文化领域，势必影响着文化的生产和传播。对文化的发展带来了负面的效果。中国学者郑也夫也认识到文化领域专业化存在两个致命缺陷，"一是社会高度的专业化限制了当代知识分子的眼界，使他们缺乏一种对于社会总体的关注。二是专业化削弱了当代知识分子的社会责任感和道德强度"。② 市场经济的专业化趋势，深刻影响了知识分子的价值取向，促使知识分子云集般钻入蜂窝状的专业领域，专心钻研和经营专业知识，渐渐丧失对社会、对民众的公共关怀情愫，群体性地背离进而抛弃历史所赋予的历史使命。

第二，后现代社会因素。20 世纪六七十年代，后现代主义波及欧美，这一思潮不仅质疑传统形而上学的一系列经典概念，还对社会发展的普遍进步立场表示怀疑，对任何意义上的终极性价值都加以否定，对单一的理

① 布尔迪厄认为，知识分子是一种既是纯文化的，又是入世的悖论或二维的存在，自主和入世之间存在的二律背反中仍有可能同时得到发展。文化生产者要想成为一个知识分子需满足两个条件："第一，他们必须从属于一个知识上自主的、独立于宗教、政治、经济或者其他方面的场域，并遵守这个场域的特定法则；第二，在超出他们知识领域的专业活动中，他们必须展示这个领域的专门知识和权威。他们必须做专职的文化生产者而不是政客。"参见〔法〕布尔迪厄《倡导普遍性的法团主义：现代世界中知识分子的角色》，赵晓力译，载《学术思想评论》第 6 辑，辽宁大学出版社 1996 年版，第 173 页。

② 郑也夫：《知识分子研究》，中国青年出版社 2004 年版，第 89 页。

论叙事进行解构。后现代性的叙事逻辑，在于取消统一坚实的世界基础，而是依托在诸多断裂的文化符号链接之上。① 后现代社会极大阻碍了公共知识分子的思想进步，解构了左翼知识分子群体固有的乌托邦理想话语，对西方马克思主义传承下来的希望社会结构形成了致命性的颠覆，后现代的元话语构筑起来的，又是追求极大物欲与消费体验的社会模式。知识分子的公共性在其中被架空，物化的社会装置通过刺激他们感官需求，不断地在世俗化的感官体验里，完成对公共知识分子批判与思考天性的遮蔽，往往基于松散的碎片的知识基础，回到所谓的事件本身来获得一定的社会关注，不再找寻事情本身的发展规律。

　　第三，文化环境的变化。文化和资本在一种社会异化状态下缔结为孪生子，文化变成了资本的普遍化，成了被用作达到可销售效用的生产对象。城市边缘空间的逐渐衰败，极大地收窄了知识分子的文化生活空间。处于城市边缘的咖啡屋，本是他们最为热衷的交流平台，逐渐这里变成了无家可归的文学家、艺术家和科学家们的沙龙，他们依托这一平台来卸载文明的重负，放下工作与常规生活。一批远离城市中心且不能自如顺应现代社会生活的人群，往往通过这一场所来发声，集中于此来感怀宣泄、放浪形骸、张扬个性。而这一精神圣地则在市场化与商业文明的侵袭下让位于其他消费场所，使新一代知识分子的生活顿时黯然失色。消费主义浪潮席卷而来之际，原有的精神避难所诸如纽约的格林威治村快速消亡。这些波西米亚式的生活中心地带，被资本侵占被迫割让给了房地产商，廉价租金与实惠餐馆也不复存在，知识分子便被挤压到没有了立足之地，相对集中的群体逐渐离散开去，在传统之外寻求到的属于文化人的生活方式被打破，再想获得新生活方式的可能性大大降低，知识分子的孤独不安情绪蔓延开来，文化生活空间的重建陷入孤立无援的境地。

　　第四，公众的变化。雅各比认为，公众已成为民众，受众的消失导致知识分子的失语。社会公众受功利化观念的驱使，欣赏趣味产生很大的转向，思想观念由激进的革命倾向转向机械复制的大众文化，抢购革命小册子的场面不再，公共生活中的听众离散开来，演讲者也只能谢幕。"惟有

---

① 利奥塔意识到自己理论的缺陷，认为后现代并不是一个新的时代，而是包含在现代之中的，现代性本身也不断地孕育着它的后现代性，后现代而是对现代性的重写。后现代是对现代的强化，后现代中有着强烈的现代气息，而不是与现代完全割裂的。参见〔法〕让·弗朗索瓦·利奥塔《后现代状态——关于知识的报告》，车瑾山译，生活·读书·新知三联书店 1997 年版。

表示物的词语已经被发现之际物才是一物。"① 由于新一代美国学者们大多止步于所属专业领域，走出行业边界之外则已看不到社会影响力，导致公众无法真正理解真理与权力的关系，不再跟随知识分子坚信并承诺关于未来规划发展的目标，不再理会无法获取实质性利益的思考方式，不再跟随在其后追求对形而上学的传统思考。知识分子的关怀话语被阻断而无法言说，只剩下公共性的话语资本，公众对社会隐蔽的权力关系熟视无睹、毫不在意，进而让这一群体销声匿迹、无人知晓。在雅各比看来，美国学者米尔斯早已发现知识分子和公众的关系发生了本质改变，由亲密到疏远甚至再也不存在，这是由于公众本身也不再存在。而公众发现他们是被控制的对象后，就会越来越不希望知识分子介入重大社会问题。

第五，自身因素。雅各比认为，严肃书籍、杂志和报纸的公众并未全部走散，还有一部分铁杆支持者，知识分子的消失更需归于自身因素。20世纪60年代，这一群体内部便出现了较为明显的分化。法国学者福柯也认为知识分子已被时代涤荡为一种在专业领域里奔走的"专门家"，他们只从专业位置思考问题，故步自封运用老套的方式方法开展社会分析。昔日的大学教授是游荡于社会中的环境不适者，今天的教授们却发生着急速的思想蜕变，他们宁愿不再享有时弊针砭者的独立身份，也要主动追逐社会目光与大众媒介的认可。知识分子受到极端功利主义等资产阶级道德伦理的制约，加之国家权力的渗透因素，导致他们主动屈从于现存知识体制的保障，作为文化霸权的组成部分而存在，从而导致其自由漂浮者的形象减退，为社会大众所诟病。市场经济和后现代社会主要是从外部瓦解知识分子原有的基础，强行把知识分子改造成服从分工日益细化的技术型专家；福柯等人又从内部分化知识分子群体，促使大部分的知识分子自甘堕入知识体制和国家体制的控制，转变为体制内的学者或某一知识领域的专家。

可见，知识分子公共性的丧失是一个隐蔽的、无声无息地演变过程，如果缺乏足够细致观察和敏锐的洞穿力，不可能轻易地察觉出来。真正的知识分子不仅应当作为一种事实判断的身份存在，更应该作为一种道德价值判断的身份而存在。知识不应停留并拘囿于对客观世界存在的洞悉和探索，更应具备道德效用与道德属性，只有在这种条件下，知识分子才可以实现从事实领域介入价值领域，拥有作为乌托邦精神建构主体的存在价

---

① 〔德〕马丁·海德格尔：《通往语言的途中》，孙周兴译，商务印书馆2004年版，第152页。

值，进而被当作"社会的良心"，作为社会良知的公共价值守护者。公共知识分子以自己的知识对社会分工所导致的公共问题作出解答，不再是仅立足于专业对一般社会问题有所关注和解释，超越了所在学术领域对当代乌托邦精神建构等社会事务的激辩讨论。

三 乌托邦精神视野下的知识分子社会角色

知识分子以何种身份来向权势讲真话？知识分子的社会角色，被雅各比看作是知识权力和话语的统一体。西方社会实践模式的转换，也意味着知识话语的时代转换。现代性的救赎话语，在资本主义的异化条件下形同失效。古典知识分子与后现代意义上的专家，二者在社会角色上形成鲜明对照。前者渴望乌托邦的救赎，而后者则是对乌托邦精神的解构与抛弃。学者鲍曼认为，即便在由"现代性"向"后现代性"转变的过程中，知识分子的功能也在发生质变，从立法者倒向了阐释者。

知识分子自身角色的消亡现状，是受到了其话语权渐行消失的影响，这种指向外在受众的话语权力，旨在揭示出欧美第二次世界大战以后知识界渴求复归的乌托邦精神内涵的根源。在现代社会中，知识分子往往是宏大叙事的承担者，而随着宏大叙事的解体，后现代时期的知识碎片化与市场化，使得利奥塔笔下的关于知识分子的普遍主义神话破灭。"取代它的口号和言论，是作为使得空虚和思想麻木不断泛起的社会。不仅是社会，包括它的反对势力在历史上挥之不去的幽灵，已经失去了他们的记忆和思想。"① 知识分子最初的公共事务讨论是小范围的，而随之公众经由教育途径对知识的获取，远离公众舆论进行知识分子的角色扮演，几乎是行不通的。他们需要投身到公众中间，通过与之展开沟通对话与自由辩论来获得身份认同，而不是在一切公共事务上运用理性。只有打破国家对于个体控制，摆脱对于现行体制的依附，知识分子作为"社会的良心"才能重新出现，在形成比较开放的公共社会这一前提下，知识分子才有可能真正获得独立，才能够参与到公共社会事件当中去。

美国学者弗里·C. 戈德法布曾质问，知识分子的角色是培育公共场合的文明，还是力促对常识的颠覆。雅各比的答案不是绝对一元的，在他看来，知识分子的社会角色不是孤立存在的，而是与其他角色相互联系发生作用的，而本身的多重角色又随即生发出更多的社会联系，也就形成了社

---

① Russell Jacoby, ed., *Social Amnesia: A Critique of Contemporary Psychology*, p. 115.

会学中常言的"角色集"。① 作为事实属性与价值属性的统一体，他们在面对不合理、不公正之时，理所当然要运用所掌握的知识，通过使用知识符号的能力来加以抗争、论证与批判。这种正义守护的身份，不仅仅是结构实体，而一般是通过社会冲突和集体斗争的中介形成的。"自我和相互的肯定和确认，使得很久以前失去人性的经验修复。个体受到商品的蛊惑而变成另外一个人……独特的主观性追求确证了它的衰落。它判断一个社会产物作为一个私人的困境或是乌托邦，是取决于不是和社会驱动力对抗而是融入它。"② 社会身份和知识分子身份既不相同，也不固定。知识分子角色由知识场域内部到公共领域话语权的转变过程是极其复杂的，揭示了知识分子由传统的社会边缘走向中心，在乌托邦凋零后又再次边缘化的命运遭际。在雅各比看来，乌托邦精神视野下的知识分子社会角色变迁呈现出如下特点：

第一，当乌托邦精神凋零之时，知识分子作为公共立法者的角色被蚕食，其政治身份的标签也随即模糊，原先带有的鲜明意识形态特征越发淡化，角色进入一种多元分野的专业局面。真正的知识分子本质上是业余的，他们的工作动力来自本真的兴趣使然。当前知识界的核心词或许已从"精英"与"责任"退化为"功利主义"，"功利主义不仅仅妨碍生活，它还通过将理性缩水为评价性选择而支持顺从"。③ 如今局面的形成乃是放弃针对整体现实的理性与努力的结果，也是由对技巧大加推崇而逃避责任的行为模式所造就。通常被知识分子史专家归类为完全意义上的右派的阿隆，通过他的自传得知他的如此境遇是出于一贯明确坚持的是非态度，每次做出判断时忠于本身的理性思考。阿隆常表示自己某些方面其实与一些真正的左派有着共同感受，并暗示了那些善用"宁要……不要……"或"只要……就可以"句式的知识人，已抛却知识分子身份所要求的行为底线。这样的态度可能被归罪为"洋溢的精英主义"意识，但与当前那些对整体意义上的公众卑躬屈膝，却在面对个体大众上毫无顾忌地展露厌恶与鄙夷之情的"精英"相比，雅各比事实上代表了这一阶层存在的意义。知识分子不是某种既作为传统价值理想的守护者，而是成为人之为人的意义践行人，既成为远离利益和政治的独立思考者，又必须保持对于社会事务的普遍性关注。西方学者从知识分子对权力的热衷和依赖、对民主的盲从

① 〔美〕戴维·波普诺：《社会学》，李强译，中国人民大学出版社 2003 年版，第 128 页。
② Russell Jacoby, ed., *Social Amnesia: A Critique of Contemporary Psychology*, pp. 105 – 106.
③ 〔美〕拉塞尔·雅各比：《乌托邦之死——冷漠时代的政治与文化》，第 272 页。

和纵容、在现代化中的异化和没落等方面展开批判，认为知识分子一只脚站在阶级制度里，但另一只脚却搁在一种更抽象更普遍的社会交往形式中。"看到的只是一个让坏变得更坏的瞬间：没有理论替代精英理论，威胁人类的是那些非人道的支离破碎的关系。辩证的路径在别处。"① 历史上的知识分子与权力的关系，貌似是相对分离的，可其真实命运却与权力话语联系在一起，这种关联性甚至是与生俱来的，"比以前表达得更直截了当、清楚明白，而不再含蓄暧昧"。② 雅各比认为，由于发达资本主义的价值观念充斥在社会生活的每个角落，全社会的伦理价值都开始变换风向标，知识界旧的文化观念遭遇重挫，却尚未产生新的文化价值规范，这进一步导致知识分子阵营的分化，不得不在跻身世俗实利、追逐资本欲望或是坚守自我价值、保持高风亮节的两难抉择里犹豫徘徊。在现代性的世俗诱惑面前，一批知识分子认可了发达资本主义社会固有的价值体系，逐步丧失了知识分子的主体性。虽然有些对市场经济的游戏规则并不完全认同，或持质疑态度，但又表现在接纳时的犹豫与拒绝的不甘，对自己身份确认仍需要一个漫长过程。任一社会里的知识分子，可以凭靠的即掌握的公共知识，而一旦游走在公众和公权之间，其公共领域的纯粹性就会瓦解，原先所建立起的权威性便荡然无存。西方世界的知识分子已被边缘化，同时也自我边缘化，所具的社会角色被现实政治扭曲，以致他们在公共领域的不在场。

第二，面临知识分子与权力的脱离，现存体制使得知识分子自动介入文化资本市场之中，知识分子的人文精神渐趋失落。现行体制的权力运作，使得知识分子在被权力压制与保护的双重困境中，失去了原本拥有的自由精神空间。这种隐蔽的控制模式导向功利主义的价值系统，形成一种无法逃脱的权力怪圈，严重侵蚀了知识分子的乌托邦想象能力与创造能力。"仍在行政控制模式的制约与市场经济力量的推动的相互作用中生存。"③ 在雅各比看来，这一力量依旧被体制所制约，导致知识分子内部出现了知识结构的分野与社会关系的矛盾，公共领域难以继续作为独立的市民社会文化体系，市民社会结构的变化引起公共领域走向塌陷，无法构建起当下世界的完整意义，也无法有效形成自主的文化场域。公共场域发生

---

① Russell Jacoby, ed., *Social Amnesia: A Critique of Contemporary Psychology*, p. 116.

② 〔英〕齐格蒙特·鲍曼：《立法者与阐释者——论现代性、后现代性与知识分子》，洪涛译，上海人民出版社 2000 年版，第 139 页。

③ 〔美〕菲利普·G. 阿特巴赫：《失落的精神家园》，施晓光等译，中国海洋大学出版社 2006 年版，第 92 页。

了深刻变迁，"公""私"不再分明，公共领域的特性功能也就发生了变化。商业化消费的启动导致公共空间的收缩，在这种外部环境干预下，不但无法给予公共知识分子乌托邦想象，反而收回了其本应拥有的公共话语权力，他们一旦被迫选择躲进象牙塔沉浮挣扎，统一的知识界也就荡然无存。

雅各比针对美国资本主义的飞速发展认为，现代商品社会在市场作用下无形的权力之手，决定着知识分子的命运走向。他们具有相对独立的人格，在社会上有流动的自由、选择职业的自由及独立思想的自由，可以在相对于私人领域而言的公共领域，即由私人集合而成的公共空间或公共生活结构里自由发表言论。知识分子作为借助公众舆论施加社会影响的主体，公共领域由此具有调节国家和社会的政治功能。他们主要针对公共权力和公共生活中的事物发言，便具有了公共性特征，从而与大众、社会、甚至与整个国家的政治经济体制发生联系，"知识"也旋即变成一种权力，他们的声音相应成为大众意志的一种表达，进而超越个人利益为公共利益而战。更高意义上的人类理性要求知识分子超越私利的局限，为处于劣势的大众争取正当利益。公共权力的本质在于超越个人，管理公众的公共事物，然而在国家出现以后，便作为政治现象并以制度的形式加以明确。"统治者一般把别人看做实现自己意志的奴仆与工具，而被统治者则畏惧他们的权力，安于历史给定的命运。"[1] 在雅各比看来，当新一代知识分子以学者、专家等身份重登历史舞台，知识分子话语权被身后的权力之手操控，面临现行体制的顽固挤压，面对这种外在的硬性权力挑战甚至出现了集体失语，连其保有的人文情怀也消解了存在的依据。为了维持生存他们只能改变生存策略，向权力妥协甚至选择同权力融为一体。一旦他们选择将知识转化为权力，公众的行为习惯与思维方式也处于摇摆不定的状态，弱势公众为争取权力似乎也乐意如此。虽然看上去知识分子暂时逃脱权力的局限，与公众保持一种外表上的和谐，而实际上在此中的所有人都成了话语权控制的对象。大众传媒与商业集团的利益结合，他们不惜利用各自的话语权力，迫使知识分子群体以变更话语内容的方式对公众施加影响。

第三，现代知识分子在扮演其角色时，必然要把关注点投射在广泛的公众身上，身份最终也将在公众中得以确认。随着思想启蒙带来的知识普及化，形成了对知识分子作用的质疑声浪，尤其是"五月风暴"之后的公共知识分子消散，社会舆论开始对这一群体公开抨击，反智主义逐渐成为

---

① 〔法〕皮埃尔·布尔迪厄：《文化资本：社会炼金术——布尔迪厄访谈录》，第94页。

一股潮流。冷战时期这种风潮更甚，左翼知识分子被认定为一种政治极端身份。美国学者熊彼特等人就将之看作是对现行体制的认为其要背负起极权主义兴起的历史罪名。"批判精神和不受束缚永远是他的标志，因此说他总是在一个社会中但又不属于这个社会，一定程度的脱离正是知识分子角色的先决条件。"① 这就使之不得不面对一种如学者萨义德所言的，与新旧环境若即若离的流亡者心态。在欧美异化的舆论导向下，知识分子被塑造成世界公民形象，似乎需要背负一切历史责任与义务，这无疑会加深其对自身角色的背叛。大众对未来生活的向往，对现时代诸种问题的疑难困惑，帮助知识分子在答疑解惑、批判引导过程中获得了社会良心的身份地位，这种身份在大众的认可与接受下，才进一步得到认同。然而进入后现代主义者的视野，知识分子不再具有原初意义上的公共属性，这就使得他们对体制的批判，也受到非主流社会推崇。"他们把自己等同于被赋予普遍价值的主体，并从这个角度分析形势，开出处方。"② 雅各比认为，知识分子的传统地位被解构，不再作为宏大元叙事的承担者角色，这一被外界所赋予的普遍主体，真理代言人的神圣光环不再，从思想导师变成了常态化的普通人身份，原有的作为业余者的精英，转化为简单零碎地从事专门性事务的技术工，几乎对社会事务的重大问题选择弃权，对琐碎事务却报以热情，其所具的价值引起了怀疑危机。当知识分子遇到政治时，如何履行知识人的社会角色是整个社会共同关心的问题。知识分子拥有与众不同的话语权，但其与其他社会群体之间的关系又极其复杂。可以说，单个公共知识分子角色的扮演，更是在政治强权打压、公众的误解冷落、大众传媒介受众的争夺，专业知识分子同行的打压中困难重重，其整体命运往往是与乌托邦的衰落相一致的。乌托邦话语权赋予知识分子以主体力量，但也在一定程度上导致了这一角色走向衰亡。

雅各比在进一步察觉到知识分子冷漠与世俗的姿态之后，认为所呈现出的是知识分子与权力的复杂纠葛。受大众弱智化与消费文化的双重夹击，话语权的行使过程遭遇严重阻碍，话语权背后的乌托邦精神涉及的是人类整体利益的复杂性，加之外在政治因素的干预与控制，要被有限的受众接受认可不是轻而易举的，公众无法真正把握其话语权表达内容的能力。权力也使其进入体制内获得了一系列的既得利益，即便他们没有选择

---

① 〔美〕刘易斯·科塞:《理念人——一项社会学的考察》，郭方译，中央编译出版社 2001 年版，第 392 页。

② 〔法〕让·弗朗索瓦·利奥塔:《后现代性与公正游戏——利奥塔访谈录、书信录》，谈瀛洲译，上海人民出版社 1997 年版，第 116 页。

直接进入统治层，也在权力面前变得摇摆与式微，进而完全放弃公共性的坚守而化为政治权力维护者与代言人。"后马克思主义工作继续在大学中传播，但只有在同一个小的、智力上相亲相爱的群体中，使用深奥和疏远的语言，这一方法有效地阻碍了实际的政治行动。"① 知识分子在建立制定政治生活规则和标准过程中的作用很大，他们往往希望把历史解释好，以期政治问题能迎刃而解，引导公众辩论和影响政策的制定。特定的社会参与有知识分子的个人利益掺杂其中，实际上就意味着要选取某种特定的政治立场。"包含书籍、文章、杂志、讲座、公共讨论，或许还有大学授课在内的知识分子生活，显然从属于市场和政治势力，但不能缩减为仅是市场和政治势力。"② 舆论不能成为公众利益的根据，公众往往依赖那些被人操纵的成规的虚假信息，无法作出明智、正确的选择，这助长了政治家具有能用简单方法让公众能够理解和支持问题的能力，而不是要具备处理当今错综复杂的问题的能力。他们倾向于技术专家治国论，在科学的权威中找到解决"民主"公众生活的办法，一旦不能厘清公共权力的边界，对公共事务的讨论就会进入强制规则的干预之中，被看作一种对参与讨论者个体的攻击，造成"公共愈多，智识愈少"，使问题变得更加复杂。"在各种可能出现，而不少正在日益恶化的问题未至不可收拾之前，摆在人类面前的挑战，便是如何令知识的增长能真正为人类的长远利益和福祉服务，如何令追求和发展知识的活动，可以同时发展出足够的自我反省能力。"③ 雅各比认为知识分子争取自主性的斗争，是复杂而坚定的。

首先，知识分子自主性的争取，靠的是反抗学院化与专业化体制的斗争。在同机构与代理人的博弈中，不屈从于学院外部的各种经济、政治与意识形态势力，要超越一般的现实或技术层面看问题。他们在学院内部，应制定一种具有自主性的自我立法规范，平等有序的对话中不掺和非公共性的话语元素。公共空间往往是充满竞争的，一旦选择退出而非主动介入的话，自我赋予知识分子身份的权威者就会活跃起来。而技术专家也缺乏超越的乌托邦眼光，在技术思维的影响下，没有明确的价值判断能力，这就使得学术积累的成果逐渐变质，"那些已变得不堪卒读的公式报式的学术论著，通过感谢同行和知名人士来加以粉饰。当然，晦涩的学术论文写

---

① Goffman, Ethan, "The New York Intellectuals And Beyond Editor's Introduction", p. 1.
② 〔美〕拉塞尔·雅各比：《最后的知识分子》，第3页。
③ 〔美〕伊曼纽·华勒斯坦：《学科·知识·权力》，刘健芝译，生活·读书·新知三联书店1999年版，第1页。

作已经不是新鲜事了，问题是它发展到了怎样的程度"。① 知识分子的介入带有鲜明的价值取向，他们对于公共性话语的建构，往往是理性的、批判的与反思的。一般民众虽然也会介入公共生活，但难以将自身的视野置于广阔的社会情境，而公共知识分子则能清晰解读公共生活的内在价值，解蔽自由和理念的内在规定，使专业视角转化为公共领域的权威。不像很多知识人士往往运用社会公信度，在不熟悉地非专业领域发声，对社会事务的建议往往误导公众。

其次，公共知识分子乌托邦精神的实现，主要是通过话语达到自身对社会启蒙的权力。之所以相对于公众而言，他们具有更深远影响力的话语权，主要是其作为实践活动出场的背后，传达的是一种真理与正义的乌托邦精神话语。知识分子本应以虚无主义和犬儒主义为敌，通过话语工具和载体揭示出隐蔽的真理，并能够为之进行批判与辩护，表征了这一群体的公共性特征。② 身处现代性危机中的他们，面对着传统意义上的这一特殊群体逐渐专家化的现象，需要通过文字图示等一系列符号系统来达到话语权也就是话语霸权的实现。知识分子一旦形诸文字发表即拥有了公共话语权力，也就意味着处于公共领域。③ 知识分子作为公众人物，必然对公众产生某种影响，他们通过依靠话语组织的力量试图改变公众的思想观念，以实际的介入政治的批评活动向权力说真话。他们从捍卫公共话语的自主性入手介入社会事务，这就需要吸引知识分子来构建公共空间，通过文化资本和社会资本的结合，实现话语表达的公共性需要。正是公共知识分子对普遍真理的寻求，才使得知识分子通过话语权组织起来的社会活动，不得不与其他群体结成联盟，以此来维护公共性的生产。"当知识分子的生活被重新塑造的时候，知识分子的精神也被重铸了。"④ 美国学者萨义德主张知识分子群体以业余者的身份来批判社会，然而现实情况又没有多少知

---

① 〔美〕拉塞尔·雅各比：《最后的知识分子》，第 15 页。

② 正如海德格尔所说，语言的本质是说话—有声的表达，是人类心灵运动的活动传达，是对现实和非现实的东西的表象和再现。"语言是存在之家，是解蔽真理的通道。"参见〔德〕马丁·海德格尔《通往语言的途中》，第 3—5 页。

③ 福柯把话语权解释为话语的权力，权力话语在于话语最终具有的支配的力量—话语权力，侧重于话语权力的来源分析即外在权力。权力生成话语，话语由符号组成，对符号意义的阐释涉及权力冲突。作为载体的话语是一种权力关系，研究话语就是研究权力的策略与机制及其得以实施的手段，主要是"话语"的运作即权力话语符号所制造的世界与真实世界的交织，"话语权力指话语中蕴含的强制力量或支配力量。"参见〔法〕米歇尔·福柯《规训与惩罚》，刘北城等译，生活·读书·新知三联书店 1999 年版，第 112 页。

④ 〔美〕拉塞尔·雅各比：《最后的知识分子》，第 11 页。

识分子能够从意识形态统治的夹缝中挣脱出来，建立起专属的公共空间，以对抗当代知识社会的权力藩篱。传统的公共知识分子虽然渐趋衰落，但公共领域讨论的专业权威不应当被解构掉，仍应当作为参与公共讨论的重要话语来源，具有独立性的知识分子，其原始意义上的理念形象依托于话语权的自主性，随着他们介入社会政治，又受到外在于知识的意识形态话语的广泛影响，此时乌托邦精神与政治关联的复杂性呈现出来，使得公共知识分子在整体话语的废墟上，具有重获新生的可能性。"将乌托邦的激情和现实的政治联系起来不仅是一门艺术，而且很有必要。随着政治选择方案的日益狭隘化，要做到这一点也许变得比以往更加困难了。"① 而还有一种可能性，则是教授和学者变成完全受雇的知识分子，他们与体制之间形成一种稳定的关系，从向权力说真话变为替体制说真话。公共知识分子不相信历史的宿命，以乌托邦精神来控诉现存社会结构的荒谬，通过疏远权力拒斥某种精神的强暴与奴役。他们把真理与谬误无条件地放在一些利益冲突之上，不允许知识成为党派斗争的工具。"挑战、探索、正视和瓦解——也就是说，构成对权力结构的一种重要的意识形态反抗力。"② 不可否认的是，知识分子的主流已经不再是公共知识分子群体，而是属于意识形态言说者或技术顾问，传统社会中的公共知识分子开始淡出社会，技术领域成为知识分子新的舞台，参与公共活动的减少也成为民主实践的一大威胁。

再次，公共知识分子与现行社会体制这种矛盾关系，使得其话语权的行使往往处于孤寂与结盟的相互交织之中。西方现行的知识分子力量，与如今的社会结构之间相辅相成，构成一种多元互动的有机整体。知识分子直接投身体制之内下的社会结构，要求其参与社会角色分工的同时，由专家转化为关注公共性问题的乌托邦精神重建主体。③ 而社会生活方式与社会体制的巨变导致了公共文化的困境，知识分子的乌托邦精神也逐步淡化。知识分子群体/阶层逐渐被塑造成了文化资本的所有者，但他们的文化价值却被阻抑或被遗忘。雅各比认为，葛兰西意义上的"有机知识分子"在社会中充任的是意识形态传播与生产者的角色，引导大众进入到对

---

① 〔美〕拉塞尔·雅各比：《不完美的图像——反乌托邦时代的乌托邦思想》，第 196 页。

② 〔美〕卡尔·博格斯：《知识分子与现代性的危机》，第 226 页。

③ 所谓公共性有三方面含义："第一是面向公众发言的；第二是为了公众而思考的，即从公共立场和公共利益，而非从私人立场、个人利益出发；第三是所涉及的通常是公共社会中的公共事务或重大问题。"许纪霖：《公共性与公共知识分子》，江苏人民出版社 2003 年版，第 49 页。

某种社会秩序规则的认同之中，又通过自身在文化秩序中的功能发挥，来影响主导性权力的合法性权威。这种身份在所依存体制下的分化与转换，形成其与社会相互适应的能力特质。由于知识分子启蒙思想的先知角色，这一具有理念人特性的群体命运往往面临更多的矛盾与冲突，一方面，归根于文化领域，知识分子需要守卫代表公众乃至全人类的真理与公正，实现自身的文化价值，追寻着自身独特身份的文化理想；另一方面，则要介入现实世界，在场域内部的分化及公共领域的话语权力斗争中，积极参与话语的表达，是民众与国家联系协调的纽带，达到对现实权力关系的批判。无论是哪一种，都意味着知识分子的话语权实施不是轻而易举实现的。

可以说，当乌托邦精神建构主体，以公共知识分子身份出场时，它不是一个同质性的群体，而恰如萨特所说的介入型、入世型知识分子，来自社会的各个领域，拥有不同的社会背景，但在一个共同关注的事件或问题上，为了真理正义、道德良知和社会责任而团结起来一起战斗，积极参与对社会公众问题、公共事务及政治主张的论争。新一代知识分子不再形成于革命运动的狂飙，而需要通过从制度化的知识工具，转换为独立的乌托邦精神建构主体的角色转变，来完成安身立命的现实条件。而也只有这样，他们才能认清市场化与全球化的发展理路，深入探寻社会运动的规律，在专业领域与普遍政治关怀二者之间保持张力。

乌托邦精神始终强调公共性与实践介入，积极捍卫真理与正义，早已是欧美数代知识分子内心蕴藏的指导原则。雅各比所描述的当代知识分子失语现象，正是乌托邦精神缺失的显著表现，既是一种合法性得不到承认，又是专业分工与学院体制下的无所表达。雅各比既拥有体制外实践，又始终于体制内保持怀旧与反思。他作为老派知识分子的最大尴尬正在于：大环境的变化令其很难再以理想中的方式立身立言，导致他必须经受对其无法在后辈面前做出身体力行表率的指责。成为传统独立思想家的现实土壤的消失，却无疑为雅各比探寻波西米亚人这一象征性群落的被收编过程，提供了正当性与必要性的注解。"真正的知识分子在受到形而上的热情以及正义、真理的超然无私的原则感召时，叱责腐败、保护弱者、反抗不完美的或压迫的权威，这才是他们的本色。"① 可以说，知识分子自身的发展和定位，包括与社会发展之间的契合度，都将直接影响乌托邦精神和知识分子话语体系的重建，影响公共事务和社会文化的健康发展。

---

① 〔美〕爱德华·萨义德：《知识分子论》，第13页。

第二节 左派知识分子乌托邦精神衰微与重建

雅各比认为，从众的时代，毕竟还能听到一种独异的声音，看到一些独立的个人。美国真正意义上的公共知识分子，他们作为一流作家、社会批评家、政论家代表的是社会良知，不附属于任何专门机构，捍卫学术自由精神，在追求并获得学术自由的同时，仍然坚守自身的学术责任，一方面研究社会面关注现实社会，另一方面参与公共领域的活动，也始终不屈从于任何权威，具有批判意识、政治意识和社会参与力，能自觉地排斥美国庸俗文化和金钱至上的风气，坚守向权力与流俗说真话的精神立场。他们面向普通受教育者与大众发声，时常在非专业杂志上刊文立作。"纽约文人集群"与左翼力量的存在及独特发声，雅各比理想中的左派知识分子，在他看来是后来的知识分子所不能替代的。

现代社会在工业文化与后现代主义的双重冲击下，元话语逐渐消失，良心和自由成为令人发笑的名词，人们的精神生活出现了一系列的普遍性危机，社会整体不具备普遍的伦理与正义的评判尺度，知识分子的精神危机不断加重，大众的精神生活也越发匮乏，那么，又应当由谁来充当精神导师的社会引领任务，由谁来带动社会文化的整体发展？在雅各比看来，即便人类社会从现代进入后现代，知识分子已从普遍立法者转向具体专门解释者，但作为掌握大部分思想资源的知识分子，其承担的社会职能不仅不应削弱还应继续加强，不应仍由其被现时代所边缘化，这就需要对知识分子的精神进行总体性重建。

一 "纽约文人集群"的群体特征

西方知识分子从总体上看，经历了漫长的身份转变过程，这也意味着理性蒙昧到突破再到成熟转型的知识分子精神世界解放的过程。西方理性主义的变迁，也反映了西方社会由前现代向现代的质的飞跃过程。但雅各比对于美国知识分子衰退的思想清理，使得具有怀旧情结的人士不由感怀时代的变迁。以"纽约文人集群"为代表的知识分子风光不再，成为美国当代社会知识分子的现状。

雅各比将公共性视作知识分子分野的标尺，其笔下的"纽约文人集群"这一特殊的身份概念，通常也是以此作为依据来加以划分的。他把美国知识分子按公共性的等次划分为三代，第一代出生于 20 世纪初的前 15

年间，他们一般来说都是自由撰稿人，思想独立且行动自由，在表达上没有太多顾虑。代表人物有芒福德、威尔逊、特里林、拉夫、菲利浦斯、麦克唐纳、格林伯格、玛丽·麦卡锡等。20 世纪上半叶，知识分子以写书评和言论为生，进入 20 世纪 50 年代，随着大学的普及，知识分子纷纷进入大学，按照学院教育模式加以培养，不仅形成局部的文化霸权局面，而且纷纷与社会脱节，积聚于狭隘的学术话语圈里寻求谋生的机会。同时，校园为知识分子的成材提供培养空间，很少有杰出的知识分子在学院之外塑造现代精神。"纽约文人集群"作为 20 世纪美国作家与批评家的特殊群体，他们所展开的一系列社会文化活动，是当代知识分子行为的充分展开与典型表达，这一"知识权势集团"通过主导与掌握大批具有话语影响力的报纸杂志，对美国文化思想进程产生重大影响，在一定程度上操纵了知识话语权。

第二代出生于 20 世纪的大萧条前后，大约在 1915 年至 1925 年，一般是在 20 世纪中叶跻身于知识界，虽然美国知识分子的轨迹是直线下行的，不过即便到了第二次世界大战后的一段时间，他们对美国知识界仍然影响很大，享有崇高的社会声誉和道德威信，到了 20 世纪七八十年代学术声誉处于极盛时期。他们似乎已经更多地跻身学院高墙之内，除了继承第一代学人的政治热情与批评传统，他们还掌握了第一代的学术品格与公共话语，社会文化批评非常的精细而富有穿透力，在文学评论界乃至整个学术文化圈出类拔萃，对社会进行的文化批评与探究。他们捍卫了知识分子的学术话语权，也让后继者们望洋兴叹，如豪、卡津、贝尔、李普赛等，被雅各比称作最后的公共知识分子。①

"纽约文人集群"从学者的出身来看，多为第二代知识分子中的欧洲犹太移民，他们家庭条件艰苦，但又获得了在纽约接受高等教育的机会。由于聚集在纽约开展批评活动。到了 20 世纪 30 年代，他们满怀革命理想，政治热情逐渐升温，对社会问题的理解越发成熟，或多或少受波西米亚生活影响，或被格林威治村的情境感染。他们也广为接受各种乌托邦思想的熏陶，对乌托邦社会主义学说很感兴趣，不约而同关注苏联主流意识形态。但他们又没有被纳入传统马克思主义的体系之中，对无产阶级革命有敬意之情却保持距离，较为崇尚现代主义文艺形式，而拒斥民粹主义的煽动情结，也对大众文化抱有敌意。他们那时还徘徊在美国主流文化之

① 阿伦特、D.贝尔、S.贝娄、S.胡克、克里斯托等一大批既左倾又反斯大林主义的学者，也以曼哈顿上西区为据点进行文化传播。

外，而随着苏联肃反与大清洗运动的曝光，他们纷纷同情托洛茨基这些被清洗的左派激进人士。第二次世界大战结束后他们逐渐褪去了激进观念的外衣，他们仍然没有放弃乌托邦的政治理想，依旧在不遗余力地与迫使他们回归体制的自由主义思想做着顽强的抗争。20 世纪 50 年代初，随着波西米亚群落的消亡，大学体制之外的生活方式，对知识分子的生存而言缺乏了足够的吸引力。他们虽然开始进入大学体制任教，但仍然通过举办杂志或刊发文章引导公众关注社会重大问题，政治宣泄与观点表达已不再局限在不起眼的刊物上，文化领域研究视野与批判风格的异军突起，使之在整个美国社会都有极大的文化影响力。

雅各比指出，和"最后的知识分子"相比，第三代的命运更加让人唏嘘。最后一代知识分子能够面向公众发表演讲，甚至可以直接同受过教育的受众展开讨论激辩，在各个渠道畅快淋漓地表达见解阐发观点。而到了 20 世纪六七十年代大学扩张时期，学院和团体不再任由知识分子发声，出版物越发地依赖于发行广告，受制于消费市场与发行额度，即使是颇有影响的刊物发行量也在下滑。离经叛道的思想认识与公共主张，一般不可能冒险刊出，导致其思想阐发的自由度受到极大的限制，开放的文化路标都几乎不约而同地指向大学。就雅各比而言，为了生存，新一代知识分子涌入大学是为了自我生存，这并不预示乌托邦精神一定为其抛弃，如丹尼尔离开《财富》杂志进入体制内，就是为了挣得每年四个月假期的自由时光。然而，当最后一代知识分子成了教授，大学提供的生存环境与便利条件，充其量使得他们的基本生活也随之得以稳定保障，利用这些有利局面来推进自由学术，但这绝不会真正让他们的精神安顿下来，而是期望能试图穿透所依附的现实利益元素，获得来自内心深处的完全安身。

令雅各比为之扼腕的是，公共知识分子开创的具有乌托邦精神的学术传统，在第二次世界大战后的美国社会逐渐衰弱，到处充斥着业余知识分子主义的旋涡和暗流。受商业利益驱动，写特定指派的作品更易在市场上发售，以便打出名声建立学术资质；受大众媒介驱动，依靠甚至献媚于媒体，更易攫取社会资源聚敛文化资本，以便提高社会声誉；受话语权力驱动，参加专业性的学术会议更易扩大话语权力，相互之间进行学术利益输送，以便建立属于个人小圈子的所谓学术王国。

雅各比力求唤醒沉睡的知识分子的乌托邦精神，他发誓必须做"公共人"，那些生活在格林威治村的那批人才是真正的知识分子，他们在都市文明的侵袭、大众文化的扩张与学院化体制消逝。雅各比感怀那批具有公共色彩的知识分子。那批人不依附于官方机构，生活异常简单纯粹，哪怕在廉价房屋、小酒馆、咖啡店蜗居，也不妨碍他们出产具有时代影响力的思想观念。他们以独立的人格与主流社会保持界限，以批判的精神武器与社会平庸相抗衡。而在他们消逝之后的下一代，虽然仍能保持仅存的自由度，但看上去所发出的离经叛道呐喊，已经不能保证知识分子的人格独立，逐步被迫走向一种学术资本主义。

雅各比心目中作为这一代知识分子完美典范，以芒福德和威尔逊为代表，作为社会良心的维护者，他们独立于现行体制外，在扮演社会角色的同时，他们还成功地扮演了文化角色，拥有的乌托邦精神同世俗精神截然不同。他们不仅具有卓越的学术成果，也提供独立自由的学术精神。他们为公众写作，因而文笔优美深入浅出。雅各比指出，芒福德发起了最后一代知识分子向学院化的最终宣战，他崇尚独立和自由的乌托邦精神，作为激进的社会批评家，一直投身在文艺批评写作一线，而不甘于拿稳定薪金的体制人。大萧条年代虽然刊物众多，但微薄的稿酬仍未改变其初心，出版了一系列的文学批评著作多达二十八部。芒福德有着丰厚的学术底蕴，但这并不意味着在学院化的年代就从属于某一院校。他不在学院占据永久职位，只是偶尔教书以传播学术思想，他担心自己一旦签订协议进入学院化体制内，便会受制于人而丧失乌托邦精神。威尔逊近乎故意的颓废使他与学界知识分子相疏离，甚至处于对抗状态，他同样坚持独立写作，著作等身。第二次世界大战后一些人想利用他的学术权威效应，让其抛头露面，而他在收到邀请后在预先备好的明信片上明确回绝，并指出其不写指派的学术作品，不接受媒体访谈，不在大学内频繁出入，也不参加一般性的学术会议。这批公共知识分子追求自由的乌托邦精神之外，没有任何其他目标值得为之献身。诸如哥伦比亚大学莱昂内尔·特里林、里查德·霍夫斯塔特和怀特·米尔斯等公共知识分子，才能有足够底气将之全部舍弃。他们的学科研究领域不同，无论是文学批评、历史学还是社会学，都体现着大学内的极少数人仍具有乌托邦精神，他们的思想立场仍具有关注和言说公共生活的知识分子情怀。他们在社会局面如此不利的条件下仍敢于面对公众言说、公众问题，而不局限在校园做一名教授，尽力发掘一个与之精神相匹配的广泛公众群。布兰代斯大学的教授欧文·豪，在短暂的自由作家与编辑经历后进入体制，其身份虽被置于公共知识分子与教授这两种不同生存方式之间，但他仍未放弃对乌托邦精神的追求。在雅各比看来，社会学家米尔斯是独特的，更是理想中的人物，甚至是一个英雄。20世纪五六十年代的美国，有上千名激进的社会批评家，但没有一个米尔斯。因为他敢于站在前台呼吁社会学家要成为人文教育者，抨击那些蜗居体制不敢发声的学界专家，指责那些为了名声报酬而不惜变卖学术伦理与公共道德的知识分子，批判抛弃想象力且具有保守绅士气派的保守派人士。米尔斯认为他自身肩负着公共论题转换的政治使命，即便到临近逝世，他都始终在践行将知识分子的社会困惑转换为公共论题，并再转换为具有乌托邦精神的人文关怀。他认为这种乌托邦想象力不仅应在公众生活中加以培养，还要进一步上升为受教育者的良好思维习惯。这批人没有被授予过博士学位，但丝毫不影响他们对丰富知识的掌握程度，也不影响他们扎实而富于思想灵魂的学术功底。

雅各比强调重建公共文化的理性力量，他所崇敬的以社会学家米尔斯为代表的左派知识分子遵循了理性和启蒙的传统。一方面，恪守独立自主的原则，力求维护与保持理性的身份。从自由写作进入到大学教书的这批人，他们始终怀揣公共知识分子情结，保持高度的意志自由与精神独立，既作为教授学者开展学术研究，又以公共思想家的情怀与姿态介入公共生活，将专业研究同公共事务联系在一起；[①] 另一方面，他们未曾完全堕落成学院派，也没有丧失实际发展着的社会经验，是最终能够被唤起甚至是自我觉醒的对象。

公共知识分子是有着悠久历史的群体，他们在保持人文传统的基础上，维护知识分子个体的独立性和自由性，也维护公共知识分子这一群体的批判性与公共性。虽然他们被商业力量排挤在社会的中心场域外，经受了各种反对势力的围剿与社会舆论考验，一度处于痛并快乐着的边缘化境况，但是他们仍不甘心刻意在个体同社会两端找寻某种平衡点，也不甘心简单转换成温和的改良形象，一旦发现现实与理想境界不相吻合，仍是会生发出乌托邦精神，希望以知识分子这一社会群体干预公共生活，通过抨击不合理的社会现象以增进公共知识的政治责任，进而不断提升全人类的精神境界。

二　美国左翼力量的乌托邦激情及其衰落

美国左翼思潮逐渐在美国文化中丧失主导权之时，雅各比开始对这一摇摆不定的文化力量变化进行反思，认识到美国的知识阶层已经逐步弱化了原有的良知与斗志，他们不再为人类的基本价值发声，也不敢声讨发动的非正义战争对世界和平的威胁。由于左翼作为符号的客观性得到不断确立，因而在雅各比的乌托邦精神生产中，自身作为场域的美国新左派力

---

① Goffman, Ethan, "The New York Intellectuals And Beyond Editor's Introduction", p. 1.

量，实际上已形成一个子场或次场。① 左派知识分子以乌托邦作为场域的中心，不断进行激烈的文化与社会斗争。要取得左翼场的进入权，争夺左翼权力必须具备的资本，要获得行为和表现的特殊话语地位，进入话语权场域的真正权利在于对这种乌托邦精神的知识分子话语的认识和承认。

雅各比强调知识分子保持不被异化的重要性，字里行间隐含对于所指对象的限制与对当代知识界异化源头的猜测。他认为最热诚地以身作则的一群人，无疑正是通常意义上被划归为左翼的知识分子们。"当上一代知识分子进入大学以后，他们常常带着怀旧的心情反思不复存在的波西米亚人和独立思想家——他们自己的过去。"② 这代知识分子乃包含其本人在内的见证或本身参与了体制变革的亲历者，同样暗示了对于本就成长于体制内的更年青一代而言，言说波西米亚人和独立思想家，或许也只剩下了审美想象层面上的可能。雅各比以其特有的话语方式重新定义左翼力量，逐步积聚重新斗争的资本。他在对美国学院的发展现况进行经验考察后认为，左翼的学术话语逐渐为意识形态所取代。当左翼学者进入体制内获得了学术话语与专业职位，会顺势吸纳一批与其思想观点保持一致的知识分子，通过学术话语的扩张做大自身势力，并形成一定的团体。③ 左翼在进入原有的话语壁垒后，拥有保证其封闭等级法则，以及相配套的一整套封闭等级结构，这并

① 在安德森那里，同时存在着两类斗争，除了在文化生产场内同右翼敌人进行斗争外，左翼本身还形成了一个斗争的幻象，在"左翼场"内同其他争夺者展开激烈的斗争。左翼作为幻象，是游戏开始的理由与条件，各游戏参与者都开始对左翼进行投资，一旦对游戏及其胜负关键都表示深信不疑并达成共识时，认同游戏是值得参加的，彼此可能亲和也可能敌对，或是参与互相将对方开除出组织的笔仗，有时甚至发生类似安德森对待罗尔斯的无情批判，但又同时对左翼持有强烈认同。参见 Perr Anderson，"Renewals"，Vol. 1，*New Left Review*，Jan – Feb 2000，p. 14。

② 〔美〕拉塞尔·雅各比：《最后的知识分子》，第6页。

③ 1789 年 5 月法国大革命初期，国王召开三级会议，贵族与僧侣坐在右边，第三等级坐在左边。其后，国民会议召开时，主张民主、自由的激进派坐在左边，保皇派、保守派坐在右边。到了 19 世纪，欧洲国家的议会也以议长座椅为界，分左右两派就座。布卢姆在《美国精神的封闭》中指出，左翼知识分子正在毁灭大学，相对主义、虚无主义、平等主义、后现代主义、左翼文化批判、学生运动等，严重损害了大学传授和增进人文知识的使命。他对知识分子与政治的亲密关系忧心忡忡，感慨的是"教化型"知识分子的衰落，并将其归咎于左翼知识分子；雅各比则从左翼政治立场出发，哀叹"颠覆型"的左翼知识分子式微，并将其归咎于大学。"颠覆型"知识分子欢迎少数族裔、女性主义者、马克思主义者、后现代主义者对主流秩序的挑战，而"教化型"知识分子则警惕这种对主流文化的"入侵"，哀鸣多元化，而非"真理"或"美德"成为社会秩序和知识价值的判定标准。雅各比和布卢姆显然代表了两种对立的道德态度或政治立场，并基于各自的立场得出相反的经验结论。参见〔美〕艾伦·布卢姆《美国精神的封闭》，战旭英译，译林出版社 2007 年版。

不是以公开透明的方式显现出其正当性来源，相反是通过福柯意义上的知识—权力的秘密运作来加以遮蔽。这一群体在乌托邦精神的退散下，形同一个具有弥散倾向的话语组织，在相对固定的场域环境里制造话语，知识分子要进入这个圈子里，就应当要依据严格的法则分配话语，在具有约束性的条件下获取话语权力，带有一定的排他性。尤其是经过拥有制度化资源的封闭阶层运作，这一群体成了分层等级化的意识形态生产工具。

"左派"和"右派"的称呼由来已久，是为政党派别从性质划分为激进或保守的代名词，前者为革命派，后者则为保守派。[①] 欧美学者还从不同角度对"老左派"与"新左派"做出界定。[②] 美国哲学家理查德·罗蒂认为美国"老左派"可分为极端左派与改良左派。前者是信奉马克思主义理论、共产主义，或推行社会主义模式、采取依靠工人组织进行阶级斗争的形式来夺取政治权力的派别，美国极端左派以美国共产党为核心组织；而后者是不以夺取政权为目的。这批欧美知识分子原先都隶属于各国共产党，或主动团结在其周围，因苏共二十大、波兹南事件、布拉格事件等与之分道扬镳。雅各比在为《马克思主义思想辞典》撰写词条时认为，西方马克思主义已汇集成与列宁主义相对抗的庞杂学理体系与政治体系。在1956—1968 年这一段时间里，与五花八门的新社会运动尽情融合，成为颇有独特理论品质的政治实践方式。国家政治系统与左翼社会运动的关系比较复杂，可谓是彼此制约发展的。一方面，随着国家对经济、政治、文化控制的加深，社会生活受影响的程度变大，社会群体行为的发生率会增加。发达资本主义社会，多数社会群体的诉求内容是"生活政治"，也就是对个人和集体生存自由的争取。社会运动是处于被动位置的，国家的各个变量，通过改变社会运动的成本促进或阻碍社会运动。另一方面，社会运动作为民主生活的一部分，又是一个主动介入政治系统的过程。由于社会问题必然牵涉利益分配的不平等，社会运动就是弱势群体对自身处境所作出的本能反应。第二次世界大战后，由于时代环境的变化，在工业发展的高度繁荣下，美国已成为"一体化"的社会，人们已经被体制所异化，

---

① 参见〔英〕安东尼·阿巴拉斯特《西方自由主义的兴衰》，曹海军等译，吉林人民出版社2004 年版，第 132 页。

② 西方左派在发展中分化为共产党和左翼社会民主党，也就是马克思主义和民主社会主义两大阵营。"新左派"于 1957 年发轫于英国，由一批力图摆脱传统左派教条的年轻左派激进分子发起，是社会民主主义阵营中自由主义倾向较强的政治派别，介于社会民主主义与自由主义之间。参见〔美〕理查德·罗蒂《筑就我们的国家——20 世纪美国左派思想》，黄宗英译，生活·读书·新知三联书店 2006 年版，第 33 页。

以美国共产党为核心的美国传统左派力量急剧萎缩，其社会影响力大幅度下降。20 世纪 50 年代，随着老左派逐渐走向式微，组织不同程度地走向衰落。一批资本主义批评者开始对美国资本主义新的探索进行研究，产生了新左派思想的萌发。美国老左派中坚力量的美国共产党早年与共产国际复杂政治斗争的纠缠，使之组织内部存在严重冲突。同时，麦卡锡主义使传统左翼知识分子中的大多数人抛弃了激进主义，加入了高度认同现存体制的保守主义阵营，逐渐失去了批判社会的能力。

　　雅各比将新左派现象，尤其是校园新左派现象看作一种穿越院校的长征，是政治批判与制度批判意味深重的思想形态和社会运动形态。[①] 美国新左派的崛起是美国资本主义社会兴盛的产物，"新"是为了同美国 30 年代的左派区分开来。它在不同时期的各种斗争形式，都具有相应的社会效应与影响力，是随时代环境变化而进行自我平衡、自我改造的重要表现。"左派扩大到了无政府主义和马克思主义者之外；没有一个单一的公式能够表述它同知识分子的关系。"[②] 美国新左派运动逐渐发生分化，最后几近完全失语，但新左派作为颇有影响力的思想流派并未退出历史舞台，其中部分行动派知识分子，依旧乐于投身左翼社会运动之中。对于商界来说，反共主义运动成为它们指责政府奉行社会主义原则、干预经济的整个运动的一部分，在白人至上主义者那里，则被视作反对黑人争取民权的武器之一，在资本家那里则被视作反对工会组织的工具。除了美国共产党领导人被判有罪之外，许多忠诚的共产党人成为罪犯，被剥夺工作和生活资料；坚持不受欢迎的信仰和从事了完全合法的政治运动，却被监禁和剥夺了生活来源；即便是许多自由派人士，此刻也从原来的积极立场上进一步后撤，表达自由不再被视为理所当然的天然权利。恐怖的社会环境缩小了老左派的生存空间，多数人成为沉默的一代，对现存制度的批判声音减弱。

---

① 对美国新左派运动影响较大的其他国家的学者：诺曼·梅勒、保罗·古德曼、赫伯特·马尔库塞、埃里克·弗洛姆、C. 赖特·米尔斯、丹尼尔·贝尔、迈克尔·哈林顿、大卫·里斯曼、威廉·A. 威廉斯、萨特、阿尔贝·加缪。20 世纪七八十年代至今，有保罗·费耶阿本德、弗雷德里克·詹姆逊、尤根·哈贝马斯、理查德·波斯纳、霍华德·谢尔曼、萨米尔·阿明、赫伯特·金蒂斯、理查德·沃林、诺姆·乔姆斯基等。他们从现实文学或哲学层面揭露了资本主义社会的弊端和对人性的压抑，着重反映被描述为贫困的、混乱的、充满罪恶的真实社会，涉及资本主义在社会、自然、道德、伦理和工作方面存在的问题，关注美国人民的生活特别是边缘群体所遭遇的不平等，试图将新左派与大规模社会运动相结合。参见〔美〕埃里克·方纳《美国自由的故事》，王希译，商务印书馆 2002 年版。

② 〔美〕拉塞尔·雅各比：《乌托邦之死——冷漠时代的政治与文化》，第 168 页。

美国的青年知识分子对美国共产党的幻想破灭了，他们开始致力于寻找新的革命理论和通往理想社会的道路，行动起来反抗国内权威和工业体制，追求个人的自由与权利。不满美国资本主义制度对个人的压抑，以及麦卡锡主义对人们的政治迫害，一部分人率先对美国的政治、经济与社会制度展开了积极的批判，成为新左派早期的思想先驱。1958 年，麦卡锡主义的影响开始消退，知识分子从政治高压的恐慌中解脱出来，开始讨论自由言论的问题。60 年代美国社会和国际形势的巨大转变，为新左派思想的广泛传播提供了土壤，逐渐被美国年轻人特别是大学生所广泛接受。他们从新的角度意识到资本主义社会存在的困境，寻求整个社会乃至心灵的解放。众多新左派思想家在文化领域展开论证，希望青年一代能寻求一条与老左派不同的道路，承担起改良社会的重任。新左派思想先驱者们对资本主义的深刻批判，推动了美国年轻人特别是青年学生政治意识的觉醒，他们接触了美国的《左派研究》、英国的《新左派评论》和法兰克福学派批评家的著作，迫切要求改造"丰饶资本主义社会"的弊端，50 年代末期，以青年知识分子为主体的新左派政治实践活动，掀起了一场宏大的思想与社会批判运动，直到 60 年代末 70 年代初才得到平息，使美国普通民众重新审视美国的社会问题和价值标准。多数西方社会学家和政治学家认为社会没有爆发大规模冲突的可能，对这场运动的爆发感到震惊。

在雅各比对乌托邦主体的判断中，美国新左派具有与其他派性无法比拟的政治优势。其中的政治力量主要以学生和青年知识分子构成，不仅有着具有时代批判性的理论创设，而且具有极强的社会动员改造能力，能够相应地调整与更新斗争理念、侧重点和形式。美国新左派革命理论深刻触发了美国国内社会关系的调整与观念变迁，深刻影响了美国新社会运动的大联合。他们于 20 世纪 60 年代活跃于美国政治舞台，大多是拥有高等教育经历的中间阶层，发起的社会运动政治色彩浓厚，思想革命激进，由此被美国媒体言说成一种左派运动。20 世纪七八十年代，新左派形成两个分支，一个分支是坚持 60 年代精神的社会实践者和批判者，他们或者仍然积极参与其他社会团体和组织，或者坚持对美国的公共政策进行现实批判；另一个分支是学院学者和知识分子群体，他们主要是在思想上、学术上对资本主义进行纯粹的理论批判。[1] 雅各比指认的秉持乌托邦精神的人，

---

① "学院新左派"，在大学坚持新左派理论思维但潜心于纯学术研究、专注于理论创造，较少直接介入社会运动和从事公共批评活动，随着新左派运动的平息，与新左派的行动主义者与公共知识分子选择不同，一部分新左派知识分子选择在学院中从事研究教学工作，侧重以理论批判和思想指导开展社会活动，揭露和批评资本主义的弊端，延续新左派力图改造资本主义的自觉意识和历史使命。一定程度上他们容易囿于学院，以高深晦涩的学术词汇对美国和资本主义制度展开批判，对社会问题缺乏具体的解决方案，对美国资本主义进行过多的解构，却没有对公共领域有足够的建构，易陷入空谈。

主要指前者。沉潜期的学院新左派虽然失去了自己的组织，没有稳定的凝聚纽带，但依然保持"红色十年"中改良社会和维护公正的信仰，他们的个人努力依然具有积极意义。

在雅各比眼中，美国新左派主要存在于美国学术界、高校、社会运动界，其思想发生与行动目的不在于推翻资本主义制度，而是试图通过对美国资本主义的批判，使美国资本主义运行得更加合理化与人性化。"新左派"的产生是时代环境各个因素相互作用的结果，不但继承了"老左派"的批判传统，还是美国资本主义自我调整的机制之一。新左派知识分子是改造美国资本主义的力量，在美国思想界和公民社会运动中发挥重要作用，属于发达资本主义的新马克思主义者。美国左派学者一个重要的内在困境，在于可能陷入"政治正确"的观念陷阱。"政治上的左派也没有逃脱社会健忘症和主观还原论的蹂躏。极其努力以期达到不拘形式且属于最佳的精神分析与马克思主义思想的洞察和反思，由于个体在危机无法超越自己而遭到削弱。"① 也就是说，关于讨论诸种社会性质间差异性的公共议题领域，有某种难以克服的伦理底线被强行制造了出来，无论是涉及种族、性别、人口、政治派别、生态还是地缘差距等，除了保持必要的缄默之外，剩下的就是要从弱者的角度出发思考问题，否则立场就会受到质疑，会被贴上歧视弱者的标签。学院左派掌握大量的学术资源，可能会成为学术上的霸权。如果在学术上形成专断和狂妄，就与追求自由市场的经济学家散发出对人文知识分子的傲慢与固执是一样的。

在雅各比看来，首先，美国新左派在批判角度、斗争思路、斗争方式以及斗争目标都与老左派有所不同。新左派脱离了高度集中化的权力运行特征，不再直接参与暴力革命中去，不再依循马克思主义传统的意识形态路径进行学理的考察。他们同样也反对所寄生的现行权力运行机制与文化资本操控，往往以第三条道路的面貌，展现出以人民主权与普遍民主作为斗争的基本诉求。发达工业社会的文化背景，决定了新左派许多方面的"新"产生于富裕而非贫困中；所要对抗的更多是现存社会的权力结构与文化价值系统，而非对新型社会的建构与对经济基础的批判；应追求个性差异而非强制的同一性，拒绝依循现行的规定准则与特定模式生存，追求一种人类普遍的绝对个人自由，"对个人完善的追求只能导致这样一种政治，在其中，'真实性'等同于一个人疏离的程度，等同于一个人对存在

---

① Russell Jacoby, ed., *Social Amnesia: A Critique of Contemporary Psychology*, p. 101.

社会进行挑衅活动的意愿"。① 新左派将社会政治问题定义为一种个人问题，批判当代工业社会压抑下被制造出来的虚假自由，主张通过实施分享民主制的努力实现个人的真实性，

其次，新左派成员对传统左派规划的社会远景缺乏足够的兴致兴趣，并且主张对深厚的马克思主义理论传统加以借鉴与重构。他们往往与传统政党划定边界，甚至不主张公开组党，政治被其视作拥有市民基础下的持续参与进程。他们对现行体制压抑的反抗，用一种乌托邦的口号化方式加以表达，"做你自己的事！每一个人做自己想做的事。没有规则，没有责任，没有义务。无政府状态"。② 如马尔库塞这类左派知识分子，仍标榜自己为马克思主义的信仰者，对发达资本主义的批判分析与人自身解放的思考，深深表达了对"乌托邦"这一革命不竭动力的捍卫，使之在新左派运动中充任"精神之父"的角色。美国的新左派运动，更多还是一场涉文化和价值领域的革命运动。由于其组织的松散性、目标的模糊性、实施策略的随意性，轰轰烈烈的新左派运动终于因为希望破灭而偃旗息鼓，"一场遭受了重大失败的激进运动"。③ 作为运动主体的左派知识分子，认为这一类乌托邦革命运动本身就是目的。他们面对运动失败的态度是多种多样的，或表现出一种玩世不恭的姿态混迹于世；或对先前的行事表明悔意，在思想上发生了真诚的右倾；或继续保有激进的乌托邦冲动，促成文化研究领域的后现代转向，显露出一种带有激进主义尝试的表达风格。无论哪一种，实际上都被迫承认了现行体制在当下难以突破的残酷现实。"问题是这个社会分析越来越退变成口号，一瞬间的轻率认定。被剥夺了有魅力地记忆和思维的个体，招引了提供区分敌友比指明现实结构更多的物化口号。"④ 从这种假设出发，左派发现在行动上实现其政治意愿已经不再可能，那么就把这些意愿指向话语符号，"他们极力兜售特别和独特的事物，谴责形而上学，即超越直接的话语或环境之上的理论。右派和左派两者都复活了令人怀疑的地方主义和本土主义"。⑤ 这种在话语层次上的颠覆，可以替代在政治现实中的冒险破坏冲动，可见这一假设在这个时代已然具有了支配性的地位。

---

① Christopher Lasch, ed., *The Agony of The American Left*, New York: Vintage, 1969, p. 181.

② Sargent, Lyman Tower, eds., *New Left Thought*: An Introduction, Homewood IL: Dorsey Press, 1972, p. 32.

③ 〔英〕特里·伊格尔顿：《后现代主义的幻象》，华明译，商务印书馆 2002 年版，第 5 页。

④ Russell Jacoby, ed., *Social Amnesia: A Critique of Contemporary Psychology*, p. 101.

⑤ 〔美〕拉塞尔·雅各比：《乌托邦之死——冷漠时代的政治与文化》，第 178 页。

再次，新左派批判资本主义工业社会使人陷入精神危机，批判的视野放在全社会普遍的文化境遇上。"困扰左派思想的妖术是资产阶级社会的巫术：重复记忆。在思维方式反复摇摆的影响下，思想呈现出没有改变的改变。"① 这里的妖术不是指文学、艺术等具体文化领域或文化形式，而是一种精神状态和价值模式。"梦想与想象力一直就鼓舞着乌托邦思想……对想象力的关注将他们同传统的左派区别开来。"② 文化上的激进运动旨在利用想象克服令人压抑的理性，试图依靠文化上激进的消解粉碎自我的整一性，同时粉碎语言的"约定俗成的规则特性"，以此来破坏占统治地位的认识论和直觉论基础，挽回先前政治上的失败。

从另一个角度看，新左派通过自身的坚持和努力，在美国社会中延续了新左派"红色十年"的批判精神，在思想创造方面和公共事务方面继续发挥着积极作用。第一，深入社会问题的本质层面，上升到人的价值和意义领域，继续为资本主义的自我平衡与改良提供思想资源。学院新左派在观察社会表象的同时，更力求坚持用思想和知识的力量去影响和制衡现实世界，对资本主义的发展过程中的缺陷进行查找和制衡，揭示人们现实中困顿和内心不安的根源，从而促进整个社会的自我认识的改造和提升。第二，在美国社会中所扮演的作用表现为积极参与公共批评，主动介入公共事务。通过言论引领普通民众独立思考，鼓励他们严肃审视美国社会的弊端，继续和日常零散的社会运动相结合，履行知识分子的社会职责，同时呼唤人们更加宽容。同时对国内弱势群体、社会边缘群体的命运高度宽容，采取力所能及的行动去为弱势群体争取权益，成为反种族歧视组织、反性别歧视组织和反贫困组织中的关注者、观念引导者和政见代言人。第三，对其子女产生了不同程度的影响和示范作用，使新左派的信仰和社会责任感在代际间传承。他们有意识地带子女参加各种政治集会、研讨会和示威游行，使美国社会继续保持自我改进批判的活力。③ 老一代新左派经历了美国社会的变化动荡，亲历过社会运动的洗礼，他们在丰富的社会实践中收获的革新思想与犀利笔触，是新一代知识分子所不能企及的。当代美国左派知识分子要深入思考如何真正在精神上与新左派先驱者对接，广泛深入地与社会改造运动相结合，像马尔库塞在对资本主义批判上作出原创性的理论贡献。他们所批判的美国社会问题正在全球化浪潮的影响下，

---

① Russell Jacoby, ed., *Social Amnesia: A Critique of Contemporary Psychology*, p. 102.

② 〔美〕拉塞尔·雅各比：《乌托邦之死——冷漠时代的政治与文化》，第 273 页。

③ 参见〔美〕理伯卡·E. 卡拉奇《分裂的一代》，覃文珍等译，社会科学文献出版社 2001 年版，第 445 页。

演化成全世界的时代话题。斗争重点和形式因美国社会的变迁有所调整，优势在于理论与实践的紧密结合。当代美国左派力量与全球范围内的左派社会运动之间的互动与联合将成为不可逆转的趋势，成为全球反资本主义体制运动的参考蓝本。

美国新左派运动开始于 20 世纪 60 年代，很大程度上与美国反文化运动交织在一起，但又有必要作出一定的区分。美国社会掀起的声势浩大的反文化运动，主要由从中产阶级家庭走出来的青年人组织发起，通过构建起与主流文化冲突的价值观念、行为方式与生活方式，来表达对美国社会传统文化与价值观念的抗拒。[①] 它的显著特征即反战与反主流文化，所带来的新思想文化、价值观念、生活行为方式等，与美国社会传统之间格格不入，是一种全方位的对传统文化价值与道德观念的反抗。这很大程度上是对西方社会文明的挑战，深度影响其社会生活的文化基础。有别于大多数的社会运动，反文化运动发生在美国经济繁荣的时期，民众的生活水平大幅提升，物质财富稳步积累，不是由于类似 20 世纪 30 年代初的经济危机所致，也不是社会阶层贫瘠的所致。而正是经济繁盛与科技飞跃带来了转型期社会生活的极大变化，导致工业社会转向后工业社会，造成美国社会风气的显著改变，人们的精神家园逐渐沦丧，对现行体制的批判能力严重弱化，新教伦理的文化传统日益衰退，享乐主义、金钱崇拜、超前消费、流行文化盛行。人们在新教伦理的传统文化价值与发达的经济科技、丰足的生产生活之间徘徊不定，对新旧价值观之间的冲突感到迷茫无助。加之越南战争的屡拖不决，种族冲突持续不断，贫富差距逐渐拉大，中产阶级青年产生对社会的严重不满情绪，通过借鉴与吸收现代主义文化的某些极端化的价值观念，力求缓解蔓延开来的文化焦虑，形成对自身社会生活方式的全面调整。由于资本主义意识形态控制与奴役人的精神世界，传统文化模式的规范与制约功能逐步失效，导致文化领域的异化与文化危机的产生，与传统文化相抗衡的新文化价值体系被无形中生产出来。虽然其在某些环节反文化运动产生过积极作用，但由于青年群体自身的不成熟性征，使得运动形式容易极端化，采取的某些运动方法如吸毒、打砸抢、生活状态虚无化、淫乱等过于偏激，甚至夹杂了一部分的恐怖主义情结，使

---

① 1969 年，美国历史学教授罗斯扎克在《反文化的形成》一书中，首次赋予运动以"反文化"的名称，以宣示其与主流文化研究的分野。反文化运动是美国 60 年代中后期一系列社会抗议运动的统称，既包括黑人民权运动、绿色生态运动、反越战运动、妇女解放运动、校园民主运动等政治领域的抗争，而且也包括嬉皮士、摇滚乐、性泛滥、神秘主义回潮等文化领域的运动。

得个人主义与自私自利情绪膨胀，严重阻碍了先进思想文化的传承。绝大部分的学者对此都持负面评价，更突出其对社会发展消极作用，甚至认为反文化的本质是反人类、反人性、反社会的。

在雅各比看来，反文化运动通过对美国社会传统文化秩序的冲击，对主流社会价值的背离，带来的不是对未来生活的希望，而是对经典理论与社会文化的遗忘，不仅无法培育乌托邦精神，构建起理想的乌托邦生活。而且在反文化运动的泛滥过程中，人们没有构建起符合时代要求的文化形态，反倒是全盘否定传统价值，人与历史、世界原有的密切关联发生了实质性的断裂，形成了完全去除理性思维方式的非理性空想，会使得人们与历史记忆之间产生很大阻碍，造成整个社会繁盛下的失忆病态。新左派最先从 1957 年英国发端的政治运动，这场规模浩大的左翼运动，是由渴望摆脱传统左派教条的新生代激进知识青年发动，他们往往反对自由主义意识形态的国际垄断，反对帝国主义的霸权地位、反对独裁体制与社会虚无主义。美国政治舞台上的新左派，通常以百人青年大学生为主体，来自中产阶级及以上的家庭，对美国久存不治的社会顽疾诸如阶层贫富差距、种族矛盾、少数人群体保护、国际战争扩张等问题进行批判与抗争。① 美国新左派运动是多因素共同作用下产生的，是美国社会现代化进程中不同冲突汇合的产物。从经济上看，美国生产力的迅猛发展，使得社会各阶层的生活状况大为改观。然而科技把人们变成其附属品，工业自动化与机器的程序化，让人们进入一种极度的束缚状态，年轻人尤其能感受这种繁荣背后的压抑与无助；从政治上看，共产主义阵营在 20 世纪 60 年代初陷入分裂，这使得对左翼话语的解释更加多元，加之美国国内麦卡锡主义在美苏矛盾缓和后逐步弱化，自由言论的政治氛围越发浓郁，话语交锋赢得了众多左派同情者与支持者；从文化上看，美国反文化运动的势头高涨，传统与现行文化价值体系之间的交锋不断，加之享乐主义与流行文化盛行，超前消费的消费文化意识抬头，人们渴望新型文化的有力引导；从社会关系上，年轻人的独立性与自主意识大大提高，他们极力渴望摆脱家庭的束

---

① 对新左派在美国社会发展中作用的认识，在美国学界不尽相同，大致有两种主张，一种以戴维·斯泰格沃德为代表，他们认为新左派敢于打破陈腐教条，勇于直接社会问题，关注当前社会的种种缺陷，致力于推动激进的社会实践，并从实践经验中进行价值观念的塑造，以区分开阻碍社会前进的传统思想教条。另一种以美国史学家皮特为代表，他们认为新左派对现行体制与政策主张的反抗，是在不断演化过程中推进的，经过上升期后的革命形态与组织行为发生很大变化，在十余年大规模的实践运动过后，这一批知识分子沉浸在历史反思之中，演变为新右派即新保守派，成为美国政治生活依旧活跃的一股势力。

缚，并且力主打破阶层固化的现状，冲破现行社会体制的牢笼，试图重建转型期的社会结构。

新左派运动在进入70年代后，便失去了之前的蓬勃尽头，渐趋衰退走向失败。从内部看，运动组织分化较为严重，成员构成也比较复杂，内部逐渐产生关于行动方案与实施路径的分歧，进而在领导权与斗争理念上产生诸多摩擦，进而发生分裂，形成斗争目标与行动策略差异化明显的众多派别，内部力量的严重消耗使得运动的阻碍面增大；从外部看，由于美国新任领导人的上台，采取一系列削弱反战的措施，使得与之联系紧密的新左派斗争的动力也进一步减弱，而且美国经济在70年代中后期进入滞涨时期，出现的严重衰退，使得新左派知识分子逐渐进入体制内生活，放弃了原先的运动理念与斗争主张，甚至堕落转化为右派势力。加之美国右派势力的打压，以及媒体对左派激进行动的恶意诋毁，使得他们失去了民众的广泛支持，且某些暴力行动引起了部分支持群众的反感，导致外部支援力量的弱化。此外，美国新一轮技术革命加快推进，特别是阿波罗宇宙飞船升空绕月飞行，使得人们被工具理性的力量控制，愿意投身科技怀抱被其征服，不再选择以革命意志与批判思维武装自身。

三　左翼知识分子无法割舍的乌托邦精神

雅各比见证了新左派运动从蓬勃发展到最终失败结局的历史演变，在他看来，由于新左派运动的失败，广大的知识分子选择抛弃昔日的乌托邦想象，而选择从家庭与体制化的工作中来寻找自身生存的价值。但这又使得人们失去了精神上的有力向导，加重了心理上的紧张不安与麻木不仁，更加屈从于现行体制而无法自拔，在失去自主地位的同时加速了对乌托邦精神力量的遗忘。在雅各比看来，新左派运动的失败，对西方左翼力量的发展造成了不利影响，他们不仅没有引导民众从异化中觉醒过来，而且在国内外对立势力的绞杀下把民众推向更深层异化的境地，加重了社会健忘的紧张情绪。

雅各比援引乔姆斯基的话表示，左翼知识分子的困局不仅仅是自身的失败，而且还和所批判的对象相互合作。"保守派的批评常常是热情洋溢的，对学界的精明交易和低劣的论文嗤之以鼻，而左派却保持沉默。"[1] 左翼知识分子往往拒绝使用简明文风，把追求名利和革命勾连在一起，而被划归为右翼的知识分子诸如阿隆这些人则以其简单明快来对抗一种虚妄的

---

[1]　〔美〕拉塞尔·雅各比：《最后的知识分子》，第173页。

复杂性，以此表达知识分子的使命感和责任感。① 这不禁叫人怀疑，左翼知识分子在良知与利益的拉锯战中，甚至不如保守派，新的价值观念将之毫不犹豫导向利益的战壕之中，充斥在左翼力量上空的实利价值文化，无法为其自身找到一种"法定的坦诚"。"揭穿和揭发黑幕一直是左派的强项；尽管如此，左派还是不断滋生关于自己过去的神话。"②

首先，左翼知识分子即便成了新社会运动中的理论研究者、引导者与传播者，也只不过在抛弃文化传承的职业分工体系中，完成了一种文化利害的暂时平衡。与成千上万的各司其职技术员相比，咖啡馆中一个奋笔疾书的青年学者才更可能成为时代精神的担当人。这样的人不再出现，自然令保守派和当权者曾经需要胆战心惊防范的犀利攻击难觅其踪。在贫困、自由和对资产阶级的天然仇恨之外，雅各比在逗留于波西米亚群落的青年和少数学者身上，看到了他们事实上控制着时代文化的去向，并塑造出积极环境的另一面。特别是其中往往为体制所淘汰的"多余的"知识分子，这一疏离的身份反倒成了他们得以清醒并专注真理的必要条件。在责任感的驱使下，这种对于距离的自觉，是维持他们独立知识分子属性的一部分，但这显然并非指在地理方位上的距离。事实上，只有在最繁华的都市得以保留他们的位置，知识分子才能真正与时代交融并发挥真正的作用。但对于许多人来说，知识分子的这种诉求便又流于虚伪："自称是局外人却无一例外地得益于局内。他们要求街道、咖啡屋和代表城市文明的酒吧逃避城市文明的重负：工作和常规。"③ 在这样的对照下，大众认识中的波西米亚青年便成了"乌托邦精神"最典型的恶劣形象。他们看上去整天无所事事、夸夸其谈，说得太多，做得太少。咖啡馆和街道对于边缘知识分

---

① 《乔姆斯基：永远的口头异见者》批判了被公认为"最著名的公共知识分子之一"的乔姆斯基，认为其言行完全不一致，非但没有脱离政府官僚，反而与政府保持良好的合作关系。一边领取政府报酬，一边抨击政府的对内对外政策。以乔姆斯基为代表的自由派人士只是依靠资本体系生存的，这些在西方大学与出版工业体制内获得优厚回报的社会批判家，以自己的生存状态表明这些体制需要的只是批判、平衡和改良，而不是革命和完全推倒。他们以激进的言论作为自己的资本和赚钱的工具，不可能如其所言的那样远离权力与金钱。批判者的角色，并不一定意味着批判者本身必然排斥他所批判的事物，不意味着在现存体制中生存和发展就代表背叛。知识分子反对贫困和不平等，并不必然要求他们以住在贫民区的方式来表达。处在体制之外乃至反体制的公共知识分子是否真的只是口头的异见者，左派、公共知识分子与体制是否必然水火不容，还是一个学术论争的话题。参见袁晓明《乔姆斯基：永远的口头异见者》，《南风窗》2007年第6期。

② Fernando Claudin, ed., *The Communist Movement From Comintern to Cominform*, *Two Volumes*, New York: Monthly Review Press, 1975, p. 96.

③ 〔美〕拉塞尔·雅各比：《最后的知识分子》，第24页。

子来说，无异于逃避现实的避难所。雅各比提醒身居高位的嘲讽者们认识到这一生存状态的价值，特别在学术资源与个人利益直接关联的年代，更能体会一个城市中允许知识分子维持独立性的"避难所"的必要性。如果说是什么摧毁了波西米亚文化中的进取与创意，也正是所谓的"成功"与"发展"，这一对文化传统扼杀的伪命题。"然而，波西米亚的虚伪不是单纯的不诚实，它暗示着一种公然的冲突。劳动力和财富的社会是武装起来向这个社会时常承诺的闲散和乌托邦发起进攻的。"①

其次，左翼知识分子发动的各种社会运动背后，暗示了其对乌托邦精神重建拥有一种内在特权，而传统乌托邦主义的大众乌托邦情结，忽略了历史上的社会心理状况。大众往往受到社会运动的压力干预才进入到行动之中，在乌托邦滑落之后形成一种巨大的心理投射，这在很大程度上也是知识分子群体真正的乌托邦冲动被挤压的产物。曾经充满哲学思辨的左翼知识分子，通过对大众乌托邦冲动的错误清算，走上了一条告别乌托邦的道路。"乌托邦精神，即相信未来能够超越现在的这种观念已经消失了。"② 知识分子区隔其他阶层的一种本质特征，使之与乌托邦精神天然具有亲和性，雅各比心中真正的知识分子关注并追寻人的存在意义的关注，及其对终极价值的追寻，使其成为当代乌托邦思想的"布道者"。知识分子心中非私人性的乌托邦精神，是对多种现实主义形式上的否定。当代知识分子往往放弃浪漫的虚构，流露出对未来生活的悲观心态，"人类虽然行恶，但是崇善"。③所持有的乌托邦精神，不再是一种知识分子个体愿望的表达，而是一种文化公共性的展示。那场文化革命的失败，导致左翼知识分子陷入深深的幻灭，内心从总体上缺失了超越现实表象的活力与激情，甚至不再重新反思乌托邦，而是在知识分子理想人格的退化中，继续通过解构乌托邦来消解知识分子的权威性和主体性。乌托邦精神的消失，表征左翼知识分子文化心态的变化，是在现行体制中其自身身份边缘化认同的失落心态隐喻。"这一认识突然令人难堪地使所有的古老的、期盼中的对于'美好社会'的蓝图显得虚假和幼稚。这便导致了所谓的'勇气的丧失'，或者'梦想未来的能力'的丧失。我们的时代决不是一个拥有乌托邦的时代。"④

---

① 〔美〕拉塞尔·雅各比：《最后的知识分子》，第 24 页。
② 〔美〕拉塞尔·雅各比：《乌托邦之死——冷漠时代的政治与文化》，"前言"第 1 页。
③ 〔法〕朱利安·班达：《知识分子的背叛》，余碧平译，上海人民出版社 2005 年版，第 78—79 页。
④ 〔英〕齐格蒙特·鲍曼：《立法者与阐释者——论现代性、后现代性与知识分子》，洪涛译，上海人民出版社 2000 年版，第 259 页。

　　再次，乌托邦和知识分子都具有一种居间性质，知识分子理应秉持的乌托邦精神，作为一种独特的精神特质，同乌托邦的生存土壤形成固有的内在张力。在文明与蛮荒、边缘与中心之间游走的这种张力关系，将左翼知识分子群体同其他群体区隔开来。这种张力关系所形成的文化精神，"作为最高价值在其中得以制定的王国而存在"。[①] 单向度的社会时代作手术刀，解构着知识分子镜像，对其进行错位反差式的书写。雅各比敏锐捕捉到知识分子与乌托邦之间这种矛盾气质的张力内核，清醒看清一种日渐严重的回归实用理性主义风气，导致创造性的逐渐萎缩与消失，明示处于未定型的社会集体不适所引发的浮躁氛围和尴尬境遇，以期知识分子身份价值的重新定位。

　　雅各比认为，乌托邦理想的命运同知识分子的命运紧密结合。伊格尔顿也认为，在 19 世纪，诗人阿诺德这一批"维多利亚最后一代文化伟人"，就已经被专门学问家取而代之，知识分子放弃了万能者的角色，后者依循市场规则处理文字事务。阿诺德的对手们讽刺他是"文化的先知"，[②] 住在世外桃源不食人间烟火，无意间证明了知识分子、文化与乌托邦思想之间的内在关联。文化日益受制于特定的政治话语，借助于欧美主流政治话语的影响力，知识分子只能靠文化资本谋取自身利益，被现代社会的经济与商业化体系整合。进入 20 世纪 70 年代之后，取文化革命而代之的文化悲观主义盛行，左翼知识分子与乌托邦同时被卷入一场文化灾难之中。"世纪末的美国人对几乎所有的旷世奇想都已麻木不仁——唯一的例外是市场提供的物质享受或'自助文化'创造的医疗良方。在一个不断原子化的世界里，自我实现成为第一美德，甚至乌托邦也已私有化。"[③] 知识分子的神圣性在解构过程中，表现出一种前所未有的革命狂欢后的溃败。知识分子们能否重新回到权力话语的中心，恢复公共性的社会角色，重新发挥自己的质疑和批判功能，并以此来提升大众对未来社会发展的信心，可初步被定性为一种人间情怀，甚至原本只是一个普通人所应具有的良知与勇气。美国现行体制的不完善已成为现代文明发展的掣肘，左翼知识分子在不具备乌托邦精神的视野之下，难以去承担关于生存悲剧与精神悲剧的沉重思考，言与行、表与里都发生了不同程度的离散，动摇了其作

---

① 〔美〕劳伦斯·E.卡洪：《现代性的困境》，王志宏译，商务印书馆 2008 年版，第414 页。
② 〔美〕马修·阿诺德：《文化与无政府状态——政治与社会批评》，韩敏中译，生活·读书·新知三联书店 2002 年版，第 31 页。
③ 〔美〕莫里斯·迪克斯坦：《伊甸园之门：六十年代的美国文化》，方晓光译，译林出版社 2007 年版，第 11 页。

为社会精英的根基。

在雅各比那里，乌托邦精神传承了西方马克思主义一贯对于乌托邦的价值评判，将其视作现代人不可或缺的根本精神。"知识分子的角色发生了转变，乌托邦就会逐渐消失。"① 人作为社会存在物，尤其是左翼知识分子，作为乌托邦精神重建的关键主体，是一种包含科学精神与乌托邦精神双重性的存在，两种精神都指向了人自身的发展，在人性彰显的过程中缺一不可。作为推动人类文明进步的重要力量，乌托邦精神对于所有人和所有文化都具有至关重要性，"没有乌托邦的文化总是被束缚于现在之中，并且会迅速地倒退到过去之中，因为现在只有处于过去和未来的张力之中才会充满活力"。② 雅各比认为，面对西方社会异己力量的压制，摆脱岌岌可危的文化困境，要唤醒人们内心的乌托邦精神冲动，通过实现对现实世界的超越来完成自我拯救，这一点同恩斯特·布洛赫保持了高度的一致。在他看来，尤其是知识分子群体，寻找回被社会健忘症吞噬的乌托邦精神，社会才能有前进的动力与希望的空间。乌托邦精神对于美国左翼知识分子不可或缺，虽然不能将其作为评判左翼知识分子文本优劣的标准，也不能被重新用作某种意识形态化的光明叙述，但它的式微无疑将导致事物的静态和人的物化。

可以说，雅各比首创的"公共知识分子"一词，是寄希望于作为乌托邦精神重建主体的知识分子群体，既不要好高骛远脱离对社会公众中心问题的关切，也不要患上冷漠近视症，只是散播一些无法兑现的空谈，要弄对公共性毫无意义的小手段。

每个人心中都有自己关于知识分子想象性的建构，知识分子也理所应当反思怎样才能更好践行这个称谓的时代定位，洞察公众究竟如何把握处于特定时空中的现实关系，进而引导人们真正变成改造社会的现实力量。雅各比关于公共知识分子称谓的追问及其乌托邦精神衰落的反思，不再是单纯厘清某个抽象概念，更是带有实践理性的特定角色思考与行动关切，能够充分审视自身所处的生存境遇。一旦知识分子生命中不能承受之"重"落下，在其"轻"中才有乌托邦精神重建的时代蜕变可能。

---

① 〔美〕拉塞尔·雅各比：《乌托邦之死——冷漠时代的政治与文化》，第158页。
② 〔美〕保罗·蒂里希：《蒂里希选集》（上卷），第136页。

第五章　社会健忘症及其治疗的方法论基础

　　雅各比作为捍卫乌托邦自我话语权的拯救者，对精英意识进行凭吊，无疑是新型的乌托邦的凸显。作为一名美国的公共知识分子，他试图零距离地融入市场经济与大众文化的构想，着力修复传统的普世价值与知识分子的新型观念产生的断裂，形成一种对人类精神生态平衡的强烈诉求。第二次世界大战之后，美国一跃成为世界第一强国，社会正发生深刻的后工业转型，不仅各种社会矛盾层出不穷，而且社会结构变动加快。在这种机遇与挑战并存的发展空间里，社会健忘症在诸种社会现象的影响下进一步加剧。

　　当今社会的异化状况已经相当复杂与多元，早已不再是马克思所处年代的生产异化，而是马尔库塞等西方马克思主义者所述的全面异化，在雅各比的论域中，称之为"异化的二次方"。发达工业社会普遍异化的社会环境，促成了诸种新的异化表现形式。在雅各比那里，被描述为"社会健忘症"。他试图从心理分析的视角，去审视美国发达工业社会异化状况下的社会心理，同时也在回答为什么物质文明快速发展的同时，人的自主性的个性特质却饱受压制，人的批判性思维能力却渐趋衰退，导致严重的社会问题乃至物化社会在各个层面的异化。他对这种"社会健忘症"原因的分析与解读，引入马克思的异化概念来对其进行分析，认为"既不能淡出的从心理学角度加以阐释，也不能简单解释成对童年记忆的缺失，而主要是因为所处社会及其经济动力所致"。①

---

　　① Russell Jacoby, ed., *Social Amnesia: A Critique of Contemporary Psychology*, p. 4.

第一节　社会健忘症的特征及其运作机制

雅各比身处的美国资本主义社会，严重的物化使得全社会呈现出失忆情状，他在马克思与卢卡奇等人的基础上，继续深入批判社会结构内部的异化症结，通过阐释"社会健忘症"的具体表现、背后根源、发生机制等，深入理解这种超越于异化的"异化的异化"，能更为深刻地反思雅各比所言的乌托邦之死，剖析现代人矛盾的生存境遇，揭示乌托邦精神缺失的年代呈现的种种社会心理弊病。

一　社会健忘症的表现形式

健忘症原本指的是人的生理病症，但由于生理性的记忆与思考能力障碍，会引发心理上的一系列变化，通过烦躁、冷漠、无视、自卑、抑郁等心理反应表现出来。而社会健忘症，则是社会整体对社会历史与经典理论等的遗忘，在社会物质财富彰显背后流露出精神领域的不足与缺憾，造成个体自主性丧失、洞察力缺损、意识自发颠倒、批判性思维低迷、公共文化消退、人际关系淡漠等社会危害。米兰·昆德拉在小说《笑忘录》中谈及，"人反对权力的斗争就是记忆反对遗忘的斗争"。[①] 在雅各比看来，社会健忘症的表现形式多样，从不同侧面折射乌托邦凋零下的社会疾患。

第一，对经典理论的加速遗忘。雅各比认为，社会健忘的内容最主要是对经典理论的遗忘，取而代之的则是当下社会源源不断的各种所谓新理论，呈现出貌似顺应时代的快餐式文化。在一个去经典化的时代，旧有的经典理论已不再为人们所关注，仅仅存留于过去的历史记忆之中，经典理论带给社会生活的功能效用与深刻影响，也已被人们所忘却。

在雅各比看来，很大程度上基于"坚信明天的会比今天的更美好"的普遍社会心理。这种心理促成的原因，在于当今社会科技发展迅猛，各种新奇事物涌现，人们的生活状况得以极大改观。进入文化生活里，也同样是以新替旧的心理占据上风。雅各比举了心理学这一学科领域的理论发展境况，旧有的理论疗法正被新的加速代替，虽然经典的心理分析理论仍然力所能及地试图维持自身的存在价值，但新的理论生产的速度仍使其颇感

---

① 〔加〕本·阿格尔：《西方马克思主义概论》，慎之等译，中国人民大学出版社1991年版，第277页。

压力。原先经典的心理分析会提供一种理论武器来检视物化境况，但这又会使得人们的社会心理出现矛盾不安的色彩，从表面上看，不如选择遗忘来的安心。物化社会给人们的心理机能带来了前所未有的压力，人们不仅遗忘了经典理论，还遗忘了诸种各个成长时期常见的社会生活记忆，甚至是国家以人民的名义施加的罪行。形形色色的遗忘内容，其实都是通过社会的物化机制促成。雅各比把新的理论或事物的取代现象，拓展到了生产生活、思想文化所表现的各个学科领域，而大部分的人也顺应了这一发展趋势，将之视作社会进步的反映，或表明社会发展活力的证据。在雅各比看来，生产科技领域这一普遍心理可能极大适用，但思想文化领域的适用性有限，新的专家学者不一定比过去的强，新的理论也不一定就比原先的有质量。发达社会的文化工业生产，对人们社会心理的作用力加强，不断操纵人们的思想以适应新事物层出不穷的要求，而存储经典理论与历史的原有意识，逐渐在文化工业产品的侵蚀下消散，经典文化的显著位置受到不同程度的威胁。思想文化领域的现行文化装置，俨然成为一种徐徐上升的异化势力。思想文化的所谓更新换代，一方面剔除了旧有的文化糟粕，另一方面则是对经典理论与思想文化的冲击与挑战。

雅各比对文化工业包装下生产出的大众文化，延续了法兰克福学派的批判态度。他认为大众文化的广泛流行，实际上意味着对人的思维与想象力的挑战，这种文化工业装置的裹挟操作，广泛征服了陷入"坚信明天的会比今天的更美好"普遍心理的民众，即使其有内在的缺陷，也不影响对其强势地位的巩固。这使得经典理论被严重排挤，传统文化的意义渐趋消解，甚至招致极大的颠覆。大众文化与流行文化的快速传播，基于现代商品社会成熟的经济基础，通过多元开放的审美风格，达到娱乐化、游戏化、趣味化甚至低俗化的效果，引导人们沉浸于享乐需要与情感代谢之中，通过大众传媒的狂轰滥炸来调动人们的感官情绪以吸引眼球，以丰富多样的包装形式来使得人们暂时逃避社会的重负，忘却对社会的深刻思考与美好想象。雅各比认为，这种文化工业带来的极致快感，会使得人们想象力退化，自主意识减弱，导致全社会对乌托邦的想象能力褪色，经典理论的文化价值逐渐萎缩，原先蕴含的丰富意义被显著遗忘。

第二，原初语境的丧失。雅各比认为，在经典理论被取代的同时，其原初语境也逐步被遗忘。这种理论语境的彻底改换，实际上是启蒙理性走向自身对立面的过程。初始的启蒙思想是为了确立人在自然界的主体地位，通过消除一切神话，来将人类从蒙昧状态里拯救出来，达到韦伯所言的祛魅。然而在启蒙理性化的过程中，工具理性与技术理性占据了启蒙的核心地位，原先启蒙是在革命意义上的对旧有不平等不合理秩序与事物的清除，而后逐步异化为对人奴役与压制的工具，重新退化为神话，创造的世界不是全面自由而是全面异化的。就如同霍克海默所认为的，神话已是启蒙，而启蒙退化为神话。启蒙理论与启蒙运动的原初意义被消解，离原初语境越来越远，启蒙精神任由理性原则主宰，成为思想文化物化的一般性应用工具。原初语境的丢失，使得人陷入更深层的异化状态，走向真正主体性确证的对立面。

雅各比拿心理学举例，新弗洛伊德主义与后弗洛伊德主义层出不穷的新理论，都试图对弗洛伊德的思想观点进行或多或少的修正，利用思想观点的分歧来改变弗洛伊德思想的原初意义。他认为如今的时代已经割裂了历史，远离了历史自身的意义，被浓重的自由主义与大众文化气息笼罩。到处充斥着对弗洛伊德思想的误读。原初经典心理学的语境被遗忘，心理分析的历史意义与理论价值也被抛弃。在雅各比看来，只有将其置入19世纪下半叶的维也纳，才能够解释清楚完整。"弗洛伊德意义上理论批判绝望地坐落在维也纳。"[1] 换句话说，对经典理论原初语境的把握是必要的，只有把经典理论的理解作深刻的历史现场还原，才可能对其内涵与意义有清晰的认知。

不断滋生的新理论试图掩饰经典理论的价值，抹杀传统思想文化的真实内涵，而且人们在脱离历史语境的状态下难以还原经典理论的本真含义，加之文化在各个学科领域的全面异化，使其成为操纵与束缚人性的武器。当原初语境越来越远离当下的人们，经典理论的功用则降至历史冰点。即便人们试图通过技术手段、媒介特效、形式创新等，对经典理论文本进行重新改造，看似获得重生的经典拥有了丰富多彩的形式，但其原初语境早已被淡化处理，原本的价值意蕴已失去。

第三，经典理论的批判功能被遮蔽。雅各比不无担心的是，经典理论的批判功能与目的被无形遮蔽。他以启蒙思想为例，启蒙运动作为"社会健忘症"的表现形式之一，启蒙思想的批判功能本已发生偏移，原先作为思想文化解放的文化形式被传播开来，人们指望通过运动的开展来将自身引入光明的前景，达到对自由、平等、博爱等一系列启蒙核心价值的追求，但后来启蒙运动异化造成的结果则是，人们逐渐进入理性崇拜的迷狂之中，被自身所确立的理性驾驭统治，启蒙思想的批判功能退化，不仅不批判由理性确立的发达工业社会的问题缺陷，反而致力于对其社会现实问

---

[1]　Russell Jacoby, ed., *Social Amnesia: A Critique of Contemporary Psychology*, p. 2.

题加以掩盖，把人从独立思考、理性思辨的主体变成失去自我、权力宰制的工具，人们反而在失去自由的同时，忘却了对人自身生存价值与历史使命的追问，遮蔽了启蒙批判是为了人自身的真实目的。

雅各比认为，弗洛伊德的心理分析学说已被当下社会所遗忘，其批判功能与目的已被忘却，甚至人们将其功能倒置处理，作为失去批判意义的反动社会意志。这种现实批判的意义，被不断生产的新理论所覆盖。过去的经典文本与当下所在的现实社会，呈现出一种张力关系，既不能完全照搬重复旧有内容，又不能遗忘其仍具适用性与说服力的批判功能，而是应当重新思考在批判向度渐趋萎缩的年代，如何有效调和两者之间的关联，以回应对经典理论批判功能与目的现实有效性的反驳。在雅各比看来，不仅是弗洛伊德的心理分析学说，还包括马克思理论在内的经典理论，其批判功能与现实目的不仅仍有效，而且能极大推动社会发展，确立社会历史的价值坐标。

雅各比认为，整个社会弥散着对乌托邦精神的遗忘，随着强烈的遗忘意志不断广泛蔓延，变成一种辐射社会各个角落的综合征兆，就会迫使全社会的记忆在对无数过去的拒斥中消失，社会从而难以拥有自我反思的能力。社会健忘症是商品社会的精神性商品，"社会一旦失去理性的外表，癫狂便萦绕在最健康和最正常的工作和睡眠时间"。① 颇有意思的是，美国另一个名字带有雅各比的学者苏珊·雅各比，将如今美国所处的文化景象称作"后真相时代"，他认为反智与非理性使美国越来越愚蠢，技术作用下突变的遗忘病症越发明显，理性早已不再是美国文化的内在美德，人们不仅对世界知之甚少，而且对理性的遗忘蔓延至公共生活的各个角落。

可以说，遗忘不是外在于文化精神的生产之外，而是逐渐成为大众文化的内在逻辑，统摄大众文化传播系统的各个环节，商品社会的消费样式深受这一逻辑的影响。乌托邦精神遗忘的社会，对社会记忆系统产生了极大的抑制作用，社会健忘症很难自我克服。完成历史超越的前提要件就是把握住历史，记住每一个过去而不是选择性的遗忘，更不是对在制造谎言里改写过去。

二 社会状况的整体性异化

雅各比期望借助西方马克思主义的物化概念，进一步理解社会健忘症这一社会病。在他看来，社会健忘症属于全部物化类型的原始形式，已渗

---

① Russell Jacoby, ed., *Social Amnesia: A Critique of Contemporary Psychology*, pp. 150 – 151.

透进社会生活系统的各个方面。通过窥视美国社会的多角度分析，雅各比认为，异化这一现代人的病态心理，导致人们洞察力与想象力困乏，批判思维能力严重退化，严重制约现代人的心理康复。美国社会的全面物化，却没有让人们察觉自身处于更深层的异化局面。由此，雅各比才直指美国社会为"社会健忘症"的社会。他呼吁不能仅仅关注与人生存相关的物，还要更多关注人与周边世界之间的关系。通过对人自身心理世界的审视，来把握生活的意义所在，尤其是精神生活的现实价值，以更好地理解知识分子的精神异化，尤其是乌托邦精神异化的问题。

物化社会使得人们丧失了主体性的超越维度，原有对美国社会弊病揭示的批判性思维正受到压制，"如今的大脑再也无法有效思考，只能将批判性思维置于某个时空固化下来"。[1] 人们对思想家的评价标准，越来越多是通过外在的形式认定的，从其所处的种族、性别与具体的时代方位标记，这比评价思想家的思想本身要容易得多，思想本身的意义变得无足轻重。一些人靠外在的形式获得身份与地位，而人们又更加从其标榜的身份中对其作出判定。可以说，在雅各比的思考中，这进入了一种循环，使得被动分类的负面效果更为明显。

美国经济贸易领域的绝对优势在 20 世纪 70 年代滞涨阶段发生了很大变化，一些眼光敏锐的人士发现企业内部乃至全社会具有批判性思维的人才贫乏，思维敏捷人才的短缺现象严重。这引起了一部分公共媒介的讨论，无论是领导决策层，还是教育培养环节，都出现思考能力弱化的趋势，甚至在一些领域低于发达工业国家的平均水平。美国在 20 世纪 80 年代初对教育领域的官方评估中也认为，大多数的受教育对象难以提供针对问题的有效的解决路径或方案，而只能提供一些没有深度的看法，没有接受过系统的批判性思维训练。虽然发达工业社会提供了丰足的知识与技术，信息获取的方式与数量也比以往增加许多，但这并不意味思维能力的提升。在雅各比看来，现行教育体制，并未培育出文明社会所需的理想性格特质。企业白领、蓝领工人或是知识分子等阶层的思维活动，都因所在的工作条件与内在本质而变得衰退，一起被整合进入现存体制内，传统的工人阶级的角色定位发生很大变化，不再被看作现实抵抗的主导力量，知识分子也因受物质利益与社会地位的引诱，"人们的思维活动衰退到只能被动地进行分类"，[2] 逐渐专门化、体制化与边缘化，不再选择积极投身社

① Russell Jacoby, ed., *Social Amnesia: A Critique of Contemporary Psychology*, p. 1.
② Russell Jacoby, ed., *Social Amnesia: A Critique of Contemporary Psychology*, p. 1.

会公共事务，参与能力被严重削弱，逐步退化为固化被动的社会观察角色。

社会健忘症中的物化因素与马克思的劳动异化的关系紧密，二者在本质上具有理论上的一致性，但除却对异化进行政治经济学的分析，还应加强对其历史维度的探讨。马克思的意识形态概念已屈服于社会健忘症，"因为它不方便把常识和经验主义从意识形态的责任中解脱出来"。[①] 虽然丹尼尔·贝尔等人一直在试图梳理意识形态的历史，并从理论上加以历史性描述，但这种描述充其量是一次概念复活的练习，实际上这个概念已被其认定为过时，左翼意识形态的特征与意义已被遗忘。而他更加反对汉娜·阿伦特等人的主张，因为在这些人的眼里，意识形态就是一种抽象的口号，将之等同于极权政治、暴力。带有非常浓烈的自由主义意识形态意味，这使得他们不可能完全从学术本身出发，研究与界定意识形态。

雅各比认为，当今社会人与人之间的关系，已被人与机器的关系所替代，丰富多样的社会关系已变质。物化社会的合理化原则，使得社会基本活动与人自身之间形成彼此对立的紧张关系。人们在生产过程中不断被机械化与物化所侵蚀，不仅把人自身的活动变成商品，越发的客体化，而且普遍把他人视为谋求私利的手段，人的关系也被物的关系吞没，人与人之间越发冷漠与疏远，在相互利用中培植虚假的爱的关联，甚至处于不信任、敌对与竞争的残酷状态。人们的交往与联系并没有随技术的发展而加深，反而被技术左右捆绑了自身的精神生活，限制了与他人的现实沟通交流，精神世界的强烈异化导致价值观颠倒，异化分析的遗忘速度加快，不再追求体现人与人和谐相处的乌托邦精神力量。在生产劳动环节，其表现形式在于劳动产品凌驾于劳动者之上，不停地通过挤压人性来抬高自身，劳动者则被迫成为积聚资本的工具，他们的利益与心理健康被任意舍弃；科学技术环节，技术急速渗透日常生活，以多种大众媒介的形式隐性控制人的日常消费行为与生活需要；在生活交往环节，家庭成员的日常交流被人与技术机器的互动所取代，人们习惯了独自朝向媒体的生活态度；在日常消费环节，人们被激发出强烈的消费购买欲望，不知疲惫地在购物花钱过程中来获得生活的意义，打发多余的时间，成为消费陷阱的玩物。

在雅各比看来，人们在理性化的进程面前，经历了人文精神与科学精神的对抗与冲突，人们对自然与社会文化的理解变得空洞，进入无意义的数字化符号化状态，人的心灵世界在专门的体系之中被加以整合，思维活

---

① Russell Jacoby, ed., *Social Amnesia: A Critique of Contemporary Psychology*, p. 7.

动与表达能力被无形的大众文化操纵，进而导致主体性的失落，人在这种机械的体系功能整合下，观察世界的洞察力与表达情趣被严重压制。作为商业特征的文化力量，以大众消遣的姿态消除原先文化的启蒙与引导职能，人们甚至自觉地加以迎合，陷入更深层次的异化却无法识别与查验，逐步由主体沦落为客体，进一步消极丧失自身的主体性，人与人之间的社会关系变得异常疏离，以被操纵的虚假木偶形态来取代社会的有机联系。现代人被一体化整合后，对现存社会一味认同，从众心理进一步加剧，个体的意志与行为屈从于大众，放弃表达自身立场观点的机会，人与人在外在表征上越来越近似甚至一致，社会活力越来越淡化，变得人云亦云、死气沉沉。人们沉浸在与权威认同的情绪之中，通过与整体表现出一致性来获得安全感，进而被迫或主动变成制度化的消极工具。无论是一开始表面的被迫从众，还是到盲目乃至自愿从众，都是具有典型单向度的适从过程，揭示了美国现行体制下从众心理的演化序列是从被动到主动、从盲目跟随到无意识认同的。看似合理的统治意识形态对这种从众秩序加以全面控制，民众的个性和自我意识几乎丧失殆尽，创造力与创新思维能力无从培育，从众心理的发生就成了弗洛姆意义上逃避自由的心理机制。而整个社会沉沦在一种惰性状态里，导致社会风气与文明程度的衰落。群体的盲目一致性又会导致一系列危害社会稳定的极端行为产生。物化意识内化于人们的生存结构，对人们的行为与生活方式形成支配力量，"呆板的劳动对生存的主宰"，[①] 让社会生活失去了某种新的可能性，整个社会都更多具备抽象的机械属性，与社会人格的主体属性越发分离。美国社会人与人之间的关系，是一堆"不合规格的残次品"。[②]

　　雅各比所生活的美国社会，生产水平与科学技术空前发展，人们在技术与消费领域所显露的异化情形颇为典型。物化现象的如此盛行，远甚于马克思时期生产异化引发的困境，已从生产领域进入日常生活之中，内化为控制人们生存结构与日常活动的复杂心理机制，深入影响人们的行为处事与消费方式，甚至制约着人与自身、他人以及与自然的关系，人们的日常生活由理性把控，烦琐僵化的运行机制与管理制度规范着民众的公共行为，人们不再选择相信存在的价值与生活的意义，而是日复一日地在商品拜物教的操持下空虚度过。整个社会过度注重经济利益，遵循着无处不在的市场原则，导致人的数字化、原子化、空心化。物化领域极易忽略其对

---

① Russell Jacoby, ed., *Social Amnesia: A Critique of Contemporary Psychology*, p. 5.

② Russell Jacoby, ed., *Social Amnesia: A Critique of Contemporary Psychology*, p. 17.

人的心理的侵蚀，异化已然成为现代人的病态心理形式。"社会失忆其实就是某一形式的物化，即物化的原始形式。"① 人们内心极度匮乏，远不是丰足的物质财富能够填充的，现代社会的各种压力导致心理疾患或障碍的产生；文化的多元化，看似丰富的大众文化形式，仍让深陷其中的人感到精神匮乏与空虚寂寞；人们在个体自由的状态下却没有摆脱异化社会制造的虚假快乐，反而被技术或数字操控，陷入更大的不自由而无法认清自我；人们的活动目的与资本主义生产目的高度一致，都是奔向经济利益与物质财富，在资本运作下成为经济目的的工具，对自身的心理境遇不在意不关心，完全忽视了生活的本能与本真意义。

一方面，技术异化强化对人的压制空间。科学技术的两面性，在20世纪中叶之后暴露得更加明显。虽然科技帮助人类从自然的奴役中走出来，体力与脑力实现了双重解放，是社会生活不可或缺的组成部分，但人在大肆利用技术之后，却不断地异化为科技附庸，越发依赖技术手段与科技产品。科技大大突破了人所能控制的权限，变成支配社会的隐形异化力量。马尔库塞在批判科技理性统治对人类的异化作用时，直接使用了"单向度的人"这一概念加以表达。雅各比认为，人们被新的科技力量所左右，往往归顺于尖端技术的倡导者，听令于各种新兴科技信息传播手段，人们所生活的世界，被包装为一个与以往大不相同的异己力量，人们面临着受造物统治的生存怪圈。高度信息化的社会，对人们思维的控制力度越来越厉害。在雅各比看来，新兴科技手段已经进入生活的各个层面，对人的思维方式与思想观念产生剧烈影响，人们根本无法从技术服务的诱惑中独立出来，人们的心理产生极度的依赖性，失去了原有的主体自由。而且，人生而为人的生命价值逐步淡漠，人性在对物质金钱的屈从中被压制。人的创造力与想象力被异化的科技力量所扼杀，发达工业的机器化生产和工业流水线上的大众文化复制品，人没有寻找生命意义的能动性。更为可怕的是，无形的科技文化传播，使得人们内心的希望性自我消解，丧失了对乌托邦理想的期望，更多使得人进入自我异化的状态，不再对未来保持内在的乌托邦冲动，进而制造了严重的社会健忘。

另一方面，消费异化推进了社会无意识的进程。20世纪生产力的快速发展与技术的突飞猛进，人们的消费水平显著提高，消费理念、价值、方式、结构等也出现了巨大变化。人们往往突破原先既有的真实生存需求，在个体本位的消费观驱动下，征服自然的野心膨胀，个体的虚假欲望被制

---

① Russell Jacoby, ed., *Social Amnesia: A Critique of Contemporary Psychology*, p. 4.

造出来，大量的过剩消费产生，消费转向了人的对立面，成为一台操控人性的机器。符号化、象征化、时尚化，成为消费社会的显著特征，消费异化这一与其本质相背离的社会行为模式，成为生产异化后又一典型异化现象。消费逐步成为一个被激发出来的虚假满足体验，与具体真实的自我之间产生了偏移，人在消费异化领域失去了自控力，在虚假的产品消费过程中才能找到自我的存在，消费的物品已然成为具有符号意义的衡量物，用以体现人的生活品质与社会地位。异化消费中的多数消费行为，与人们的真实情感相脱节，在无意识的感召下批判力与判断力被削弱，人们无法意识到自身的消费行为不仅损害自身的实际利益，而且严重轻视他人的劳动成果，导致价值观与社会心理的严重扭曲。真正的生存与生活需要被遗忘，人的真实心理表达似乎不再重要，逐步被消费品代替，完全被动接受着社会所提供的一切。

雅各比认为，"使用—消费"的社会性格，是现代社会的消费机制对个体性格的重新塑造。人们在异化消费过程中，形成一系列带有普遍性的思维模式与话语逻辑，被挤压到人的潜意识深层之中，让人们在进行消费选择时渐趋一致，消费价值被无意识的规范化处理。人们在消费领域制造出的幸福感与满足感，取代了消费社会给人带来的空虚茫然，人在不自觉的状态下进入生产—消费—再生产的循环里不能自拔。人们在长期受压抑的心理驱使下，遗忘自身的真实需求，靠一味地投身消费来获得虚假的满足感与愉悦感。

可以看出，这种长期发生的消费心理已经在异化状态下变得畸形，甚至成为社会群体共同的行为模式，他们不仅意识不到异化消费心理的危害，而且在怡然自得理所当然的状态中，人们的思考能力严重退化，心灵的异化使人已经不能自然形成批判性思维，形成的所谓思想只是在迎合现行体制的统治需求。"如今的大脑再也无法思考，仅仅把批判性思维在某个时空领域固定下来。"① 这又进一步加剧人的乌托邦精神衰落，造成社会性格严重趋同，进而遗忘了真实的心理表达。从雅各比的分析中可以发现，正是技术理性与消费主义的联合作用，使得美国社会涂抹了一道看似合理的色彩，其外观具有的迷惑性，不停消解着人的主体性，强大异化力量在社会中广泛渗透，使得社会健忘反倒成为一种常态。

---

① Russell Jacoby, ed., *Social Amnesia: A Critique of Contemporary Psychology*, p. 1.

第二节　心理分析的乌托邦精神诊疗功能与路径

雅各比提出的是乌托邦精神对当代社会病理的整体性诊疗。他认为理论既不应简单归入实践序列，也不应忽略与之存在的复杂历史关联，从而将二者割裂开来。乌托邦精神的诊疗功能侧重于对精神王国不自由的反省与批判，基础性的精神分析治疗则侧重于个体心理机能的失调。前者更多是基于一种总体性的视野，来面对全社会领域的机能失调，以此形成对现存体制的自由超越。

人与生俱来的潜能与需求，往往在现存社会体制中难以体现。这就需要考察个体与社会之间的复杂关联，一方面，把握社会性要素在个体心理发展中的作用；另一方面，也要从人与所属世界的外在关系中，发现人本应具有的乌托邦精神与积极创造性原则。单纯的个体包括单个的知识分子，不能够突破社会所制造且属于其内在本质的障碍。"关乎左派的社会遗忘有两种形式：迫切改革和革命的新理论建设，和近年来越来越多的老口号和策略仓促翻新。由于依仗过去延续的抑制，两者同时并行。"① 新的文化和社会观念深深埋入个性结构，不仅要改变知识分子的精神结构，还要改变乌托邦精神缺失的整体社会结构，通过对文化符号体系的再造，让人们从现存社会文化法则的管制下得到真正的解脱。

一　社会健忘症对心理治疗的负面影响

社会健忘症是现代社会的一种精神性商品，它助长了严重的反心理分析情绪。雅各比认为，异化已作为一种无形的文化力量，成为植根于社会的普遍性心理疾患，且不易为之察觉，处于长期的无意识状态。心理领域的机制异化问题，已经成为社会最深处的异化。心理机制异化的显著表现，就是对心理分析采取排斥与抗拒，把心理分析作为反动社会意志加以对待，不再能够重视弗洛伊德心理学的内涵要义，而是将其压制以顺应现实的物化统治。

第一，心理分析的有效性缺乏。在雅各比看来，由于心理分析能发掘人们被异化了的生活结构与性格结构，反而会让安于现状的人们深感不安，极力希望能够将其遗忘。心理学的历史演进过程不被当代人所重视，

_____

① Russell Jacoby, ed., *Social Amnesia: A Critique of Contemporary Psychology*, p. 101.

他们对待心理学发展历史的研究态度十分随意，"心理学历史研究遭遇到业余和随意的对待"。① 新理论对经典理论的加速代替过程，实际上也是心理分析历史被人们遗忘的过程。雅各比强调，并非人们只是遗忘掉弗洛伊德的心理学思想，历史学者对整个心理学历史发展的不重视，造成心理分析理论研究的衰退，才导致人们社会心理更深层的现实阻碍。在物化社会生活的人们心理滋生的各种疾病，都使之面临思维能力退化的风险，但他们不愿意正视心理顽疾，宁可继续在束缚与欺骗中生活，甚至滋长出反心理的对抗性异化心态。精神分析理论于19—20世纪交替由弗洛伊德创立，研究内容细致丰富，庞杂艰深，被公认为现代心理学的奠基理论，其学术影响力之大，已经拓展到西方几乎全部人文社会科学领域。弗洛伊德对行为动机的原理与成人行为的成因，都做出了详尽的理论分析，特别是对于内驱力与本能冲动、童年心理冲突的研究，使得他的名声大噪。这种对人们潜意识与无意识领域的探讨，形成西方心理学的主要流派，在神经科学治疗中的实践意义也非常鲜明。拓展到整个人文社会科学中的心理分析，又被称之为弗洛伊德主义。雅各比认为，如果不深刻研究该理论体系，就无法理解人的心理活动全貌，也不可能把握现代心理研究的历史脉络与结构框架。"用于治疗，个人的措施与用于治疗，文明的措施不是一回事。"② 由此必须重视心理分析，在心理治疗方法视域拓宽的基础上，分析人们的心理活动流变，探讨现代人的心理疾病成因，以治愈广泛存在的各种社会性疾病。要真正把心理分析应用于对社会病症的诊疗之中，就必须返回过去，对心理学的历史进行研究，以展现其内在的发展逻辑，而不致产生思想上的混乱与动荡，对心理学经典理论的遗忘会将研究变成无本之木，既难以有效结合社会现实达到治疗效果，又难以培育人们的理性批判与怀疑精神，导致对现行统治意识形态的盲从，进而淹没自身的批判性思维。

第二，理论与实践治疗的排他性。物化人格制约下的社会心理，使得人们对心理学经典理论与历史排斥与抗拒，导致心理分析在实际诊治时效果难以体现出来，理论对实践的指导作用严重弱化，使得心理学理论与社会人的心理治疗之间，构成一种对抗性的紧张关系。雅各比判断，"心理分析中理论和治疗间构成的紧张关系，类似于马克思主义的理论和实践之间的紧张关系"。③ 理论与治疗之间难以缓和的紧张关联度，对广大人群所

---

① Russell Jacoby, ed., *Social Amnesia: A Critique of Contemporary Psychology*, p. xvii.

② Russell Jacoby, ed., *Social Amnesia: A Critique of Contemporary Psychology*, p. 120.

③ Russell Jacoby, ed., *Social Amnesia: A Critique of Contemporary Psychology*, p. 12.

患上的一系列社会健忘症的具体风险难以有效捕捉，对人们异化心理的洞察不够，也很难让人们克服心理异化带来的全体社会无意识。

在雅各比看来，现代社会心理治疗的内容，应当及时跟进社会历史发展的脚步，经典理论也应随之更新与完善，治疗效果也要与时代进步相适应。这并不意味着抛弃经典理论，完全用新的心理学研究来取而代之。基于马克思主义认识论的考察，实践作为其中的首要观点，与理论之间不可任意分割，既不能孤立突出某一方的重要性，也不能忽视各自的片面性，只有把握两者相互联结依存的关系，进行否定性辩证扬弃，才能正确把握客观事物及其规律，形成真理性认识且达到知行合一的效果。这与心理分析中的理论与治疗类似，它们也是一种辩证互动关系，一方面，在适应时代发展的科学完善理论指导下进行心理治疗，通过治疗过程总结经验教训，以调整与创新理论内容；另一方面，不能突出其中一方的优势进而将两者割裂，而是应认识到任一治疗都可能包含丰富多样的理论创制，而任一理论的表达也可能由具体多样的治疗方案体现。如果单一强调一方地位与作用造成联系的脱节，就会导致两者的对立冲突，并且加速传统心理分析理论的应用危机。

传统心理分析治疗费用高昂，又遭到多种替代方案，新理论也在以加速化的趋势取代经典理论，但又无法有效指导传统疗法，两者之间的紧张关系必须由双方共同作出改变，一方面，通过经典疗法的创新，通过实际诊疗来丰富与完善理论；另一方面，需要把经典理论纳入更广阔的社会历史视野之中考察。雅各比认为，"通常意义上的理论与实践的关系，不能被压缩为单一的公式，而是一个深刻复杂的历史关系"，[1] 要在深刻复杂的历史关系中缓解两者的紧张局面。雅各比还认为，弗洛姆结合弗洛伊德思想与马克思主义，希望将心理分析中的理论与治疗结合起来，以求找寻健全社会的构建方案与具体操作路径，但结果却事与愿违，他并未找到合适的治疗方案，来对异化社会加以革命性的改造，这是由于弗洛姆提出的方案与路径，远离了现实社会的发展轨道，本身没有遵循理论与实践的有机结合。

第三，心理分析理论受到还原论制约。心理分析理论在物化社会中被技术化处理，进行归约简化。换句话说，心理分析受到的危害，很大程度上是来自还原论施加的影响。人们内在的异化性格结构于生活结构，导致人们不愿意进行深刻的分析与思维判断，而将复杂问题简单化处理，而这

---

[1] Russell Jacoby, ed., *Social Amnesia: A Critique of Contemporary Psychology*, p. 120.

种简单化是建立在去除与遗忘传统历史分析的基础上。心理分析被还原为一门孤立的技术，就如同近代形而上学主义者可以将世间万物及其运行过程，都还原为不可再分的自然元素或微观粒子，或是动物机器论意义上的机器组成部件。虽然还原论逐渐超越了原有生物学意义，转向了先进的自然科学技术领域，成为科学建构的重要理论基础与研究法则，而且在逻辑实证主义的框架下，还原论以系统方法论的原则加以应用，但其核心仍然是将高级事物、现象以低层级或简单化的低级运动形式加以阐释。心理学中的还原论深受哲学影响，一种是本体论还原，也把人们的心理世界归约为基本粒子构成，还原为某个单一实体；另一种是方法论还原，将人们的心理关系进行知识还原，或解释为一种简单的线性因果关系，或某种机械运动、物理运动形式，以低层级的知识构成来说明复杂的高层级现象。

通过还原论的方法，人们可以比较清楚地了解内部复杂的心理结构，有更大可能性对自身的行为方式进行调控，或简单明了地说明心理问题。但这又极易忽略心理对象的不同特质，把人当成物对待，以机械的方式肢解丰富多样的社会生活，心理世界的多重意义被消解，甚至变成一系列无意义的虚无集合。把复杂的心理学理论还原为低层级事物的知识观念，可以让心理分析行为的解释力更强，也便于对人们的心理或行为进行适度的调控。但简单采取还原论的方法手段，忽略掉研究客体相异的内容特征，就可能会陷入传统形而上学的机械论困局中。对于心理学研究而言，无论是量化还是质化的研究方法，均没有达到足够成熟的程度，难以对社会高级运动中的心理现象进行完整意义上的把控。还原论的过度滥用，极容易导致人类完整丰富的心理意义遭到不同程度的肢解，人类特有的复杂心理活动，就会在研究过程中被简化为一种无意义的要素堆积。

二　心理分析被遗忘后的当代学术现实

雅各比认为，如果将心理分析运用到社会历史领域来研究复杂问题，那么它就不应被作为一种纯粹的工具来对待，不应利用心理分析来简化原本具有高度复杂性的历史研究，否则，就极易忽视复杂社会因素对社会心理造成的复杂影响，也容易忽略社会个体的独特性格特质与行为方式，还会剥除掉人隐蔽的某些高级心理特征，从而导致心理分析的诊疗效果受到影响，加剧社会健忘症的蔓延。当然，"也并非是让历史研究者们去弱化社会、经济与政治现象的心理'根源'"。[1] 否则，人们对异化社会给自身

---

① Russell Jacoby, ed., *Social Amnesia: A Critique of Contemporary Psychology*, p. xvi.

造成的种种危害将更加无法察觉。心理异化让人们遗忘了曾经必要的异化分析，遗忘了自身的真实处境与生存需要，在制造的虚假与幻想世界里无法自拔。

在弗洛伊德那里，强调的是驱力模式的作用，主要从生物学角度阐释个体的发展。精神生活主要划分为意识与无意识两大类，后者又划分为前意识与潜意识，而后者地位比前者更为突出，人的精神过程从总体上把握就是无意识的，而与之相对的有意识的部分，只是其中的局部环节与外在表现而已。在潜意识里，最重要的部分就是原始的机体欲望冲动。在人格结构里，本我是人性活动的内驱力，是无意识的集聚地，也是某一人格表征的深层基础；而在阿德勒那里，是以"自卑感"与"创造性自我"为中心来构建心理学理论，主要从社会学角度阐释个体的发展。他强调社会意识在人精神生活中的重要地位，"阿德勒的关注点基本限于意识领域"。[1]他的个体心理学并非主要是探讨个体之间心理的差异性，而是突出整体性，批判弗洛伊德对"个性的全体"的遗忘，认为要全面地看待人，把人视作一个整体，人的心理活动由历史经验、内部遗传、外部环境等共同参与，促成人的心理产生的每个单一官能，其暴露的局部性都是对整体的人负责。雅各比认为，他不像弗洛伊德注重生物学意义与本我更多，而是更注重人自身精神能动性的获得与弗洛伊德意义上的自我更多。这就使得阿德勒擅长以主观能动性化解原始的自卑感，以此作为补偿实现创造性自我的价值。在雅各比看来，一些研究者把阿德勒近似的看作社会主义者，因为阿德勒强调将人的主观能动性融入阶级意识，而将情感等非理性因素处于附属地位，以此推动社会革命的发展。他认为孩童时期内心存有的自卑感，主要来自外部社会环境对个体施展压力所造成的主观情绪活动，这种自卑的主观感受又会反向促成对其自身改变的心理效果，非性的渴望超越与自卑补偿代替了性驱力与性观念。阿德勒对神经症的"驱动力"的回应，是针对社会健忘症的调整，同时强调教育及社会兴趣的重要性。他认为社会问题很大程度上源自缺乏同伴的关注与感受，而个体都与生俱来有一种关注他人的主观潜能。雅各比认为，由于突出主观性对后天因素所造成心理成因的调适与解决，恰恰是对主客体结合辩证法的遗忘，这种对主观性因素的强烈渴望，也恰恰是现代人主体性弱化的直接反映。

在雅各比看来，新弗洛伊德主义更侧重于客观性，更多考察的是外在环境对心理的作用，而后弗洛伊德主义更侧重于主观性，主张人本化的个

---

[1] Russell Jacoby, ed., *Social Amnesia: A Critique of Contemporary Psychology*, p. 21.

性探究。"文化人际交往学派"作为新的精神分析学派，称之为新阿德勒主义比新弗洛伊德主义更为合适。他们看重文化与人际关系在心理活动中的功用，并且吸收了阿德勒的相关理论元素，比如社交能力、自我、创造性等，认为弗洛伊德忽略个体和群体、个体心理和社会心理的复杂关系，没有考虑到社会环境对个体影响的深度，由此展开对弗洛伊德唯物主义理论的批判，"文明是过去暴力和破坏的伤痕组织。这是弗洛伊德真正的唯物主义和历史核心"。[①] 个体不仅受到外界的干预，而且个体自治过程中已被意识形态所裹挟。雅各比认为，这一流派力主社会力量对个体力量的超越，又把个体与社会关系凝固化为一个预设的表层模型，没有发掘复杂关系的内在辩证性，急于寻求社会因素的作用，在强调客观社会普遍影响的同时，企图运用乏味的社会概念来达到目的，弱化了关系内部的意义，实际上丧失了主观性。

后弗洛伊德主义被雅各比视作人本主义或者存在主义的心理分析学派，他们植根于此种哲学与心理传统，在新弗洛伊德主义突出文化与人际关系的基础上，追寻人本与真我的价值，把人的本质视作自我的创造性实践，透过历史的本质来探寻个体对人自身个性解放的路径。一是强调道德的规范功能，指明其对在解决人们行为失范中的促进作用；二是强调心理自我满足的主动性，指明人们通过转向自身内心世界的满足，来填补物质富足带来的精神匮乏。雅各比认为，这种对主观性人格的认同与维护，过分重视现实世界中个人的主观经验，而忽视了辩证的抽象思维，使研究主体紧紧生活在所指向的对象之中，进而变成一种忽略具体特殊性的镇压性理论，看上去是迷恋事实的实证主义，而实际上又只靠主观性的维度来解释，过分抬高了主观性。在雅各比看来，实际上是不同程度地对个人的价值观、不安全感、目标等进行理论化处理，这种对主观性的崇拜，陷入了资本主义的统治意识形态之中，"他们都安全地遵循私人与自主的个人和消费者的官方意识形态"，[②] 无法真正看清社会生活的本来面目。

雅各比还阐释了法兰克福学派辩证的自我理论的优劣势。在他看来，修正主义的表述不是从马克思主义发展史内部进行抽象的结果，而是应从理论重建中被揭示出来。弗洛伊德的修正主义也具有一定的理论自觉，是通过重建精神分析理论以确立自身的正统性，法兰克福学派基于上述流派对弗洛伊德心理分析的批判与理论重建，才有所谓的修正称谓。新弗洛伊

---

① Russell Jacoby, ed., *Social Amnesia: A Critique of Contemporary Psychology*, p. 31.

② Russell Jacoby, ed., *Social Amnesia: A Critique of Contemporary Psychology*, p. 26.

德主义的个体主义批判的意义，在于它还原了社会意义上的自我与个性。在法兰克福学派的眼中，弗洛伊德的本能概念揭露了意识形态的狡诈，不但不是为了掩盖个体是一种幻觉而存在，反而是要表明在多大程度上还存在。"他们不去解剖自我来寻找内在的和社会的伤害，而是寻求自我的善良和完整。"① 这就使得这些弗洛伊德的修正主义观点，已经上升到对自由主义意识形态让步的程度。正因为如此，社会批判理论中借鉴了精神分析的要素，为了阐释清楚个体被社会去个性化的程度。霍克海默也强调了在一定程度上遵循弗洛伊德生物学唯物主义的意义。马尔库塞也认为弗洛伊德破坏了作为物化意识形态之一的资本主义文化堡垒，即"关于自主个体的概念"。② 也就是说，修正主义论述中的所谓具体而完整的人格，是存在于私人和公共环境之中的，这种存在往往是用来掩盖人格的本质的。而弗洛伊德意义上使用的人格概念，虽然从表层上看似不完全成型，但是人自身客观生存状态较为立体的展示。在雅各比看来，"个人的第二天性是历史的积累和沉淀"。③ 马尔库塞把弗洛伊德的"生物主义"解释为第二天性，漫长的单调压抑僵化的历史，在这里，历史也已经被硬化为自然，修正主义的弗洛伊德主义，通过抬高主观性来渴望看清的社会历史，其实是不明晰的。

　　在雅各比看来，阿多诺的"自我心理学"理论，也是对辩证法的灵活运用，把自我看成是心理内外有机结合的产物。他认为，阿多诺对修正主义的弗洛伊德主义也进行了批判，认为他们无法理解心理内与外两种现象的联系与差别。从心理外因素来看，阿多诺认为前资产阶级秩序导致其无法明确心理学的意义，而过度社会化的人也即修正主义者其实是不能深刻理解心理学的，因为如果把精神分析这种主要研究个体的科学，从个人的命运中抽象出来，就等于是对心理学的破坏，是不能够加以完整理解的。雅各比认为，"只要精神分析概念与'经典'资本主义模式相结合，它们就可以缓解精神和超心理现实的后续历史演变"。④ 个人的侵蚀和腐蚀及其家庭特征，随着垄断资本主义模式的发展被确定下来。也正如阿多诺指出的，在一个完全具体化的社会里，人与人之间几乎没有直接的联系，每个人都被简单化约为一种集体性征，个人的心理，失去了原先所强调的意义，个体整个心理过程虽然持续存在着，但已不再是推动社会进程的力

---

①　Russell Jacoby, ed., *Social Amnesia: A Critique of Contemporary Psychology*, p. 30.

②　Russell Jacoby, ed., *Social Amnesia: A Critique of Contemporary Psychology*, p. 30.

③　Russell Jacoby, ed., *Social Amnesia: A Critique of Contemporary Psychology*, p. 31.

④　Russell Jacoby, ed., *Social Amnesia: A Critique of Contemporary Psychology*, p. 39.

量。雅各比以阿多诺为例，认为阿多诺注重研究社会变化对家庭的作用，继而再研究经由家庭侵蚀与影响对个体形成的作用。其中，父权社会中父亲的独立权威在如今的社会中被渐趋消解，个性也不复往日，这就是心理外因素的深刻影响；从心理内因素来看，雅各比认为，阿多诺理解的心理学的实证主义倾向，实质上是带有修正主义倾向的人本主义心理学，他们对自我的分析并不完整与深入，仅仅从社会文化角度展开，而没有真正从"心理内"入手进行探讨，而只从外界因素介入心理治疗，也就意味着忽略掉了心理分析的具体成效。在雅各比看来，法兰克福批判理论视角下的自我辩证法，其目的就在于解放人的自我意识。辩证的"自我"某种意义上也是一种本能，达到了生物本能与社会本能的统一，是一个由被压制的社会意识回归到无意识的过程。这种看似无意识的自动反应，实际上是内在的心理表达，对个体意识的觉醒具有重要的促进作用，就如同阿多诺将他的自我心理学中运用的辩证法本身，视作虚妄环境下的自我意识。

三　心理分析对社会健忘症的消除路径：回归弗洛伊德

由于物化社会的弊病，使得心理分析遭遇严重危机，这就需要考虑替代性的解决方式。雅各比认为，"社会健忘症"的治疗，在于对个体心理疾患的诊治，这也是很多激进的左翼知识分子寻求救济的途径。"社会弊病能够通过治疗个人的疾患得到治愈"，[①] 这就需要回归传统经典意义上的弗洛伊德心理分析。

无论是人格结构关于本我、自我和超我的划分，还是对梦境中潜意识欲望的精准分析，抑或是对各种类型的心理防御机制的阐述，都是朝向人们的现实生存困境展开的。在雅各比看来，这意味着心理分析是从人本身出发，对人的行为活动动机分析来揭示人的本质，进而廓清现代人的异化心理结构。如果没有正视心理分析的重要价值，就会出现心理学与个体心理治疗的共同危机，"在美国心理分析已沦落成美国精神病学的'侍女'的地位"。[②] 弗洛伊德的心理分析在雅各比那里，并不是纯粹的学术理论或技术手段，而是如弗洛姆所言更多的是体现出人生哲学的价值，以研究人本身，关心人的生存命运为己任。这种基础性地位的重新确立，既需要廓清理论的历史发展脉络，又要寻求针对现代人异化心理的解决方案，突破传统既定方法的限制。此外，还需要有跨学科的眼光来审视，将其视作多

---

① Russell Jacoby, ed., *Social Amnesia: A Critique of Contemporary Psychology*, p. 89.

② Russell Jacoby, ed., *Social Amnesia: A Critique of Contemporary Psychology*, p. 148.

学科的集合体来进行研究与突破。

在重视心理分析基础性地位的同时，还需要通过其发挥人自身的主体地位。在雅各比看来，现代人多多少少都有某些心理问题，只是程度上有所差异。正是由于人们没有妥善处理好自身与外界的复杂关系，内心无法适应对外界的刺激，或是不能调试长期积压的情绪，这就需要心理分析给予协调，而实际上协调的是人们的价值倾向、立场与态度，使得外界给予的不同刺激、人格结构不同部分的冲突等，达成相对有效的平衡。在价值观萌芽、成长、形成、成熟、调整、稳定的不同时期，都能够通过心理分析来调节与化解内心积聚的冲突，升华潜意识领域的心理压抑，包容与改善人与人之间的冷漠疏离的交往关系，进而个体心灵的价值观导向加以平衡。如果没有调解好这种个体价值观与社会现实的矛盾，自我、本我、超我与外部世界的关系就会发生冲突，易出现美国社会价值观错乱导致的种种乱象。

雅各比倾向于弗洛伊德的观点，认为"影响性格形成的最重要因素，首先是来自于家庭"。[1] 家庭会对个体价值观的塑造起重要作用，随着人们接受学校教育，家庭对价值观引导的权威作用受到挑战，而进入大学阶段，个体价值与社会现实问题的冲撞进一步加剧，使得激进的乌托邦社会运动兴起，来释放这种冲撞产生的压抑情绪。各个社会群体的心理构成的差异越发显著，需要通过心理分析来调动与平衡人的内心世界，把握个体心灵各部分之间的和谐关系。心理分析之中的理论和治疗无法分开加以研究，二者以不同的形式存留其中，作为个体心理治疗的实践是包含着社会的不自由，而作为理论则是自由地批判了这一不自由，避免将其视作一种工具性的手段。既不能以理论来框住具体的现实，封闭理论自身向前推进，使之难以得到实质性的改变而变得盲目失语；又不能规避实践本身的变化与丰富性及个体化的性征，停留于经验意义或技术手段上的机械性重复，使之缺乏理论的指导，难以打破量的累积而很快遭到淘汰。

雅各比在察觉到人们对传统经典理论的忽视时，提出回归马克思主义与弗洛伊德的心理分析，通过二者之间的有机融合来消除"社会健忘症"。"由于缺乏心理维度，主体变得抽象，远离实际物质和精神的个体。"[2] 雅各比指出，从心理学中寻求心理异化救济的路径，必须从心理学的起源与发展出发，研究其历史发展进程中所包含的社会文化。而研究现代文明对

---

[1] Russell Jacoby, ed., *Social Amnesia: A Critique of Contemporary Psychology*, p. 86.

[2] Russell Jacoby, ed., *Social Amnesia: A Critique of Contemporary Psychology*, p. 77.

人们压抑性心理形成的作用机制时，又要从弗洛伊德心理学出发，认真梳理心理分析关于文明的起源及其性质。"为了解释和回应这些发展，心理分析显示了它自身的威力；它通过将其追溯到压抑的心理、社会和生物维度，揭开了人们对解放价值观、敏感情绪、复杂情感的认知。"① 资产阶级社会的疾病，在人们的视野回归弗洛伊德的心理分析，向人们展示出现存社会的病理学分析，并将马克思主义理论与这种典型的人文主义心理学结盟后，才可能被治愈。

雅各比推动人们利用对被遗忘的人文主义心理学的重视，加大对自身心理健康的关注，深入挖掘无意识精神过程背后的社会文化因素，进而唤醒主体的乌托邦意识，避免过去的事物或文化惨遭遗忘。他认为西方马克思主义者一直在对如下问题进行纠偏，"在对社会的物质和客观分析中，个人、心理、主体性的范畴已经被当作非物质的、形象的和字面上的了"。② 受实证主义的影响，历史唯物主义与心理分析的联合，往往被机械化处理。

雅各比认为，两者具有差异性理论的关联意义是明显的，但又不能不受现代智力分工因素的制约，使得这种联系受到专业细分逻辑的支配，在某种程度上，"切断人们辩证思维的生命神经"。③ 他希望通过圆桌讨论的形式，将社会历史（历史唯物主义）的逻辑同心理学（心理分析）的逻辑有机结合起来，既避免马克思的思想里对人深层心理结构的忽略，又避免心理分析对社会物质方面因素的忽略。要避免历史与心理学维度的分裂，就不能无视辩证法在心理和历史意识之间的作用。他接受了弗洛姆意义上对社会性格概念的阐述，认为社会性格是个体心理和社会互动交融的产物，是二者逐渐交汇后沉淀发生的，社会性格的形成，需要考察不同时期社会因素的影响，而其中最重要的就是家庭因素。对社会性格的考察，实际上就能够识别广泛社会成员的行为及其本质属性，同时揭露出可能发生的异化状况。一旦社会成员中的大多数发生异化，就自然可以说明发达工业社会人的深层次异化境遇。

雅各比认为心理分析是社会矛盾运动中起中介的作用，在历史唯物主义领域可以发挥调和经济基础与上层建筑的功能，作为中间阶段的调和角色，能双向地展现其传递的价值，"心理分析作为中间阶段，位于两个社

---

① Russell Jacoby, ed., *Social Amnesia: A Critique of Contemporary Psychology*, p. 18.

② Russell Jacoby, ed., *Social Amnesia: A Critique of Contemporary Psychology*, p. 73.

③ Russell Jacoby, ed., *Social Amnesia: A Critique of Contemporary Psychology*, p. 74.

会终端之间"，① 既能够通过分析观测社会成员的心理，来考察特定社会的生产关系，是以怎样的方式调动人的心理官能，进而造就意识形态的生产，并主导其进一步运行，又能够说明观念上层建筑是如何发挥反作用，通过人的心理驱动机制促发经济结构各个层级中的不同社会关系变化，还可以解释某种经济基础下的特定经济形势，如何干预影响人的心理活动，进而介入转化为某种特定的社会意识形态。如果说前期弗洛伊德更多是从生物学角度探讨人的深层无意识，不受社会制约的非理性原始冲动；那么，后期弗洛伊德的人格结构理论，则将人格划分为自我、本我和超我三个部分，就已经部分介入了社会生活的某些成分，并遵循了辩证的理论逻辑。本我是原始的无意识心理结构，作为本能欲望的表达，它通常是受快乐原则而非现实原则的支配，是原始官能的自我伸展，通常被压制在意识的深层。超我则是人格结构中的最高层，受道德原则的支配，处于人格结构的最高层，以理想化的标准来规范自我的行为与要求，甚至以超标准的自我苛责，来达到管束与规划本我的目的。而自我则是受现实原则的驱动，作为人格中的意识结构，它更多体现了现实需求，充满的不再是无意识，而是理性与常识的内容表达，要满足外部世界的现实需求，还要负责平衡本我和超我这二者间的关系。当然，从另一方面看，自我也要受到本我的驱动影响，还要受到超我的引导与带动，此外，还要接受、处理或抵制外界环境的影响。在弗洛伊德看来，一个社会健康人格的获得是不容易的，必须有效平衡与协调本我、自我和超我的关系，不能盲目打破平衡而导向某一方，三者之间的平衡机制被破坏会造成严重后果，而且这些后果对于生命体而言是不可逆的。

　　弗洛伊德义上的健康人格结构，彼此之间相互作用，形成一个有机的连贯发生发展过程，雅各比虽然指出了现存社会下的自我是深受外界的干扰与影响，但对无意识领域对社会个体在异化境遇下的调节功能发挥，没有给予进一步的探讨，对于弗洛伊德义上的超我的引导作用也没有给予过多关注，使得健康人格结构的内部出现了某种程度的断裂。他对如何正确运用和发挥无意识的功能效用，把其内部对人类积极的有益部分发挥出来，以及怎样协调把握无意识与意识层面的内在关联性，也没有作更深入的解读。

　　当然，雅各比在《社会健忘症》前言里作出了解释，第一次进行跨度较大的跨学科工作，受自身知识体系的制约，能够延伸的深度与广度是有

---

① Russell Jacoby, ed., *Social Amnesia: A Critique of Contemporary Psychology*, p. 90.

限的。他对于弗洛伊德在当代的重要地位的认识是必要的，但又过度抬高了心理分析理论及其应用疗法对资本主义社会心理的效用，没有把握传统心理学研究的固有缺陷，比如治疗时长过度、经济花费过多、过程机理复杂等，对异化社会病诊治可行性的分析不足，也没有给出具体与社会健忘症相关的心理疾病的应对策略与方案，有美化心理学的嫌疑，对导致现存社会异化与现代人社会病的根源性问题认识不够充分，没有能够进一步探讨经济领域的分工形式对人精神世界的创伤，也没有深化对资本主义私有制本身存在因素的批判。而且，他对消费社会下心理顽疾的人们自主意识本身的认知也有待加强，对人们如何主动接受心理治疗的动力分析不够，在抛开社会物质与政治层面，容易忽视中间阶段之外的两个终端对其造成的反向制约与影响，甚至会陷入一个理论上的死循环。心理分析及精神分析运动的百年发展史，本身就是分裂与重组彼此不断交替与接续的发展过程。心理分析发展的历史演变分析，通常依照两条路径展开。一个是就其内部而言，由弗洛伊德的经典心理分析学及其驱力模式，经由荣格分析心理学和阿德勒个体心理学，进一步发展为对客体关系与自体模式等的不断整合。这种理论整合或转化的过程，促进了理论资源的丰富与理论解释的活力；另一个是就其外部而言，心理分析的运动越来越外化，与外部学科加强跨学科的合作，甚至吸收与借鉴其中的精华成分，广泛与不同学科领域互通有无，形成诸如存在心理分析学、结构主义心理分析理论、解释学心理分析理论、心理分析文化人际交往学派等。特别需要提及的是，形成"弗洛伊德的马克思主义"的西方马克思主义理论分支，并逐步构建起新马克思主义心理分析学。

雅各比主要以其内在历史发展的逻辑，对整个心理分析的历史演化与观念革新进行探讨，但他对心理分析整体历史逻辑的把握能力，还是显得不够，以至于他对心理分析学在弗洛伊德与阿德勒、荣格分裂的深层次原因的分析不足，对每一种演进阶段的过渡环节缺乏有力论述，这使得在逻辑时间线的安排上略显杂乱，缺乏深刻的历史眼光去解读百年发展史过程与现代人异化过程之间可能的联系。雅各比论述的当代社会异化，均能从马克思的劳动异化理论中找到理论支撑，虽然他借助于弗洛伊德和弗洛姆等的理论来进行心理层面的异化分析，但不可否认的是，雅各比对"社会健忘症"带来的异化领域、复杂程度、波及的深度广度、显现的内容特质、涉及的形式表现，大大超出之前思想家们描述中的异化情形。

从雅各比的视角来看，弗洛伊德意义上的自我问题的根源是被社会健忘症所困的无意识。他重视对自我受外在社会环境影响的分析，受到第三方面的挫折和外界环境的影响，没有重视本我即无意识与自我之间的冲突及其所引发的心理病症，也没有重视超我因素的功能效用。一旦自我在人格结构中的协调能力不足之时，就可能导致社会人格的不健全。

第三节　马克思主义辩证法既往范式批判

马克思主义辩证法给社会健忘症的治疗提供了所必需的方法论基础，然而其某些范式主张又呈现出鱼龙混杂的局面。一些马克思主义研究的西方学者，都认为马克思主义过时了，给其套上了宿命论、机械决定论、无用论、过时论、意识形态终结论的帽子，将马克思主义完成作为被历史所抛弃了的旧思想或意识形态。而雅各比认为，仍有另一些研究者坚信马克思主义在现实的必然存在，虽然遭遇过时代的考验与曲折，但作为指引人类社会前进的辩证法，毋庸置疑体现出了真理的价值。

辩证法思想的发展历程漫长而曲折，起源于古希腊哲学，由赫拉克利特在西方初步形成对立面统一和斗争的哲学主张，柏拉图第一个对辩证法概念明确加以使用，经过近代哲学家的逻辑规范，到黑格尔最先系统概括了辩证法的一般运动形式与演进过程，以思想体系的形式确立了唯心主义辩证法在西方哲学的地位。而马克思批判继承了黑格尔的辩证法精华，立足于新的世界观表达来提炼出其中的合理内核，赋予其崭新的哲学意义。马克思的辩证法，作为辩证法思想发展的高级形态，指导人们去认识与改造世界的强大理论武器，为人类的自由而全面地发展提供了科学的方法论指导。雅各比对马克思主义辩证法历史轨迹作了较为详细的梳理，他认为仍有必要分析既往种种辩证法范式的缺陷。

一　"正统马克思主义"辩证法内容及其特征

在雅各比看来，"正统马克思主义"的辩证法也就是苏联辩证法范式，其存在严重缺陷，它对左翼知识分子乌托邦精神的退化及社会革命的推进，起到极大的阻碍作用。苏联辩证法范式在马克思主义体系中，有着特定时代背景的逻辑位置，是大俄罗斯主义统治下的理论产物，由于苏联对马克思思想的曲解，直接导致了整个指导思想的典型教条化与政治体制运行的僵化。极端的行政力量干预，使得教条主义与左倾冒险主义频发。

"在俄罗斯，科学的黑格尔主义传统占据主导地位。"①

　　"正统马克思主义"一般追溯到第二国际阶段，在苏联斯大林统治时期，经联共（布）中央审定的正式课本《联共（布）党史简明教程》，以系统化的形式确立了这一被修正过的马克思主义的正统地位，以庸俗化与简单化的逻辑把思想固定与传播下去。"正统马克思主义"一般认为，辩证法即唯物辩证法，主要是对自然界、人类社会及人类思维等三大领域普遍规律的把握。包括事物普遍联系、发展的规律、唯物辩证法的基本公式，也就是耳熟能详的两大特征、五个中介环节（五对基本范畴），以及在此基础上建立起来，且与之无任何质的差别的三大基本规律。在雅各比看来，这一对世界存在状态与运行方式等问题解答的辩证法，是以简化后的方式出场的，正体现了正统马克思主义对持不同态度的流派持有的不包容打压态度。

　　雅各比认为，正统马克思主义的辩证法，具有过度革命化倾向，对成功与进步的盲目追求，导致了批判性的丧失，反而阻碍了社会革命的推进。"正统马克思主义一直在追求成功，以至于麻痹了批判的神经。"② 正统马克思主义被看作是一种成功与效率的代名词，致力于获取革命赢得成功的神奇公式，将对原本需通过社会实践检验的科学理论进行自明性的处理，变成了一种鼓吹革命主体性的成功定律。苏联辩证法过度革命化还体现在地理范围的盲目扩张，对革命神话的追逐朝向第三世界转移。苏联马克思主义辩证法范式在一定时期与范围内取得成功，他们把革命主体抬高为被神话了的成功对象，导致个人崇拜与犬儒主义滋生，促使追随者通过盲目扩大革命成果来证明自身的正统性，付出高昂的历史代价来捍卫神话的地位。

　　雅各比梳理了过度革命化产生的诸种原因。主要有苏联十月革命胜利带来的疯狂吸引力，这使得苏联不得不通过对主流意识形态正统地位的追寻，来论证胜利的合法性与正当性。这个讨论很多，暂不展开。苏联辩证法的过度革命化发展，还与其内部根深蒂固的大俄罗斯主义传统密切相关。

　　首先，苏联具有清教主义的宗教传统，禁欲主义成为苏联马克思主义范式的核心概念。雅各比把正统马克思主义对正统合法性的追逐，视作知识的清教主义，这与阿多诺对实证主义的界定保持一致。在他看来，东正

---

①　Russell Jacoby, ed., *Dialectic of Defeat*: *Contours of Western Marxism*, p. 39.

②　Russell Jacoby, ed., *Dialectic of Defeat*: *Contours of Western Marxism*, p. 12.

教作为政教合一后的国教，屡屡宣扬与主张禁欲主义，并对异教徒大肆迫
害来巩固自身统治。虽然苏联成立后实行的是政教分离的统治，但广大民
众仍受东正教清教传统的影响，这种对唯一性与普适性的维持，带有强烈
的救世色彩，决定了俄国哲学必然会巩固并发展对正统性的追逐，正统马
克思主义本身符合新教伦理与资本主义精神。正统马克思主义的禁欲主义
蔑视不规范的洞察力，将其他思想家关于唯物辩证法的界定都视作对这种
天然规范性的威胁与挑战，用压迫性的概念装置，对人们的欲望加以强
制，通过长久的教化来驯服欲望所保留的混乱状态，"性规范被内化为概
念命令：乌托邦和浪漫主义的暗示也被禁止暗示性的"。①

　　大俄罗斯主义传统植根于俄罗斯民族乃至整个泛斯拉夫主义的民族
性，这种对统一性的追求与苏联辩证法的正统性具有文化上的同源性。泛
斯拉夫主义传统，是斯拉夫民族寻求民族社会文化集体认同感的一套思想
文化体系。俄国经历了落后的封建农奴制向资本主义社会的转轨，呈现了
两大类对俄国社会历史发展走向的认知态度，一种是基于对落后社会现实
不满，进而转向西方文化学习的西化派，他们总结和提炼了关于高度理性
和整体性发展的普遍范畴，指出俄国能借鉴西方的道路进一步得以发展；
一种是为了保持俄罗斯民族的优越性，企图靠自我壮大来激发自身活力，
对西方经验妄加否定与批判的斯拉夫派，认为俄国无须借鉴与模仿西方一
般性的发展模式，而应当保持自身独有的民族性与文明型态，使之能够摆
脱西方发展模式的单一历史命运，具有强烈的俄罗斯民族情结，鲜明体现
了泛斯拉夫主义对统一性的追逐。对十月革命这一社会主义革命类型未发
生于发达资本主义国家，而是在落后的封建农奴制俄国首先发生，苏联人
保有极大的民族自豪感，采取的一系列拒绝效仿西方的社会经济政治改革
举动，都隐含了迫切超越欧洲现代文明的文化期待。这种泛斯拉夫主义民
族心理，在哲学领域内的典型体现，就是对唯物辩证法正统性界定的系统
化阐释。

　　出于急切超越西方的社会心理，加之融入了强烈的乐观主义与英雄主
义情绪，苏联正统马克思主义并没有回顾与审视适用于本国国情的哲学基
础，没有能认真探究经典作家的辩证法理论，使得他们的辩证法重新做出
的理解显得肤浅，哲学的理论功底较以往趋于薄弱。这两种文化派别的分
野，在雅各比看来，又指向了俄国曾经产生的两大类关于黑格尔主义的传
统分野，基于科学的黑格尔主义与历史的黑格尔主义之间的理论冲突。崇

---

① Russell Jacoby, ed. , *Dialectic of Defeat: Contours of Western Marxism*, p. 35.

尚系统性与整体性科学的黑格尔主义占据了上风，又使得分别寻求理论支援的马克思主义者与民粹主义者的争论中，让前者赢得了最终胜利。泛斯拉夫主义对整体性与集中性的抬举，带来了苏联在社会革命中对民族优越性的追求，使得苏联力图将辩证法进行系统化的理论概括，以维持其优先的正统地位。

大俄罗斯主义渗透着浓烈的弥赛亚意识，这种弥赛亚主义的盛行使得苏联辩证法带着一定的救世倾向。俄国弥赛亚主义的显著表现在于，以俄罗斯民族的名义秉承上帝意旨，遵从天定的运行法则来进行疆土的开辟，进而对受难的民众与被压迫民族进行施救。雅各比认为，在弥赛亚意识的传播中，主要是通过辩证法对第三世界的转移来实施，这种把布尔什维克作为民族意识的真正继承与传播者的思想观念，被指认为一种普遍与弥赛亚情结链接的"帝国转移理论"。那些正统马克思主义者认为自己肩负着救世使命，渴望拯救未解放的地区的民众，应该得到解放，进而将革命范围与革命理念逐渐转移到更多地区，使得世界不同地域民族同样的遵循苏联辩证法持有的普遍运行规律，来完成社会革命。雅各比举了革命者德布雷和杰拉德·谢朗的例子，来说明把辩证法不根据现实条件的转移，第三世界革命鼓噪的人类解放事业，使得各类社会运动都成为被瞬间神话的对象，在革命失败后又几乎荡然无存，"正统马克思主义的弊病不仅仅是它留下士气低落和愤世嫉俗的后遗症。希望永无止境地升起和破灭，付出了代价"。① 许多知识分子正是受到基于弥赛亚意识感染的"第三世界主义"影响，不顾具体情况对辩证法进行普适性推广。

苏联辩证法的过度革命化发展，还与沙皇时期遗留下来的深厚专制主义传统不无关系。封建专制主义传统在俄国共持续了 370 余年，这是俄国专制农奴制国家的制度性保障。不但专制主义没有像自由派预料的那样，排除实行革命的制度性可能，反而正好切中了这一传统的命门，让革命成为现实化了的唯一制度性出口。苏联辩证法的正统地位的形成，与苏联继续奉行的专制主义结合在一起，阶级斗争不断尖锐化，个人崇拜盛行，加上意识形态集中一元化，意识形态领域的斗争绝对化。这些都是苏联辩证法成为斗争哲学贯彻之后，所结出的正统性理论果实。

雅各比认为，曾经人们深受宗教的影响臣服于现实，而随着革命的深入推进，马克思主义广泛传播，使得他们渴望巩固胜利的成果。而革命又并未将封建专制主义传统彻底消灭，领导人出于一贯的政治考虑，对辩证

---

① Russell Jacoby, ed., *Dialectic of Defeat：Contours of Western Marxism*, p. 15.

法做出必然有利于合法性统治的独断解释，追求理论在形式上的权威，使之成为官方的统治意识形态。他分析了历史上革命完成之后，在探讨压迫环境中的独立和反抗时，一般都会形成两种类型的解释序列，一种强调自主性和抵抗的相对成功；另一种则相反，强调当权者压制的力量或合并反对派的能力。而十月革命发生后，左派力量一方面旨在不断需求底层阶级的进步或团体的自治，而另一方面，则依靠统治权力来对权势力量或天才进行不遗余力的赞颂，"左派总是到处都能观察下级团体的进步。作为一种教条，它可能比大多数人都好，而且它似乎建立在一个不言而喻的命题上：历史上的受害者会反抗"。[①] 革命的进步力量被苏联统治者做了教条化的对待，一批持不同意识形态的优秀知识分子被驱逐出境，统治者将自己视作革命的绝对主体，依照专制主义的传统话语总结着革命成功的神话，由于对党内外异见人士的不断打压，马克思主义辩证法也随之不断被赋予独断性的特质，遭到了统治权力的庸俗化与简单化处置。

当时落后的工业基础急需哲学部门加以配合，也推动了辩证法的过度革命化。由于俄国在过去长期处于封建农奴制社会，经济状况较为落后，虽然列宁的新经济政策有一定的促进作用，但效果发挥仍然有限。加上资本主义的外部攻击及其制度本性，使得在资本主义的基础上建设社会主义的理论模式，难以被处于更为落后地区的俄国民众广泛接受。而且，斯大林上台后大力推行社会主义工业化，采取的很多经济政策如重工业优先、消灭富农等，远离了建国时的经济主张。这就迫使统治者需要从观念上层建筑入手，来加固人们对当前经济行为乃至政治统治的信心，需要通过哲学文化观念上的支持，来达到协同促进经济方针政策落地的效果。"经济发展的'不完全性'，如事实或信念，鼓励人们接受社会进化论。"[②] 原先的德国如此，现在的苏联也是如此。统治者坚信只要牢牢掌握唯物辩证法，就意味着人们在社会活动中掌握了客观规律，就可以不受限制的认识与改造世界，大力鼓舞人们去投身工业化建设。这种对辩证法在哲学上的普适性使用，带来了社会主义建设中严重的急功近利。

雅各比在对过度革命化原因分析的基础上，明确指出了这种对辩证法原则的滥用。从理论层面上，与其本应具备的精神实质背道而驰，既违背具体问题具体分析的方法论原则，不符合矛盾特殊性规律的要求，也不符合质变量变规律的要求，违背了其中的适度原则；从实践层面上，从苏联

---

① Russell Jacoby, ed., *Dialectic of Defeat: Contours of Western Marxism*, p. 18.

② Russell Jacoby, ed., *Dialectic of Defeat: Contours of Western Marxism*, p. 30.

践行的不断革命理念与渗透扩张的第三世界革命意志，使得苏联共产党成员以纯洁性与正统性的名义，招致了历史上疯狂的大清洗运动，而且严重损害了共产主义运动在国际上的声誉。

苏联辩证法还带有明显的科学主义化特征。雅各比认为，正统马克思主义提倡科学意义上的客观性，整体结构的严谨性，继承了资产阶级社会的工具理性主张，延续了现代社会对科学的过度推崇。"对于马克思主义者而言，它成了射杀异见者和反对者的左轮手枪。"[1] 科学主义化的理论倾向，指责乌托邦主义违反了科学的准则。在对辩证法的解释上，主要采取了恩格斯自然辩证法的理论逻辑，认为历史唯物主义是辩证唯物主义在历史领域中的运用，这种形式逻辑的推理方式，是要通过自然界来对辩证法进行检验。辩证法在这里作为包含自然和历史在内的客观方法论系统，把所适用的自然方法与自然科学领域的成果，直接套用在社会历史领域，转化为对历史、政治与哲学的方法。在雅各比看来，这与孔德、涂尔干等实证主义哲学家遵循的实证主义原则保持了一致，用自然科学中数字化、符号化与量化的方式，试图精确解释社会发展规律。

苏联辩证法还有一定的资本主义化的倾向，雅各比从科技驱动与殖民化两个角度加以论证。他认为苏联马克思主义者关于殖民主义和科技的态度是暧昧不明的，他们竭力证明资本主义的积极影响，忽视其消极性，是没有正确运用辩证的方法论加以评判的。雅各比认为，马克思对资本主义发展的认识，是具有明显的辩证性的，一直以清晰的辩证视角，对资本主义制度加以探讨，他意识到现代技术的革命性基础，也把握到现代工业生产早先出现的生产关系形式，在本质上趋向于保守，马克思对资产阶级社会与现代工业的评判，总体而言符合辩证历史观的要求，但马克思对资本主义和资产阶级的理性热情，总是提供给其继承者一个不甚明朗的理论遗产。

后来的苏联马克思主义者，对社会主义建设与资本主义物质基础的联系，作出违背历史的过度解读，"马克思主义的历史就是资产阶级社会辩证批判丧失的历史"。[2] 这就使得统治者用尽可能的方式来证明资本主义某些制度性功能的积极作用，而把其破坏性的解读最小化。在科技使用上，正统马克思主义者崇尚科技带来的进步作用，而忽视了其负面效应，把技术驱动下的资本逻辑看成社会进步的法宝，对其给人类造成的种种不幸错

---

[1] Russell Jacoby, ed., *Dialectic of Defeat: Contours of Western Marxism*, p. 20.

[2] Russell Jacoby, ed., *Dialectic of Defeat: Contours of Western Marxism*, p. 27.

误归因，遗忘了资本主义发家史。苏联马克思主义者将资本主义到来的既定事实，不加区分的理解成一种迈向社会主义的前进脚步，在雅各比看来，这种"不可抗拒的诱惑是社会向上、单向的辩证运动"。[①] 同时，他们认为资本主义在推动殖民地沿着工业化道路前进方面，起着必要的积极作用，进而滥用积极的殖民政策，对第三世界与其他社会主义国家的社会建设事业过度干预。这既会损害群众对社会主义建设的信心与意志，导致对马克思主义的歪曲与新型社会制度的质疑，造成思想上的混乱乃至政治动荡；还会在与资本主义分享科学进步与社会建设成功信念的同时，导致马克思主义对资本主义的批判性弱化，资本主义意识形态反而会滋长蔓延，以致出现乌托邦精神缺失的全社会焦虑。苏联辩证法对资本主义的解读存在理论上的偏见，只见树叶而不见森林，没有科学坚持一分为二的观点，而是过度抬高其局部领域的积极作用。而且，苏联辩证法对否定之否定规律的使用完全公式化，没有深入分析新时期的资本主义发展，没有看到其发展中体现的不完善性，违背了前进性与曲折性相统一的关系，偏离了辩证否定观的精神实质。

二 "正统马克思主义"辩证法的理论背景

苏联辩证法的理论背景展开自马克思的唯物史观、恩格斯的辩证唯物主义自然观与黑格尔的逻辑学。雅各比认为，自然现实和自然科学对基本的历史范畴是不甚了解的，人类对自然界背后的社会历史进程的了解是浮于表面的。反过来，人类创造自身历史的同时又把其视作事件的编年史，没有将人自身的历史真正视作本体论意义上的历史存在，忽略了与自然史的差异。苏联辩证法违背了马克思的"历史"概念，历史本应作为合规律性与合目的性的主客统一体而存在，而正统马克思主义则把社会从自然中抽离出来，社会历史非但没能立足于人类实践活动基础之上，反而通过对唯物史观进行的自然方法改造成为自然的附庸。"对成功革命或正进行革命的错误赞扬、过早庆祝、错误或退缩，构成了人类历史经验的精髓"，[②] 成为科学化了的社会主义理论设置，把自然界的突变规律类比在了社会革命之中，将社会变革也看作线性的机械的自然进化。

苏联唯物辩证法也违背了马克思的革命观。马克思在若干经典文本中所强调的不断革命，是针对不同社会性质的社会阶段而言的，已建立起社

---

① Russell Jacoby, ed., *Dialectic of Defeat: Contours of Western Marxism*, p. 26.

② Russell Jacoby, ed., *Dialectic of Defeat: Contours of Western Marxism*, p. 12.

会主义制度的社会是不适用的，一味地继续革命会导致阶级斗争扩大化。在不同国情的国家盲目开展革命，又没有仔细把握资本主义政治经济发展不平衡外的其他具体社会因素。雅各比把列宁"一国率先胜利论"的适用范围盲目扩大化，视作对马克思主义及其辩证法精神实质进行解构的实施环节。

苏联唯物辩证法也违背了黑格尔的历史观。雅各比认为，黑格尔也被正统马克思主义中所误解，黑格尔笔下的历史概念，也不光是逻辑概念的纯粹演绎，整个思辨逻辑的批判演进过程，其实也是社会历史的发现过程。黑格尔在思想中把握它的时代，他对社会现实的理解，仍然是以客观实在为基础，来对人类社会加以历史观照的，马克思则是将社会现实从思辨外表的遮蔽中解救了出来，获取了它的本真面貌。马克思关于自然界概念，使用了 Wissenschaft（系统学术）一词加以界定。在雅各比看来，马克思的科学概念与黑格尔同样使用过的该词之间具有关联性，是严格被限制在认识论范畴内的，并代指自然对象，马克思对"science"一词的使用是非常规范的，几乎是在与空想社会主义者的"空想"相对应时使用，他抨击了蒲鲁东使用该词的随意性，并且将自己的理论从科学社会主义囊括的范围中脱离出来。而正统马克思主义对自然概念使用"science"一词界定，是包含了自然与社会在内的知识系统，这里已具有本体论的意义，泛灵论的上帝等也被收入进来，符合现代科学体系化的要求，以此自我标榜科学性与真理性，指责不同意见的人违反这一所谓科学法则。并且，他们将之与乌托邦主义划清界限。拉布里奥拉给恩格斯去信，特意指明两个词汇之间的差异性。他们反对将马克思主义归为所谓的普世知识体系，反对给其贴上科学的标签，反对将其视作宿命论或历史决定论，也反对把辩证法下降为修辞学和诡辩论并将其等同于辩证唯物主义。

苏联辩证法受恩格斯科学的黑格尔主义传统影响，黑格尔自然哲学和逻辑学在其中起了重要作用。他们竭力为自然辩证法辩护，突出辩证法在各个领域中的普遍适用，认为这种包含自然在内的唯物主义世界观，能够同样将历史视作自然过程，把辩证唯物主义的原则广泛运用于社会生活，以确证纯粹科学化理性化了的辩证运动无处不在。雅各比认为，恩格斯继承了黑格尔辩证法中的合理成分，改造了黑格尔在绝对理念外化推演过程中构建起的这一套范畴体系，试图在此基础上建立自成体系的唯物主义。列宁、斯大林又进一步在肯定黑格尔逻辑学地位的同时，将黑格尔的纯粹逻辑贯彻到各个学科运用中，把自然辩证法规律与范畴的使用范围扩大化。

　　苏联辩证法使得马克思主义哲学的理论解读方式，逐渐趋于庸俗化和简单化。马克思主义的核心与本质本应强调人自身，突出人作为主体的实践，而马克思主义沉浸在无所不包的理论系统，就会使得其固有的理论内涵被抹杀，任何历史现实都不能有自己的特定边界，社会本体论已被自然作为基石的本体论所取代，已不存在超出物质经济基础外的实体。这就形成了朝向旧唯物主义自然观的倒退，进一步割裂了马克思实践辩证法中自然观与社会历史观的联系，将不同领域的运动与规律归于一体，带有了明显的经验主义与实证特征。苏联对辩证法进行实证化与工具化理解，成为被教科书化了的理论教条，也成为考察各项工作的规范与标尺，这就让马克思主义哲学失去了应有的活力，哲学的批判与反思功能缺失，成为严重脱离客观实际的空谈与废话。

　　雅各比认为，更为严重的是苏联辩证法在政治领域的渗透。苏联在需求唯物辩证法正统性的过程中，通过无上的统治权力施加暴力手段对持不同意见者进行压制，政治独裁倾向严重，一切人都可能被扣上反革命的帽子，当辩证法成为统治意识形态之后，正统马克思主义对辩证法革命性的多度推崇，导致出现的左倾思想的覆盖面越来越大，针对自己人的暴力斗争以背叛革命的名义席卷全苏联，非正统派别的德波林派甚至被驱逐出国门。而在统治阶级外部，也有大批信仰东正教的唯心主义知识分子被残酷迫害，其后极左思潮又在多国蔓延开来，酿下不计其数的历史性悲剧，而对其危害性的深度反思是相对滞后的。可以说，辩证法名义上所谓的成功，实际上浸满了无辜受害者的鲜血。而反过来，苏联政治对马克思主义辩证法又进行了过度干预，导致哲学对政治的严重依赖。在雅各比看来，经过两任苏联领导人对马克思主义辩证法的政治意识形态干预，使得哲学被过度意识形态化，辩证法的失败难以避免。

　　列宁的辩证法思想，主要源于科学的黑格尔主义传统，而这又体现为对普列汉诺夫唯物主义一元论的吸纳。普列汉诺夫受到黑格尔影响，以一元论的观点探讨历史观的发展历程，把马克思主义哲学视为一套科学理论体系，极其关注辩证法的公式化解读。列宁继承其一元化思想，同时试图从黑格尔的唯心辩证法中提炼出合理成分，并在其中找寻某种唯物主义的要素成分。苏联辩证法的萌芽，便是来自列宁将历史观与辩证法作为马克思主义哲学的有机组成，这种唯心思辨与唯物主义的系统化整合，在雅各比那里被称为黑格尔主义表达方式的遗留物。《哲学笔记》是列宁对哲学最为集中的研究文本，其哲学思想的重心，在于论证辩证法、逻辑学与认识论三者关系的一致性。列宁眼中的逻辑学，不是关于思维外在形式的哲学表达，而是构成真正哲学意义上的形而上学思辨，辩证法被应用于反映论之中，作为认识论的逻辑理解框架，二者再以逻辑学为中介捆绑在一起。在意识形态教育过程中，灌输作为最重要的路径，主要通过行政手段来增强人们对苏联辩证法思想的认可，进而将其打造成一种知识论体系的官方哲学。雅各比认为，苏联辩证法并非将黑格尔直接倒过去得到的，而是在黑格尔辩证法的基础上，变戏法式的在这种逻辑思辨中提取出科学唯物的理论元素。

雅各比认为，斯大林时代苏联对马克思主义哲学的正统性解读，是更明显的政治干预哲学。不仅把科学化的理论教条编纂成一套律法公式，而且强令哲学研究为政治提供服务与合法性论证。黑格尔与马克思主义二者的联结，因为斯大林时期的政治干预，以因果关系的面貌出现。而事实上，"无论是一个思想家的存在或缺席，还是对一个思想家的准确或不准确的解释，都不能对政治和社会运动的变幻莫测负责"。① 苏联通过官方教程加大官方意识形态的宣教，并对恩格斯辩证法进行官方改造，将辩证法的叙述顺序调整到哲学理论之先，形成与传统形而上学之间的绝对对抗，同时又删除了可能对正统性解读形成理论挑战的否定之否定规律，进一步对辩证法的丰富内涵加以简化，竭力论证自然的辩证法在社会历史领域应用的作用与意义。加之，通过政治权力干预与操控哲学派别之间的学术争论，利用其认可的派别造势，在促使特定流派上升为官方哲学的过程中大搞个人崇拜。行政干预达到对辩证法的简单系统梳理，虽然一定程度上促进了民众对马克思主义哲学的认知度，但又使得辩证法的解释权一元化，造成了长期的学术霸权与理论独占。

雅各比认为，西方马克思主义的历史辩证法与苏联辩证法有很大区别，而且在某种意义上是对后者的修正，人本主义一派主要受历史的黑格尔主义传统影响，但科学主义一派则受科学的黑格尔主义与实证主义传统的影响，这就使得其辩证法思想本身，存在多元化范式的理论困境。

三　西方马克思主义两大辩证法的主要特征

人本主义一派的总体性辩证法和否定辩证法，从资本主义的异化批判来彰显自身的理论价值。卢卡奇的总体性辩证法，即社会历史总体中主客体辩证法，从异化的主客体两个维度展开批判，从主体上看，劳动者质的特性被物化关系所消解，导致人格客体化与主体性丧失；从客体上看，劳

---

① Russell Jacoby, ed., *Dialectic of Defeat: Contours of Western Marxism*, p. 24.

动的有机整体被割裂为孤立的原子部分，在劳动过程的计算性思维操纵下，导致完整客体性的丧失。总体性辩证法通过中介这一范畴，对资本主义的合理自律性进行批判，要求把事实放到社会历史总体中加以把握，穿透资本主义意识形态的迷障来体悟历史情境下的真正现实。认为经济学研究之所以停留在物的表象阶段，是由于缺乏中介概念引入的方法论基础，忽视了对资本拜物教的异化本质的把握。总体性辩证法主张从无产阶级作为主体的阶级意识入手，通过锻造与唤醒无产阶级的阶级意识，将其打造为历史存在的全程总体，这一社会总体进而能够深刻认识社会历史总体性，实现对抗资本主义的总体人格表达。

人本主义一派求助于黑格尔的历史概念，通过对《精神现象学》的解读，把知识从本质上看作自我认识而非历史的旁观者，这使得历史辩证法依旧被赋予了能动性和主观性。他认为意大利的马克思主义者拉布里奥拉，深受老师黑格尔主义者贝·斯帕旺塔的深刻影响，法国西方马克思主义者萨特、梅洛·庞蒂等，也深受老师让·伊波利特对《精神现象学》的译介与评论的深刻影响，由此他们才能完成主体的突围，来塑造社会历史的总体观。早先，黑格尔经被当成理论靶子批判使用的，卢卡奇、拉布里奥拉、黑尔和列索尔等学者，以对自然辩证法批判为抓手，对他们理解中属于科学黑格尔主义一系的恩格斯展开批判。卢森堡、保罗·列维、潘涅库克、戈尔特等学者，以列宁主义批判为抓手，对苏联马克思主义展开批判。他们的主要观点在于，无产阶级组织严密，但缺乏群众基础尤其是工农联盟没有建立起来，无产阶级而不是少数知识分子是革命的行动主体；工厂这种资本主义的组织形式被列宁主义看作具有纪律性与服从性的高度组织化模型，这种纯粹形式上的摹仿失去了真正革命再造的可能性；共产国际采取的激进革命策略没有联系当时西欧资本主义发展的实情，完全脱离改良主义的革命策略行不通，甚至会发生社会革命与无产阶级政党的分化；只有精神革命化，才可能实现欧洲意识形态的更替，进入社会主义化的阶段。在雅各比看来，历史主义生活化来取代实证主义和体系化，个体性追求取代普适性追求，才是摆脱辩证法理论困境的正道。

人本主义一派的辩证法，包含人道主义与浪漫主义的双重特质。雅各比主要以卢卡奇与阿多诺为例，认为早期西方马克思主义者以卢卡奇为代表，主张的是总体性辩证法，重视总体的系统相对性与历史相对性，尤其是对历史总体性的把握，强调从总体上认识历史发展进程，达到对历史主体地位的自觉认知，进而在社会革命中实现属人的历史。他强调通过批判商品结构中的劳动异化，揭露资本主义条件下主体心灵的物化，来达到恢复主体完整性的目的。批判异化的革命实现路径，是人道主义的鲜明体现，是对人性解放的极大肯定，对无产阶级作为历史主体的极大认同。在卢卡奇看来，恩格斯的自然辩证法存在严重缺陷，忽视了辩证法本质的研究，没有限定辩证法的范畴边界，也就是忽略了对历史主客体辩证关系的探讨，导致历史主客体相互作用被延伸到了自然领域，辩证法的功能适用被盲目扩大。他把直接性与中介性范畴联系起来，既把带有直接事实性的历史事实构成的总体，作为具体的历史的总体，又把带有诸范畴间接相连的中介性过程，视作包含多种规定性构成的总体。而且通过社会革命把直接性与中介性的关系串联在一起，这一总体性辩证法，具有了革命性与组织化特征。

在雅各比眼中，卢卡奇还崇尚文学乌托邦中的审美特质，他的小说理论并不是为艺术而艺术，而是超越艺术本身的局限，实现黄金时代的乌托邦梦想，将此目标的达成视作每个个体生命的责任。这种审美乌托邦成为人精神活动的存在方式，使人们在工业文明带来的理性主义束缚里解脱，不会在工具理性的进步中而失去本真的自我。卢卡奇通过建立新文化来与原有的资本主义经济结构保持距离，文化本身成为目的，"政治不再作为一种手段，反过来是它自身的终结"，[①] 社会革命在这里是实现文化目的的手段。新文化形式的确立，把人的创造性从资本权威的管制中释放出来，社会产生新经济变革带来的文化变革，人类社会的苦难才能够得到彻底的治愈，诗性文化被赋予了生活哲学的特色，带有西方浪漫主义传统的乌托邦倾向。雅各比既指出了卢卡奇从经济与政治双重角度进行异化批判的积极意义，也指出了其将异化视作人类难以克服的普遍性特征，重建阶级意识的这种人道主义救赎，带有悲观浪漫主义的消极情结。

否定性辩证法通过工具理性与现代性批判来体现自身的价值。他认为在现行体制的制约下，任何事物都能冠以合理的形式加以解释，这种同一性的思维方式促使人们采取相应的合理化行动，所有事物并促使人们采取相应的行动，西方主体性文化使合理性标准转化为现实的统治工具。阿多诺也是通过批判西方现代文明性的弊端，拯救被异化社会压迫的主体性。阿多诺强调矛盾的客观性，否定辩证法秉持绝对否定的态度，是对传统形而上学的体系性与严整概念装置的强力颠覆，拒绝本体论意义上对终极实在的追逐，主客体关系体现为一种非结构的星丛式姿态。阿多诺意识形态的哲学批判，很重要的一块就是借助于弗洛伊德的心理分析展开。否定的

---

① Russell Jacoby, ed., *Dialectic of Defeat*: *Contours of Western Marxism*, p. 85.

辩证法反对支配，通过弗洛伊德关于个人自恋的观点，来展示个人与大众心理之间不可分割的关系，表现了在公共统治的支配下由自我回归本我，阿多诺理解自恋实际上是对资产阶级个人现实的回应，弗洛伊德的主张宣扬的是一种纯粹人性内在的自我倒退，这种对现实状况的适应与调节，并未能真正改变日常生活与集体无意识行动中的不合理，"自恋主义理解资产阶级个人的辩证孤立性，辩证地说，使个人在私人世界里勉强度日的孤立性"。① 他批判弗洛伊德从唯物主义层面上追踪到无意识本能基础，但同时通过压抑概念的使用，默认了个体对资产阶级意识形态的引导，又在某种意义上默认了统治集团对本能的蔑视。他的经典命题即"一切物化都是遗忘"，被用来论证异化加剧造成的社会健忘症。同时，雅各比又从心理分析视角来审视阿多诺的否定辩证法，以此凸显主体自我意识实现的意义，他认为阿多诺通过非同一性的把握来恢复主体的洞察力，建立一种主客体之间新的平衡关系，真正认清主体和与之相关的客观现实之间有差别的交往，最终走向人道主义。而且，阿多诺把对工具理性的批判推进一步，识别出了已被晚期资本主义消灭的虚假"个体"。他更明显地利用精神分析的唯物主义冲动，在对新弗洛伊德学派的批判里，反对这种虚假个体在心理分析中的置入。雅各比认为否定的辩证法的使用，能够把心理过程的意义加以修复，重新转化成作为决定性力量的社会过程。

　　雅各比认为，人道主义的辩证法中表达的对自由精神的向往，源自西方自古由来的自由主义传统，又表达对历史过程的认识，源自西方的理性主义传统，认为只有在历史中，才能真正克服思维与存在关系的背离，使得历史总体得以完整保留自身的本体论意义；而科学主义的辩证法则表达对历史与现象的反思与普遍性概括，这种体现了历史无主体的自由，是对自由主义的反动，又是对西方反人道主义的理性主义实践，对马克思主义哲学史重读基础上的理性重构，力图抽象的理解人类历史的进程，用准实证主义的方式来理解社会结构中通过人与结构双向互动的历史。

　　科学主义一派的辩证法，通过意识形态批判来彰显自身的理论价值。阿尔都塞把科学看作"大写的理论"，在意识形态之后产生又与之相对，进而将定性为科学的辩证唯物主义与定性为意识形态的哲学区分开。他认为意识形态是蕴含独特逻辑与结构的表象体系，以无历史与无主体为特征，往往通过物质形式历史的存在，更多发挥着的是实践与社会的职能而非理论的作用。受拉康伪个人主体理论的影响，他通过拒斥主体哲学来建

---

① Russell Jacoby, ed., *Social Amnesia: A Critique of Contemporary Psychology*, p. 44.

构起新的科学本体论逻辑，以此达到将马克思主义与资产阶级意识形态对立的目的。这种历史科学洞察到一种历史（科学史）的断裂，质疑历史相对论的历史主义观念，"邪恶不在于对历史的诉求；相反，历史成为永久性的理论弊端诉讼的保险单"。① 他认为这种主观唯心主义观念，属于一种小资产阶级马克思主义的意识形态。

科学主义一派的辩证法，具有伪善营销主义与虚假实证主义的鲜明特点。雅各比以阿尔都塞为例，认为他的思想后期对认识论断裂理论，做出了自我抛弃式的解释，他把辩证唯物主义从原先的科学理论学说的解读方式，转化为理论实践的纯哲学研究解读，后来他又认识到概念使用上的不严谨。他对马克思的哲学理论作了科学化的解读，认为马克思主义哲学成熟时期的形式其实就是历史科学，其理论形态尚未完成，与之相匹配的"哲学"也随之处于不断的重组中，但后来他对哲学对象与哲学史的理解又发生了转变。他通过"症候式"阅读方法来读《资本论》，以此来强化历史科学问题式的理论构架，但他后来又认为其中造成了对阶级斗争忽略的重大失误。雅各比认为，阿尔都塞把对原先理论的自我批评当成了新理论推进的营销手段，变成一段时期就会到来的例行公事，"知识分子变成了一个伪善的购书者，被迫购买最新的作品来取代前一个"，② 这就将阅读受众框定在营销氛围里，作为一直买下去的购买者角色，陷入伪善营销主义的泥潭。在雅各比看来，阿尔都塞不断为自己所有的错误辩解，声称这些都是错误发生在特定的时间和地点，这种在任何特定时刻的精确的力量平衡，与其主张的历史科学中带有的自治、严谨、客观特征相悖，这种总是在他自己表述的马克思主义危机的紧要关口，对文本做出再三修正，而这并无助于其所宣称的那样，没有做到对历史科学的严谨分析，反倒是在为其理论缺陷寻找存在的合理性，缺乏科学意义的实证态度。雅各比认为，正如赖希对弗洛伊德的评价也适用于阿尔都塞，"即使在对的地方，他也是错的"。③

四　西方马克思主义辩证法的理论困境

雅各比认为，西方马克思主义辩证法的多元性，是对 20 世纪初叶西欧社会革命失败的哲学反思，也是对资本主义总体性结构的审视。"首先

① Russell Jacoby, ed., *Dialectic of Defeat*: *Contours of Western Marxism*, p. 17.

② Russell Jacoby, ed., *Dialectic of Defeat*: *Contours of Western Marxism*, p. 15.

③ Russell Jacoby, ed., *Dialectic of Defeat*: *Contours of Western Marxism*, p. 16.

是一个特定的西方马克思主义政治生成,后来它的哲学也被加以阐述。"①
西方马克思主义的诞生地,几乎都是发达的资本主义国家,资本主义的总
体性结构相对完善,由此形成以总体性的文化批判替代传统的阶级革命。
与总体性结构相对应的,是牢牢占据资本主义话语权的资产阶级意识形态
霸权,使得民众处于整个被压倒了的社会与政治生活状态,如何根除使无
产阶级革命思想瘫痪的意识形态,显得颇为棘手。

　　在雅各比看来,西方马克思主义辩证法与左派政治实践短暂联系之
时,摆脱无产阶级的意识形态危机也应成为其中的重要命题,他们把革命
失败归为夺取政权的社会—心理前提的缺失,"革命都被分解为一个达到
主体(无产阶级)阶级意识的过程"。② 马克思主义辩证法与资本主义意
识形态之间,呈现出超越于宿命论的真空地带,现有无产阶级的洞察力,
难以支撑起革命的自由行动。在雅各比看来,西方马克思主义辩证法不能
被简单视作政治经济批判,也应当是"含有社会的知识(意识形态)结构
的哲学对抗"③ 在内的多重维度。其给出的方案或是由人本主义一派的辩
证法主张的,恢复人的主体性来构建新型阶级意识,通过强化无产阶级的
阶级意识推动社会革命的完成;或是由科学主义一派的辩证法主张的,以
历史科学来对抗意识形态,并反对将其看成科学对待,主张通过回归马克
思主义经典作家的文本,在知识行动的斗争恢复无产阶级的阶级意识。

　　雅各比列举意大利的马克思主义发展状况,来展现西方马克思主义辩
证法多元化形态的理论困境。"历史霸权与科学霸权的分裂,不仅仅与民
族传统有关"④;他认为不同于拉布里奥拉、葛兰西这些马克思主义者强调
历史的方法解读马克思主义,以历史辩证法的形式理解社会生活,而奥古
斯托·维拉则接受的是科学的黑格尔主义传统,执着于追求体系的重要
性,为黑格尔哲学的体系建构的合法性论证,着力从黑格尔哲学中抽象出
"体系就是一切"的思想观念,为普遍性的物质世界辩护,追求自然系统
的统一性。贝·斯帕旺塔曾专门对其实证主义的方式理解黑格尔的自然哲
学,提出过尖锐批评,指责他对黑格尔的哲学演绎过于机械地重复,在追
求正统完整性的同时失去了理论真正的有效性与活力。雅各比还分析了贝
奈戴托·克罗齐从历史的黑格尔主义朝往科学的黑格尔主义的转向,这在
实质上意味着一种第二国际的修正主义情结,他从原先捍卫马克思的社会

①　Russell Jacoby, ed., Dialectic of Defeat: Contours of Western Marxism, p. 59.

②　Russell Jacoby, ed., *Dialectic of Defeat*: *Contours of Western Marxism*, p. 78.

③　Russell Jacoby, ed., *Dialectic of Defeat*: *Contours of Western Marxism*, p. 93.

④　Russell Jacoby, ed., *Dialectic of Defeat*: *Contours of Western Marxism*, p. 43.

历史理论，反对历史自动化倾向，后来却转而否认马克思主义是一种带有历史哲学的思想，并试图把伦理与道德从中抽离，并将哲学与之区分开来，否认葛兰西意义上的历史与哲学之间的同一关系。在雅各比看来，他理解的历史成了社会物质基础的发展史，忽略了观念上层建筑的发展历程，而马克思的剩余价值理论，也被狭隘地理解成了哲学与道德伦理的抽象物，在纯粹经济学领域的历史意义则丧失掉。拉布里奥拉通过书信提醒克罗齐不要将马克思主义庸俗化，被抽离历史的马克思主义只是一种经院主义的表达式。

雅各比还列举了法国马克思主义的多元化倾向。他认为维克多·考森倾向于意大利的马克思主义，既接受了历史的黑格尔主义传统，又在对黑格尔历史哲学的研究中带有明显的折中主义观念。科学的黑格尔主义者维拉将黑格尔德文文本翻译成法文后引入法国，考森很大程度上汲取了这种正统性因素，使得对黑格尔的理解片面，进一步影响了马克思的辩证法在法国的研究推进。另一代表人物索列尔也有类似倾向，他既反对马克思主义的主观化倾向，反对阵营内部对马克思主义自我科学化，又主张把历史决定论看作科学，反对将决定论与宿命论等同起来，形成带有正统性的批判，这两种理论主张自相矛盾，在理论的反复调和中立场不够坚定。拉布里奥拉批评其理论立场的折中化，是一种带有精神病特征的案例。

西方马克思主义者政治观点相互交错，对苏联马克思主义的立场往往处于摇摆不定之中。卢卡奇一度是匈牙利社会党内异端萨博有力追随者，对党的组织系统的官僚化进行批判，支持其工团主义斗争策略与改良主义的选举政策，而后当无产阶级政党发生严重分裂被迫流亡后，他又坚决主张将无产阶级革命行动纳入党的组织框架内，在官僚化批判的过程中提倡党内的新型人际关系调整，而没有采取退出放弃党的组织形式，反对工团力量为主导开展革命，或走议会选举政治的道路。在雅各比看来，这种通过新型阶级意识的确立来反宗派主义和官僚主义的体制内部斗争，带有一种革命的弥赛亚主义情结。

而卢卡奇在内部批判的同时，在外围又在捍卫列宁主义的合法性，形成对体制的某种辩护，他对列宁主义性质的政党组织行为主张坚持不放弃，又被苏联马克思主义的正统氛围视为异端。在雅各比看来，这种在政治立场的复杂交错，背后反映的是其总体性辩证法的含混性，卢卡奇在与弥赛亚主义结缘的同时，又在偏离历史的黑格尔主义。雅各比认为，柯尔施在政治实践中的立场也与卢卡奇类似，一方面，他的文本带有一定的正统性意味，吸引了西德尼·胡克等学者对马克思主义正统性的关注与维系，但由于学术影响力稍弱，这种正统性意味在政治实践中的指导力不足；另一方面，在领导德国社会民主党左翼进行革命斗争时，由于不注重发动与密切联系革命群众，而造成行动的盲动性后果，导致其在党内失去了正统马克思主义的支持，被共产国际定性为极端左派分子，退出工会与放弃统一战线等对列宁主义政党路线的背离，成为其定性的理由。

西方马克思主义辩证法的内在困境，具有政治与理论上的双重不良后果。西方马克思主义一方面在理论上揭示苏联马克思主义的弊端，却又未深入反思自身的缺陷，导致理论领域一定程度上倒退；另一方面又在偏离西欧国家的实际，试图在革命行动中复制苏联模式，没有真正做到理论上指出的，要把议会政治与和工团斗争视为行动的有利抓手，也没有发挥阶级群众的主体性作用，导致革命组织形式的不系统不连贯，反而损害了西欧左翼政党，尤其是德国共产党与苏联布尔什维克及共产国际的关系，最终导致政治革命归于节节失利的命运。在雅各比看来，西方马克思主义的左派共产主义实践，只是一种缺失哲学话语的政治表达，既不能保持无产阶级及其政党的完整性与独立性，又不能结成成型的革命统一战线。

长此以往，西方马克思主义逐渐从激进的政治领域撤退，转向弥赛亚情结浓厚的哲学心理学领域。他们努力与历史的黑格尔主义传统相适应，并在理论指导实践挫败后没有失去辩证法的希望，无论是如梅洛·庞蒂、列斐伏尔退居到存在论与日常生活领域，刻意与卢卡奇的激进革命路线保持距离，还是如法兰克福学派退居到美学救赎与审美乌托邦领域，对法西斯主义形成社会学与心理学叠加的双重批判，都没有能够克服先前已存在的理论困境。当然雅各比还是为西方马克思主义作出了一定辩护，指出这种撤退有社会条件的限制，不意味着他们完全退出政治，"它是在逃避，但来自纳粹主义"。[①]

雅各比承认人本主义一派的辩证法，忽视自然哲学的重要性，欧洲的马克思主义发展进程，相对说来更依赖于历史的黑格尔主义传统，而这一传统忽视了黑格尔的自然哲学维度，他们又在此基础上忽视恩格斯的自然哲学维度。拉布里奥拉、批判恩格斯的辩证法抬高了费尔巴哈主义，将唯物主义变成无主体的消极趣味，认为黑格尔自然哲学概念的含混不清与矛盾性，又被恩格斯在辩证法的使用上继承下来，"黑格尔哲学对科学的吸收在恩格斯转变为对哲学的吸收"。[②] 在雅各比看来，马克思的实践概念，

---

① Russell Jacoby, ed., *Dialectic of Defeat: Contours of Western Marxism*, p. 111.

② Russell Jacoby, ed., *Dialectic of Defeat: Contours of Western Marxism*, p. 56.

则使得宿命论和唯意志论的双重危害同时得以免除。西方马克思主义片面地强调主观性，在卢森堡时期就把无产阶级视作革命的主体，认为政党官僚体制不能取代革命阶级的主体性地位，把注重阶级意识的重要性，既作为哲学表达又作为政治承诺。荷兰学者潘涅库克也认为，阶级意识可以将无产阶级的自主性发挥出来，能在知识系统化为阶级意识时，自行摆脱资产阶级的思想束缚，无产阶级的革命期望就在于将阶级意识、主体性与政党及工团组织关联起来。

在雅各比看来，这种主观性作用的夸大，导致革命政党对主体性因素作出了误判，仅靠政党自身的力量来代替阶级及群众基础，没有同联系的阶级及群众构建起可靠的革命联系。主体对于客体的主宰与强制，无形中取代了其对于客体的依赖作用。而且，他们相对于辩证法原则的重视，更关注于政治行动中取得优势，一些革命家甚至还是列宁主义的变相维护者，但对于辩证法原则与列宁革命组织策略的遗忘，导致其忽略对理论指导下的实践探究。列宁曾严肃批判了这种左派幼稚病，指出他们在国际共产主义运动史上至多是具有符号意味。而革命左派也没有真正将西方马克思主义理论用来服务于实践，导致其理论视野的保守与固化。左派共产主义在实践层面过度应用遵循苏联正统马克思主义，以期在苏联社会主义革命的成功历史叙事里寻求所谓的普遍规律性，在理论层面又多维度突出历史主体性来塑造主体意识，以期找到一条完全异于正统的革命道路。苏联正统马克思主义和西方马克思主义的哲学论争，本身也是对哲学理论与革命实践断层的回应，但这种发声的力量不够强大。

雅各比认为，西方马克思主义的历史辩证法，遵循的是历史的黑格尔主义传统，在对苏联唯物辩证法深入批判与反思过程中展开。但由于其对自然辩证法采取的是拒斥的态度，一味否认辩证法在自然领域运用的深刻内涵与历史意义，只承认社会历史领域辩证法的合理性。这种完全否定的态度，就使得他们走到了另一个极端，在对黑格尔绝对同一性法则批判的基础上，从拒斥绝对同一性走向了绝对的非同一性，是对辩证的否定原理的片面认识，进入了纯粹的抽象历史思辨之中。西方马克思主义的辩证法理论，没有能够指导具体的革命实践，走向了学院化与体制化体制之中，理论继而沦为一纸空谈。

雅各比提出重建历史辩证法思想，他自己作为西方马克思主义的成员，没有回避历史辩证法原有的思想误区，而是在西方马克思主义历史辩证法在社会政治领域的失败中找答案，"失败也是一个事实；它记录的是各种力量，而不仅是洞察力、理论甚至实践的品质"。① 他不满足于一种简单的历史重建，而是希望通过辩证法的某些失败来检视其活着的精神品质，呼吁在失败中汲取社会革命的经验教训，苏联革命的成功不意味着其对辩证法运用的绝对正确性，而西方马克思主义的革命失败也只是体现出辩证法运用中思想缺陷的事实而已。

第四节　克服社会健忘症的方法论基础及其恢复性重建

雅各比指出，一部哲学史其实是一部遗忘的历史。由于社会健忘症导致人们尤其是当今的社会左翼遗忘了马克思主义，致使辩证法思想的挫败困境。他试图引入心理分析的视角，促成两者的有机结合，重新恢复马克思主义辩证法的活力，推进乌托邦在当代的精神复原。

雅各比梳理了三种错误倾向并给予了有力回击，在批判"过度革命化、科学主义化、资本主义化"的同时，回复到辩证法的精神实质与思想本性。雅各比基本上认同卢卡奇关于"正统马克思主义"的见解，即辩证法才是马克思主义的正统之所在，这既不是对延续下来的马克思本人思想学说，乃至后人整理的一套体系不加批判地使用，也不是在无条件接受的基础上把某一理论片段上升为信仰，而是将其视作科学的信念，正确的研究方法，及其包含的辩证的批判的精神。一方面，辩证法具有革命性与批判性特征，通过揭穿资本主义社会的物化本质，帮助人们突破资本的幻象，刺穿个体的虚幻性和盲目性隐秘；另一方面，辩证法具有实践性与时代性，通过重建人的历史主体意识，帮助人们改造现实世界，解除与缓和当代人在社会生活中面临的深层次矛盾，立足于人独特的生命方式，来展现辩证法作为时代理论的根本旨趣。

雅各比针对当前辩证法面临的短暂性挫折，提出了对马克思主义辩证法营救的主张。他既对因循守旧的所谓原教旨传统加以批判，批驳了原教旨传统对辩证法活力的损害，及其对先进理论原有批判性力量的束缚或是对理论的机械简单性应用。马克思主义的辩证法，在时代的变迁中没有停止对真理的追求，面对社会变动后形成的物化社会，与时俱进地解答随社会异化所带来的人与自然、社会及其自身之间的冲突问题。而其后卢卡奇

---

① Russell Jacoby, ed., *Dialectic of Defeat: Contours of Western Marxism*, Preface p. 4.

的总体性原则与主客体统一的辩证法、霍克海默和阿多诺的启蒙辩证法、阿多诺的非同一性意识和否定的辩证法，都继承了马克思辩证法的批判传统与革命性征，不仅既有理论传统得以发展，而且批判范围更广、涉及领域更多，为可能患有"社会健忘症"的现代人提供了有力的社会批判工具。

一 精神分析对马克思主义辩证法的基础性作用

雅各比认为，法兰克福学派理解意义下被再次修正的精神分析，将弗洛伊德生物学意义上的无意识与意识的概念外延展开，认为它们不仅仅只是纯粹的自然，而是积淀了个体所经历的历史。按霍克海默的说法，这种后来被称作弗洛伊德的马克思主义的理论，是在去个性化的社会缩影中，揭开了社会历史发展的动向。这既承认某种程度上无意识对个体人格构建的贡献，同时建构起了辩证的自我，将自我看作生物学与历史学的统一体，也是内外因相结合的统一体。法兰克福学派借助于辩证法的力量，提出辩证的自我观点，才是对现代文明中主体性衰落的有力回应，使得马克思主义辩证法能够自觉批判现存社会体制，成为社会批判的支配性理论武器。

在雅各比看来，精神分析对马克思主义辩证法起到一种基础性的作用，二者之间有着深度关联，"个人、心理、主体性的范畴已经被当作非物质的、形象的和字面上的"。① 西方马克思主义之所以另辟蹊径将社会学与心理学相结合，或同历史唯物主义同精神分析学说相联系，是为了摆脱完全打压主体性与人本主义的客观性。雅各比认为，如果心理分析能有效把握辩证法的精髓，主观性也就不会同化到客观性之中。马克思主义辩证法也不会因为操作不当，又走向实证主义或机械论的方法论。

雅各比认为，寻求马克思主义与心理分析关联性的知识分子，他们受还原论思维的限制，无法达到对二者关系的辩证阐述，不能对个体与社会的关系有深入把握，这也就意味着心理意识与历史意识也没有达到辩证的统一。在西方马克思主义者对马克思主义进行社会学与心理学改造的年代，欧洲的无产阶级运动纷纷进入低迷期甚至走向失败。在他们看来，理论原因在于教条化与机械化对马克思主义的把握，没有将革命理论联系资本主义自我调整的实际，工人阶级普遍期望一种决定论的社会演进发生，忽视了对主观阶级意识的培养与练就。而在雅各比看来，西方马克思主义

① Russell Jacoby, ed., *Social Amnesia: A Critique of Contemporary Psychology*, p. 73.

追求的主观性，只是在主观性的外围打转，指向主体意识为何没有表现出来及发挥失常的原因，而不是指向主观性的本质，探究其为何未能唤醒主体的思想和行动。

雅各比认为，卢卡奇、柯尔施忽略了心理意识的重要性，将主体性的逻辑条件限定在历史维度的框架中，而缺乏了心理维度。他指出，柯尔施关于革命缺乏社会心理前提的引证，具有一定的误导性，卢卡奇直接把心理意识指认为一种直接的和实证主义意识，把精神与心理层面的政治解读，视为偶然的和经验的，并将其视作修正主义和机会主义的根源。这就使得马克思主义的理论分析缺乏心理维度，主体也就变得抽象化，变成远离了实际肉体和精神的个体。对非历史性心理意识的蓄意否定，在对资产阶级社会烙印进行批判的同时，又将心理意识与历史意识割裂开。

雅各比认为，西方马克思主义"将个人概念还原为一种干涸的历史和社会概念"。[1] 而自由主义与资本主义思想又将社会概念还原为个人和心理概念，二者都具有还原论色彩。西方马克思主义回避个人的心理结构，采取还原主义的立场，就没有真正理解与穿透到社会中去，这一理论话语，只能得到社会对个人更深层统治的表面现象而非本质。接下来，他主张一种主观性的客观理论，这一理论通过社会—性—生物的方式构造出来，将精神分析的逻辑转换为历史唯物主义的社会学与历史学理论路径，旨在从心理分析层面把握社会生活。"一个客观的主体性理论是'二次'的客观存在"，[2] 透过主观性来进入对社会历史背后的客观性之中，从心理活动的微观层面来探索人类的主观世界，在心理意识成为历史意识的基础上，进而揭示出社会历史活动的宏观层面及其客观性因素。异化社会的心理分析之所以消极，是因为个体所谓的独立主体性具有虚假成分，主体本身并未真正得到解放，这一理论实际上是无主体可言，也缺乏批判意义的。

雅各比以弗洛伊德弟子费德恩为例，本来这个学生接受了一定的社会主义理论熏陶，在研究父权制社会下父子关系冲突这一问题时，有将其冲突的心理机制转化成对社会政治的探求，但由于心理分析在当时被视为旧理论遭到反对，对心理意识的分析就转到了对历史与阶级意识的分析上。辩证的人格分析，应当起到调节个体本能和社会必需品之间关系的作用，他认为这同法兰克福学派几位成员将人格视作个体心理与社会交集的沉淀类似，赖希把性格结构视作既定时代社会学进程的结晶，弗洛姆认为精神

---

① Russell Jacoby, ed., *Social Amnesia: A Critique of Contemporary Psychology*, p. 73.

② Russell Jacoby, ed., *Social Amnesia: A Critique of Contemporary Psychology*, p. 80.

分析性格学可以作为社会心理学的起点。霍克海默认为，不断更新的社会成员性格与之在经济进程中的作用密切相关，阿多诺把人格结构看成有机社会的调节工具等。在雅各比看来，精神分析贯穿于西方马克思主义的发展进程，他们并不是把所有的政治经济现象都看成是心理学的，也没有对心理意识的客观因素的优先地位产生不解，而是在辩证的研究视野中，发现了客观社会系统的主观中介的运作机制，突出了唯物史观与心理分析相结合的社会心理学理论优势，在把主观性纳入客观性的基础上，最终贯穿于无产阶级及其阶级意识。

二　心理分析与马克思主义辩证法的内化融合

雅各比的着墨点不在于对弗洛伊德与马克思的思想进行比较分析，而是通过借鉴与利用弗洛伊德马克思主义的理论观点，在探讨心理分析与马克思主义的辩证法思想二者契合性的基础上，进一步探讨其内化融合的理论起点、现实依据与终极目标。

首先，在于二者对人的概念阐释的内在契合，把人是一种感性存在作为契合性考察的理论起点。马克思对感性的阐发，是以通过对费尔巴哈形而上学残余批判得出的。这一感性既不能解释为客体的或直观的形式，也就是机械唯物主义眼中的感性认识机能，也不能只从主体层面来作纯意识领域的说明，而是应纳入社会物质的实践领域，作为人的感性活动来加以探讨，作为认识世界与改造世界的客观物质性活动，这一人的自身存在方式，与为了人自身发展目标而采取的行动，与生物本能的区分显而易见。人作为一种感性存在物，具有历史性与现实性的特点。人作为历史存在物的主体效应，是以感性的存在形式发挥出来的。从人本身出发，就意味着从人的感性生活即感性存在的客观现实出发。

弗洛伊德的本能概念具有存在论的性征，是在客观的感性世界中来理解的人自身的存在。雅各比认为，在弗洛伊德看来的本能，是人内在的心理需求在精神领域的表达，是对人的自身存在的理解与思考，它在一定程度上决定了人的存在方式与行为方式。人通过压抑本能的结构，来获得自身的生存与生命的保全。他的爱欲本能，是以属人的感性需求来表达的，指向感官上的快乐。背后的这种性驱力来源，具有社会性的特点，将其中每个个体通过这一社会化力量集合成为群体，在遵循快乐原则的基础上，突破西方形而上学的逻各斯传统的束缚，以实现身体的全面解放为目标。他认为马尔库塞的理论解读是富于新意的，这种对本能的适当压抑，是为了达到自由和谐的人类关系，而对爱欲本能的实践化解读，是为了实现不同以往的自由文化创造。社会主义制度下的爱欲本能，这其实对人的存在作了重新的感性存在论规定，也是从人的感性存在出发，来体会人的心理世界状态。

在雅各比那里，马克思主义的辩证法，建基在人类社会实践的基础上，构筑起一套关于社会过程的总体模型。他笔下人的感性存在，是一种能动的存在。这一点与弗洛伊德的感性存在存在着差异，后者是在文明压抑下非理性显著的受动存在。由于现代人的感性存在的显著标志，即人的主观性的丧失。本应重视与强化对人的感性存在的探讨，但对社会到个体的分析又在日益削弱。之前正统马克思主义对自动化社会变革的仿制，导致了革命过程中对个体心理治疗的忽视。现代社会异己的关系构造正反映了当下人的感性存在，而物化奴役直指主观性问题，主观性滑落的背后是其带有的现实模糊性，两大对立阶级无不在这种主体性旋涡之中，"它似乎同时提到了两种截然不同的现象：无产阶级是历史的（潜在的）主体，资产阶级主体是市场抛出的问题个体"。① 一方面，要洞察物质和破坏它的社会条件；另一方面，要像西方马克思主义者那样挽救主观性，这样的辩证结合，才能找到辩证法现实运用的感性存在基础。

其次，在于二者对人的压抑与异化阐释的内在契合，把人处于压抑与异化的生存状态作为契合性考察的现实依据。二者都反映的不是与现实无关的纯粹思辨，而是反映现代性进程中人的自身生存状态。

马克思主义辩证法对资产阶级政治经济学的批判性考察及对异化劳动的系统性论证，揭示了现代性生活中人们的物化生存体验与精神状况。"马克思辩证法的两个基本内容，即关于异化的理论和批判以及关于资本主义'内在矛盾'的理论。"② 在雅各比看来，资本主义社会的根本矛盾和人的异化生存状态之间，构成的是一种辩证的有机关系。一方面，借助于雇佣劳动不断榨取剩余价值，满足资本增值的实际需要，为此加重了对工人劳动的支配程度，使得劳动异化的表现方式更加丰富、手段更加多样，异化劳动成为一种异己的东西，不依赖于劳动者而独立存在，并反过来奴役与压迫劳动者，使得压抑更为深重；另一方面，异化劳动遵循了资本主义根本矛盾运作的一般规律，即"资本积累的一般规律"，工人同自身类生活乃至整个社会关系的异化，揭示了雇佣劳动过程中资产阶级的剥削本性，显示出资本主义对利润的无止境欲望带来的负面后果，异化劳动

---

① Russell Jacoby, ed., *Social Amnesia: A Critique of Contemporary Psychology*, p. 81.
② 〔加〕本·阿格尔：《西方马克思主义概论》，第 8 页。

的解放路径就是对内在矛盾的逻辑解答。马克思把特定历史发展阶段的异化看作是历史的必然遭遇，同时又不将人的压抑的升华作纯粹的存在论解答，当作是非现实化的对象性活动对待，而是打破唯心辩证法的逻辑，进入对资本主义社会现实的制度性批判上来。"在治疗领域，社会主义的观点可能会提供与许多当代疗法的现实主义和乌托邦承诺背道而驰的是，深入了解阶级、种族和性压迫是如何塑造个体人格的，或者理解治疗师自身阶级地位的影响。"①

压抑性本能的术语化表达，是弗洛伊德对西方现代性文明的有力批判。德国哲学家赫尔巴特对潜抑的理解主要在情感领域，是人的主观意识对不被接受情感进行抑制。弗洛伊德则将人的压抑作为人精神世界失控的主要表现形式，把潜抑理论视作整个精神分析理论的重要资源，他洞察到一旦人格结构中本我被自我所压制，自我便会阻止本能冲动靠向意识层面，而且不允许其自行释放，把主观意识对立的或无法接受的欲望冲动等，在无意识状态下不知不觉地压制到潜意识领域，在赫尔巴特的基础上，将之上升为一种心理防御机制。马尔库塞在此基础上进一步把压抑进行分解，一种是基本压抑，另一种是额外压抑，即一般情况下是维持某种特定统治形式，而强加于人身上超过人维持自身生存的压抑，是社会期望内在化过程的现实需要。马尔库塞进一步提出"压抑性反升华"这一概念表述，这里的升华指的是本我与自我遭遇后发生冲突时，人把这种冲突从原始形式转变为更易被社会文化广泛接受的形式，转化为符合社会规范或审美的形式，心理压抑朝往一个新的方向进行排解与抒发。人们在进入基本压抑时的感受往往是具有可行性的，是关于异化劳动的心理补偿机制。而额外压抑则是不必要的异化部分，是现行体制下的意识形态驱动与引导的结果，压抑的后果在于人们选择认同现行体制，并认为在异化劳动与全面异化状态里能够得到自由，这种愉悦和幸福的积极感受实际上是虚假歪曲的，个人可支配心灵过程的自由空间已越发收缩，这又被其视作自我的具体化和自动化。

在雅各比看来，二者都对人作为主体的压抑状态及其实现过程有着基于现实的理解，尤其是他所理解的社会健忘症，其实就是知识分子在现存社会受压抑的心理状态。西方马克思主义物化概念常容易招致忽视的就是心理层面，而社会健忘症正是物化的当代典型，是对人压抑状态的深入心

---

① Eli Zaretsky, "Capitalism And Nostaligia: A Review of Russell Jacobys Social Amnesia", *Critical Sociology*, Issue 1, January, 1977, p. 45.

理剖析。一方面，要不断地整理与重振被异化了的心理分析，在压抑的基础上现代大众心理的生成机制；另一方面，运用社会批判理论避免精神分析的平庸化，使之保持超越个人又不会遗忘个体的紧张性批判逻辑，并与机械或实证的传统马克思主义保持距离，将财产关系与阶级意识挂起钩来，厘清压抑状态背后的经济基础成因。

再次，在于二者对人的自我救赎的内在契合，把人全面自由解放的路径作为契合性考察的现实依据。心理分析在于让患者获得识别自身与外界环境的自我意识，相对明晰的认清物化社会对人的压迫，把压抑的潜意识解放出来转化为自觉能动的意识，从而实现人的自我解救。将人从压抑中解放出来，实际上就是借助于精神分析，将被压抑的潜意识原型重新调动与激活出来，将被压抑的潜意识转移进入意识层面。完整人格是本我、自我、超我的三维结合体，而本我这一非逻辑的原始领域在潜意识状态下变得失序，自我这一精神力量随之削弱，二者形成冲突才会导致心理疾患，心理分析治疗，是对内心潜在的冲突及与所患疾病的复杂因果关联的复认与明晰，使得人们逐渐拥有健康的自我认知，自我重新在支配本我的同时完成人格的三位一体。自由联想、抵抗、移情和解释等精神治疗手段，就是自我解救的具体操作路径。

马克思主义辩证法则把通过打碎私有制进而扬弃私有财产，完成人复归的共产主义来作为异化救赎的路径。社会结构及其现实状态与人的行动实践及其精神状态之间，形成了辩证的有机联系。处于异化状态的人们一味地屈从于现行体制，保持异化生存方式而不做出改变，那么，实现人的解放就只是一句口号。反之，人们通过阶级意识的确立与共产主义的革命洗礼，明确意识到所处的非人异化状态，就会自觉克服异化进而扬弃异化。马克思认为，通过消灭雇佣劳动关系来克服非工人对劳动产品的占有，以实现对人的本质的真正实际占有。同时，他亦不否认，共产主义理念是以异化劳动为基础构筑起来的。

雅各比认为，只有形成对静止过去的清晰解答，才有可能实现解放。这里的"死的过去"，指的就是马克思对商品和机器形态中的死劳动进行的科学论证留下的理论财富，这种带有辩证性的科学论证方式，从政治经济的深刻分析中把握了过去与未来之间的密切关联。而心理分析也是对过去被潜藏压抑的自主性的解放与重建，从意识时间的流变中把握了过去与未来之间的密切关联。二者都是为了人类的自由解放，使得人尽可能地完善自身，在雅各比看来，区别是马克思关于人的解放侧重于社会学的意义，更加积极向上；心理分析关于人的解放侧重于心理学的意义，现代文明与本能压抑构成交织的共生关系，文明建基于本能压抑之上，反过来又对其产生直接的决定性影响，这就使得人根本解放的可能性大为下降，消极意义较为明显。在雅各比看来，一方面，必须融入精神分析来对马克思主义内部理论延伸的困境进行营救，由于西方马克思主义革命理论关于心理层面的讨论不足，革命意识的激发机制出现了心理物化，这就需要强化心理意识对历史意识的服务功能。因为光靠主体的意志与信念，是无法达到阶级意识的确立与激发来推进革命进程。另一方面，要恢复辩证法的本性，符合外在的社会物质条件，克服心理分析的主观崇拜，消解掉实际应用中的盲目性。

雅各比对阿德勒与新弗洛伊德主义的批判，目的就是达到通过马克思的实践的思维方式，来结合精神分析对社会健忘症进行施救，以期恢复实践辩证法的根本精神与原则。在雅各比看来，阿德勒的个体心理学几乎抛弃了弗洛伊德思想中的无意识因素，把整个认知屈从于对自我的信任里，"小我对自己无意识的否认被转为一种理论"。① 虽然个体心理学有助于对个体意识的能动性的认可，但对心理的无意识部分不够重视，这一体现内心真情实感的常识层面被故意淡化，本应具有革命性的心理学方法变得保守，使得存在于无意识领域的顽疾更难以捕捉。雅各比认为，从压抑意识向社会意识的过渡与转换，意味着心理分析方法的散漫自由化加深，与社会主义的原则不相吻合。

雅各比认为，弗洛伊德由于所谓的远离社会规范而被新弗洛伊德主义淡忘，实际上这是后者的误解。心理分析中的潜意识与前意识，既具有生物学意义，也具有历史唯物主义性质的社会学意义，它不仅仅是对自然的生物性描述，也有对社会个体发展历程的历史性描述，是对人们过去历史过程的积淀与还原。传统的心理分析不但没有远离社会价值观，而且建立在低级文明的基础上，具有更高文明程度的价值观。新弗洛伊德主义一叶障目，对生物学主义的拒斥等于是对其中所有文明性的拒斥。同时，他认为，后弗洛伊德主义对于主观性的探讨浮于表面，在揭示这个有着历史积淀下来的个体的同时，却将其对抗文明的思想遗迹放在了一边。"在大众化社会的冲击下，主体性正在瓦解。"② 虽然看上去自我走到心理学的最前面，事实上它正准备离开存在。后弗洛伊德主义者把传统心理分析中的集中的历史部分淘空，把焦虑和不安全感这种作为社会历史产物的心理学范

---

① Russell Jacoby, ed., *Social Amnesia: A Critique of Contemporary Psychology*, p. 24.

② Russell Jacoby, ed., *Social Amnesia: A Critique of Contemporary Psychology*, p. 47.

畴，转化为一种普遍的存在论范畴，把主观性视为对安全感的普遍追求，而实际上则是因为自我无从选择。

三　复归马克思主义的辩证法精神

雅各比认为，马克思主义辩证法不仅仅具备单一的理论与实践基础，心理分析理论也可以视作其固有的心理基础。雅各比认为，如果要重建马克思意义上的实践辩证法，就必须在恢复客观理论特性的同时，保留其主体性色彩。在心理基础这一环节，就需通过批判新弗洛伊德主义与后弗洛伊德主义，抨击其中向主观主义靠拢的思想倾向。雅各比依靠马克思的辩证法来作为心理分析质性与有效性的武器，形成思维方式上的革命，"心理分析的批判优势，源于这种（马克思）辩证法：它暴露了孤立个体的虚假性，揭示了社会性生物的深层隐秘"。① 通过回归辩证法彻底的批判本性，来唤醒被人们遗忘的乌托邦精神。

后现代主义脱胎于现代主义，在第二次世界大战结束的现代主义危机之后，一跃成为 20 世纪 70 年代美国最为盛行的社会思潮之一，后现代思维成为时尚，其包含极端的怀疑态度，且一直持苛刻的反传统立场，对传统文化加以消解，但这种时尚实质上是对过去的全盘遗忘，修正主义的弗洛伊德主义进而成为后现代主义在心理学界的代言人。由于这种过于激进的思维方式，使得资本主义的批判陷入彻底的虚无主义之中，任一具有辩证思维的理论包括马克思主义理论都在它的无情批判下。左翼知识分子也沉浸在后现代主义的理论诱惑里，选择逃避辩证法，进而遗忘知识分子的本质属性。

在雅各比看来，知识分子是为公众代言的，其自有的写作方式应成为辩证法现实化的显著方式，对经典文本的解读，应遵循实践辩证法的三大基本原则，致力于发掘资本主义内在矛盾的时代逻辑、危机模式、异化解决路径。具体而言：

第一，重建历史与自然相统一的实践辩证法。雅各比通过先前的批判，需要恢复马克思主义辩证法原初的合理形态，认识到自然是历史的自然，历史是自然的历史。个人积淀下来的历史就是马克思笔下的第二自然，即历史的自然，社会的自然。而传统心理分析关于人本能的无意识阐释，是深刻影响人的社会实践展开的，这种生物学本能影响下的历史活动，就是自然的历史。把本能从社会中抽离，或是社会脱离生物和

---

① Russell Jacoby, ed., *Social Amnesia: A Critique of Contemporary Psychology*, p. 79.

社会本能的根基，会把社会的历史意义的凝固化，缺乏实质内容进而使得内容抽象化与空想化，反过来变成失去历史意义的凝固生物学。从个体本能的历史动态分析，才能真正看清现行社会体制。他认为，法兰克福学派与费切尼尔的观察是比较到位的，但西方马克思主义的辩证法主要作为历史辩证法，在批驳恩格斯的自然辩证法时又走到了另一个极端，忽视社会运动作为自然历史过程的现实性与必要性。"历史有希望摆脱自然的永恒重复，甚至在其最乌托邦式的表述中"，① 在检视西方马克思主义自身理论缺陷与实践失败时，必须重新审视历史与自然的辩证统一关系。

第二，还原主观与客观相统一的实践辩证法。在雅各比看来，恩格斯的自然辩证法受黑格尔传统的片面影响，导致重自然轻历史的效果，西方马克思主义的历史辩证法同样受黑格尔传统的片面影响，导致重历史轻自然的效果。辩证法的重建应摆脱两种基于黑格尔传统的理论片面性，在重新拾起马克思经典作品关于辩证法思想的基础上，结合弗洛伊德的生物学主义，将自然与历史相统一的辩证法充分现实应用，来加强对革命的社会指导。

雅各比肯定发挥主观性的地位作用，同时又把主观性崇拜视作对自身衰落的直接反映，将之看成是具有资产阶级的意识形态属性，一种进行社会统治的意识形态工具。主观性作用的发挥，直指所要批判的理论教条，是有一定的科学性与进步性可言的，但把它作为社会前进的唯一动力追求，就容易变成非但不是进步的反向倒退，这时候就需要介入客观性作用的发挥。雅各比认为，进一步认清客观性，能够将笛卡儿理论传统的缺陷加以克服，在承认主观性对人自身存在基础性作用的同时，看清资产阶级的内在动力的意识形态机制，这种机制不但会表现为对人主观情感的盲目崇拜，还会陷入对人的狂热自恋之中。这会进一步演化为极端的个人主义形式，长期损害人与人的社会关系，还会在实质上达到对真实自我的否定。他认为对主体性的片面追求，可以说是其衰落的保证。"问题的关键并不是要恢复一种官方的正统观念……这是一个恢复主客体辩证法的问题。"② 应恢复主客体辩证法，以辩证逻辑作为武器，形成对主观性的排他性追求即客观性追求，既不反对社会的驱动力并与之相适应，又不应延续西方马克思主义批判过的唯客观的正统观念，而是在正确判断社会产品的

---

①　Russell Jacoby, ed., *Dialectic of Defeat: Contours of Western Marxism*, p. 117.

②　Russell Jacoby, ed., *Social Amnesia: A Critique of Contemporary Psychology*, p. 105.

性质时，保证其主观性与客观性相统一，摆脱纯主观性和纯客观性的实证主义的思维方式。

苏联的唯物辩证法受"科学的黑格尔传统"，尤其是黑格尔《逻辑学》的影响，盲目追求辩证法形式上的科学性，企图将唯物辩证法的客观性无条件的置入人类社会中去，成为适用于囊括一切领域的理论体系，把人类社会发展过程、人的独有思维过程等同于自然界的发展逻辑，取消了社会实践活动的生动性、具体性，忽略了实践作为人的存在方式的特殊性。西方马克思主义的辩证法受"历史的黑格尔传统"特别是《精神现象学》的影响，盲目追求辩证法形式上的主观性，在试图激活无产阶级意识以开展社会革命时，反而冲淡了社会历史本身的意义，遗忘了创造性实践的社会物质基础。

雅各比不否认主观性在当代理论建构中的作用，理论的建立应是以肯定主观性作为基础性依据。身处社会健忘症阴影里的人，对主观性的崇拜与偶像化，有时只是制造出浪漫的口号与空洞的概念，缺乏实际的社会内容。雅各比认为，应不断关注个体与政治之间在社会健忘症状态下的矛盾。因为这种主观性崇拜，还往往荒谬地表现为政治与个体的同步性，把所有与人相关的事务都纳入政治，甚至把个体与政治等同。虽然主观性崇拜的盲目，具有一定的进步意义，但仍然在真正面对政治的时候犯错，甚至是屡次再犯，即对现行体制的内容作合法化处理，刻意试图永久保持现行政治内容，使得经典理论的历史价值被忘却招致压抑。个体会陷入主体的麻痹中，把实际上或象征性的自我毁灭，当作生命本身加以对待。激进主观性又往往盲目把资本主义中与新社会共通的事物与关系都加以批判与排斥，这种批判其实是马克思笔下"粗陋的共产主义"的产物。雅各比认同阿多诺关于理论无能的解释，当理论客观上陷入无能，会使得理论贫困化，加之主客观因素的分离，又加重了理论无能这一困境。针对社会健忘症的种种弊端，实现人的自身解放，要克服狭隘的主观性，扬弃激进主观性的诉求，"我们要寻求的是一种具体的主客体辩证法，从腐朽中重建新事物；只有避开拜物教的实践才有希望获得解放"，① 进而回到精神分析完成心理意识重建的同时，对理论与实践的关系去公式化处理，形成理论与实践相统一的辩证法。

第三，推进理论与实践相统一的实践辩证法。"在任何一门学科中，一般理论和个人实践都会起作用不同的方向在一个快速解决问题的时代，

---

① Russell Jacoby, ed. , *Social Amnesia*：*A Critique of Contemporary Psychology*, p. 117.

雅各比坚持认为，我们的挑战是更自觉地保持两者之间的紧张关系。"① 资产阶级个人以公共的名义完成了达到自我的满足，有害的主观性试图通过消灭主观性而获得主观性，统治阶级非常受益于此。通过物化来扬弃物化的方式，其实只是一种意识形态口号，具有主体性相互确证和自我确证的象征意味，集体主义与个人主义在这种虚假的确证与满足中看上去相互完善，实际上则不断促成其消解公共性，从而完成最后的分裂。

雅各比借助于返回到弗洛伊德的精神分析，来进一步把握其中关于理论与治疗的双向互动关系。在他看来，修正主义的弗洛伊德主义，通过修正理论看上去让理论和治疗之间的矛盾消失，但实际上"不是以治疗的名义进行改变。但这并不能被误解为表明一般理论和个体治疗之间没有任何关系，而这一理论忽视了治疗本身。更确切地说这种关系是辩证的"。② 而心理分析在某种程度上，包含了理论与实践相统一的辩证关系。他转而通过马尔库塞尤其是在《爱欲与文明》中对弗洛伊德的哲学阐发来加以说明，认为其所提出的爱欲理论源于弗洛伊德的文明压抑理论，如果加以完善则可以有效地进行心理治疗，弗洛伊德并未将人类的本能视为爱欲的一部分，看作一种历史性的存在，而进入一种生物学意义上的极端，纠缠在对人类文明的破坏性逻辑之中。应当如马尔库塞那样来达到理论与实践相统一的辩证效果，也就是将性欲本能转化为爱欲，以压抑性反升华的路径，突破并力求超越进行额外压抑的社会文化，把原始本能的冲动进一步转换为具有自觉能动性的创造性生产活动。而试图修正弗洛伊德思想的人们，则是用通过新理论取代先前的理论，但这些修正之后的最新理论成果，必然会导致批判其缺陷的新理论出现。这就要做到不满足于简单的理论更新，而是将视野受限的理论，升华与提升到实践上来，这样才不会被作为社会健忘症与主观性崇拜的副产品，才会经得起实践的检验。当然，也不能以实践的名义对创新理论进行打压，挫伤理论创新的积极性，以掩盖其虚假或反动的实践本质，"以有效实践为名对理论的压制，以错误的方式进行报复：伪治疗和虚假革命"。③ 只有这样，理论与实践的固有关系才可以不被压缩成一个固化公式。

雅各比认为，在对先前理论深入批判的基础上，应辩证实施理论建构，实现实践辩证法的现实化。对理论部分中的合理成分进行吸收与借

---

① Fortune, Christopher, "Theory, Therapy And Politics in Tension: An Interview With Russell Jacoby", *New Ideas in Psychology*, Vol3, Issue 2, 1985, p. 183.

② Russell Jacoby, ed., *Social Amnesia: A Critique of Contemporary Psychology*, p. 121.

③ Russell Jacoby, ed., *Social Amnesia: A Critique of Contemporary Psychology*, p. 119.

鉴，提供能立住的理论素材作为合理性的依据，并在实践活动中进一步借鉴其他成果进行补充与完善。对不合理成分应克服与抛弃，并进行科学的重建，批判之后加以重建的理论成果，也需要在与社会实践相适应的过程中进行再批判，进而实现理论的再建构，这样才能体现批判与建构的相统一。在雅各比看来，受到主观性崇拜制约的理论和实践关系，变成了缺乏原则的机会主义道路，这个隐喻意味着在走一条气象派的主观主义路线，"你不需要气象员就知道风向"。① 这个路线在抽象的口号中迷失了原则，最终表现为极端个人主义而远离客观实际，使得理论与实践脱节严重。雅各比认为，对实践辩证法加以理论建构的过程中，要对先前的理论进行深入批判，在发扬经典思想家及文本的批判精神的基础上，实现实践辩证法的现实化。辩证法给予人们可供批判性思考的思维方式，这种思维方式的培养，不能在意识层面兜圈子，批判精神的培养应通过人们的社会活动获得，并不断继承与传扬。经典作家的辩证法中体现的批判性精神，为后来思想家们乌托邦精神的构建与培育奠定了理论基础，促使人们坚守失落的乌托邦精神，唤醒思考与批判的动力，通过反偶像崇拜的方式来替代蓝图规划。

四 马克思主义辩证法现实化的方法论原则

雅各比试图恢复与重建马克思主义实践辩证法，并将之纳入弗洛伊德的精神分析，作为理论推进的心理基础。他既不允许发生正统马克思主义思想中，让自然辩证法遮盖住历史辩证法的特殊性，也不能抹杀自然辩证法在科学解答人与自然的关系命题中的光环。也就是说，要贯彻主客一致的实践论思维方式，既发挥作为社会历史主体的广大民众的主观能动性，不断激发无产阶级的阶级意识，又尊重作为客体的现代性客观实际，不脱离不断变化的社会现实看物化等社会历史问题。同时，勤于在实践活动中证明认识的正确性，实现理论创新与客观现实的结合。

第一，雅各比将其与心理分析结合，重要的目的在于重建知识分子的乌托邦精神。雅各比力图重建西方马克思主义的知识分子与政治史。在他看来，知识分子原本作为社会的良知，本应充分认识资本主义内在矛盾，对其运行过程加以理论与经验上的探究，但受到社会健忘症的影响，加之各种鱼龙混杂的社会思潮干扰，激进的知识分子群体逐步改变了新型辩证法的精神实质，在推进与恢复马克思主义辩证法时，应不断在其现实化道

---

① Russell Jacoby, ed., *Social Amnesia: A Critique of Contemporary Psychology*, p. 117.

路上加强理论认同。改良主义心理学与激进左翼政治已经把辩证法的三大原则抛之脑后，也在主观简化论的阴影之中，"政治上的左派和非左派参与了同样的主观性驱动，两者都患有社交健忘症"，[1] 虽然他们仍能喊出激进的政治口号，但随着乌托邦精神的凋落，这种激进的外在形式缺乏实质性的社会批判分析，没有思考的探索方式呈现出一种常规化，人们习惯于这种退变。政治左派内部的理论构图，是建立在遗忘甚至抛弃经典的基础上，被狭隘、机械、落后的思维方式支配。看上去新颖前卫的革命理论，往往远离时代诉求，只是零碎个人经验的堆砌，没有任何切实的变化可言。越来越趋向于主观性的运动，使得知识分子的思维结构收窄，离社会事务的现实化越来越远，进一步导致了左派内部的分裂加速。

第二，雅各比主张反思现实的历史结构，从社会健忘症中救治受困者以恢复人们的历史意识，进而回到马克思主义辩证法。他认为，真正的辩证法理论，不应当忽视诸如弗洛伊德理论这些由过去继承而来的理论结构，弗洛伊德对晚期资本主义的缺陷有着先见之明，他早就批判了现代文明对个体社会心理的压制，这种对后现代抹杀个人整体性的挽救，已包含着革命的精髓。雅各比理解的历史意识，包含了辩证法现实化了的方法论，这种方法根据过去经验对历史进行把握，进而在洞察社会现实中形成未来指向，过去包含的经典与传统中存在的合理性不应受到漠视，对社会现实状况的分析应当是动态发展着的。不过他没有指认一种给定的具体方法路径，对历史思维方式的恢复是在对马克思等思想家的历史主义文本思考中收获的。

在雅各比看来，马克思的意识形态不仅是被英美传统所作的抽象思维来理解，而是属于意识范畴内的一种虚假形式，它能够蕴存于任何类型的知识序列，并被社会物质力量加以改造。也就是说，需从意识与社会这二者所面向的历史具体的现实关系中，对意识形态概念加以清理与考察。这种真假二元性的划分方式，并非简单先验性的知识分类，而是以与社会相符合与否的真实性为依据。后来经过改造过的意识形态概念，存在违背常识与经验现实的缺陷，过度指向激进的社会分析，而缺乏鲜明的历史意识与时代眼光，使得意识形态的内容狭隘偏激，被贴上极权主义的标签而惨遭骂名。

雅各比用来对抗主观性崇拜的重要形式，就是对理性的主观性的确立，恢复与树立人类自我意识中的理性成分，也就是经典马克思主义哲学

---

[1] Russell Jacoby, ed., *Social Amnesia: A Critique of Contemporary Psychology*, p. 102.

中的真理性认识。他强调认识论层面上对理论思维的重视，实际上也就是对实践辩证法的重视。过于感性的主观性往往脱离实际，无法规范自身的行为，并正确指导人们对社会进行改造。在现实实践过程中经过实践辩证法的指引，形成理性的主观性，仍需要回到实践活动中加以检验，如毛泽东所说的将认识活动视作一个过程。经由检验被认定的非理性部分应克服扬弃，主体则继续在实践中不断探索新的主观性形成的可能性。除了经过实践检验之外，还应加强对历史上传承下来的理性主观性进行学习与深加工，完成从感性主观性转化上升到理性主观性的辩证过程。

第三，雅各比认为，辩证法的起点与归宿都在于人，通过对人自身生存状态的理解与反思，来破解物化社会心理异化的深层次难题。以此克服"社会健忘症"带来的种种不利因素，以实现人们的自我超越与自由全面发展。在雅各比看来，回归辩证法的批判本性，必须通过革命性的实践活动对人们所处的现实社会加以改造，考虑如何使得人们摆脱如今堕入的"社会假面舞会"①之中，这是一件极其迫切的事情。辩证法作为一种对异化形象深度反思的批判形式，虽然能够揭露虚假现实以唤醒主体意识的觉醒，但还必须在革命性的改造世界的物质活动中落实，以这种人类特有的存在方式重新建构社会生活，改变与创造现存的生活方式，来恢复人本真的生存状态，唤起人自我批判与超越的维度。

辩证法的现实化改造，离不开"个人"与"政治"相统一。"最重要的是，我们必须避免再次假定社会是作为对个人的抽象。"②个体不应只是关注于自身的个人获得，作为社会的存在物，人们不应止步于以主观性为基础建立起来的理论，这些主观性理论对现实政治而言显得无所适从，个体不能在与社会关系相联系的政治中有所作为。他认为，弗洛伊德的心理分析抓住了人类文明与自我压抑的关系、个体抗争与被体制压迫的关系，体现了"个人"与"政治"的结合，而修正过的理论内容，往往都在寻求与政治包装的分离，走上了可能与经典理论完全相反的道路。

雅各比在西方马克思主义先辈的基础上，以弗洛伊德的马克思主义理论学说中对心理分析传统的借鉴与补充，对社会革命理论进行改造，使得分离的个人与政治重新结合。弗洛伊德的马克思主义者批判了盲目追求客观性的客观性政治，找回了所遗忘掉的属于"个人"的主观性成分，但这个过程中又在"社会健忘症"的压制下走向另一端，形成的"主观性政

---

① Russell Jacoby, ed., *Social Amnesia: A Critique of Contemporary Psychology*, p. 68.

② Russell Jacoby, ed., *Social Amnesia: A Critique of Contemporary Psychology*, p. 104.

治"把个人直接看作是政治，并将二者杂糅混同，使得异化的个人无法认清资本主义的内在矛盾，无法诉诸工人阶级完成社会革命，个人的解放已经被消解在政治意识形态之中。学界在对苏联的"科学的"马克思主义加以批判的同时，也应对主观的西方马克思主义加以辩证分析，实现"个人"与"政治"本应紧密又保持自身的辩证关系。

马克思主义相关经典文本为实践已检验了的理论规范与原则，加上富有教养的大众能够在传播媒介的作用下得以开拓，接触知识分子与经典文本后，可能返回自身，使得实践辩证法思想仍具有现实化理论延伸的可能。但由于大众在美国资本主义已较平稳发展的时代背景下，较大程度上获取了满足生存的经济利益，实践辩证法在东欧剧变之后，往往成为理论界所忽略的研究对象，加之大众媒介的碎片化传播导致民众视野受限，社会科学学科的竞争力下降造成认同空间缩小，加大了理论在国际资本全球化运作的舞台拓展难度。重新确立公共知识分子真正的社会使命，找回被遗忘了的辩证法维度，恢复其乌托邦精神而不致堕落为意识形态的辩护士，这不意味着与权威的纯粹冲突与盲目对抗，而是要不断地对自身的缺陷进行批判，在辩证法的批判武器指导下对具体的现实进行观照。

总的看来，由于雅各比所理解的最后的"知识分子"们不断坚守，使得实践辩证法思想仍具有现实化的主体保障的可能。他通过对社会健忘症的强力批判与马克思主义辩证法的重建，呼吁被体制化与学院化的知识分子群体，能够从市场性回归到公共性来重建起被遗落乌托邦精神，在公共生活的参与中完成对智慧的追问。但这一理论诉求有着实际困难，因为何以保证他们能够冒着损失基本收入来源的风险履行公共责任，何以保证他们有脱离体制的决心与意志。而且，乌托邦自身的理论困境，加之外界学术环境对乌托邦的不友好，以及反乌托邦主义者对乌托邦的污名化标签化，使得为乌托邦精神正名的人及其精神力量较弱，较难以撼动根深蒂固的现实土壤。

第六章　应对反乌托邦主义的挑战

　　20 世纪的现代人曾以巨大的乌托邦热情，试图将一幅未来美好画卷从语言符号中历史性地伸展出来，然而毁灭性的世界大战、共产主义运动的大面积倒退，使得人们不再倾心于蓝图设计，执着于宏大的历史叙事，而更多是从创伤累累的乌托邦实践里，找寻新的未来道路的可能性，以避免乌托邦退场后社会生活的全方位失效。

　　雅各比认识到，反乌托邦思想与乌托邦思想是如影随形的，乌托邦冲动的乏力，本质上是政治自身的瘫痪。乌托邦在如今的国际生存空间是腹背受敌，无论是苏联马克思主义的话语禁忌，或是后现代思潮的无情解构，还是新自由主义的四面夹击，抑或是资本主义技术意识形态的操控，都需要坚守乌托邦精神的学者积极应对，不仅不能寄居在有限的文化批判及话语政治中，还应探寻更为有说服力的斗争资源。雅各比正是在此对乌托邦等于极权主义，乌托邦革命乃是暴力根源等错误论断进行尖锐的驳斥。

第一节　雅各比关于乌托邦与反乌托邦的论争

　　在乌托邦出现衰落趋势之时，反乌托邦却呈兴起之势，各种类型的反乌托邦理论层出不穷。可以说，乌托邦的衰落与 20 世纪世界的历史变迁关系密切。"只有当乌托邦计划仅仅是一个伦理道德层面的设想，或是一个遥远的幻想的时候，乌托邦才与反乌托邦相融合。此时，否定、批判、讽刺的功能才与乌托邦的理想色彩相平衡。"[1]

　　在反乌托邦的理论视野中审视，一旦乌托邦景象迫切地被推向现实，

---

[1]　Krishan Kumar, ed., *Utopia And Anti - Utopia In Mordern Times*, NewYork: Basil BIackwell Ltd., 1987, p.124.

那么乌托邦自身的弊端就会日益显露。在某种程度上来说，反乌托邦的大举围剿，也给了乌托邦理论反思以另一种营养。乌托邦这一"不在场"的"在场"，不仅仅以是遥远的他者形象示人，而某种程度上以"反乌托邦"的悖论性形态存在，通过对两者对抗性话语斗争的反观，探讨新的当代乌托邦构型，并挖掘现实与理想之间诸种要素相互博弈而勃发的政治潜能。

一　反乌托邦的兴起及其与反面乌托邦的区分

当代科学技术兴盛，启蒙思想不断深入人心，传统乌托邦语境下对未来图景的期望已显得信心不足，文本中已极少谈及乌托邦的积极乐观态度。尤其是 20 世纪之后，传统乌托邦由文本意识层面的勾画真正迈向乌托邦实践操作之后，便屡遭挫折陷入失败的境地，原先通过现代科学洗礼与理性启蒙任务而构筑起的一套思想逻辑，发生了内在的危机效应。资本主义频繁爆发的经济危机，加上现代资本主义社会各种制度性的异化问题，将现代民主思想构造的人道主义乌托邦迷梦打碎。整个西方在法西斯主义暴政下，人类遭遇了物质与精神的双重痛苦，催生了对现代性反思的深刻变化，深化了乌托邦与现代性之间的复杂张力关系。西方社会内部的现代化声浪到了一定的扩张阶段，出现了一种反制性的思想力量，以反现代性意识的面貌动摇了近代以来的启蒙理性传统，引发对乌托邦传统文化价值的高度担忧。

伴随着乌托邦的整体性衰落，渐进趋向于反乌托邦的历史时期。以理性为基石的乌托邦理想逐渐崩塌，西方文艺复兴之后形成的主体性信仰，随着乌托邦文化价值的消退而消退。"我们不再生活在一个乌托邦的时代，而是生活在一个每种理想皆被体验为终结——更确切地说，已越过终结点——的时代。"[①] 传统乌托邦原本所允诺的完美图景并没有到来，乌托邦主义者期望将之寄托在不远的将来，但事实上百年乌托邦实践不仅没有深刻揭示历史发展的奥秘，也没有远远达到预先的承诺。而当其在不符合当下社会历史条件下以革命的姿态出场后，反而让历史的废墟一个个暴露在世人面前，展现了其内在逻辑所不能自洽的虚幻性色彩。现代性的扩张越发失控，人类生活就会进入对理性的狂热崇拜之中，对科学技术的力量盲目轻信，过分依赖于外在的机械教条对自身生活领域的控制，人们的个性逐渐被消解，个体性的命运无法被妥善安放，自我持存的安全感也变得脆弱不堪。这种巨大的生活操控，反而使得人类的本真面目被扼杀，非人的

那部分力量异化的展开，成为压迫与奴役自身的现代性工具。人类不断影响并改造着地球环境，尤其在科技发达的今天，各种社会问题和环境危机不断出现，乌托邦理想在一系列危机面前饱受各种质疑，急功近利渴望被落实的乌托邦构想，在现实面前显得有些苍白无力。人类对人间天堂建造的狂妄自负，使乌托邦彻底走向学者弗莱所说的"乐园牢"。

　　"反乌托邦"一词最早是由1868年英国古典自由主义思想家约翰·斯图尔特·密尔于议会演讲时使用，其批判的目的就是警醒和劝诫世人，不至于真正陷入反乌托邦描绘的深渊。"过去20年左右对乌托邦理想的广泛拒绝应该被理解为特定乌托邦形式在东方和西方的失败。"① 这一提法不能简单解释为对乌托邦本身的反对。传统乌托邦内在的理论缺陷，使之往往在步入实践那一刻就意味着幻灭。早在乌托邦概念问世之初，莫尔在《乌托邦》一书的态度就是模棱两可的，研究者们反复阅读也难以捕捉最切近于其内心的立场，而这种体现出来的两歧性，也给后来各种反乌托邦的集体出场，留下了一个实在的理论空隙。"莫尔的《乌托邦》的作用不仅仅作为真正乌托邦的源头，而且作为它的相反面——反乌托邦的开始。"② 传统乌托邦的理想依赖于丰富的观念基础得以建构，他们认为人性是能够通过循循善诱逐步趋向于完美全善，科技驱动能够产生物欲满足带来的无穷的幸福享受，科层制的连续运转制造出无差别社会个体，能够为人类社会的有序发展提供人力保障。反乌托邦往往采取极端化的表现方式，将以上这些乌托邦观念基础，通过延展、夸张与现实化的演绎，达到一种极致的批判效果。人类的理性价值演化为毫无新鲜感的感情匮乏，绝对的平等正义演化为从行动到观念无所不包的齐整性，民主与自由的现代文化价值演化为对统治权力的绝对服从。而反乌托邦主义者则对乌托邦思想原则进行批判，使乌托邦本身的荒谬性和非理性自发显现，从而达到批判和否定乌托邦的目的。在反乌托邦的视角下，现代性有其赤裸裸的原罪，在于对生命本能的无限度压抑。现代化的进程中的科技异化，带来了机械化生产的庞杂体系，使得人无法成为生产活动中的独立存在，而是作为工具理性的附属品而畸形发展，人的智力系统被严重破坏，原本赋予的创造潜能被牢牢束缚住，人们不但不能自主掌握科学理性，反而逐渐丧失了控制力，成为接受科技管制的精神奴隶，人如机器般冰冷麻木，将丰富多样的社会关系，严重扭曲化为一种工具性的异化关系。伴随着生产力急速跃进的，不

---

① 〔美〕大卫·哈维：《希望的空间》，胡大平译，南京大学出版社2006年版，第189页。
② Krishan Kumar, ed., *Utopia And Anti-Utopia In Mordern Times*, p. 100.

是现代文明的良性发展，而是人类社会大面积的文明性危机。效率和利益至上的社会风气盛行，科技时代以不可逆转的方式破坏了人们的生活环境，世俗化倾向瓦解了固有的道德伦理秩序，理想主义的虚无化导致人性如死水般沉寂，文明的冲突造成人类面对正义时的冷漠困惑。这种复杂的生存困境，使得人无法确立起与世界之间的关系，无法正视自身存在的意义，无法面对人类命运所依赖的生活世界。

在当代政治哲学领域，反乌托邦的声音大体分为两种，其一，以哈耶克、以赛亚·伯林、卡尔·波普等人为代表。这些反乌托邦主义者大部分亲历过法西斯主义的极权统治，对乌托邦主义现实运动经历的几次大浩劫刻骨铭心，都对在以反乌托邦的理论话语批判与总结这些沉痛教训。他们反复向人们发出呼吁，为乌托邦而奋斗的结局是令人压抑且具有创伤性的，成全的往往只是独裁专制主义者的狂妄，不但收获不了一个更完美的社会蓝图，反而在营造社会蓝图的过程中付出自由乃至生命的代价，人类在完美与自由二者间只能选择后者。"在最近时期，对乌托邦理想的拒绝有一部分原因就在于敏锐地意识到它与独裁主义和极权主义的内在联系（莫尔的《乌托邦》无疑可以如此解读）。但是，以这些理由来拒绝乌托邦理想也会带来不幸的结果：在搜寻替代方案的过程中抑制了想象的自由运用。"[①] 其二，以福山为代表的新自由主义者，认为历史已经终结，人类社会发展进程的演进已到达终点。除却新自由主义的意识形态可以主导世界秩序，不可能也再不会有其他社会意识形态与制度体系能与其同台竞争。他们主张人类没有乌托邦也可以继续自由自觉的生存，默认当下社会是使人们得以安身立命的唯一可能社会，不可能出现资本主义社会更替的历史条件，这在一定程度上为现行制度的合法性作了永恒辩护。

一些新左派知识分子在"五月风暴"过后，也基于文化多元主义情结表达与新自由主义对乌托邦的类似观点。他们在乌托邦之死的时代语境下，反思社会主义革命及欧美新社会运动的缺陷。既对乌托邦主义运动的心态表示理解同情，也意识到乌托邦工程对人性的摧残，意识到乌托邦在历史重新书写后的自我催眠。"随着近十年资本主义危机的加深，人们越来越加紧寻找出路，寻找克服危机进程的意识形态药方。"[②] 他们将传统乌托邦现实化了的真相逐一还原，呈现出对待乌托邦问题的两极化的深刻矛

---

① 〔美〕大卫·哈维：《希望的空间》，第 158 页。

② 参见〔德〕E. 弗洛姆、M. 库恩策《寄希望于"具体的乌托邦"——纪念 E. 布洛赫诞生一百年》，燕宏远摘译，《哲学译丛》1985 年第 6 期。

盾，并以各种努力恢复乌托邦精神的活力，使之作为人类冲破现实的异化结构的精神动力。

关于反乌托邦这一概念的英文词是 Anti – Utopia，从词根构造上就可以看出是从乌托邦一词派生的，它是对乌托邦的全盘否定，对乌托邦精神的超越性也是全方位的围剿，前缀 anti 意味着反对、反抗。当然需要指出的是，其所要反对的绝不是乌托邦精神本身，而是乌托邦的一种现实化以后的变形形式，即反面乌托邦（Dystopia）。反乌托邦实际上应当被看作是一种反"反面乌托邦"，即 Anti – Dystopia。狭义上仅指反对乌托邦持否定批判立场的文本类型，宽泛理解的话，则是把恶托邦等一切亚类都包括在内，忽略之间与乌托邦造成对立立场的理论差异。反乌托邦变相地对现存世界加以肯定，认同对不合理现实世界的妥协，认为当前的社会体制难以被超越，往往造成一种对体制抗争的远离。反乌托邦认为，乌托邦不可避免地导致专制独裁和极权主义，及对人性的压抑，逐步从革命的乌托邦激情演化成一种反革命的意识形态；而反乌托邦则意味着一种看似不存在的世界被再生了出来，"通过相当丰富的细节展现了一定的时空定位。它致力于批评乌托邦主义或者攻击某些正面乌托邦作品"。① 它始终警惕乌托邦的美好想象，认定乌托邦包含可能会给整个人类带来危险的因素，其理想设计必然会造成灾难性的社会后果，"通过把乌托邦中的正面因素转化为消极的、定性的因子，从而界定乌托邦的论断"。② 反乌托邦将实体乌托邦而非价值乌托邦视作愚蠢的顶峰，对前者的狂热崇拜难以避免乌托邦走向了其反面，导致现代社会对乌托邦理解上的意识形态扭曲。

反面乌托邦即表征的是乌托邦世俗变形后的现实化倾向，或成为"消极乌托邦"（Negative Utopia），又译为敌托邦（Dystopia），③ 也就是狄斯托邦，或者是恶托邦（Cacotopia）。"Dysutopia"取消了"乌有"的词根，U-topia 表示的词根"U"被前缀"Dys"取代，该词根往往表示恶化的、败坏的、不良的，原本具有的乌有含义被取消，而另一层美好含义则被加以

① Sargent, L. Tower. *The Three Faces of Utopianism Revisited*, Utopian Studies 5, 1994, 9.

② David W. Sisk. *Transformations of Language in Modem Dystopias*, CT: Green Wood Press, 1997, 7.

③ 该词由"dys"和"Topia"两词组成，"dys"源于希腊文 dus，意思是坏的、反常的；"Topia"源于希腊语 Topos，意思是地方，合在一起为坏地方，音译为敌托邦。这一名词创造者 J. 马克思·帕特里克将其作为乌托邦的反面，"所谓的'敌托邦'就是乌托邦的反面，就是不理想的或反理想的社会。它与无聊、无主、无助、迷茫、枯竭、沉沦、沦丧、堕落等这类暗示性极强的词语相联系。"参见〔美〕拉塞尔·雅各比《不完美的图像——反乌托邦时代的乌托邦思想》，第 236 页。

替换。单词构造上出现的改造，实际上意味着乌托邦本应内在蕴存的乌托邦精神，在现实化操作与改造后发生了制度化地实质性蜕变，本应不在场的特性被残酷的进行了在场化处理，逐渐在乌托邦主义的过度实践中，朝向自身的反面。反面乌托邦可以说是对乌托邦乐观理想的冷静反思，在其场景描述中，虽然不带有宗教的神秘色彩指向，但带有现代疯狂偶像崇拜的印记，甚至是对统治权力的极度膜拜与服从。

　　恶托邦（Cacotopia）一词指向邪恶的地方，与乌托邦寓意中的美好的地方正好相对，由英国学者瑞尼·班瑟姆在 1868 年描述成的社会样态，"一个想象中的由于掠夺、压迫和恐惧等造成的人类生活极差的社会"。[1] 这种理论类型更注重社会的批判意义，认为一旦乌托邦以实体化的形式显现，原先的同一性就会被放大为一种强制性，个体丰富的生命意蕴也进入到个体对社会秩序的服从之中，美好图景并被恐怖的画面所替代，正常的思想沟通被严格限制，社会的整体价值目标被高度集中的权力来加以界定，"乌托邦与敌托邦之间模糊不清的界限浓缩了历史的判断"。[2] 它通过某种现实空间外的文本虚构，展开对现代性主导的现实批判，力求揭露社会生活中种种灾难性弊病因子，警示人类现实的真实境遇，"立足于把一种正在发展中的，作家认为势必导致灾难性后果的趋势推演为恐怖的力量"。[3] 恶托邦与反乌托邦内含的对一切乌托邦的全盘拒斥的悲观立场，在价值指向上有很大的差异。实托邦（Oaractopia）一词又被称为拟乌托邦，出自美国学者托夫勒的《第三次浪潮》，指称一种实际存在的好地方。"现代乌托邦和我们已经讨论过的乌托邦不同，差别在于前者能给予人以即将取得成功的感觉。它们实事求是地对待人们，并采用人们熟悉的方法。完满地实现他们的理想似乎指日可待。……他们实际上乃是拟乌托邦。"[4] 这正是雅各比笔下的实体乌托邦，从表面上在于规划一种严谨的符合现代人生活方式的未来轮廓，这种非凝固化的运作方式，虽然不是对过去的回望，也不是先验的未来构造，但实质上则仍将人类历史的复杂运动，简化为现代性扩张所塑造的同一化进程，人们对于未来生活的理性选择或积极行动，仍然被局限在现代性的权力宰制之下，人们的终极存在意义在被现

① 参见 Nan Bowman Albinsky, ed., *Women's Utopias in British And American Fiction*, LondonAnd New York: Routledge, 1988, p. 11。

② 〔美〕拉塞尔·雅各比：《不完美的图像——反乌托邦时代的乌托邦思想》，第 10 页。

③ David W. Sisk, ed., *Transformations of Language in Modern Dystopias*, CT: Green Wood Press, 1997, p. 7.

④ 〔德〕乔·奥·赫茨勒：《乌托邦思想史》，第 219 页。

代性稀释后，呈现出莫以名状的空虚感，"标志他们同传统乌托邦关系断裂的并不是空间或场所的变化，而是稀薄的想象"。① 人们选择把实托邦作为现代性的理想表达，本希望遏制这种空虚感的蔓延，而现实中却助长了这种空虚带来的历史理解能力弱化，并招致对乌托邦思想的无情批判。"未来派是反乌托邦主义的乌托邦主义者……唯恐这种乌托邦理想成为买卖的天堂的想法不切实际了，他们就提出了一些建议来支持一种新的文明。"②

在理论色彩上，反面乌托邦可以看作是一种批判的乌托邦，是为了引发人们由外向内对于乌托邦的理论与实践反省，对"晚期资本主义社会"发展进程中的趋势加以批判。③ 它不反对乌托邦，不能作为乌托邦的对立面。④ 反面乌托邦从外在形式上，细节描述非常详尽，以夸张式梦魇的方式对乌托邦理想方式的否定，但从内在本质上，则是乌托邦的理论延续，同样是对人类生存现状与发展前景的批判性反思与本真性探索。虽然两者之间构成了承继关系，但雅各比还是希望对乌托邦与敌托邦二者做出明确的区分，"乌托邦通过展望一个世界来寻求解放全人类，这个世界将建立在全新的、不受重视的，甚至遭人唾弃的观念的基础上；敌托邦则通过突出强调威胁自由的当代潮流来使人类感到恐惧"。⑤ 反面乌托邦终极关怀仍然指向对个体自身的生命意识的恢复与重建，从正反两面展开对科技理性的关注与批判，既有对人类的自然情感的回溯性向往，又有对在人类中心主义反思基础上的生态性重塑，还有对专制权力与极权政治的批判性讨伐。

在雅各比看来，尽管反面乌托邦的批判视角折射出极权社会的影子，但并不能由此将之等同于反乌托邦的，也不能得出反面乌托邦是对乌托邦主义的彻底摒弃。"20 世纪著名的敌托邦小说都不是反乌托邦的；它们并没有像讽刺极权主义或科技化的未来那样嘲讽乌托邦的冒险事业。"⑥ 可以

---

① 〔美〕拉塞尔·雅各比：《乌托邦之死——冷漠时代的政治与文化》，第 245 页。
② 〔美〕拉塞尔·雅各比：《乌托邦之死——冷漠时代的政治与文化》，第 246 页。
③ 参见 Fredric Jameson, "The Politics of Utopia", Vol. 27, *New Left Review*, 2004, pp. 49 – 62。
④ 汤姆·摩兰在《不可能的渴望：科幻小说与乌托邦想象》一书中，总结的批判的乌托邦的特征包括：挑战反乌托邦对乌托邦思想和实践的拒绝，反对将现存社会看成完美世界。直面乌托邦文类自身的局限性，在拒绝蓝图的同时保留乌托邦梦想；聚焦于乌托邦世界内在的困难和缺陷，着力揭示清晰可辨的动态变革等。参见 Tom Moylan, ed., *Demand the Impossible Science Fission and the Utopian Imagination*, New York: Methuen, 1986, pp. 10 – 11。
⑤ 〔美〕拉塞尔·雅各比：《不完美的图像——反乌托邦时代的乌托邦思想》，第 17 页。
⑥ 〔美〕拉塞尔·雅各比：《不完美的图像——反乌托邦时代的乌托邦思想》，第 17 页。

看出，反面乌托邦不是乌托邦的反题，其目的在于有意引导人们去发现进而规避比现存社会更为复杂恐怖的社会场景，更多体现的是对可能制造出的异样世界的阐发，[①] "反面乌托邦实际上只是乌托邦这一理想的附属品而已。也许这就是为什么一些最糟糕的愤世嫉俗者会成为最好的乌托邦者的原因，而且假如他们不必然地是最好的乌托邦者的话，他们也可能是乌托邦最微不足道的破坏者"。[②] 而反乌托邦实际上则是某种程度上折射出乌托邦内在蕴含的复杂悖论，将其中应被否定的因素以抹黑的形式表征在示人面前，通过这一抹黑式的模仿，进一步增强对乌托邦的内涵理解力。

二　反乌托邦理论家对乌托邦的声讨与批判

波普、伯林、哈耶克、塔尔蒙等人身为两次世界大战的经历者，之后又身处冷战的政治格局之下，目睹了乌托邦实践造成的灾难，他们对乌托邦的批判带上了深刻的时代烙印。像波普和伯林这样的反乌托邦的自由主义者所提出的异议有些地方是中肯的。蓝图设计师的时代已经一去不复返，尽管他们构成了乌托邦传统的主体，但是他们并没有耗尽这一传统。不过，反乌托邦主义在接入诸多非乌托邦主义要素的同时，常常淡化或混淆了彼此的理论界线。

波普将乌托邦视作危险的思想观念，"乌托邦主义"和"历史主义"一词在他的著作被交替频繁使用。他认为毁灭人类自由的正是乌托邦工程，而且这是一个无法证伪的理论。"乌托邦主义者试图实现一种理想的国家，他使用作为一个整体的社会蓝图，这就要求一种少数人的强有力的集权统治，因而可能导致独裁。"[③] 一部分学者仍将波普视作乌托邦主义者，但作为乌托邦现实主义者或反乌托邦的乌托邦主义者对待。这是由于波普自身对待乌托邦的矛盾态度所致，他的社会建构思路脱离了形而上学的思维方式。在波普看来，乌托邦的理论无法自行证伪，乌托邦也是永远也到达不了的终点。乌托邦蓝图规划者为错误设计结果的辩护理由多种多样，而且可以循环往复进行乌托邦的设计尝试而不顾忌设计失败带来的后果。哪怕乌托邦蓝图设计师有着理性的科学态度，也不意味着其设计思路的可行性，乌托邦工程的目的本身就应遭到质疑，它是按照某种确定的意

---

① 参见 Papastephanou M., Dystopian Reality, "Utopian Thought And Educational Practicel", *Study Philosophy Education* No. 27, 2008, pp. 89 – 102。

② Osborne T., "Utopia, Counter – Utopia", *History of The Human Sciences*, No. 16, 2003, p. 123.

③ 〔英〕卡尔·波普：《开放社会及其敌人》（第 1 卷），第 295 页。

图或计划来对整个社会加以人为的改造，不具备对意外状况的应急保障与充分警示能力，"只有少数的社会建构是人们有意识地设计出来的，而绝大多数的社会建构只是'生长'出来的，是人类活动的而未经设计的结果"。① 它倾向于引起整个社会的剧烈变动，总是期望一种盲目效果的总体性社会改造。在波普看来，现实与乌托邦之间存在着手段与目的相互制约的代价结构关系，人们不应该为了尚未可知的乌托邦未来，而牺牲掉此时的过程。社会秩序及其历史演化本来就具有一定的自发性与渐进性，不能将乌托邦视作人类历史发展的终极目标与必然结果。作为目的的高级价值与作为手段的低级价值之间应维持某一平衡，人类不可能跨越某些阶段性的手段环节而直达最终目的。它无法与科学标准兼容在一起，并有一种一劳永逸地对全部社会问题加以解决的宏大企图，甚至可以说"它的目的在于'夺取关键地位'扩大'国家权力'"。② 他通过区分零碎工程与乌托邦工程，来阐发推行这种乌托邦的空想工程可能带来强烈社会矛盾。前者通过零碎工程师进行操作，他们对从总体上的未来设计思路报以不信任的态度，而是采取小规模的修复与调整的方法，在小心翼翼反复试错的过程中一点点推行预期的设计，然后再对预期与实际效果进行客观比较来实现目的，而后者对社会的设计是一种总体性的规划，带有明确的公共性意图。乌托邦工程制定蓝图时的非理性逻辑，往往会采取强力的集权统治来达到预期目的，进而可能导致国家走向独裁与极权主义。

伯林对乌托邦的批判则往往基于多元主义视角。他认为传统乌托邦理论具有难以清除的集权因子。这是由于在其理论空隙中，始终包含有一元论的理论架构，而又进一步造成进入实践领域中的灾难性后果。"存在某些普遍的真理，它对无论何时何地的所有人都是真实的，而且这些真理就体现在普遍的法则之中。"③ 乌托邦思想中包含有很多极权主义因素。历经纳粹主义的社会主义之后，甚至把社会主义等同为"乌托邦工程"，这些都在伯林笔下被归入乌托邦蓝图构想的实践版本，是完美社会在场化状态的恐怖表现形式。他把现实出现过的大规模乌托邦实践，看作一种竭力使自己成为实体存在的人间天堂，实则是一种人间地狱。作为一个多元论的支持者，伯林认为乌托邦在本质上是无法实现的，因为人类社会中存在诸多相互冲突的价值，这就使得选择的余地很大，但选择的同一性也会出现

---

① 〔英〕卡尔·波普：《历史决定论的贫困》，杜汝辑、邱仁宗译，华夏出版社 1987 年版，第 51 页。

② 〔英〕卡尔·波普：《历史决定论的贫困》，第 53 页。

③ 〔英〕以赛亚·伯林：《扭曲的人性之才》，岳秀坤译，译林出版社 2009 版，第 33 页。

偏差，不可能试图在一次性的价值选择中得到全部的善，不能指望无所不包的社会规划设计能令所有人认可。即便乌托邦理论放弃其一元论主张，依然会导致乌托邦多元化解读中难以避免的矛盾，形成理论内部不可调和的矛盾。他将乌托邦视作一种总体性的意识形态，认为其是必将导向危险的存在。在他看来，这种从总体意义上的社会设计方案，会稀释掉人类社会无穷多样的可能性，深深担忧这种多样性冲突的解决方式。但这就使得任何意图改变现状的观念，都成为不可取乃至是邪恶的社会力量。阿伦特也认识到过于依赖这种总体性意识形态的危害性，会导致社会必然地形成专制权力，进而催生出恐怖的极权主义。她将成因、内容、属性大相径庭的纳粹主义与共产主义，都纳入由某种意识形态助推的极端之恶结构加以描述，把极权主义的能量看作是源自对社会情绪乌托邦式的系统加工与改造。

　　哈耶克也对蓝图式的乌托邦有类似的批评，认为乌托邦社会不一定意味着自由与美好，相反会招致对个体自由的奴役与剥夺，铺设出一条通向奴役的道路。他作为纳粹时期的流亡分子，对极权主义的产生与发展做过较为细致的研究，从中区分出建构论理性主义，以及与之相对的进化论理性主义。前者认定社会制度作为理性设计的产物，经由理性的设计规划以及外在的强制操作，才能形成合理的制度样态。哈耶克不赞同建基于这种理性主义的乌托邦体系，在他看来单单依照理性本身，是无法进行制度建构的，因为现行社会秩序就不完全是理性所设计出的，这样才能充分发挥而不限制每个人在其中的智能效用。"这一'建构论的唯理主义'智识传统，无论是在其事实的结论方面还是在其规范的结论方面，都可以被证明是一种谬误。"① 他又把社会秩序划分为两种，一种是外部秩序，又称作人为的秩序、组织秩序；一种是与之相对的内部秩序，又称作自生自发的秩序，他认为绝大多数的社会制度及其构成要素是自生自发演化的结果，而非是预先设计好的，"乃是那些允许个人自由地运用自己的知识去实现自己的抽象规则为基础的，而组织或安排是以命令为基础的"。② 人类历史的发展是自然化的渐趋前行过程，即便人类的地域性活动要遵守既定的社会规范，依照明确的模式生活下去，但这种自觉的接受过程却不是经由理性设计造成的。而传统的乌托邦理论却要将这种自然过程变成人为过程，这

---

① 〔英〕弗里德利希·冯·哈耶克：《法律、立法与自由》（第1卷），邓正来等译，中国大百科全书出版社2000年版，导论第8页。

② 〔英〕弗里德里希·冯·哈耶克：《哈耶克论文集》，邓正来编译，首都经贸大学出版社2001年版，第122页。

样必然是要失败的，因为只有极少的社会制度是由自觉意志直接推动而形成的，而乌托邦主义者却习惯于将之看作是人意志的产物。他反对人为地对历史设计，导致消灭自发秩序，任何乌托邦的设计都会造成专制，而带来禁锢人自由的极权主义。"最初，人人都想给自己找一条在他看来最好走的道路，但是这条道路被再次利用的事实有可能使它变得更易于行走，从而也更有可能被再次利用。于是逐渐出现了一条越来越清晰的道路，它逐渐得到人们的接受并排斥了其他可能的道路。"① 他认为一旦社会集团通过集体手段来达到维持社会整体秩序的特定目标，在某种程度上就是指向了集权与独裁。他还把乌托邦等同于社会主义和计划经济，认为计划经济作为实现乌托邦的手段，在乌托邦的幸福许诺中，会让人们把社会设计的主动权交给专家，使得设计者的意志推至唯一掌握历史规律性真理的位置，在根本上就是否定个体独立资格的体制，这往往导致高度集权的社会框架，形成国家权力对社会资源的绝对垄断，因而很可能会产生独裁主义，并由此把乌托邦当作是危险的东西，同纳粹主义混为一谈加以反对。学者科恩甚至将近代启蒙以来的千禧年主义运动，也看作一种现代极权主义的预演，认为通过一次性的事件爆发或宗教实践运动来构建至善王国的努力，往往是得不偿失的，并与纳粹主义、共产主义等概念相互关联。

多数知识分子在当时狂热为所谓的"乌托邦"幻想张目的做法，不但违背了"乌托邦精神"的本意，事实上直接造成了神话幻灭后这一语词沦为笑柄的当代困境。"只凭其意识形态，而不是根据它们给人类造成的境遇来评判社会，这样做是错误的。"② 在雅各比看来，对苏联社会主义模式的批评同对传统乌托邦主义的批评完全杂糅起来，这种不当的划分方式，已成为反乌托邦主义的持久传统，甚至直接共同被贴上极权主义的标签，在很长时间被世人误解，"将乌托邦主义视为现代极权主义的来源，而且也将'历史主义'、'积极的自由'和'意识形态'贴上了极权主义的标签"。③ 20 世纪的历史展开过程中，乌托邦在与极权主义的结盟中始终扮演的，其实是一种受害者角色。而即便如此，由于新自由主义的反乌托邦意识形态的蔓延，还是难以改变乌托邦惨淡的国际声誉。

---

① 〔英〕弗里德里希·哈耶克：《科学的反革命：理性滥用之研究》，冯克利译，译林出版社 2003 年版，第 36 页。
② 〔法〕雷蒙·阿隆：《知识分子的鸦片》，第 122 页。
③ 〔美〕拉塞尔·雅各比：《不完美的图像——反乌托邦时代的乌托邦思想》，第 107 页。

三 反乌托邦主义者眼中传统乌托邦的历史局限与缺陷根源

乌托邦现实运动极大缩短了与梦想间的距离，但激进的推进方式不仅没有将乐观的预言带给世人，反而将人们从理想世界推向某种历史灾难。一元性的理性主导意识未能充分挖掘人性中的其他部分，这种理性中心主义对超越性的追逐，抹杀了个体自由的天然感性，导致对人性的极大束缚。在雅各比看来，传统乌托邦主义的现实运动从善出发却走向了恶，其基于道德理想主义的思路，与科学主义的工具理性相比带来同样的异化色彩。乌托邦实践的曲折发展历程，揭示了其历史局限与缺陷根源。乌托邦设想的终极形态一直驻留在想象界域，通过其否定批判的内生生命力同实存世界保持一种张力关系。现实社会不能提供的某些因素，只有在一定社会历史条件下能够付诸实践，而一旦完全现实化，就会打破这种固有的张力，不仅不能自觉反省已有的文明形态，还会进入绝对理性主义的疯狂之中，演变成一场迷惘的完美世界运动，极易导致专制集权与道德暴力。

在反乌托邦思想家看来，其历史局限性在于：一是绝对静止理念下的绝对平均主义分配原则。乌托邦实行的是一种按需分配、平均主义的分配制度，这背后依靠的是社会的绝对文明与安定，意味着一切矛盾分歧都可以在不受限制的按需分配过程中得以消除。实行公有制的前提是物质资料的极大丰富，而乌托邦所描述的物品的丰富，局限于一种温饱的状态，而即使是对温饱的自然需求，也是相对低下的。在乌托邦的设计中，生产模式局限于小农经济或手工作坊式经济体制，并不能为全体社会成员创造丰富的物质资料。实行绝对平均主义的分配原则，则降低了人们创造的动力，缺乏劳动实践的必要性。乌托邦设计的社会不可能源源不断地创造出丰富的物质资料，而仅限于最原始的、维持生存的必需品，除此之外，其他一切产品都是被禁止生产或是没有能力生产的。当社会不能保证为所有的人提供必需的生活资料时，平均主义的分配制度就是一剂政治毒药，只能是一种贫穷社会下的共同享贫制度，这种制度设计不可能长期存在。傅立叶并不倡导要实行平均主义的分配原则，提出在"和谐社会"中"按比例分配"，而资本、劳动、才能是应该被考虑的因素。然而由于他不懂得剥夺有产者，使得资产阶级和土地所有者据其资本而坐享其成，同时抱有"阶级调和"的幻想。实际上一无矛盾的终极存在是不可能实现的，世界不可能是处于绝对静止的状态，是一种存在绝对无矛盾的共同体。传统乌托邦的蓝图设计妄图处于永恒的美好状态，是人类社会发展的终点，是一个静止的所在，这也是不可能实现的。

二是理性进步观下过于完美的政治追求。这种绝对主义的进步观催生了近代以来的乌托邦主义，理性主义原则成为具有代替上帝权威的思想力量，是近代乌托邦赖以存在的思想保证，虽然理性也可能出错，然而人们在理性威力的裹挟下不得不臣服于此，进而会将人的认识能力看作同神一般，能够无限地洞察世界的本质。这种绝对主义的理性进步观念，实际上是带有鲜明的压迫性与强制性，本质上表现为一种神性权威的思想观念，"神性真理观认为理性是'神'或类似于'神'的东西给予的，是清楚明白绝对正确的。通过它就能发现自然、历史的本质"。① 原先设定的神学色彩，到近代逐步过渡到被神化了的"公意"、人民的呼声或领袖。人们对乌托邦流露的乐观主义放松了警惕，对社会一往无前的进化逻辑深信不疑，然而这种对理性进步的强烈期望带有压迫性质，不仅没有达到预期的效果，反而离人的全面自由发展越来越远。反乌托邦则通过解构传统乌托邦理论，来证实人永远不可能与神同步，告诫人们理性主义也不是万能的。传统乌托邦以至善论为基础，其政治体制是民主的，充满了绝对正义的色彩。乌托邦思想家认为，人类的一切苦难来源于现实中存在的不正义，只要人为地设计一个充满正义的道德理想国，一切苦难均将结束。乌托邦的民主视野是一种理性主义的民主观，一方面对完美化的人性抱有天真的信任态度，另一方面设定终极的道德理想，形成乌托邦社会对理性至善的绝对信仰。把民主建立在对人性绝对信任的基础上，把民主本身视之为某种道德的理想境界，形成一种不兼容非民主的认识论。而这种民主制度不过是实现道德理想国的一个过程和手段，力图把彼岸世界拉到现实生活中。而人间是不可能建立天堂的，彼岸世界也是永远也达不到的。

传统乌托邦构想超脱现实的完美政治体制，赋予民主自由过多的功能，迫使人们绝对服从于现存民主的管理模式，最终只能指望道德伦理的完美性来实现。一旦给民主本身施加任何的终极目标，往往会反过来让民主安于现状不能发挥实质性作用。

三是一元化思维下整齐划一的人性设计。传统乌托邦基于一元论的思维，一旦与权力结盟后，便会形成对多元不宽容的强制性意味。"形而上学赋予存在的众多特性中最有决定性的，尤其是就其乌托邦意义而言，是唯一性特性。"② 它过度强调整体主义，主张绝对公有的经济基础与高度统一的社会设计并行作用，以强化乌托邦生活的集体性，不仅使得绝对平均

---

① 谢江平：《反乌托邦思想的哲学研究》，中国社会科学出版社 2007 年版，第 76 页。
② 〔法〕詹尼·瓦蒂莫：《消散的乌托邦》，俞丽霞译，《第欧根尼》2006 年第 1 期。

主义在经济上也在文化思想层面展开。整齐划一的规划设计，逐步消灭了个性差异，塑造出符合各项标准的个体，人们过着千篇一律的生活方式。这种高度的控制手段，不仅不能让人感受到作为独立个体的主体地位，泯灭了人的主体性价值，而且束缚了全社会的个性自由与主观性思考，社会的多样性甚至被集权主义所取代，需通过强制性的暴力手段，清除乌托邦运动进程中的反对声音。甚至连人口、人种都借维护社会稳定的名义被严格控制。这种让一切都在精确测量之中的非人性生活，与乌托邦本来追求的自由幸福生活相距甚远。在某种情形下，还会导向小国寡民的社会状态。传统乌托邦从整体上来说是封闭式的，某些时候体现出崇古复古的思想倾向。原本崇尚自然古朴的宁静生活未尝不可，但如果完全是基于现实的不满，而形成了逃避自我的心理机制，就会蒙上一层禁欲主义的阴影。诸如巴贝夫等主张实施教育愚民，认为只有通过限制教育内容，将之收窄到基础技能的层面，才能降低人们的幸福快乐的生活欲望。传统乌托邦思想家们认为平庸的生活是为了维系社会稳定，降低乃至灭绝欲望才不会产生苦痛的心理，追求更美好的物质生活应当从人性中排除出去，这无疑是对人性的抹杀。

　　四是实体史观下否定历史规律的主观臆想。传统乌托邦可以看作实体论思维方式的产物，实体论思维旨在探究事物终极存在，体现了实体同万事万物二元对立的等级态度。实体史观又是在这一思维方式基础上，认为历史受某种超自然超社会的实体支配。这种思维方式认为现实世界是虚幻的"多"，是对抽象理念实体的拙劣模仿，本体反而是真实的"一"，这种二元对立的等级制思维方式，往往会产生某种制度性的压抑。这种一元论的强力思维模式，往往会导致个体话语权与行动自由的丧失。"历史是受超人实体支配的历史观点。基督教中的超人实体就是神，在乌托邦主义者眼中，人代替神成为历史的主体。"① 乌托邦主义者往往是历史的绝对决定论者，取代了上帝这一虚假历史主体的主体位置。他们作为神性真理观的继承者，对人的理性认识能力极度自信，自以为已洞悉了社会演变的全部真理，作为历史决定论者往往坚信自身可以战胜自然与支配社会，即便偏离社会运行的正确轨道也能将之尽快拉回，人的充足意志活动可以竭力促成至善至美的乌托邦运行秩序被设计出来。绝对的历史决定论者与乌托邦设计者们，"二者都相信他们的目的并不是选择问题或者道义决断，相

---

① 谢江平：《反乌托邦思想的哲学研究》，第48页。

信他们可以在自己的研究中用科学的方法来发现他们的目的"。① 完美设计的蓝图违背了历史进化论的合理要求，并不是一种历史的产物，由于断言历史进程的绝对必然性，进而不能在乌托邦思想家所处的时代实现。其作为一种终极真理的产物，就会宣称对乌托邦的唯一真理性认识，这种乌托邦设计强调计划安排的充分可行性，不具有任何的过程性可言，即便在未来历史中也不可能得以整体性实现。人类历史不可能仅仅凭借人们的意志加以安排，通过人为刻意的安排，不仅达不到对历史的支配，而且会停滞在某种社会构想之中，不能根据实际历史条件重新加以调整。人们一旦进入对历史规律的主观臆断里，就可能形成历史终结的错误观念。在传统乌托邦看来，人们为了实现乌托邦未来的高级历史价值，就必须要舍弃事物的此时存在，是实然向应然过渡的必然表现。它将历史发展规律视作一种终极的排他性论断，认为人类社会发展有其完美终点，"首先预设了一个绝对的至善理念或理性本体，然后以为社会历史不过是它们的展开、实现和回归的历程"。② 历史规律被传统乌托邦主义者视作高于人的存在，作为蓝图实践主体的人，就会被迫成为达到此种历史目的的工具性手段，如果与之相违背就会遭到排斥，甚至在肉体上被清算，"不信的人将违反所渴望的社会，将成为邪恶的同谋者，他们必须被消灭"。③ 其实，社会历史的丰富多样性、复杂矛盾性使得人类只能在有限条件下把握其内在本质，不可能完全掌握历史发展的绝对真理，只能在某一发展阶段上具有一定的正确性与合理性，更不可能人为延续这个规律以达到幸福状态。

在雅各比看来，如果说传统乌托邦是人们描绘的一个幸福美梦，那么，反乌托邦则是美梦背后可能发生的恐怖噩梦，与乌托邦思想相伴而生。首先，反乌托邦批判传统乌托邦对个性自由的扼杀，尊重主体性价值，承诺社会中的个性自由表达，哪怕是主动接受并不中意的现实，也不会受制于某种未来的美好允诺，以防止对个体权利的侵蚀，"我宁可作我自己，虽然我自己很不高明，也不要作别人，即使那很快乐"。④ 其次，反乌托邦批判了乌托邦妄图一劳永逸实现至善世界的绝对理性主义情结。它认为理性发展具有某种过程性，不是一蹴而就，而是逐步发展完善的，而且具有可试错的功能，社会目标的实现也要遵循事物发展的渐进规律，以及理性自身发展的规律性。单靠理性的理想不可能解决人类社会的所有问

---

① 〔英〕卡尔·波普：《历史决定论的贫困》，第 59 页。
② 贺来：《现实生活世界——乌托邦精神的真实根基》，第 42 页。
③ 〔法〕路易斯·比略罗：《乌托邦的三重混淆》，周云帆译，《第欧根尼》2008 年第 1 期。
④ 〔英〕阿道斯·赫胥黎：《美丽新世界》，李黎译，花城出版社 1987 年版，第 78 页。

题，完美社会制度也绝不可能在理性单方面推动下一举构建起来。最后，反乌托邦主义者批判不完善的社会现状，也初步提出了未来社会的构想。在认可多元社会的现有秩序的前提下，对现实社会的发展走向试图进行有益的探索，保障与维护这种社会秩序不轻易被所谓的更完美社会代替。不被强制的社会多元局面，也意味着对社会进行充分选择的权利，即便自由选择的结果遭遇某种挑战与挫折，也要坦然面对这种探索可能导致的结果，担负起社会发展的代价与重任。它并不在于幻想可能出现的社会，而在于提供了另一种深入社会表象的批判工具，清醒意识到这个可怕的社会近在咫尺，任其恣意恶化就会深陷其中而悔之晚矣，以期摆脱甘于平庸现实的思维之熵。

雅各比认为，乌托邦往往处于建构与解构的交替中，只要契合时代主题就会相继问世。而反乌托邦则警示文明可能存在的风险，进一步修正着前行的方向，提醒人们反思未来理想的合理限度，更多地考察人的本性及其包含的复杂社会关系，将交往活动中的错综的矛盾性展露出来，并且凸显出人类社会本身变化的多样性与群体竞争的残酷性，以反映社会神话的多维面向。反乌托邦实际上所起到的作用，是为乌托邦的新生创造条件。"自由主义思想家并不为在富足的社会里该做什么而感到苦恼。假如他们从劳动与苦役中获得了解放，急剧变化的市民不需要安慰他们有事可做。没有任何一个地平线上的社会许诺了一个超越工作之上的世界。"[1] 反乌托邦主义对乌托邦的批判，其实只是为社会想象与个体自由提供新的思想空间，他们的失误在于把乌托邦与极权主义、纳粹画上等号，混同了它们与乌托邦的界限，忽略了乌托邦精神建构的基本价值前提，与反乌托邦所彰显的价值理念实际上具有相似之处，甚至某些地方是具有一致性的。

面对反乌托邦主义者的一整套理论攻击，雅各比也意识到乌托邦作为历史设计的问题缺陷，乌托邦蓝图设计的无法实现，并不能将之抛弃，将之等同于毫无益处的空想。忽视乌托邦设计失败的意义，是对传统乌托邦思想家殚精竭虑付出的不公正。而乌托邦以二元对照的形式，不在场地维护了人类的本质，"乌托邦永远不会'在场化'，也正因为无法彻底实现，乌托邦才具有无穷的生命力和永恒的魅力"。[2] 在他看来，乌托邦想象不断推动与日俱增的社会进步事业，如果不对乌托邦设计失败的历史意义重新

---

[1] 〔美〕拉塞尔·雅各比：《乌托邦之死——冷漠时代的政治与文化》，第244—245页。

[2] 张彭松：《"永不在场"的乌托邦——历史与价值之间的张力》，《北方论丛》2004年第6期。

加以审视，也是对人类自身发展历史的不公正。"具有反讽意味的是，像波普尔与塔尔蒙这样逃离了纳粹主义的流亡者，……成功提取了如下见解，即乌托邦主义者已经使这个世界沾满了鲜血。但是这一主张的基础仍然很薄弱。"①

雅各比认为，需要以人性的代价换取的理想，绝非真正的理想。《一九八四》等反乌托邦文学作品，传达了极权统治的最终结局即人性的毁灭，意图是在恐怖景象变成现实之前率先一步加以提防。而且，他认为《一九八四》中的无产群体靠赌博、足球打发时间，或靠性元素的电影、无聊八卦报纸消磨时光，这与斯大林时期的苏联无涉，反而揭示的是作者奥威尔所在的英国工人阶级状况。《美丽的新世界》中的领导人"福特主"与欢庆的"福特日"，更多折射的是对资本主义福特制下的工业化文明前景的忧虑。《我们》中"大一统国"中平民单调乏味的无状生活，也不像对苏联社会主义宏大工业化实践的反映。许多反乌托邦文学类型的作品，都在无情鞭挞极端技术思维与极权主义控制下的社会状态，它们在一定程度上充当了后世思潮的佐证与躯壳，影射更多的不是对乌托邦主义路径的排斥，而是对资本主义过度标准化、技术化、商业化的抗拒与恐惧。它们本身未必有之后挖掘出的诸多意涵，但将思潮语境的转变体现于知识界中。很多反乌托邦文本被移花接木、李代桃僵，把对资本主义社会阴暗面的控诉，完全挪移到苏联体制中。资本主义社会的全景式监控往往更加隐蔽，通过个人奋斗改变命运以达成社会阶层流动的自由假象，把矛盾的攻击点都转到了作为牺牲品的乌托邦。

雅各比认识到反乌托邦主义对于乌托邦的批判着力点，几乎大部分都针对的是为民众设计未来菜单的蓝图派乌托邦。法国学者阿隆对那些献身于未来美好事业的人的态度是异常鲜明的，在他看来，他们几乎都因为必要社会机制的强制而非自身的道德影响，形成这种带有终极理想性质的崇高观念，而更大的弊端在于这种脱离现实的想象本身，"想象出一种虚构的连续性，好像将来总是比过去更美好，好像主张变革的党始终有理由去反对保守者"。②虽然逻辑上稍显迂回，但雅各比找到一个聪明的反击位置，对阿隆的问题做出回应。虽然不否认乌托邦精神必须拥有部分超验的成分，但这又让他不能认同阿隆彻底的功利主义。乌托邦主义却正成为一个最容易理解和张贴的标签，把这些原本复杂的现实情况大大简化，实

---

① 〔美〕拉塞尔·雅各比：《乌托邦之死——冷漠时代的政治与文化》，第257页。
② 〔法〕雷蒙·阿隆：《知识分子的鸦片》，第23页。

际上的乌托邦与当代政治现实保持了密切的关系，从中产生又回归于此，"自相矛盾的是，它的对立面也是正确的。就乌托邦思想一直是超验的而言，它也背叛了自己的本质与核心"。① 反乌托邦主义者们拒斥反对先验的历史决定论，但这种反对不能解除对社会历史发展的信心，对未来的乌托邦希望，与人为设置的某种意识形态体系不能等同起来。"如果人们拒绝美化一个阶级、一种行动技术，和一种意识形态体系，难道这就意味着他们不再想要一个更加公正的社会和更少残酷性的共同命运吗？"② 反乌托邦主义者看到社会的病症，却几乎没有给予具体实际的实施路径与设计方案，但如果那么明晰精确的东西付之于世，又会重新归属为一种他们所理解的乌托邦主义之中。反乌托邦主义虽然一直在断言乌托邦所造成的社会危害，但类似于波普所建构的开放社会，仍在寻求理想社会与现实的互动融合，与传统乌托邦的分野主要在于开放性的程度差异，理想社会设定的历史期限，不能否认与乌托邦之间千丝万缕的联系，"标志着他们同传统乌托邦关系断裂的并不是空间或场所的变化，而是稀薄的想象。"③

反乌托邦之后的理论出路是较为模糊的，由于后现代主义的侵袭与多元化理念的介入，反乌托邦主义者笔下的乌托邦被随意地歪曲泛化，对自身出路问题的解决也将变得越来越复杂。而他们在对极权主义与专制独裁进行抨击之后，也在追求一种自由的可能性，而这无疑也是他们理想的乌托邦观念。他们的思想偏离，就在于对乌托邦的极端理解与简单粗暴的逻辑推演，使得乌托邦充任了他们批判对象的替罪羊角色，似乎人间苦难的源头都要追溯到乌托邦。这种逻辑推演方式对世界眼光的不利局面，是他们自身所无法预估的。许多反乌托邦主义者的历史设计之所以是反乌托邦的，是因为它同样反对对未来作精确规划，放弃对社会结构细节的描画，甚至回避各种乌托邦式的未来宣言。但是类似于波普所主张的开放社会的现实模型，仍然在试图缝合乌托邦与现实，允诺不同于当下又离当下切近的未来。"与其说单调乏味来自乌托邦主义，不如说更多地源自乌托邦主义的缺席，即源自不能大胆地思考这种失败。"④ 雅各比对"反偶像崇拜的乌托邦"与蓝图派的划界，与反乌托邦所彰显的价值理念实际上具有相似之处，甚至在某些地方具有一致性。

乌托邦往往在建构与解构的交替过程中行进，而反乌托邦则警示文明

---

① 〔美〕拉塞尔·雅各比：《不完美的图像——反乌托邦时代的乌托邦思想》，第 193 页。
② 〔法〕雷蒙·阿隆：《知识分子的鸦片》，第 329 页。
③ 〔美〕拉塞尔·雅各比：《乌托邦之死——冷漠时代的政治与文化》，第 245 页。
④ 〔美〕拉塞尔·雅各比：《乌托邦之死——冷漠时代的政治与文化》，第 259 页。

可能存在的风险，进一步修正着前行的方向，提醒人们反思未来理想的合理限度，更多地考察人的本性及其包含的复杂社会关系，将交往活动中的错综的矛盾性展露出来，并且凸显出人类社会本身变化的多样性与群体竞争的残酷性，以反映社会神话的多维面向。反乌托邦实际上所起到的作用，是为乌托邦的新生创造条件。"自由主义思想家并不为在富足的社会里该做什么而感到苦恼。假如他们从劳动与苦役中获得了解放，急剧变化的市民不需要安慰他们有事可做。没有任何一个地平线上的社会许诺了一个超越工作之上的世界。"① 反乌托邦主义对乌托邦的批判，其实只是为社会想象与个体自由提供新的思想空间，他们的失误在于把乌托邦与极权主义、纳粹画上等号，混同了它们与乌托邦的界限，忽略了乌托邦精神建构的基本价值前提。

第二节　澄清乌托邦与极权主义的界限

虽然新自由主义和新保守主义把苏东社会主义的解体视为资本主义最后的胜利，是乌托邦的终结。在许多左派思想家看来，乌托邦之死不是一件令人庆贺的成就，相反标识当前人类历史和政治已经陷入困境。重建激进主义政治，乌托邦理论的复兴成为激进主义政治重建的重要阵地。20世纪，西方马克思主义者便开始把乌托邦的复兴作为自己的责任，与正统的马克思主义者不同，雅各比或多或少地受到后现代主义影响，而又不同于后现代主义的自我放纵、新自由主义的自我陶醉。"激进主义以及作为其支撑的乌托邦精神已经不再是主要的政治力量，甚至不再是重要的精神力量。"② 在一个乌托邦被普遍质疑的时代，雅各比试图对乌托邦进行谨慎地辩护，审慎回应乌托邦与意识形态的关联。

乌托邦在当代的衰落已成为不争的事实，乌托邦沦为一种虚无和万有。"虚无"是由于乌托邦往往被视为空想，从而呈现出一种虚无的特征；而"万有"则是由于许多学者扩大了乌托邦的范畴，将其视为任何一种关于未来的观念，从而把"乌托邦"扩大到了万有的境地。反乌托邦主义者认为，正是乌托邦对于个人自由的压制和对于人类理性的否定，导致了极权主义的出现。反乌托邦主义者基于对20世纪诸种乌托邦主义现实运动

---

① 〔美〕拉塞尔·雅各比：《乌托邦之死——冷漠时代的政治与文化》，第244—245页。
② 〔美〕拉塞尔·雅各比：《乌托邦之死——冷漠时代的政治与文化》，第13页。

的现实体验与经验积累，将乌托邦思想家视作有勇无谋的梦想家，将乌托邦主义者视为极权主义的践行者与纵容者，乌托邦也被贴上极权主义的标签。

一 招致误解的乌托邦与意识形态结盟

在乌托邦精神持续被抹黑的过程中，表面上站在雅各比一边的左翼知识分子表现确实令人不敢恭维。如果说苏德的现实暴政是无法回避的血腥档案，那这些为其辩护的"公共知识分子"的不得要领，可以说更令"乌托邦精神"这样一种感召彻底异化为"智识"与"理性"的反面。对其多注入了的狂热成分，则成了法国学者阿隆所言的"知识分子的鸦片"。"有人想象未来，认为它不过是今天的复制品而已，这复制品有时候比今天稍微好些，但是一般而言要比今天糟糕。"① 在蓝图派那里的未来信仰，充其量只是某种心理经验的粗糙归纳而已，无法综合运用有效的科学方法，使科学研究和价值判断有效结合，只是认识到了资本主义社会的弊病，但仍然面临不知如何去医治的窘境，这种只知道原因却没有科学方法论支撑的乌托邦模式往往更加可怕。

伴随意识形态之争的乌托邦之死论调，让国际舆论迅速将其视作历史的诅咒。意识形态概念最早出自法国学者托拉西，被当作观念的科学看待。马克思则首先将其上升为学理研究的对象。意识形态突出某种现存秩序，其功能就是维护既有统治秩序的合法性，通过持续合理地制造出幻象以产生身份地位认同，让社会成员失去批判、反思与抗争的能力，但其又受到乌托邦这一反对力量的威胁。"意识形态是种种话语策略，对统治权力会感到难堪的现实予以移置、重铸或欺骗性的解说，为统治权力的自我合法化不遗余力。"② 由于意识形态曾经意味着革命和乌托邦主义，人们对于乌托邦问题的探讨往往伴随着意识形态的论争。随着波茨南事件、匈牙利事件与布拉格之春等一系列历史事件的激发，人们对于乌托邦产生了普遍的怀疑和悲观的情绪。"再也没有人让知识分子承担搜索出真理和非真理的使命。准确地说，他们成为了职业化的怀疑者，对意识形态和乌托邦的使命保持着同等的距离"③；在大肆宣称意识形态终结的时代，复活乌托邦精神变得不太可能，而且对于资本主义的问题弊病救治浮于肌表，无法

---

① 〔美〕拉塞尔·雅各比：《乌托邦之死——冷漠时代的政治与文化》，"前言"第2页。
② 〔英〕特里·伊格尔顿：《历史中的政治、哲学、爱欲》，马海良译，中国社会科学出版社1999年版，第86页。
③ 〔美〕拉塞尔·雅各比：《乌托邦之死——冷漠时代的政治与文化》，第162页。

给出有效解决的方案，甚至认为"同暴力和出人意表的无序相比，改良显得更加有前途"。① 改良的福利国家模式、混合所有制经济体系、政治与文化多元主义情结成为当前时代的意识形态共识。左翼激进主义的一系列社会运动，并没有带来意识形态冲突的平息，反而愈演愈烈。尤其是东欧剧变之后，新自由主义自杀式的改良方案充斥人们对世界规则运行的判断，让乌托邦变得更为遥不可及。人们往往难以继续积攒足够的勇气，投身到大规模的基础性变革，乌托邦也被单纯作为一种有关于人类意识形态的历史性存在。

乌托邦在一定情形下会受制于意识形态为其所用，这一意识形态被法国学者汉娜·阿伦特视作极权主义的原动力。在意识形态的运作下形成的意识形态与乌托邦的关联机制，就演化为乌托邦—意识形态—极权主义的逻辑链条。不过这一粗糙的推理结构不具备历史的合法性，已经受到越来越多的质疑。"公众的意见和学者们博学的看法都将乌托邦观念同暴力以及独裁统治联系起来。但这种联系的历史合法性是值得怀疑的。"② 随着当代社会政治制度不断完善，对权力的痴迷不断升级，当代乌托邦需要清醒地对极权政治批判与警示，因为权力欲不仅归为成人或拟人化世界，而且戈尔丁《蝇王》里隐藏的这种欲望甚至侵入儿童的领地。当先进的科技与政治联姻时，集权主义者往往通过集中掌控的权力以给人以幸福、自由的名义，对个体进行蒙蔽，实行强迫性的拯救。进入到乌托邦实践的人们又渴望从中逃离，哪怕原先的社会生活再不完美，至少保有起码的人性。一旦社会蓝图设计所集结的权力过分集中，会使权力所有者不惜进行无死角的社会监控，不仅外在的反对势力被清除干净，内部独立的个体也从人格与思想上加以清理，便会导致蓝图的彻底破碎。意识形态往往借助于普遍化的社会价值来自我粉饰，甚至将乌托邦理念的精华部分窃取过来以被统治成员进行安抚，通常在给出此种价值承诺之后又不会兑现。意识形态会以极其崇高的姿态，宣称自己会给予社会成员以乌托邦的允诺，顺势将之转变成自身的一部分，以符合长期统治的需要，"意识形态结合了乌托邦的终极价值，并与此同时声称它是保证实现那些价值的唯一模式"。③ 乌托邦与意识形态所借助的普遍化价值之间，没有一条鲜明的边界加以区别，这就使得二者完全划清界限。

---

① 〔美〕拉塞尔·雅各比：《不完美的图像——反乌托邦时代的乌托邦思想》，"序"第5页。

② 〔美〕拉塞尔·雅各比：《不完美的图像——反乌托邦时代的乌托邦思想》，第107页。

③ 〔法〕路易斯·比略罗：《乌托邦的三重混淆》，周云帆译，《第欧根尼》2008年第1期。

在雅各比看来，乌托邦观念只有与现实世界保持一定的内在张力，才能使其敏锐的洞察能力得以继续保留，进而拥有自身品质的完整性，而不至于滑向意识形态的深渊。"乌托邦并非意识形态，在乌托邦通过反抗的行动，按照它们自己的观念，来对既存历史事实加以改造。"① 乌托邦则具有反对现存秩序的倾向，质疑现存政治秩序的合法性，不仅仅是观念上的超现实的幻想，更重要的是改变现在秩序的激情和欲望，乌托邦不是纯粹的幻想，而是以未来想象的中介，介入现实的特殊实践。乌托邦与意识形态并非绝对对立的，如果乌托邦作为一种意识构成的话，离开了意识形态的运作，往往只能停留在美好的想象之中。而乌托邦一旦走向现实意识形态的转化，或者说要达到乌托邦所构想的未来生活，就不得不依靠意识形态这种合法化的统治阶级意识力量。"在使'乌托邦'这个术语的意义只限于表示那种超越现实，同时打破现存秩序的各种纽带的取向类型的过程中，我们应当对乌托邦的心灵状态和意识形态的心灵状态进行某种区分。"② 这就是说乌托邦走向现实的过程，也就意味着向现实意识形态的可能性转化。在曼海姆对乌托邦与意识形态的分析中，二者在良序社会中须保持必要的平衡。过于强调其中一方都会导致不利的局面，或导致现存社会的不安与动荡，抑或导致社会秩序丧失充足的活力。在雅各比看来，乌托邦和意识形态的结盟会导致一系列理论与实践后果。

二　蓝图派乌托邦思想中的极权主义成因

现实生活中存在着权力拜物教，而对权力的顶礼膜拜无疑会导致极端个人崇拜。非理性主义的极权主义偶像崇拜，不仅导致独裁统治的绝对权力，而且导致社会人文价值的颠覆。集众长于一身的人在某一历史特定阶段绝无仅有，正是超凡的领袖魅力和独特人格魅力，会产生政治体制权力过于集中，难以对统治权力加以两性的监督制约。极权主义的偶像策略，使得全社会陷入一种无信仰的真空状态。一方面，深化了对统治权力的无限崇拜，当乌托邦信仰变成一种观念控制手段，统治权力的思想话语就变

---

① 陈周旺：《正义之善——论乌托邦的政治意义》，天津人民出版社2003年版，第150页。

② 曼海姆认为超越思想有两种：一种是意识形态，另一种是乌托邦。前者具有维护现存秩序的功能，而后者则具有打破现存秩序，促进社会向前发展的作用。假设将来一切都发展到最高阶级，即没有新东西的出现，一切都是对过去的重复，超越现实的思想均已被排斥，意识形态的消失可能导致对某些阶层而言的一种危机，而乌托邦的消失则带来事物的静态与历史的停滞。达到了理性最高阶级的人本身，反而成了只有冲动的物。由于乌托邦被抛弃，人们可能丧失塑造历史的愿望，从而丧失理解它的能力。参见〔德〕卡尔·曼海姆《意识形态与乌托邦》，艾彦译，华夏出版社2001年版，第228—229页。

成了至高无上的绝对真理；另一方面，激进的崇拜体验又催生了更多图像文本，文本变成了怀疑一切的时代口号。随着乌托邦运动从神坛跌落，意识形态就会走向乌托邦的反面，不仅原有的信仰立场与价值标准遭受质疑，而且导致社会系统的整体性危机状态。

在雅各比看来，现代性和现代偶像崇拜是相伴而生，纳粹主义的偶像崇拜机制存在有其必然的根源。"在现代生活被瞬间性所主宰，分裂成偶然的碎片，构成一个缤纷的永不枯竭的印象之流。"① 纳粹主义膨胀出来的现代偶像崇拜是一种狂热症，是一种非理性的迷狂，现代性危机在一定程度上造成了人类社会不现实与不理智的通病。"纳粹主义的确一直为'全新'的男人和女人而斗争，但是他们不是基于乌托邦主义而是种族歧视的观念，最终才导致彻底的失败。纳粹主义这一个案，并没有建立乌托邦的与种族灭绝的观念之间的联系。"② 现代性催生的自由主义狂欢和个性解放的时代，对于文化是一种全面的刷新，高科技延伸了人们的审美器官，但又使人们生活节奏加快，充盈着浮躁不安扭曲的可能。以往的社会伦理规范与意识形态烟消云散，新的偶像崇拜已不仅仅是对先前神秘世界的否定，而是颠覆了过去的传统意义和思想意识，创造了新的习惯和新的消费对象。"上帝死了，不是死在西方虚无主义的道德败坏和绝对价值空虚的焦虑之手，而是死在意义的颠覆之中。"③ 现代性在商品经济的催生与经济利益的角逐中，现代社会宣传功能的增加与扩大及精致化的话语技巧等，都带有极大的煽动性，现代偶像更容易让失去稳定身份与缺乏社会认同的人们，变成大众崇拜观念的自动归顺者。一旦缺乏相对有力的社会身份认同，这一群体便容易被非理性诉求所摆布，使得崇拜者们逐步在非理性因素制造的文化陷阱中，出现对极权主义偶像的过激崇拜行为与个体迷狂，并在现代媒体的引诱下，极权主义的偶像情结逐渐主宰了大众心理，带来的是在虚幻世界里被异化了的思想生活。一旦对固化偶像的迷狂超出正常界限，就可能导致形形色色的权力狂欢。

极权主义偶像的出现，使得平淡无趣的现实生活增加了新内容，但极权主义意识形态又会从中形成极大的阻碍，误导人们赋予未来理想的价值取向，损害人们对社会结构的判断认知。传统信仰的消失和大众信仰的脆弱，出现了非理性受害者的形象，极大释放了极端偶像崇拜者的生存空

---

① 汪民安：《现代性》，广西师范大学出版社 2005 年版，第 18 页。
② 〔美〕拉塞尔·雅各比：《不完美的图像——反乌托邦时代的乌托邦思想》，第 23 页。
③ 〔法〕吉尔·利波维茨基、塞巴斯蒂安·夏尔：《超级现代时间》，谢强译，中国人民大学出版社 2005 年版，第 20 页。

间，"社会领域不过是个人空间的延伸：空虚时代已经来临，但它既不是悲剧，也不是世界末日"。[①] 偶像崇拜者的精神世界虚无主义盛行，这就不可避免需要找到新的偶像来寄托情感，这就给了极权主义以可乘之机，价值信仰受到权力的重创，而文化传统中的道德完满偶像又被肆意解构，被两次世界大战侵袭的现代价值体系难以得到重建。在极权主义的影响褪去之后，在文化工业模式下塑造的现代偶像，也难以获得人们由衷的信任与敬畏，担当不起现代性社会的精神指向标，精神偶像在乌托邦凋零的时代也变得逐渐空缺。反乌托邦主义将乌托邦等同于极权主义，随之而来陷入一种消极的虚无主义景象，导致各种文化价值之间冲突纷争不断，给世俗化生活的破坏短时间难以消除。

雅各比认为，反乌托邦主义者将乌托邦思想同极权主义画等号，是一种错误的认知观念。"如果宽容来源于怀疑，那么我们将教育人们怀疑一切模式和乌托邦，拒绝一切拯救和灾难的预言者。"[②] 强调规划的蓝图派乌托邦传统，囊括了事无巨细的社会生活，将社会制度与思想观念中的反人性因子暴露无遗，描绘的社会生活带有强烈的控制色彩，"在这个社会中，人们改变了他们的行为，或者说由于强加于他们的约束迫使他们改变了他们的行为方式以达到某种整体的稳固"。[③] 导致了乌托邦实践的种种不幸与灾难，严重削弱了乌托邦精神的当代价值。汤姆·摩兰也认为，应当彰显一种批判的乌托邦即反乌托邦的乌托邦。在雅各比看来，乌托邦的发展逻辑，可以按照黑格尔的辩证法演绎为乌托邦思想史意义上的合题。在乌托邦运动对社会现实的压迫后，人类进入对实体乌托邦的批判进程之中，但这正是在继续保有乌托邦价值理念的基础上才得以可能的。"这里的重点不是为马克思主义辩护，重点是为了捍卫乌托邦主义——或者它的反偶像崇拜的版本。"[④] 蓝图派传统对工作、就餐和娱乐连续性的详尽描绘，反而使得切实可行的细致蓝图，在一定程度上形成对极权主义的背叛。但不可否认，蓝图派乌托邦主义有时却是对某种极权的拥护，而且难免将未来束缚在过去，并依照自身的主观愿望来安排所处时代的全部物品目录。反乌托邦主义则有了发生的基础，虽然还没有形成一种形而上的观念，但其中

---

① 〔法〕吉尔·利波维茨基：《空虚时代：论当代个人主义》，方仁杰、悦复生译，中国人民大学出版社 2007 年版，第 16 页。

② 〔法〕雷蒙·阿隆：《知识分子的鸦片》，第 329 页。

③ Krishan Kumar, ed., *Utopia and Anti - Utopia In Modern Times*, NewYork：Basil Blackwell Ltd., 1987, p. 3.

④ 〔美〕拉塞尔·雅各比：《不完美的图像——反乌托邦时代的乌托邦思想》，第 109 页。

所包含的消极否定性态度已经埋下了伏笔。可以说，伴随极权主义隐患的过度精确处理，不仅导致人类不妥当的现实生活安排，而且注定要被新的历史实践所淘汰。

在雅各比看来，蓝图派乌托邦是依靠集体行动开展的政治理想，似乎有某种导向极权主义的先天基因。乌托邦思想在一开始是纯理念性的，所塑造的理想国标准，也就是现实所模仿的对象，没有一种强烈的具体化形态的政治要求，仅仅是展现某一可供观照政治现实的时空雏形。莫尔的《乌托邦》则开启了历史上比较完整的乌托邦政治制度设计。个体的私人利益与生存空间，都在无形中被公共性的生活方式代替，忽视了群体抽象化之后的个体的社会功能效用。近代乌托邦基本上延续了莫尔的乌托邦文本，在模仿其政治制度设计的过程中，随着社会现实的重新反思添加了新的设计细节。但总体上看，乌托邦的政治规划与现实政治的强烈对立是显而易见的。这一政治设计在企图打破现存体制的过程中，扮演了一种明确的行动指令角色，强迫式地对个体的未来加以规划，试图通过设置极为详尽的目标行动来证明其美好身份的合理性。如将乌托邦内容加以模糊化处理，可谓让人们乐意追求某物又不盲目追究其详，使得乌托邦的内容能够随具体历史的变化而调整，通过内部调整来避免假设的乌托邦危害，再加上外部限制的双重作用，乌托邦就有了反偶像崇拜的形态。而传统乌托邦的设计者一旦认定乌托邦设计的完美无缺，就会依照权力的展开逻辑加以强力推行。"当接受乌托邦试验的社会没有任何抑制能力时，乌托邦的幻想就会走向致命的错误。"① 蓝图派完美政治设计诉求的思想根源，都来自对人类理性的极端崇拜，在现实实践上跃出了个体属性的边界，"乌托邦思想不需要蓝图。一个较小的犹太反偶像崇拜的乌托邦主义思想家流派拒绝向未来提供精确的维度"。② 乌托邦作品中描写的场景似乎无微不至，之后便自然演化成"预言家"与"独裁者"的一种贬义指代。文人小说中的某些具体勾画，毕竟不足以作为某些政治纲领的范例佐证。此后各种意义的生造与演变，更多的是其他一些别有用心者的附会。人类总是有着一个预设的未来，似乎如此才有现实的努力方向，有可能获得的进步，但其中从来没有强调过一种极权主义语境下的必需。乌托邦只是关于未来的观念中的一种，而非全部。

---

① 〔美〕詹姆斯·斯科特：《国家的视角——那些试图改善人类状况的项目是如何失败的》，王晓毅译，社会科学文献出版社2004年版，第117页。

② 〔美〕拉塞尔·雅各比：《不完美的图像——反乌托邦时代的乌托邦思想》，第191页。

由此，雅各比为了避免导致极权主义的危害，将乌托邦置于可实现与不可实现之间，作为人类社会价值的终极关怀，始终位于还未到来的时间之中，在时空进程中不可随意通达，深刻揭示着与政治现实的二元对立关系。而一旦试图将其作为政治操作手段，政治现实就会反过来入侵乌托邦，导致其在被现实化的过程中，把社会理想的信仰图式变形处理，逐渐倒退为一种社会制度的终极形式，造成乌托邦精神的核心价值磨损，对人的整体性构想也随之倒退为对主体性的破坏与侵蚀，从而日益倒向自身的反面。德国哲学家卡西尔也认为，人类理智作为推论的知性，关注一种非时空定在又具有无限可能性的乌托邦，"一个乌托邦，并不是真实世界即现实的政治社会秩序的写照……但是恰恰是这样的一个非在概念，在近代世界的发展中经受了考验并且证实了自己的力量"。[1] 反乌托邦主义者也貌似抓到了传统乌托邦的致命弊端，纷纷提供关于乌托邦思想的危险性证据。"波普尔从柏拉图开始，科恩从中世纪开始；塔尔蒙从 18 世纪启蒙运动开始；阿伦特从法国大革命开始。"[2] 由于乌托邦蓝图设计在现实中不可能获得历史性的实现，而且以往蓝图式的乌托邦主义也的确具有极权主义的倾向。雅各比看来，反乌托邦主义者在宣告乌托邦终结之后，人类的实际生活并未从根本上得以改善，社会改良模式中的福利国家升腾的消极情绪越发浓烈。以往人们还欣喜期待完美乌托邦的实现，而今只能在现状与更为糟糕的社会状况二者间，进行无任何替代物的被动选择，在无比忧虑中等待乌托邦的破灭。"我们已经进入了一个默认（Acquiescence）的时代，在这个时代，我们很少期望未来将会脱离目前的轨道。"[3] 依据反乌托邦主义批判的逻辑，乌托邦导致极权主义、纳粹主义、屠杀和暴力，似乎只要提出关于未来的乌托邦设想，都被视作一种乌托邦工程，由此得出乌托邦是现代极权主义的来源，并需要让其对极权主义的后果承担责任。"这里我们看到的不仅是认为乌托邦主义是人类愚蠢的极限、是对'乌有之乡'的追求的观点，而且是把乌托邦主义看作现代历史中最黑暗的一种邪恶力量的观点。"[4] 在反乌托邦主义培植的理性多元化时代，乌托邦类型也丰富多样化，在各种各样的可能性下，不应当再进行某种等级化排序。这虽然避免了对多种乌托邦样式可能性的抹杀，但也难以再产生出关于乌托邦的真理性认识。

---

① 〔德〕恩斯特·卡西尔：《人论》，甘阳译，上海译文出版社 2003 年版，第 106 页。
② 〔美〕拉塞尔·雅各比：《不完美的图像——反乌托邦时代的乌托邦思想》，第 71 页。
③ 〔美〕拉塞尔·雅各比：《乌托邦之死——冷漠时代的政治与文化》，"前言"第 1 页。
④ 〔美〕莫里斯·迈斯纳：《马克思主义、毛泽东主义与乌托邦主义》，第 1 页。

雅各比提醒，要从对乌托邦精神本质的背离中挣脱出来，同时也把自己与那些自由主义思想家在针对极权主义的问题上划归同一战壕。"对于绝望的人来说，乌托邦观念毫无价值；对于成功者而言，它们缺乏紧要性；对于思想阶层来说，它们会导致残忍的极权主义。"① 在雅各比看来，反乌托邦主义者把乌托邦视作毫无益处的空想不合时宜，将之与极权主义画上等号有失偏颇。反乌托邦主义注重对乌托邦实体性思维方式缺陷的揭示，但他们忽略掉的则是乌托邦的当代价值意义，没有将之作为一种精神文化价值加以体现。"对莫尔式乌托邦理想的深重幻灭和悲观情绪，对人类社会未来改善的彻底绝望。"② 在对乌托邦现实化运动的美好想象幻灭的同时，又急需在现代性环境中回归乌托邦，导致 20 世纪中叶由一批西方马克思主义思想家发起，西方社会基层响应的对乌托邦社会主义的呐喊声。反乌托邦主义作为社会深层问题揭露的隐性思想动力源之一，采取了一种更为激进、彻底、绝对的方式，用极限思维的科学理性来理解社会运行，以期最大化地展现现代性的规范原则与标准，而乌托邦则成了被妖魔化了的极权主义对象，但其又在偏执的乌托邦危机批判中，暴露出自身在现代社会走向与未来建构路径上的虚妄和谬误。乌托邦虽然遭到反乌托邦主义的致命打击，但其又对反乌托邦主义进行了一定程度的纠偏。尽管乌托邦蓝图设计永远无法完全兑现，但于此就说明乌托邦时代已终结是不科学严谨的，乌托邦虽然在现实领域没有提供一种预期的实际效果，但其猛烈批判的现代性弊端暴露无遗。人的解放是现代性的主题之一，而乌托邦则是作为人自我解放的可能性方式之一。

反乌托邦主义者反对的只是蓝图派乌托邦，而其确实带有一定程度的权力主义倾向，在条件成熟之际，不排除其会转投极权主义敌人的怀抱。但如今这一传统几乎已为历史所拒斥，加上反对具象化美好未来的反偶像崇拜的乌托邦传统，从而在根本上不会产生极权问题。将乌托邦主义与极权主义在任何情形下都绑结在一起，认为二者存在必然因果联系的行径，是无法接受严肃正当的历史研究检验的。乌托邦与极权主义或暴政寻求妥善的性质区分的关键，在于对社会如何进行有效的控制，如何与现实保持适当的距离。这是对乌托邦未来视觉图像局限性的突破，同时又是对权力主义驱动下偶像权威的逆势挑战，是极权主义在当代可能形成的有力牵制。

---

① 〔美〕拉塞尔·雅各比：《不完美的图像——反乌托邦时代的乌托邦思想》，第 1 页。
② 〔美〕拉塞尔·雅各比：《乌托邦之死——冷漠时代的政治与文化》，"代译序"第 4 页。

三　对乌托邦即极权主义论断的坚定驳斥

乌托邦即极权主义论断，成为反乌托邦主义者批判乌托邦时所持的理论传统，甚至差不多已成定论。但这都是由于他们匆忙地将乌托邦主义与诸种主义缝合到一起的结果，是黑色档案无法真正解密的主要缘由。德国和苏联在第二次世界大战时期的历史境遇，被反乌托邦主义者书写成了形式上殊途同归的所谓极端乌托邦形象。

雅各比认为极权独裁与乌托邦主义的性质截然不同，极权主义一贯习惯于借用乌托邦的名义，将自身的行动与目的进行某种合理化改造。他并未回避纳粹主义所带来的灭绝人性的"黑色档案"问题，反而同反乌托邦主义者一并坚持对极权主义的批判，但与之不同的是，他反对与一切乌托邦思想划清界限，不赞成反乌托邦主义者以一种意识形态的敌意来展开对传统乌托邦的批判。

即便在雅各比的意义上，"最极端的乌托邦也比人类社会规划的那些僵死的理性蓝图更有积极意义"，[①] 但仍然不能阻止乌托邦被贴上各种极端的负面标签。在纽约和巴黎举行的乌托邦主题展上，人们川流不息在摆满反犹主义海报、希特勒《我的奋斗》自传，还有集体农庄照片的展台中。雅各比指出，对社会整体改造不再持有多少激情兴致的人们，还需要面对"要内衣还是要香槟"的问题选择。而这些展台上的物件，无疑是最令此类观众感觉贴身讨好的。经过此类赋予乌托邦以一种极权主义式的概念重订，似乎选择政治正确且价廉物美的"内衣"才是正确的，大家都不再深究其中的本质差异，反而强迫乌托邦主义者面对黑色档案进行忏悔，以作为类似乌托邦主题展览的历史工程的一项新项目。只是在经过类似那一展览的概念重订后，不停教诲一个丧失了乌托邦渴望的世界将是绝望，面对"黑色档案"的历史忏悔葆有额外的宽容。

在雅各比看来，将20世纪人类历史所揭开的暴力和极权公案全部归咎到乌托邦的身上，不仅造成极大的历史误读，而且也只是凡尘俗世泛泛而谈的流行话语之选。"乌托邦＝极权主义＝暴政＝共产主义＝纳粹主义＝恐怖主义"的错误公式，为什么能够长时间的流行，并得到大张旗鼓地宣扬？在雅各比看来，主要是基于两方面的缘由。

一方面，由于人们将乌托邦范畴随意扩大化处理，企图囊括所有的未

---

① 〔俄〕尼古拉·别尔嘉耶夫：《人的奴役与自由》，张百春译，中国城市出版社2002年版，第151页。

来观念进去，"扩张到包括任何一种关于未来社会的观念，无论这社会是多么恶劣或多么不排外"。① 而实际上乌托邦并不能包罗万象一切的未来思想，而且乌托邦与纳粹主义的理论主张几乎是完全相反的，前者基于平等、正义、和平的人类一般性价值开展理论建构，而后者宣扬种族优劣、民族纯粹性、国家主义原则、战争国家等极端理念，虽然法西斯主义与激进的恐怖主义文本中，也会描绘未来美好乐园的蓝图，也会用优美的文笔涂抹自由、博爱、民主等语词，但其暴力主义的行动主张，同乌托邦的宗教宽容、憎恶暴力的本质截然相反，几乎没有任何理论底色与乌托邦相一致，"少数的几个短语，或者甚至很少的几个句子和段落，并不能构建一个乌托邦美景"。② 乌托邦概念仅仅是法西斯主义与激进的恐怖主义进行极端意识形态宣传的工具，是极力煽动民众投身大规模暴力运动的幌子。人类历史出现过在大多数全球暴力，都不是基于乌托邦的思想观念推动的，更多的都是来自激进民族主义、种族主义、宗教极端主义的非理性情感意志中。美国学者哈维明确指出，"过去 20 年左右对乌托邦理想的广泛拒绝，应该被理解为特定乌托邦形式在东方和西方的失败"。③ 他提倡建构一种时空辩证的乌托邦，力求帮助乌托邦摆脱独裁与极权阴影，乌托邦实体在特定社会历史进程中的失败，不代表乌托邦整体上的没落。美国学者迈斯纳也认为，乌托邦与极权主义二者之间并不存在必然联系，不能将其作为一种典型乌托邦主义堕落形式，"乌托邦主义和极权主义之间的联系之变成颇有争议的问题，其原因正是人们通常没有能够把真正的乌托邦主义同乌托邦的形式化区别开来"。④ 正是由于乌托邦过度的蓝图设计取向，没有妥善处理与社会现实的关联以保持彼此之间的界限，才使得乌托邦的内容与目标越发的形式化。

　　另一方面，当今学界不加区分的混淆行为，将种族灭绝视作乌托邦的同义语，20 世纪人类的数次大屠杀都被归罪于乌托邦。"我们能够说乌托邦主义者要为这些巨大的牺牲负责吗？我们能够说大规模的死亡主要是疯狂的或者健全的乌托邦主义者造成的吗？"⑤ 虽然他勉强承认，"这些死亡

① 〔美〕拉塞尔·雅各比：《不完美的图像——反乌托邦时代的乌托邦思想》，"前言"第 2 页。
② 〔美〕拉塞尔·雅各比：《不完美的图像——反乌托邦时代的乌托邦思想》，"前言"第 5 页。
③ 〔美〕大卫·哈维：《希望的空间》，第 189 页。
④ 〔美〕莫里斯·迈斯纳：《马克思主义、毛泽东主义与乌托邦主义》，第 14—15 页。
⑤ 〔美〕拉塞尔·雅各比：《不完美的图像——反乌托邦时代的乌托邦思想》，第 24 页。

者中有一小部分，大约五分之一或者四分之一，可以勉强归因于乌托邦主义者"。① 不可否认，乌托邦理想在现实化的过程中，确实造成了一定程度的伤亡，随着学界对死难人数的研究深入，统计数据的数字也逐渐增多，以致世人对乌托邦的批评与责难也多起来。两次世界大战、俄罗斯内战、世界宗教派性斗争、种族冲突、亚非拉反殖民与民族解放斗争等，造成的死难规模更加庞大，很多不具备任何的乌托邦因素，也就不应该据此来谴责乌托邦。在雅各比看来，历史研究没有详尽切实的事实依据，用以证明人类历史大规模的人口死难，主要是受到真正的乌托邦影响的。被冠以乌托邦之名的诸多社会运动与理论形式，离真正的乌托邦越发遥远，甚至完全背离。执着于对数字的独特偏好来形成一种对特定观念的责难，是非辩证思维方式的体现，对复杂事物的理解显得过于草率而肤浅。相反，从死难数据里有颇为意外的收获，"有更多的理由惧怕那些种族的、宗教的和民族主义的议程，而不是对那些乌托邦的设计心存恐惧。"如果仅仅以一种形式主义的视角来认识乌托邦，就会把所有对现存秩序的超越或推翻都视作乌托邦所为，其实有时看似目标的相似性，并不能证明它们内在机理与理论建构上的同一性。乌托邦内在的解放性质与纳粹对人性的蔑视、恐怖主义对异族的压迫没有共通之处，无法分有相同的本质。

　　雅各比认为，纳粹主义与乌托邦主义的内在精神是背离的，乌托邦更多地带有一种包容和平的理想主张。雅各比通过这一回应，彻底将此前遭人混为一谈的、已笼罩阴影的意识形态体系和知识分子的进步精神厘清了各自的关系。一系列犹太血统的思想家在纳粹主义的压制和挤压下，进行了自我的革新与反抗，以期与纳粹主义和极权主义划清界限，"总而言之，法兰克福学派跨越了几十年，包括太多的人和计划目标。然而，频繁地指控它背叛马克思主义的政治逃离带有历史盲目性：它不断在努力，不得已的背后则有纳粹主义迫害的根源"。② 反偶像崇拜的乌托邦主义者用限定词来排除掉美好社会不需要什么，无须蓝图绘制与精确行动方案，一时一地的聆听与展望，就是对蓝图派极权主义基因的最佳控诉。

　　以往对乌托邦占主流的声讨，有一定的正当性，"但是它并没有探究纳粹主义、法西斯主义、杀人的民族主义、致命的种族主义和宗教派系主义——这些主义不断地引发的现代的流血事件"。③ 他对历史各种深层次民

---

① 〔美〕拉塞尔·雅各比:《不完美的图像——反乌托邦时代的乌托邦思想》，第 27 页。
② Russell Jacoby, ed., *Dialectic of Defeat: Contours of Western Marxism*, p. 110.
③ 〔美〕拉塞尔·雅各比:《不完美的图像——反乌托邦时代的乌托邦思想》，第 108 页。

族与宗教暴政的愤怒，他既反对把纳粹的国家社会主义看作是一种社会主义模式，也不认可苏联所标榜的社会主义模式，它们都应作为现代极权主义的极端表现形式，"人类社会有更多理由惧怕那些民族的、宗教的和民族主义的议程，而不是对那些乌托邦的设计心存恐惧。的确扫描当代的致命冲突，这一结论就更加引人注目"。①

雅各比认为，一旦极权主义与现实世界相结合，就会带有相当强的破坏力。极权主义通过动用现代政治的统治方式，在乌托邦的名义下实施恐怖统治，使得乌托邦走上现实化的道路，进而导致乌托邦精神的畸变，走向自身的对立面"对于思想阶层来说，它们会导致残忍的极权主义。不过，有些事实必须首先澄清：我们并非只能在理性的建议和非理性的乌托邦思想两者中间作选择"。② 极权主义统治在法西斯统治时期，都达到了极其严密的程度，试图从内部找到瓦解的路径非常困难，难以通过诸如政变、选举或革命的方式，来抵抗甚至达到推翻专制独裁的目的。外部的侵略或战争消耗，最终也是对自身社会发展的消耗，这也使得左翼力量内部与外部的行动都变得举步维艰，"左派内部和外部的激进主体性宣布了自己的结束；它抗拒于与之勾连的物化。因此，极权主义主张激进的主体性来控制一切。无休止地谈论封闭群体内的人际关系在于促进统治。糟糕的主体性寻求糟糕的集体通过歼灭它自身来获得主体性"。③ 雅各比对强权政治导致人格心理异化及对人性蔑视的控诉，对可能出现的极权主义政体的警告，试图唤起处于半麻痹状态中的人们，对政治现实的清醒认识。

在雅各比看来，反乌托邦主义者将乌托邦思想与极权主义等同起来，仅仅是看到了乌托邦发展历程中蓝图派乌托邦主义传统的弱点缺陷，不仅没有看到"反偶像崇拜的乌托邦"彰显乌托邦精神的努力，也没有深刻发掘乌托邦的内在价值与积极面，甚至将现代世界的各种恐怖行动都归咎于乌托邦主义者。这种指控实际上将现代性与乌托邦的内在张力关系全盘解除，"20世纪的流血漂橹同样也归咎于反乌托邦主义者，即归咎于官僚主义者、科技员、民族主义者和宗教分裂主义者，他们对未来的想象非常狭隘"。④

就现实层面而言，乌托邦不仅不可能实现而且还有害的结论，受到了左翼思想界的批评与质疑。因为否认一切的可能性并不符合自由主义的基

---

① 〔美〕拉塞尔·雅各比：《不完美的图像——反乌托邦时代的乌托邦思想》，第30页。
② 〔美〕拉塞尔·雅各比：《不完美的图像——反乌托邦时代的乌托邦思想》，第1—2页。
③ Russell Jacoby, ed., *Social Amnesia: A Critique of Contemporary Psychology*, p.116.
④ 〔美〕拉塞尔·雅各比：《乌托邦之死——冷漠时代的政治与文化》，第253页。

本精神，即便不可能也不意味着不值得尝试，产生极权主义的土壤也仅仅具备某种或然性。社会发展的复杂情势虽然不可能完全经由人的理性掌控，但社会形而上学性质的基本价值准则也不能全然否定，否则就会出现对相对主义绝对化的理论困境，使得社会政治的命题越来越复杂难解。对乌托邦产生极权主义土壤这一命题的前提加以限定，反而能够发挥出乌托邦精神的积极价值，避免乌托邦语境下可能出现的有害因素。

四　对暴力根源的深入反思

随着苏联解体、东欧剧变导致世界格局发生重大变化，乌托邦似乎不仅是不合时宜，甚至在将其视作暴力根源的论调下，越发显得荒诞与疯狂。诸多学者指认 20 世纪以来延续着的种种政治性杀戮和暴力，大都以乌托邦和幸福未来的名义展开。在雅各比看来，杀戮与暴力是来自人类本性中的恶基因，而西方社会中的暴力事件，原罪并不来源于乌托邦，但在实施过程中，暴力、屠杀、致命冲突等都被西方自由主义者贴上乌托邦的标签。这些暴力主要源于西方文化的内在冲突，是其内部的相残带来了广泛的社会怨恨，而乌托邦则在其中被恶意诋毁，被误解为极权暴力的代名词。自由主义对乌托邦的误解，本身也是对西方文化传统的遗忘，随着后现代社会多元文化主义的兴盛，这种误解越来越深。

诸多学者围绕暴力根源问题进行了分析解读。美国学者亨廷顿则将政治性的暴力与杀戮，归因于不同文明在文化和宗教上冲突的结果，并由此作出预判，即使冷战结束也无法调和国际与民族之间的长期的矛盾冲突，而且重点是体现在有影响力的异质文明之间展开，这就能验证许多投身暴力恐怖行径的青年被暴力实施者施以了怎样的法术。诺贝尔经济学奖得主阿玛蒂亚·森写就的《身份与暴力》，坚决反对把世界进行简单文明分类的做法。他认为东西方的二元划分、单一的文明身份认同是不符合多样性世界特征的本来面目，亨廷顿的文明冲突论是一种极其危险的理论策略。个体本应具有多重交织、交互渗透的身份认同，应当将这种认同方式视作符合人类本质的内在表达与需求，身份认同上的这种误区，正是社会暴力的根源。然而又有学者指出，生存意义上的利益冲突可能比身份问题更能引起暴力。英国学者吉登斯则认为，民族主义与民族国家并非自古就有之，而是近代以来社会文化进步的产物，而并非是停留在远古的美好想象。虽然它们在反殖民主义的历史事业中发挥了重要作用，但也制造了诸如两次世界大战这样的难以计数的暴力冲突。全球化交往不仅无法促成民族国家体系的迅速解体，反而使之在一定程度上有所加强。斯洛文尼亚学者齐泽克认为，当全球化与科技进步成为一种趋势，传统意义上的战争暴力，已失去了一部分原有的独立形式，不具有原先的发动意义，而且也不能将暴力等同于一种单纯杀戮，它的表现形式在现代环境中变得更加深不可测。他对暴力的反思，是通过文学叙事的方式展开。他提供了这样的一个小说故事，某个民主国家进行民主选举，百分之七十的选票都是弃权票，而之后重新进行选举投票，结果却比之前更加糟糕，弃权的比例已经上升至80％。统治者由此认定其中必然有某种反政府阴谋，对相关人员进行秘密逮捕审讯，但并无任何收获。而这进一步推动政府升级反阴谋方式与手段，甚至宣布首都进入紧急状态。最后的结果令人咋舌，政府人为制造出原本不存在的阴谋实施者。而与政府的干预相反的是，首都民众一直近乎日常化的处事生活。在他看来，通过和谐与非暴力形式进行有力抵抗，有时什么都不做就是最暴力的行动，这无疑是带有智者风格的暴力问题反思。研判潜藏在杀戮欲中的关键性环节，单纯运用一种理论框架是不够的，但是确实可以提供如雅各比那样与众不同的尝试。

　　雅各比从独特的角度对乌托邦不是暴力的根源做了澄清。他认为有关暴力的阐释浩如烟海，暴力无疑成为某种哲学争论的最佳辩词，将所有暴力冠之以乌托邦，似乎就能够激发同类之间为了一个美好愿景而相残。如果带着异样眼光看待乌托邦，就会将其与暴力等同。一般性的常识认知，都会把暴力的实施者归结为他者。哪怕是存在于知识分子群体的集体智慧，也同样会把暴力实施者归于危险的陌生人这一序列之中。在雅各比看来，乌托邦的设计者倾向于将乌托邦强加于人，而只有在政治共同体中解除其与强制性权力的勾连，才能避免可能造成的社会危害，妄图通过内部设计内容的调整修正来解除这种勾连的想法是不切实际的。受到乌托邦主义等同于极权主义这一流行观点的鼓动，人们便自然而然得出乌托邦主义者已被历史所抛弃的结论，"沦为一个被抛来扔去用滥了的名词；它意味着此人不但不切实际，而且还倾向于暴力"。[①] 如果使乌托邦倾向于未来，澄清暴力的根源所在，就能更好地解释20世纪的暴力，"为了官僚体制的利益算计，即为了种族纯洁、民族团结、民族主义、宗教分裂主义和复仇，而不是乌托邦，20世纪的更多血腥杀戮一直就被掩盖了"。[②] 避免将乌托邦拓展到没有任何含义以致随意贴上标签，则可以避免乌托邦对于政治共同体的危害。复杂的社会现象如果被抛掷在普遍联系的世界眼光之

---

① 〔美〕拉塞尔·雅各比：《不完美的图像——反乌托邦时代的乌托邦思想》，第7页。
② 〔美〕拉塞尔·雅各比：《乌托邦之死——冷漠时代的政治与文化》，第254页。

外，并作某种标签化处理，历史的真相与经验教训就会被刺激感官的宣传成果所掩盖。

雅各比通过探测藏在文明深处的暴力根源，指出暴力的主要形式是兄弟相残，存在于熟人、自己人内部，存在于民族内部。他将暴力根源的视线从他者转向了兄弟相残，挖掘潜藏在人类本性中的恶性基因，认为遥远而陌生的他者并不是暴力的源头，危险的陌生人往往不令人害怕反而是安全的，熟识的邻居更可能是激发仇恨和暴力的群体。他笔下的他者已不仅是陌生人一类，而是除了自身之外的所有人，包括熟识者，甚至是以爱的纽带所联结的亲情挚爱也在其列。并非西方文化所理解的那样，使人们害怕的是"他者"，这类意见遭到了雅各比兄弟相残观点的否定。在他看来，暴力案件的频发，也不断证明大多犯罪性暴力的发生，都不是在陌生地带而是在熟人之间展开。尽管具体数据依赖于统计学理论，但一定程度上也贴近某些日常经验即所谓的家贼难防。人类文明演进中这个历史的黑洞、人性的深渊，要么是和自己的暴力倾向做斗争，要么就是和他人的暴力行为相对抗。"陌生人对于我们的威胁，没有熟悉的人对我们的威胁那么大。"[①] 而陌生人带来的威胁，远远要低于身边人、熟悉的人所带来的威胁。暴力的欲望从兄弟姐妹身上涌现出来的，则更为残暴，而导致的后果也更为影响深远。

所谓杀戮欲，是根子在意识形态主导下的暴力文化。令人不安的真相是熟识者的威胁更甚于陌生人，是更让对方感到惊慌失措的存在。暴力最常见的形式往往来自内部。暴力行为最普遍惯常的形式表征就在于，"是存在于熟人们、邻居们或者诸民族内部有亲属关系的社区之间的暴力——那些显然夸大或者缩小了的内战。从袭击到种族灭绝，从暗杀到屠杀，暴力通常都从具有共同志趣的人们内部冒出来"。[②] 他主要由同族同胞的自相残杀来论证内部敌人的可怕，这一手足相残的深层暴力文化美学，早已最为野蛮地植根于文化内部，这种理解视角就好比学者克里斯托弗·希钦斯文学评论所描述的，如震惊地凝视着镜中的卡利班一样，又如米诺斯神话中潜入"牛怪"米洛陶诺斯地宫的王子，凭借历史迷宫中的线团来摆脱迷障。这种对待暴力文化的视角往往与日常经验不符甚至相悖，对家仇国恨暴力根源的追究一般都更多来自异族群体，与来自陌生人的敌意冒犯勾连在一起，教师群体与牧师传导的一般观念，自我都会对他者带有一种本能

---

① 〔美〕拉塞尔·雅各比：《杀戮欲》，"前言"第1页。
② 〔美〕拉塞尔·雅各比：《杀戮欲》，"前言"第2页。

的抗拒与排斥。看似波澜不惊的日常生活，兄弟相残无时不在、无处不有，同事、邻居、友朋，甚至家人，均有可能成为你所面临的暴力实施者。雅各比警示人们，兄弟相残的转喻已经危险地植根于我们的文化中，随之杀戮降临，并非遥远而陌生的"他者"，反倒是熟悉的邻居、友人成为施暴或被施暴的人。当然，他自己也承认兄弟相残冲突界定的困难，认识到朋友同仇敌区分"辨别的必要性，以及辨别的困难在于，邻居变成敌人，你的邻居和你相像"。①

雅各比回溯了西方历史上许多暴力冲突的历史案例，试图给暴力的迷宫地图添上最后一块拼图。他列举了历史上发生过的种种惨烈暴力与杀戮，包括基督教义中该隐和亚伯的悲惨相识、罗马建城史、弗洛伊德"细小差异"理论中的反犹主义与厌女症、16世纪圣巴托罗缪日大屠杀、第四次十字军东征对拜占庭的毁灭攻击、法国大革命中的旺岱叛乱、20世纪以来的大规模种族灭绝、法西斯集中营、屡屡发生的恐怖主义等。在此基础上，对不同时代各具类型的暴力冲突给予了颠覆性分析，构成了兄弟阋墙的一组确凿证据链条。《圣经》里描绘了该隐和亚伯这一来自亲兄弟之间的残杀，前者是在田间劳作时起来反抗并将后者杀死。基督教文化领域出现了第一桩谋杀公案，甚至文本里有大量的细节流出，这一经典例证指向了大屠杀见证者群体代表埃利·维塞尔，也是1986年诺贝尔和平奖得主的观点，这也是雅各比所认可的，即这一案例乃是人类历史上第一次种族灭绝。罗马建城时代，罗慕路斯杀害了自己弟弟瑞摩斯的神话，被雅各比看作是"该隐杀亚伯"案在罗马史上的翻版。来自宗教文本里的动机不明的杀戮，已然成为一种兄弟相残的暴力原罪，至今仍盘旋在现代文明的上空，导致此后人类文明进程中有关于宗教文化、种族、国家战争的各种屠戮，都与之有割不断的联系。

第一，表现圣巴托罗缪大屠杀日的文艺壁画是典范个案，一直没有受到文艺评论家们的重视。圣巴托罗缪日的一场皇家婚礼，最终演变成了16世纪天主教正统对胡格诺教徒的屠杀，描述这段历史的作品就连梵蒂冈的导游手册也没有将之收录进去，是有背后深层原因的，而这又是艺术史家们容易忽略掉的。连接西斯廷教堂的豪华室，原本是用作教皇会见各地使节及其他外交官员的正式接见厅，教皇宝座后面的墙壁上绘有三幅"光荣地纪念对背信弃义的胡格诺教徒的辉煌屠杀"的壁画。这些壁画作品反映的是取得基督教清理异端的内部战争胜利的图景，而对这一纪念性场景的

---

① 〔美〕拉塞尔·雅各比：《杀戮欲》，第111页。

有意忽视，恰恰是由于对内部残杀进行隆重庆祝的行为，在道德伦理上是羞耻的、令人尴尬的，而这种忽视正是一种有意识的刻意行为。另外，第四次十字军东征对拜占庭的攻击；法国大革命中革命派与外省反抗军之间的互相屠杀；还有巴尔干半岛上塞尔维亚人、穆斯林和克罗地亚人之间的戕伐。"思考就是幸福，即便在它所界定不幸之处也是如此。在思考恶的过程之中，我们努力争取善。"①

第二，法西斯统治对犹太民族的灭绝暴行同样是典范个案，对反犹主义的探讨本身，也可以充分帮助人们深入思考西方文化内在的"兄弟阋墙"特征。德裔犹太人很大一部分处于德国社会中上层，原本在各自领域都获得了优势地位，他们不是以局外人的身份参与进来的。"一般而言，诸种内战总是比国家对国家的那些战争更为残暴，而且具有更为持久的种种后果，它们日益成为当代冲突的特征。"②反犹主义思潮的产生及其蔓延，不仅不能充分说明犹太民族与西方其他种族之间有着显著的差异，反而是基于彼此之间存在的家族相似关系所致。犹太教与基督教文化是批判性的承继关系，这些宗教徒之间也会共同分享类似的宗教仪式、文化符号或者象征物。纳粹统治时期的犹太人被大量驱逐，甚至欧洲的犹太人都遭到比以往更多的歧视，并非是由于作为宗教异端的身份，也不在于持有异于欧洲普遍文化的异质性观念，更不在于捍卫民族良心的文化立场，而恰恰是在于他们的犹太人身份。欧洲民族对犹太人的形成的整体性畏惧局面，就是需要通过二者之间存在着的相似性才能理解，而这种相似性又在某种程度上，提供了对犹太人被欧洲文化同化过程中赢得巨大成就的生动注解。"这一视角颠覆了认为种族灭绝起源于对于'他者'的仇恨这种传统观念。因为这种观念几乎恰恰是错误的。……兄弟相残并非兴起于缺少了解。它的根源也许正好是相反的情况。"③欧洲犹太人的灭绝是一场大规模的邻人相残的预演，此后全球各地诸如柬埔寨、卢旺达、波黑等地的种族灭绝，都不是外来侵略者犯下的暴行，而都是由具有亲缘关系的人群制造的灾难。为了获得国家民族内部的身份认同，就会力图放大彼此间的文化差异性，最后往往会诉诸暴力来试图从根本上解决。如德国学者卡尔·施密特所指认的，同化了的犹太人才是真正的敌人。

第三，弗洛伊德"对细小差异的自恋"观也是经典个案之一，可以用

---

① 〔美〕拉塞尔·雅各比：《杀戮欲》，"前言"第9页。
② 〔美〕拉塞尔·雅各比：《杀戮欲》，"前言"第2页。
③ 〔美〕拉塞尔·雅各比：《杀戮欲》，"前言"第4页。

来进一步推导兄弟相残的内在精神逻辑。雅各比通过浓重的精神分析理论色调，对"反犹主义"的心理根源加以剖析。弗洛伊德在《摩西与一神教》中阐释了犹太人与基督教徒关系中的关联特征，通过对摩西传说的深入研究，指出摩西本人是埃及人，传授给犹太人的宗教由埃及传出，并接受摩西是在荒野里被谋杀的假说，认为其存留在犹太人民心中，施行的宗教教义最终取得了成功。尤其是他认为，人们彼此间的细微差异往往易于带来陌生感并滋生敌意，而诸团体对异质性文化的不宽容反映在反对细小差异上，也要比在反对根本性差异上表现得更露骨。弗洛伊德还形成了对厌女症的颇为独特的见解，认为其与反犹主义在细小差异上的敏感性心理状况相接近。犹太民族受割礼传统的影响，往往在西方文化诠释中同女性气质相关联，甚至被当作西方男性气概的威胁者。犹太人在西方文本中经常与女性构成一种天然联合，而男性文化统治对于女性气质的厌恶与剥夺，造成反犹主义文化的心理恐惧滋长。

在雅各比看来，助推全球暴力的多数例证，都表明乌托邦主义观念不是暴力的根源，引发杀戮的反倒是民族主义与种族主义的激进情绪姿态，抑或是宗教宗派主义的非理性冲动。无论是对身份认同存在的误解，还是各种文明类型间冲突的不可调和，都是为了对全球暴力中的各种差异元素作出分析，从中找到引发暴力冲突的趋同性力量。雅各比对民族内战、激进革命、社会动乱、政党文化、统治心理等进行杀戮欲的分析，可以使人们在精致而优雅之外，发现看似客观温和的概念背后，同样隐含着嗜血的暴力因子。雅各比认为，不要中了圈套去跟随文化引导的暴力实践，不要主动或被动接受供应过来的日常生活中的那些能带来暴力现实的工具。同族人面临外敌威胁利诱而贪生怕死以致不惜相互背叛，雅各比以此来力图揭穿人性中最脆弱的一面：求生的本能可以使人性扭曲、堕落到最黑暗的深渊，杀戮的欲望与人性并存。人们对他人经历，或者他民族的不了解，导致事实本身还没有浮现时就相信了可能的谎言。显而易见，人们都在期盼着更强壮有力的臂膀来保护自己；但在言语表达之时，又在以彼之道还彼之身，毫无疑问在扩大某种矛盾，将一种已经被定性为"暴力恐怖袭击"，变成了兄弟、亲朋之间的冲突。但人们本身并不想要流更多的血，也不想要失去更多的生命。在对暴力中死亡的同胞哀悼的同时，并不是要见到"抗争"和"以暴制暴"这样的词语，人们所熟习的概念"非正常死亡"，通常在法医学上是指由外部作用导致的死亡，但在这其中包含了种种典型的"兄弟相残"痕迹。当熟人间的了解与自相残杀的秘密具有了相关性，确实会令人感到惴惴不安。

在雅各比看来，这种暴力文化的嗜血后遗症阴魂未散，最明显的症状就是为研究和反思设置禁忌。雅各比认为，自相残杀的内战的正当性问题需要进行探讨，因为在现实层面讴歌内战的正义性，往往都是依靠某种强力意识形态的大力支援，才使得对内战的纪念大量充斥在纪念日庆典与各类意识形态宣教活动之中，这往往是民族内战的历史后遗症。社会文化形态中所出现的对兄弟、对邻居、对亲戚、对朋友的憎恨，并不是因为我们不想去爱他们，也许是因为害怕他们像我们一样残忍，也许是因为我们已经被禁止去爱。有的人说，杀戮就是野蛮，但人类历史上，多数杀戮却恰恰是文明引发的；有的人说，杀戮是因为愤怒；但人类文明中，有许多杀戮都是图一时之快。很多杀戮是因为我们生活在"无知的状态"下，对各种由道德、法律或宗教问题的引导产生了一致的判断和冲突的欲望。在这样的情况下，没有对是非的鉴别和怀疑，只有对"兄弟/敌人"两者的混淆。一场大的杀戮，往往会将"意识形态"或"政治"或"民众要求"放在首位，而在其中死亡的人，却都是没有任何需求表达，或是没有任何意识偏向，甚至压根与政治不挂钩的人，他们的无辜满足了某些野心的表达。当今最常见的暴力形式，不再是零散的个体暴力，而是被集体暴力所替代。个体暴力逐步被意识形态权力束缚，被现存统治秩序收编，被企业资本雇佣。集体暴力的过往历史，已经采取了某种合法化的处置，通过合法化的修辞给予了其暴力实施的正当性。"历史也许通过抽象概念来交易。然而，抽象不是不可避免的中立和空白。马克思淋漓尽致地表现出相反的观点。多样性的消失不是自然性的；它见证了历史的暴力。"① 学者鲍曼通过考察纳粹大屠杀与现代性之间的关联性，指出了暴力杀戮同文明化程度之间的微妙联系，后者似乎由于暴力逐渐获得了精致而优雅的历史形象。在雅各比看来，个体暴力也屈从于这一正当性之中，使得杀戮是人类文明进程的一部分的论断具有了合法性意义。必须意识到的是，"不仅是过去的自然，甚至是外部的人力资源开发，都受暴力和痛苦的折磨。大自然无声地证明了源源不断的恐惧，永久循环的沉默苦痛"。②

生物科学与心理科学事业的不断发展，赋予暴力行为研究以社会生物学的新视角。雅各比其实已经意识到了这种视角存在某种有限性，他注重运用跨学科资源激发问题意识与新视角的努力，但并未尝试提出关于暴力的普适性解答意见与问题解决方案，所以他希望将历史事实的呈现与反思

① Russell Jacoby, ed., *Dialectic of Defeat: Contours of Western Marxism*, p. 117.
② Russell Jacoby, ed., *Dialectic of Defeat: Contours of Western Marxism*, p. 117.

加以整合，是一种偶然性阐明与理解，以此来提供暴力根源研究的论争资源。雅各比运用精神分析法分析社会关系之中的摩擦与敌意无可厚非，但如果扩大化为社群乃至国家民族内部的冲突，在工具与对象之间显然存在不对等的错位。

乌托邦与反乌托邦的论争，关注点从整体的文明自由到个体内在的精神发展。雅各比不遗余力为乌托邦思想正名，乌托邦在 20 世纪的征途中屡屡受挫，不能被归咎于乌托邦理想及乌托邦精神。雅各比通过对反乌托邦主义与极权主义的批判，勾勒出反乌托邦主义的历史轮廓，并乐于同反乌托邦主义者进行理论对话。在苏德堆积成山的"黑色档案"面前，似乎任谁都不再有为"乌托邦愿景"辩护的正当性。正如当年以乌托邦为荣一样，现在以此为耻正被当作知识分子凸显自身的最重要标尺。对乌托邦与极权主义的区隔，才能给予乌托邦更大的探索空间，既不至于轻易地被反乌托邦主义完全质疑，也不至于被现存状况快速同化，而是传统乌托邦模式在社会生活变化中的发展与更新，体现了鲜明的社会历史维度和终极关怀意义。

结　　语[*]

人带着希望生存于世，人类的希望在于扎根现实的未来，把尚未出场或在场的希望因子置于人的生命结构。"事实上在任何时代我们都是由关于未来的意识支撑的"，① 乌托邦作为人之为人的精神特质和本质规定，开启了未来广阔的可能性空间，代表人类对内心认知与对客观世界发展规律的探索，揭示了人的本真关系结构，体现了人类指向未来的终极性价值诉求。

当代乌托邦精神的式微，无不昭示人们在忙于具体的事物，在医治千疮百孔世界的过程中使乌托邦冲动日趋衰竭。由于苏联东欧的历史剧变，导致了历史终结论调的兴起，乌托邦实践也由此被迫在世界范围内宣告破产，乌托邦被误认为是社会主义的同义语。"苏联的解体象征了乌托邦进程。苏联的消亡导致了乌托邦的终结。"② 而实际上，乌托邦在现代社会影响力的暂时性弱化，在雅各比看来，一方面是其理论自身在传统定位中所具有的缺陷，这一点也为诸多反乌托邦主义者所攻讦；另一方面，则是资本主义意识形态的钳制，反乌托邦主义、自由主义话语的广泛传播，对人们思想的冲击力甚广。而就其根本，则是人在异化社会中超越性的丧失，人越发疲于奔命而陷入全面异化的现实物质装置中无法自救，这突出的标记表现在知识分子身上，诸多有良知的思想家描摹了"上帝死后"对欧美造成的巨大精神困境，如今和没有类似信仰的地区一样，也开始逐渐接受虚无主义的价值观，不再了解某些乌托邦这类确定价值的意义所在，乌托邦从本体论被降格为方法论。"乌托邦观念已经从社会主义的概念中彻底

---

* 结语原本应更多提及现代性视野中的中国当代乌托邦重建问题及关于乌托邦与历史意识、现代性的关系，但鉴于本人另一本专著《西方马克思主义当代乌托邦思想研究》第五章有专门论述，此处不再赘述。

① 〔德〕卡尔·雅斯贝尔斯：《历史的起源与目标》，楚雄、俞新天译，华夏出版社1989年版，第161页。

② 〔美〕拉塞尔·雅各比：《不完美的图像——反乌托邦时代的乌托邦思想》，第7页。

消失了。因此，社会主义社会的装备，即方法，亦即手段，已经接管了任何可能的内容。"① 人们对社会政治的关怀日益疲乏，对未来美好生活的信心日益降低。"从大学生们的眼界到最高级的学术理论观点，都认为犬儒主义前进了，乌托邦主义后退了。……引发大学生中间急切的追名逐利、讲求实际的，并不是经济的崩溃，经济并没有崩溃，而是对或许完全不同的未来之信念的崩溃。"②

雅各比认为其中的根源，在于社会政治想象能力的渐趋枯竭，其反映出的正是异化现实力量的极大强制力。反偶像崇拜的乌托邦只存在于犹太教传统中，只是要仅仅被这一传统的思想家领会，而对非犹太教信徒来说，乌托邦同样可能。在本雅明那里，以神圣与世俗这个问题以启迪的冲突尖锐地表现出来，对犹太思想家来说，仍然是一个未完全解决的问题。马尔库塞的时代诊断已经应验，"当代工业社会中出现的新的趋势，它似乎表明了文明的一个新阶段……结果是真正的激进的批判的弱化甚至消失，所有的反对派被整合到现行的体系之中"。③ 问题不仅在于苏联解体、东欧剧变改变了世界的政治格局，更重要的是当今时代人们越来越缺乏对未来的想象力，不论是左派还是右派都认为意识形态终结、乌托邦已死。这就使得知识分子的社会洞察与批判，被无限期地滞留在现代性的包围中，现代人似乎已经不得不接受并认同仅有的"一个世界"，导向詹姆逊的晚期资本主义逻辑。由于经历了两次世界大战的悲惨境遇，加之种族主义频发、环境生态被严重破坏、霸权主义横行、恐怖主义灾难惨重等，在现代社会同一性功能机制的作用下，人们又渴望乌托邦的复兴，真切呼吁乌托邦精神的当代彰显，从而为超越现代性的迷障带来了现实可能性。

在 20 世纪乌托邦日益为人们所摒弃之时，雅各比挺身而出为之辩护。他力求吹起乌托邦的一缕清风，通过梳理乌托邦的演化历史与剖析知识分子思想变迁的轨迹，来恢复乌托邦精神核心意义上的超越性，以提供给现实的人们以喘息之机。而雅各比的辩护时时把握乌托邦的本质，刻意与传统乌托邦划清界限，"反偶像崇拜的"乌托邦所传递的希望，不是仅仅由政治运动图绘的形式希望，而是富于时代精华的乌托邦精神。"这些乌有乡所提供的只不过是一个喘息的空间，只是从无所不在的晚期资本主义中

---

① 〔美〕拉塞尔·雅各比：《乌托邦之死——冷漠时代的政治与文化》，第41页。
② 〔美〕拉塞尔·雅各比：《乌托邦之死——冷漠时代的政治与文化》，第242页。
③ Herbert Marcuse. *Prospectus for One-Dimensional Man*, Boston: Beacon Press, 1991, p. xii.

得到暂时的解脱。"① 在雅各比看来，以往所认为乌托邦的破产，必须要限制在蓝图乌托邦这一传统中，而不是反偶像崇拜的乌托邦的破产，后者来源于犹太传统，它才是真正的乌托邦。当代乌托邦信仰的缺席，与资本主义重生的弊病，如同互相嵌套的锁链难以割除，将现实世界的种种一并带入碎片化的虚无状态里。对乌托邦的蓝图派解读，已经不复以往的辉煌，乌托邦主义运动曾经一度出现的胜利画面，也被事实印证了正是死亡的肇始。在这样的背景下，雅各比等左翼思想家保卫乌托邦的工作显得十分重要，但又并不能满足时代的需要。"从政需要对自己所处的时代有一种基本的同情，不管人们会感到多么愤怒；雅各比缺乏这种同情，取而代之的是怀旧。"②

雅各比的乌托邦研究视角，从方法论上突破了以往专门的现代性批判视野，将乌托邦与现代性的张力关系呈现了出来。传统乌托邦在理论上的建构，往往采取的是方法论上的集体主义，高度关注人作为社会存在物的同时，又直接采取去除个体自由的社会化路径，达到社会成员价值的实现，或是将人不假思索界定为天生的城邦动物，这种方法论无论其初衷如何，都在方法路径上缺少行之有效的调控与协商机制，将个人主义完全排除在建构视野之外，极易触发某种极权因素。雅各比的乌托邦思想，兼顾群体与个体二者的观念立场，既不全部遵循群体本位主义，也不打压现代社会的原子论情结，这就难以滑向非个人化的理想主义，不会造成对人性的集体性束缚与个人原则的侵害性设定。"脚踏实地的改革或切实可行的社会变革与乌托邦思想并行不悖，而且前者常常得益于后者的滋养。"③ 雅各比反偶像崇拜的乌托邦，既不仅仅从形而上学的终极取向思考未来社会发展的走向，主张在与现代性的张力中践行乌托邦精神，而非以超验的或历史终极之物为本位，也未试图脱离对历史的总体性思考来达到对现实生存境遇的把握与超越，不会因过度的现实化操作，而走向与实质化的乌托邦幻灭状态。类似的是，詹姆逊也视乌托邦为人类历史和政治生活不可或缺的维度，而非一种随意添加的生活调味剂。

雅各比率先提出疑问，人们究竟还有没有能力想象一个不同于现实的未来？创造属于现代人自身生活的信心从何处获得？这一未来是无法自行交付于百无聊赖生活的精神堕落处，比现实生活优越幸福的未来，并非是

---

① 〔美〕弗雷德里克·詹姆逊：《詹姆逊文集第 2 卷：批评理论和叙事阐释》，王逢振编，中国人民大学出版社 2004 年版，第 418 页。

② Eli Zaretsky, "Capitalism And Nostaligia: A Review of Russell Jacobys Social Amnesia", p. 43.

③ 〔美〕拉塞尔·雅各比：《不完美的图像——反乌托邦时代的乌托邦思想》，第 4 页。

自动想象出来的，而是需要人类自身的主动作为，形成自发到自觉的思想生产过程。乌托邦主义者往往秉持善的动机，采取公平正义的实践基调，将乌托邦直接付诸现实生活，产生的一系列后果未必如预期。虽然通过努力作为实现的乌托邦冲动，可能会在与现实的博弈中招致许多危险，而且不能给政治带来成功的保证，带来难以预测的社会后果，但往往实现这一冲动的经历与持续性想象的过程，会从逻辑上优先于对现状的臣服。"政治让位、疲软的时代，乌托邦精神仍然比以往任何时候都更为必要。"[1] 从乌托邦的发生机制来看，一部分出自社会历史的重大变革期，人们需要转换固有的思维方式重新审视世界历史的剧烈变动，另一部分出自人类命运遭遇深重历史苦难之际，人们需要在被动对抗现实的基础上找到非宗教的世俗精神动力给予现实以主动自觉的反驳。由于乌托邦精神的引领与警醒、申诉与督促，现实世界才能被迫进入对变动与苦难的反思中，并寻求自身逐步朝向积极面的有效转化。

雅各比将源源不断的乌托邦冲动，看作任何时代社会进步的精神酵母，而非寻求自我解脱的苦痛补偿意识，很大程度上以反思现代性的目的，击碎历史终结的现代性神话。当然，这并不表示对乌托邦应不加批判地肆意鼓吹。在他看来，乌托邦如果仅仅简化为一种政治建构方式，已经是不合时宜的，为当代社会政治观念所不容，这在乌托邦实践中已经广为证实，"它是想象能力的政治表现……乌托邦主义想象社会东西或许可作为批判现实的手段"。[2] 在雅各比看来，乌托邦观念付诸实践的运作流程，作为实际的社会运动方式，并非是乌托邦思想历史演进的唯一结果，而只是诸多可能性的一种。乌托邦对于乌托邦运动而言，也只是被作为催生其出场的一个理论工具。历史上出现的许多类型的乌托邦运动，都不可避免掺杂进政治权力、等级制度、纯化思想等复杂的社会历史因素，"越接近政治领域，就越能表现乌托邦的……真实性、有效性和它的力量，同时还有它的不真实性、无效性和软弱性"。[3] 人们在此中往往丢失了内在的乌托邦本真意义，进而不能够识别其他促成现实世界破坏的社会运动样式，不仅把乌托邦运动的历史责任让乌托邦来承担，而且将其他恶性力量，诸如法西斯主义、种族主义等所致的灾难性后果也让乌托邦一起加以担负，剥夺了乌托邦在现实世界的合理性，取消了其在社会问题阐释中的正当性与

---

① 〔美〕拉塞尔·雅各比：《乌托邦之死——冷漠时代的政治与文化》，第274页。
② 华东师范大学当代中国马克思主义研究中心：《社会主义发展的历史进程研究》，上海人民出版社2001年版，第377页。
③ 〔美〕保罗·蒂里希：《政治期望》，第223页。

合法性地位。但这终究不能取消其未来的目标指向，不代表人本身内具的乌托邦理想意识能够被彻底清除干净，也不意味着已无法唤起人类内在的乌托邦意识，只是不能直接将之对应为某一特定社会的发展目标。

原先20世纪走出乌托邦的理论惯性思路，在雅各比那里作出了内容与形式上的双重改换。乌托邦作为一种人为之人存在的生存方式，是以文化价值为其核心要义的理想状况与价值指向。同时，其不完全抛弃社会政治建构的价值立场，所包孕的政治期望仍需要激发人类的想象能力，尤其是政治层面的精神活力。"如果没有乌托邦想象，就不会有任何一种实践的激进政治。"① 整个社会发展与建构的过程，不会因为价值制衡的缺失而造成发展停滞，不会因批判性反思的淡化而陷入自我封闭。人们在重新走进乌托邦的思路中，发现人们亟须一个清晰生动，且能与现实社会生活对话的批判性精神参照，同时意味着人类有理由建构较之以往更为有序、合理的健全乌托邦意识，让每个人都自觉意识自身的完整生存意义，都理应具备显著的社会批判能力。"即使最有深度的阶级无意识理论也植根于人类自我创造的想法：属于历史主体但不再是牺牲品：在失望的深渊涌动着一股神秘的乐观主义。"② 这正是乌托邦摆脱被知识界论战的任意使用及被敌手无序化猛烈批判的理想境况。

雅各比寻求犹太文化资源的理论支撑来重建乌托邦，既没有一味拒斥传统乌托邦的积极面，也没有一味延续以往对未来精细描绘或设计规划的传统，而是通过对视觉图像、学院化与多元主义三大领域的批判，对反乌托邦主义的抗争、对社会健忘症的辩证方法论诊疗，来凸显反偶像崇拜的乌托邦的本真蕴含，重新肯定乌托邦的历史价值与时代使命，引导人类自觉想象另一种与现实生活有根本差异的可能性世界，以必备的超验想象能力来达到对现实世界的可替代效果。乌托邦思想其实也可能仅仅驻留于想象层面，使其不具有现实操作性，但这又可能导致乌托邦的一无是处。而雅各比对乌托邦精神建构的思维逻辑兼顾想象与现实批判，尤其注重对当下资本主义社会现实的深度批判，并进行西方思想文化史的发掘与反思，这就避免把乌托邦运动的这一可能性结果，当成对乌托邦及整个乌托邦思想发展史的全盘否定。反乌托邦主义在20世纪对乌托邦主义实践后果的讨伐，不应上升到对乌托邦内涵与精神向度的讨伐上，而应还原未被现实化之前，乌托邦本该具有的有效性与超越性。

---

① Fredric Jameson, "The Politics of Utopia", Vol. 27, *New Left Review*, 2004, p. 36.

② Russell Jacoby, ed., *Dialectic of Defeat: Contours of Western Marxism*, p. 126.

　　雅各比希望扭转乌托邦精神长此以来与人的恶感，明确指出所谓的乌托邦精神，并非愿景支票或道德大棒，而是独立知识分子必不可少的责任与存在的意义来源。这就表示，在乌托邦精神生产过程中，需一方面进行内部调整，对其内容加以动化调整，处于彼岸超越性与此岸现实化之间变动状态，并且加以反偶像崇拜化的理论限制；另一方面进行外部调整，对其作用机制加以反固定倾向化处理，着手去除乌托邦构想者与赞同者强制行为准则模式的企图，与强制性政治权力脱钩的实践限制。雅各比正是在现实与逻辑的自相矛盾中，构想了一个不同于传统的乌托邦轮廓，从乌托邦凋谢的现实悲剧中发展出当代乌托邦政治学。"我们的眼睛和耳朵能轻而易举地发现添加了什么，却不太容易注意到'减少'了什么，比如物体和声音的消失。几个星期、几个月或者几年过去了，我们都没意识到它们已不复存在。可那是什么呢？"① 一旦他所谓的"不适"只能成为他个人的"不适"而再找不到共鸣，真正的知识分子精神便再回天无力。即便一些散发光芒的语词依然频现知识分子的作品中，却也不再是实践总结的理性产物。雅各比在批判之外更强调克服人们现实生活与一些价值之间的断裂，并重新以理性态度加以认识，而且必须克服由于共同性缺失带来的个体乌托邦病症，否则将会远离乌托邦精神，使得乌托邦不再具备政治改进的功能，真正的自由便无法通达。

　　雅各比并不是简单冲动的摇旗手，研究目的并不在于攻击或指责谁，旨在引起知识界乃至整个社会对乌托邦凋零的反思，希望忠于职守地记录并分析出语境变迁的规律与原因。以往的左派话语，容易流于对个体个人的道德指责。知识分子的平庸化，往往认为其精神堕落乃是主因。而这一接近宗教戒律的判断，自然也成为此类话语沦为陈词滥调甚至笑柄的软肋。雅各比虽然强调知识分子自身精神的衰落，但却认为问题的关键不是道德的堕落，而是时代的变迁，从而被批评者指责为武断轻率。既然知识分子的经历与环境都改变，那单个个体的质变自然已成必然。他反对口号式的道德审判，用意正在于为了不让论述激发起大家的反感，导致走入索性认可现状的死胡同，并由此引发对当代乌托邦精神的重建，特别是知识分子的精神重建问题的关注。雅各比作为"最后的知识分子"，没有把话语权完全交与群氓，他孜孜不倦地专注于乌托邦研究，也是为了避免人们将乌托邦的丰富的悖论性内涵与反思性意蕴去除，通过一种固化的分析理解模式加以解读，将其误解为一种与时代脱节的形而上学话语，或是剥离

---

　　① 〔美〕拉塞尔·雅各比：《最后的知识分子》，第 1 页。

掉浓厚现实意义的简单化概念表征。否则，真正的乌托邦精神就会被打入深渊，成为彻底被放逐的幽灵般的存在，丧失掉复归本真价值的时代机遇。

雅各比对乌托邦思想所进行的现实批判，与传统形而上学思维方式不同。这种反偶像崇拜的思维逻辑倾向，不脱离具体的社会历史现实，也不崇拜任何东西，不再以非历史的标准任意对社会事务进行裁判，而是在历史语境下逐步获得具体的凝练话语方式与思维活动内容。反偶像崇拜的乌托邦，未来的唯一形象乃是揭示当下的失败。其实，马克思关于未来社会的构思中，所关注的也从来不是对于理想图景的勾画，而是思考究竟应当怎样处理阻碍靠近理想的重重矛盾现实。"推翻使人成为被侮辱、被奴役、被遗弃和被蔑视的东西的一切关系。"[1] 这就意味着对一切虚假偶像的自觉揭露和拒斥。雅各比笔下的乌托邦精神，体现了西方马克思主义哲学的批判本性。这种强烈的批判指向，既是对西方虚假偶像的意识形态斩断，也是对抽象变异的现实化操作的反斥。对西方意识形态的反偶像式批判，就在于摒弃独断的教条，摆脱虚假意识对人们思想观念的禁锢，对异化的现实世界加以祛蔽，尽力减少抽象化制度化的精神逻辑对本真生活的遮蔽，呼吁多重人性的自由解放，发挥乌托邦精神在现实生活中的开拓性与创造性。而对抽象变异的现实化操作的反偶像式批判，就在于认清资本主义统治权力支配的本性，无情揭穿宰制社会生活运行的虚假偶像，理性考察使人这一实践存在物呆滞僵化的社会健忘症，由其所属的真实社会处境出发来获取解决现存矛盾的解答方式，并进一步唤醒人们进行多维度生活想象与开展丰富社会生活实践的可能性。

雅各比的乌托邦思想，直接面对历史发展中的人自身的生存困境。反偶像崇拜的乌托邦视野，从未脱离对社会生活的内在矛盾来展开批判与反思，而是深入发达资本主义世界内部，尤其是美国本土社会的知识界进行领悟与理解。雅各比的乌托邦思想延续犹太文化传统并对之加以改造，在复兴乌托邦精神的使命中所体现的，是不断推进人类物质生活与精神生活跃迁的无形内在力量，既内在于历史和现实，又完成了对其的能动性超越。"反偶像崇拜的"乌托邦思想行动，继承了经典作家的理论断言，"如果我们的任务不是推断未来和宣布一些适合将来任何时候的一劳永逸的决定，那末我们便会更明确地知道，我们现在应该做些什么，我指的就是要

---

① 《马克思恩格斯选集》（第 1 卷），人民出版社 1995 年版，第 10 页。

对现存的一切进行无情的批判"。① "教条式的预料未来"，也是雅各比的乌托邦思想所批判的对象，表明的是传统形而上学思维方式先验的教条规定，是对社会历史规律的独断界定，是对现实世界真理性的绝对规定，在过去的某个阶段发生过关于某种乌托邦理论的无根狂妄，需要坚决加以克服与遏制；而"批判旧世界中发现新世界"，也是雅各比的乌托邦思想所捍卫的信念，要在克服与遏制教条式预料未来的基础上，达到对旧思维方式的否定性改造，在克服旧世界弊病的基础上，引导人们通过对美好未来的不懈追求，创造出个永远处于生成之中的理想世界，使得人们所捍卫的乌托邦精神，能够担负一种批判非神圣形象异化的历史使命，自觉进行社会洞察与文化批判的职能，在永不枯竭的反偶像崇拜哲学批判活动中，对抗社会不公与精神奴役，把不在场的乌托邦精神对未来的希望焕发出来，把对世俗抽象化偶像力量的充分批判，以某种在场化的形式彰显出来，逐渐形成人类对复杂现代性世界的独特理解方式。

雅各比的乌托邦思想，能够释放出一种社会病诊疗的特性。用乌托邦精神对乌托邦凋零背后的现代性问题加以诊断，它不发明任何不存在的东西，而是善于在现实中发现新的生活补给，不仅是一种有效地批判现代性的症候式方法，还是反映未来美好社会生活的开放性工具。"真正的乌托邦既不是现实的延伸，也不是现实的纯粹彼岸，它只能生存在现实与幻想的张力之中。"② 人们在掌握这种当代乌托邦作为分析方法或历史功能之时，就可以在乌托邦与现代性张力推动下所形成的当代社会历史进程中，找到乌托邦陷入低谷的成因，走出种种现代性病态隐忧的精神阴霾。"影响许多乌托邦主义者的那些详尽蓝图与惯例或许来自对当代现实的不确定方面的概括。马克思以及那些追随他的人对未来保持沉默；他们认为自由的社会不可能预先注定。"③ 雅各比的乌托邦对现代社会的态度是明确的，既不能对现代性的各个部分都加以否定，也不能以完全后现代的思维逻辑施行文化颠覆，而是完成一种超越于普遍伦理学制约的静观和沉思型批判跃进。雅各比的乌托邦思想敢于以反形上设定的静观与沉思方式，给予现实社会以启迪、警示和反思。乌托邦冲动靠的不是强制性事物的发动，也不回避人的生存境遇，以否定性的方式解答人的理想诉求，不主张对原始过去的复活怀乡情结，也不在现代性的窠臼中不能自拔，更不沉迷于终极

① 《马克思恩格斯全集》（第1卷），人民出版社1956年版，第416页。
② 汪行福：《乌托邦精神的复兴——西方马克思主义对乌托邦的新反思》，《复旦学报》（社会科学版）2009年第6期。
③ 〔美〕拉塞尔·雅各比：《乌托邦之死——冷漠时代的政治与文化》，第259页。

完美的理想乌有之乡里，而是以非常规的长远眼光审视世界，预先在纷繁的现代生活里形成现实与构想的张力，不断激发人之为人固有的乌托邦精神潜质，实现困于特定文化情境的人类自身的内在超越。

但这并不意味着雅各比的乌托邦思想没有缺陷，相反，他对乌托邦的整体面貌的把握仍缺乏历史总体性的眼光，对反偶像崇拜这一乌托邦进路的挖掘也没有更深入一步。

第一，未从"两希"文明对比的视角审视乌托邦的流变。雅各比虽然指出了两种乌托邦的差别及流变，甚至看到了反偶像派乌托邦来源于犹太传统，却没有在视觉与听觉传统归类的同时，考察其思想得以立足的文明源头。蓝图派乌托邦来源于古希腊文明，反偶像崇拜的乌托邦来源于古希伯来文明，这两大类乌托邦传统的分野背后，实质上是古希腊文明与古希伯来文明之间衍生出的巨大差异，并深刻地影响了西方文明。没有对基于两种文化根基下所对应的视觉文明传统与听觉文明传统加以考察，对两种乌托邦传统的阐释就容易浮在表面。

第二，对莫尔及其《乌托邦》存在误解。在雅各比看来，莫尔对《乌托邦》一书的态度是矛盾的，一方面，他既通过乌托邦美好生活的向往，来深入揭示君主王权与私有制主宰的现实黑暗；另一方面，又在引述他人制造的一些反对乌托邦的政治话语，形成一种有效的自我辩护，以洗清自己的对抗王权的政治嫌疑，"从某种意义上讲，他对自己创造的乌托邦的反对，毋庸置疑一直就是一种姿态"。① 乌托邦是一种想象性的对话，通过对话表达自己的思想和观点，所谓对话必须有两种针锋相对的观点，作者能够做的是将双方观点以小说的形式展开来表达，其本质就是一种叙事方法，所谓的矛盾是为了客观地展开双方的观点，获得一种真理性认知。

第三，未充分理解反偶像乌托邦产生的希伯来文明。雅各比通过布伯、摩西·赫斯的话来凸显蓝图派乌托邦与反偶像崇拜乌托邦的不同，"假若诸如布伯与兰道尔这样的反偶像崇拜的乌托邦思想家具有崇高的精神，那么跟德国的浪漫主义者不一样的是，就他们对于未来的世俗希望而言，他们同样具有政治性；就他们拒绝对未来进行描绘而言，他们也具有犹太性"。② "我们处于流放中的犹太人，没有权力计划未来，因为救世主有可能倏忽即至。"③ 但他并未深究这一新型乌托邦的现实基础，也并未详

---

① 〔美〕拉塞尔·雅各比：《不完美的图像——反乌托邦时代的乌托邦思想》，"序"第2页。

② 〔美〕拉塞尔·雅各比：《不完美的图像——反乌托邦时代的乌托邦思想》，第125页。

③ 〔美〕拉塞尔·雅各比：《不完美的图像——反乌托邦时代的乌托邦思想》，第183页。

细阐明与另一乌托邦传统究竟有着多大程度上的异质性文化渊源，而后就直接指出反偶像崇拜的乌托邦思想的本质，在于对此时此地的关注，认为新型的乌托邦憧憬未来并珍视现在。这就使得反偶像乌托邦背后的要义，在面对理论分野之时略显含混不清。而希伯来文明的时间观，往往把时间视作一种循环，过去就是未来，对未来不应拒绝，其会在历史生成中从后面赶上来。未来会在每一个可能的时刻降临，每一个当下的时刻也意味着未来的显现，每一个现在都指向未来甚至即未来，珍惜每一个现在与希冀未来之间别无二致。这就使得过去、现在与未来三者不是脱节的，乌托邦的某种现实化就不应是当代乌托邦闭口不谈的禁区。

第四，乌托邦从本体论到方法论的降格。在雅各比看来，乌托邦就是现代世界一扇观测社会政治变迁的窗户，透过它人们可以感觉到微风的存在。在与反乌托邦主义的抗争中，雅各比在对乌托邦理解的某一角度，与自由主义者的认识往往是达成默契的，乌托邦决不能是绝对的，相反，它只能以一种相对的形式表现出来。"他（伯林）关于多元主义和乌托邦主义威胁的观念具有家喻户晓的英美基本思想观念的特点。"① 也就是说，对现代社会而言，乌托邦更多的是一种想象力，或是现实世界打开的一扇窗子，其向往的新世界也只是现代社会的有效补充，而不是完整替代方式，这种方法论的读解方式，很大程度上残缺了本体论的意义。从"二希"文化的源头来看，乌托邦都具有本体论性质，在古希腊文化中的乌托邦无一不是建基于现实社会之上的，具有本原色彩的世界发展根据与决定力量，或是以曾出现的黄金、白银时代的延伸呈现，或是柏拉图《理想国》的理念世界构建，或是亚里士多德具有现实可能性的"隐德莱希"阐释；在希伯来文化中的乌托邦，亦是天国是永恒的，人间只是人暂时性的过渡，只是人的"流放地"而非家园。因此，乌托邦并非现实世界的补充，而是揭露现实世界的镜子，是对社会建构的想象性参与。如果一味地取消乌托邦的绝对性，那么主导性力量就会在人类社会中被取消，世界历史就会变得四分五裂，多元价值的无休止争辩，也会导致历史完整意义的消亡，绝对价值的退场进一步促使乌托邦的日趋枯萎，乌托邦的现实遭遇也从反面说明了本体论同当下现实断裂的危险性。

第五，乌托邦陷入不在场批判在面对现实时的困境。传统乌托邦来源于"两希"文化中对人的先验设定，而即便是乌托邦发生了当代转向，也

---

① 〔美〕拉塞尔·雅各比：《不完美的图像——反乌托邦时代的乌托邦思想》，第91页。

要继承乌托邦的超越性本质，即人是具有超越性的，是现实世界存在之外有更高层次追求的价值本源，乌托邦产生于人的超越性力量，只要现代世界中这一超越性力量不枯竭，乌托邦也就不会退出历史舞台，而是超越给定现实，进入带有中性色彩的未来社会构想。尽管他对蓝图派乌托邦遭到自由主义批判的不公允表示同情与抗议，但这并不意味着他有足够的意志力为这一乌托邦传统翻案。"我们必须承认的是，西方马克思主义和法兰克福学派的辩证的绝望的希望没有实现；没有痛苦和苦难的过去，简单地添加到资产阶级清单之中。马克思主义者被牵连，有时他们是负责的。现实所投射的这个阴影，伴随着马克思主义。"① 雅各比所设定的乌托邦精神的不在场，杜绝将之在现实中直接推行，但这无法阻止乌托邦某种意义上的现实规定性，因为人们只能依据现实情况展开接近于完美的理想观念，即便是传统乌托邦所能给社会变革提供的，也并非是具有确定性的计划，而是尚不具现实性的计划方案，但这恰恰说明可能性向现实性的转化过程，在一定程度上依赖于可能的现实化路径，否则，对乌托邦不在场效用的发挥，会在与现实的社会政治遭遇时显得软弱乏力。而且，他虽然把复兴乌托邦的重任寄托于反偶像崇拜传统，但在具体的政治实践中如何落实是相当棘手的，试图回避探讨积极方案，将之转化为现实的政治力量要采取哪些积极方案语焉不详，并不打算深层挑战现存社会秩序，似乎只要提供了乌托邦精神不在场的证明，就能忽略掉这种实际斗争中的困难。政治方案的遴选与把握越发艰难与偏狭，仅仅擅长提出否定观点就要对社会发展动向做出政治上的有益解释，也许变得比以往更加困难。"正确的东西是通过错误的东西来界定自身的。"② 回避积极方案固然可以避免轻率幼稚导致的乌托邦主义问题，但一味地回避则可能会忽视现实发展对更好社会实现所提供的有利条件，错过构建积极社会进程的真理性因素，更加使人陷入政治冷漠和无能。雅各比通过理论改造加工的思想传统，作为替代多元主义的政治出路方案，有堕入一种相对抽象替代物的风险，"雅各比似乎把自己定位为法兰克福学派披风的美国继承人；事实上，他自己的作品有时读起来就像是对阿多诺最糟糕时期的痛苦模仿"。③ 雅各比对乌托邦现实功能的思考，有时陷入一种理想化操作与现实化恐惧的纠结情形里，让人感觉乌托邦始终是一种没有希望的希望。乌托邦想象即便显得虚无缥

①　Russell Jacoby, ed., *Dialectic of Defeat: Contours of Western Marxism*, p. 115.

②　〔美〕拉塞尔·雅各比：《不完美的图像——反乌托邦时代的乌托邦思想》，第 194 页。

③　Matin Jay, Russell Jacoby, "Marxism And Critical Theory: Martin Jay And Russell Jacoby", *Theory And Society*, Vol. 2, Issue1. 1975, p. 260.

缈，由于其具有的现实出发点，一直在试图弥合理想与现实之间难以逾越的沟壑，但如果只是从社会裂缝中找寻裂变的可能性，就会忽略如蒂里希笔下那种"有限—焦虑—期望"逻辑观照下的现实根基。

第六，有意回避了后现代主义这一强大的乌托邦理论宿敌。以解构主义为代表的诸种后现代思想变种，无一不是从理论深层查找甚至虚构乌托邦的问题弊病，在当下已严重阻碍了乌托邦精神复兴的可能性。乌托邦更多是一种宏大叙事，从近代文化复兴思想启蒙集聚巨大能量的普适性冲动，是对碎片化的叙事方式的反驳，也是对多元文化理念的反制。虽然后现代主义对启蒙主义、历史主义的质疑态度有一定的合理性，但这又恰恰容易让人们忽略后现代主义这个乌托邦的另一敌手。反乌托邦主义迎合了其理论指向与意志表达，将现代主义的缺陷推到极致，力图顺应后现代的逻辑，进一步暴露出现存世界的总体化权力色彩。承担新天国中的牧师职能的往往不再是后现代主义批判的乌托邦思想家，而是他们自己。以德里达为代表的后现代思想家，对乌托邦的解构威力已不再是社会建构层面，而是深入语言符号背后来解构乌托邦语言文本意义的自明性与确定性。雅各比没有强烈关注到后现代主义对乌托邦各个层面的地基式颠覆，这种从身份地缘到文本语言的理论攻击，使得乌托邦固有的希望本体成为一种现代性神话，对未来的想象成为一种意识形态幻象，对理想社会的集体想象性建构成为一种同一性强制。而后现代主义无情批判后的乌托邦灾难，不在于产生某种新的反乌托邦主义，而是进入一种"无托邦"的晦暗之中。雅各比对乌托邦叙事被肆意解构没有作出鲜明的回应，甚至没有在反乌托邦主义论域的清理中提及后现代文化的思想危害。其实，雅各比自身在乌托邦言说中流露出了一丝后现代情结，而这与同样是犹太传统继承人的德里达有了无意识对话的可能性。他的乌托邦更多是靠心灵谛听去靠近与捕捉的；而德里达心中秉持的正义，也总是处于将至的状态，在被解构之后如同雅各比的乌托邦一般，以不在场的在场方式显现的。

第七，一定程度上忽视知识分子的现实生存土壤与根基。雅各比率先提出公共知识分子概念，并与乌托邦精神勾连起来。雅各比直面美国知识分子生存现况，大声疾呼具有乌托邦精神的社会引路人能够重新站出来，冲破政治秩序、文化现实与艺术想象的多重困境，为正义与良心代言。但是公共知识分子的历史书写进入了一个瓶颈，于是文学评论人士则逻辑偏差地追究概念创造者。"雅各比阴郁的童话故事象征着左翼精神的干涸：

我们是根深蒂固的受虐狂。"① 公共知识分子本应作为社会正义的象征，而不是如中国改革开放之后兴起的公知思潮那样，片面夸大批判属性，而忽视自身作为社会有机组成的职能，这种以意见领袖与社会牛虻自居的身份，力求超然于任何的国家、阶级与利益集团之外，不仅与国家、政府、民族公然对立，难以推动社会合理、健康与有序发展，反而形成对稳定社会秩序的阻碍甚至颠覆。"就像当时的法兰克福理论家一样，雅各比没有看到一条政治出路来摆脱这种孤立，相反，他们最终捍卫了孤独的知识分子，他们为了个人和理论的完整性而远离当代文化。"② 人是一切社会关系的总和，超然地隔绝于任何体制，拘泥于"个体化社会"的氛围里，实际上是否定其作为一个具体的、历史的、现实的人本身，换句话说，知识分子在经受社会良心之反省，既可能不再囿于体制的束缚来表达批判的决心，有时也可能通过表达对现行体制的维护来为社会发展提供所在方向，这种维护也许需要比批判保有更丰富的良心与智慧。

　　我们当今社会的文化风气，与雅各比所描绘的美国知识界有异曲同工之处，虽然植根的社会土壤有所差异，但是信仰缺失造成的犬儒主义盛行、片面强调多元价值以求繁荣和谐的假象、大学持续扩招并深化与市场接轨的步伐，当今国内知识界与知识分子与乌托邦研究中的焦点，直接对应雅各比所涵盖的乌托邦视角主线。雅各比不单承载着学理上的价值，更在于其彰显了本土语境下将知识分子本体论的当下性与现实性。他研究中的案例对象，主要框定在文化革命以后直到 20 世纪末的欧美学界。但若以发展形态大体迟滞若干年的国内学界作为参照，雅各比研究的意义与其说是总结，不如说是直指现状的与时俱进诊断报告。雅各比能够不受多元主义干扰理性看待现实问题，并坚持独立面向公众，以承担起推进社会进步责任的理想知识分子，却也已在大环境的裹挟下逐渐沦入雅各比所描画出的恶性循环轨道。场域的不同决定了相异的立场，当代中国知识分子受制于权力的绑架与功利的算计，或延续了一部分"士"的坎坷命运，或因专业领域的限制远离甚至割断了同大众的联系，新兴的知识阶层的乌托邦精神已较为匮乏，难以执着坚持现实批判的立场，即便拥有引导公共空间的能力，也未必直接代表公众发声，相反陷入学院化与专业化的桎梏之中，进入其眼帘的不过是隔靴搔痒般的公共生活表象。雅各比吁求的乌托

---

①　Kampf Louis，"The Last Intellectuals American Culture in The Age of Academe by Russell Jacoby"，*Radical Teacher*，Brooklyn Iss. 38，Summer 1990，p. 31.

②　Eli Zaretsky，"Capitalism And Nostaligia：A Review of Russell Jacobys Social Amnesia"，p. 42.

邦精神特质，难以得到学院化生存的知识分子的有效回应，一方面，在身份上需要借助于政治上的合法身份来确证行动力；另一方面，在价值实现上需要借助于市场经济释放的财富积累来确证自由权。知识分子的窘迫现实难以使其坚守乌托邦精神的思想阵地，在学理上获得价值争辩的机会与价值选择的空间。

当代中国知识分子接受了近代的思想启蒙与现代性的洗礼，并基于主流意识形态的广泛传播与文化建构，由确证个体性的意识禁锢中解放出来，转而探寻作为一般存在意义的集体表达式。古希腊的政治城邦抑或是中国几千年的儒家政治结构，知识分子很大程度上只能龟缩在现实政治的狭窄社会界面，自身的身份定位难以将乌托邦意识上升到社会实践层面。"人既不属于他的语言，也不属于他的种族；他只属于他自己，因为他是一个自由的存在，一个道德的存在。"① 他们作为一个特殊的社会阶层，仍然试图通过各种渠道去表达自己的思想主张与社会构想，在一系列社会变革中竭力变换与调整自身的位置，在崭新的思想洗礼中寻求一种"民族之我意识深度的个体之我的意识"。② 他们并未与中国古代"为天地立心，为生民立命"的精神品格完全割裂，而是逐渐渴望在新的历史条件下保有最大限度内的精神同盟。

社会转型带来的身份转换，使得一部分知识分子成为既得利益者，而不甘名利的那一批启蒙者，则在主体反抗的努力受挫之后，被当成历史车轮的落伍者与现实生活局外人。由于乌托邦精神消解，对一些知识分子的命运和性格的书写发生了变异，折射出具有普遍意义的失落心态。这就使得他们对社会现实的批判停留在对生活想象的解构之中，没有强大的精神力量助力使其指向重建，从而抵抗不住功利主义，甚至放弃了对崇高的向往，开始选择以恶抗恶来自我拯救，或在声色犬马中变得鼠目寸光。他们对在拒斥现存社会的种种不合理之处，又进入信心受限与想象能力不足的乌托邦精神征候之中。"在政治让位、疲软的时代，乌托邦精神比以往任何时候都更为必要。它唤起的既不是监狱，也不是规划，而是关于人类休戚与共和幸福的理想。"③ 乌托邦精神本是抵抗知识分子现实生存庸俗化与空洞化的精神支柱，而其萎缩与匮乏导致原本广阔精神生活中有关未来社会理想的向度正逐渐淡化，历史反思所留下的，往往是知识分子面对自身

---

① Antonio Gramsci, ed., *Further Selections From The Prison Notebooks*, Edited And Trans. Derek Boothman, London: Lawrence &wishart Press, 1998, p. 302.
② 〔法〕朱利安·班达：《知识分子的背叛》，第88页。
③ 〔美〕拉塞尔·雅各比：《乌托邦之死——冷漠时代的政治与文化》，第274页。

命运遭际后的沉沦与焦虑，逐渐形成了他们对当今社会的独特认同感。在对社会乌托邦感到幻灭的情形下，形成了救世转变到自救的思想转向。"这是保持社会剑拔弩张的动力学；如此栩栩如生的空间，可以提供给失去对生命本身急切探索的生活以批判理论。这个沿着社会边际的探索没有反馈通道。"① 知识分子作为社会精英意识的变化，不能改变其仍作为精英身份的事实，通过以重新找回自我的自救姿态来应对人们面对乌托邦的短视，以对其自身的历史命运保持审视与反省。

随着知识体制的日趋成熟，知识分子寄居于其内变成一种普遍景观。西方马克思主义者葛兰西意义上的传统知识分子似乎难以复生，那么"公共知识分子"又能否从其内形成与发展？作为一个肩负乌托邦重建使命的人，仍然有可能以德性与知性并置的方式存在着。一个以经济生活为中心的社会，大部分人关注的早已不是人文精神领域，这令知识分子突然成为一种可有可无的存在，自然逼迫其彻底龟缩于学院体制以求得身心两方面安身立命的所在。更致命的是后现代语境的崛起，与此直接对应的是传统知识分子的元话语彻底被打破。雅各比孜孜以求的复归，首先在精神纽带上便已遭到了损害。而这一转变所带来的最明显后果，便是和欧美研究者所描述的一样，知识分子日益沉迷于相对主义文化的量产中，这令社会文化在表面上凸显繁荣，如波斯纳所言，这恰恰是知识分子走入歧途和文化娱乐化的开始。最终损害的是整个社会的智识，并顺带将知识分子的身份消解一空。公共空间的争夺一旦无条件化，自然导致各阶层的"技术专家"假借"知识分子"的权威活跃其间。一味还乡式的怀旧在过去的历史错觉里，或是希冀与本土结构完全相异社会背景下产生的文化构想，在文化感召与纯学术搭建之间缺乏通盘考量，找不到合适的阐释基调，是无助于改变当下现状的。这种接近无意识的导向甚至会因为历史原因，将现代语境下的乌托邦精神启蒙问题简化为民族文化问题的一支。

乌托邦精神的普遍性消退值得警醒与深思，这一式微与其自身命运、身份，甚至整个国人的处世心态变迁紧密相关。虽然一些知识分子抗拒知识精英这一理想化的启蒙身份，但他们精神空间中的乌托邦冲动与终极价值却并未剔除殆尽，而是隐喻了在功利社会中的新的身份，很大程度上标识了一种新的成型文化心态。因为现时代是乌托邦失落的时期，也是重新寻找乌托邦的时期。"如果没有知识分子，或者知识分子的角色发生了转

---

① Russell Jacoby, ed., *Social Amnesia: A Critique of Contemporary Psychology*, p. 101.

变，乌托邦就会逐渐消失。"① 乌托邦根植于人的生存方式之中，乌托邦精神重建，无疑是重新找回知识分子乃至国人的精神家园，在不同历史文化语境中具有各自特色的内容呈现，只有依循植根于现实条件的生活规则，为心灵生活确立规则，为追求理想的实践确立意义，乌托邦激情幻灭的经验积累，加之拯救知识分子于无望世界的生活解放和审美救赎功能，唤起了多重身份的认同，往往在悲剧性成分中蕴蓄超越苦难质素的力量，预示无限希望旅程的积极存在状况。当代知识分子话语的合法性依据，早已不再简单以良知与德性的面孔出场，而是以抽离扁平化现实的实践人格替代言语塑造的方式继续存活。"我的着眼点是理想社会——所以我挑剔和批判迄今存在的一切社会弊病，深刻地剖析其原因，大胆地勾画理想社会的图景。对比理想的图画，任何社会都是不美好的。"② 当代乌托邦试图重建的真善美相统一的应然世界，与现存的已然世界构成人类生活的两极，其所彰显的乌托邦精神，能够在此在与彼岸、超越与拥抱、沉沦与拯救之间自由的舞蹈。"把它们变成变革力量，这可能会招致那些欲望最终被挫败的危险。但那也无疑好过屈服于新自由主义的退步乌托邦理想（以及给那些给予可能性如此不良压力的所有利益集团）、胜过生活在畏缩和消极的忧虑之中以及不敢表达和追求替代的欲望。"③

　　乌托邦精神之所以至今不死，正是文化审美与社会功利冲突的张力结构，不得不使知识分子从当下社会实践观照，形成对乌托邦精神的能动性反驳，遭到挤压的精神劣势状态，被置换为自我中坚的生存区域。他们面对市场化社会景观，从再现与临摹转向对抗经验主义的庸常，从绝对认同体验都市平民价值转向对抗工具理性的世俗化形态，从陷入复制现实的学术泥淖转向对抗话语方式的扁平化，对生存现实进行重新审度，对人之为人的存在重新给予深层分析，对生存与发展的动向重新加以洞悉，对生命特质的物化命运保持警惕，以至在自由生命的未来创作时保有自我独特的声音。"似乎很少有什么事情比捍卫乌托邦冲动更加空想、更加缺乏时代感了。然而，捍卫乌托邦冲动的道路并非没有荣誉，也并非没有其英雄。"④ 传统乌托邦一定程度的幻灭，并不意味着知识分子探讨人类精神的完结，人内聚的乌托邦精神，应不断开拓始终"在路上"的生存空间。"即便是用最佳的意志或勇气，乌托邦思想也无法跳出历史之外。但是，

---

① 〔美〕拉塞尔·雅各比：《乌托邦之死——冷漠时代的政治与文化》，第158页。
② 郑也夫：《知识分子研究》，第69页。
③ 〔美〕大卫·哈维：《希望的空间》，第196页。
④ 〔美〕拉塞尔·雅各比：《乌托邦之死——冷漠时代的政治与文化》，第273页。

它必须跳过直接的理想，否则就会让渡其存在的理由。"① 当代知识分子只关切乌托邦的知识逻辑是不够的，必须从深层次把握构建的方式、路径、话语逻辑等。虽然在学者鲍曼那里，后现代社会知识分子的身份已然质变，已由至高无上的立法者，转变为平等谨慎参与社会事务的阐释者。在当今的中国社会，仅凭知识分子肩负道义是不足以让乌托邦精神重建的。在现实与精神的内外夹击下，知识分子走下神坛又走向自我放逐，群体内部的分野可能会越发显著。但知识分子头上还应竖起"达摩克利斯之剑"，不仅不做蜷缩木桶的第欧根尼，也不要做与风车为敌的堂吉诃德。关键在于掌握知识施行了怎样的社会事务，在相应的社会角色中如何践行知识，在怎样的复杂社会关系中捍卫精神主权。如果不能对这些问题认真思考与解答，就难以作雅各比意义上的"社会良心"。

当今中国仍处于深刻的历史变革期与社会转型期，不仅仅是知识分子，几乎所有人都面临生命意义的拷问与未来征途的良心选择。这就需要具有人文情怀和批判视野的乌托邦精神，与趋于实利化、多元化的社会文化价值取向相抗衡。对以雅各比为代表的传统知识分子而言，强调当代乌托邦启蒙应介于知识与社会之间的立足点，知识是乌托邦得以探寻普遍真理的基础，而社会则是乌托邦希望借此加以影响的对象。国内很多学者的乌托邦重建反思，从理解历史出发重新反思知识分子在新时代的内在脉搏，立足点正是由古代文人忧患意识而来的人格担当，这与雅各比首先召唤"乌托邦精神"的论述颇为相似，将之与国家民族血肉勾连，进而探寻更为普适广泛的社会经济或文化心理的发展合力，"历史的动力（而且的确是一种历史必然的动力），不是乌托邦的实现，而是对它的奋力追求。正像韦伯曾经指出的：'人们必须一再为不可能的东西而奋斗，否则他就不可能达到可能的东西了。'"② 然而相比雅各比的多层视角，中国关于乌托邦重建的探讨，在格局与厚度上却有不足。在过分政治化、理念化的背后，许多促成知识界演化的细节与彼此之间的关系，却被某些看似宏观的分析所遮蔽。具有中国本土话语特质的乌托邦精神重建的研究方式，无论在分析对象还是叙述基调上，在国内乌托邦研究语境下依然尚显陌生。也正因此，雅各比的研究会成为有意义的参照。当今国内知识界所面临的挑战，不但在许多问题上与雅各比的视角有交集，彼此之间更是如雅各比在研究中所涵盖的互相触动影响。雅各比始终对扭转局面葆有信心，并针对

---

① 〔美〕拉塞尔·雅各比：《乌托邦之死——冷漠时代的政治与文化》，第273页。
② 〔美〕莫里斯·迈斯纳：《马克思主义、毛泽东主义与乌托邦主义》，第2页。

现实问题提出具体建议和理解，无疑有助于国人能以更整体超越的眼光，保持对于自身处境的不断反思，并最终做出基于现实感的选择。

　　总的来说，雅各比的乌托邦思想跃出了犹太教否定神学的思路，当代乌托邦精神受到历史与现实的两面夹击，既要防止乌托邦蓝图化导向乌托邦主义运动的覆辙，又要积极面对反乌托邦主义、自由主义、后现代主义等思想的集体围攻。对乌托邦精神的重建，不仅把其内在的批判逻辑贯穿到社会运行的始终，而且要从文化价值上完成否定性超越的话语霸权，将知识分子对社会病症的否定性诊断，人对自我生存结构的自觉性反思，与对社会生活的反偶像崇拜式阐释结合起来，才能从根本上解决这一困境，推动人走向全面的自由和解放。

参考文献

一 雅各比中英文论著

Russell Jacoby, ed. , *A Falling Rate of Intelligence?* New York: Telos Press, 1976.

Russell Jacoby, ed. , *A New Intellectual History?* New York: Oxford University Press, 1992.

Russell Jacoby, ed. , *Anthology: The Bell Curve Debate: History, Documents, Opinions*, New Jersey: Times Books, 1995.

Russell Jacoby, ed. , *Christopher Lasch* (1932—1994), New York: Telos Press, 1993.

Russell Jacoby, ed. , *Dialectic of Defeat: Contours of Western Marxism*, Cambridge: Cambridge University Press, 2002.

Russell Jacoby, ed. , *Dogmatic Wisdom: How The Culture Wars Divert Education And Distract America*, New York: Doubleday, 1994.

Russell Jacoby, ed. , *Narcissism And The Crisis of Capitalism*, New York: Telos Press, 1980.

Russell Jacoby, ed. , *Negative Psychoanalysis And Marxism: Towards An Objective Theory of Subjectivity*, New York: Telos Press, 1972.

Russell Jacoby, ed. , *Picture Imperfect: Utopian Thought for An Anti - Utopian Age*, New York: Columbia University Press, 2005.

Russell Jacoby, ed. , *Revisiting Social Amnesia*, New York: Springer, 1997.

Russell Jacoby, ed. , *Social Amnesia: A Critique of Contemporary Psychology*, Boston: Beacon Press, 1975.

Russell Jacoby, ed. , *The Last Intellectuals：American Culture in The Age of Academe*, *New York：Basic Books*, 2000.

Russell Jacoby, ed. , *The Politics of Objectivity：Notes on The U. S. Left*, New York：Telos Press, 1977.

Russell Jacoby, ed. , *The Politics of The Crisis Theory：Towards The Critique of Automatic Marxism II*, New York：Telos Press, 1975.

Russell Jacoby, ed. , *The Repression of Psychoanalysis：Otto Fenichel And The Political Freudians*, New York：Basic Books, 1983.

Russell Jacoby, ed. , *Towards A Critique of Automatic Marxism：The Politics of Philosophy From Lukacs to The Frankfurt School*, New York：Telos Press, 1971.

Russell Jacoby, ed. , "*What is Conformist Marxism?*", New York：Telos Press, 1980.

Russell Jacoby, *The Americanization of Psychoanalysis*, New York：Psychology & Social Theory, Vol 4, 1984.

Russell Jacoby, *The End of Utopia：Politics And Culture in The Age of Apathy*, New York：Basic Books, 1999.

〔美〕拉塞尔·雅各比：《不完美的图像——反乌托邦时代的乌托邦思想》，姚建彬译，新星出版社 2007 年版。

〔美〕拉塞尔·雅各比：《杀戮欲》，姚建彬译，新星出版社 2013 年版。

〔美〕拉塞尔·雅各比：《乌托邦之死——冷漠时代的政治与文化》，姚建彬译，新星出版社 2007 年版。

〔美〕拉塞尔·雅各比：《最后的知识分子》，洪洁译，江苏人民出版社 2006 年版。

二　中文著作

陈岸瑛、陆丁：《新乌托邦主义》，扬智文化事业股份有限公司 2001 年版。

陈刚：《大众文化与当代乌托邦》，作家出版社 1996 年版。

陈炎主编：《当代中国审美文化》，河南人民出版社 2008 年版。

陈正炎、林其锬：《中国古代大同思想研究》，上海人民出版社 1986 年版。

陈周旺：《正义之善——论乌托邦的政治意义》，天津人民出版社 2003

年版。

郭军、曹雷雨等编：《论瓦尔特·本雅明：现代性、寓言和语言的种子》，吉林人民出版社 2003 年版。

贺来：《现实生活世界——乌托邦精神的真实根基》，吉林教育出版社 1998 年版。

金寿铁：《真理与现实》，同济大学出版社 2007 年版。

李建：《审美乌托邦的想象——从韦伯到法兰克福学派的审美救赎之路》，社会科学文献出版社 2009 年版。

林慧：《詹姆逊乌托邦思想研究》，中国人民大学出版社 2007 年版。

刘怀玉、张锐、王友洛：《走出历史哲学乌托邦：马克思主义发展观的当代沉思》，河南人民出版社 2001 年版。

陆俊：《理想的界限："西方马克思主义"现代乌托邦社会主义理论研究》，社会科学文献出版社 1998 年版。

祁程：《西方马克思主义乌托邦思想研究》，重庆出版社 2017 年版。

陶东风：《社会转型与当代知识分子》，上海三联书店 1999 年版。

陶东风主编：《粉丝文化读本》，北京大学出版社 2009 年版。

汪民安：《现代性》，广西师范大学出版社 2005 年版。

王凤才：《批判与重建：法兰克福学派文明论》，社会科学文献出版社 2004 年版。

王凤才：《追寻马克思：走进西方马克思主义》，山东大学出版社 2003 年版。

王增进：《后现代与知识分子社会位置》，中国社会科学出版社 2003 年版。

夏凡：《乌托邦困境中的希望——布洛赫早中期哲学的文本学解读》，中央编译出版社 2008 年版。

谢江平：《反乌托邦思想的哲学研究》，中国社会科学出版社 2007 年版。

许俊达：《神性·理性·人性：费尔巴哈三部曲》，中国工人出版社 1993 年版。

衣俊卿：《历史与乌托邦——历史哲学：走出传统历史设计之误区》，黑龙江教育出版社 1995 年版。

衣俊卿：《现代化与日常生活批判——人自身现代的文化透视》，人民出版社 2005 年版。

曾庆豹：《上帝、关系与言说——批判神学与神学的批判》，华东师范大学出版社 2008 年版。

张浩达、文庸、荒园编著：《视觉〈圣经〉：西方艺术中的基督教》，社会科学文献出版社 2001 年版。

张彭松：《乌托邦语境下的现代性反思》，中国人民大学出版社 2010 年版。

张一兵：《文本的深度耕犁——西方马克思主义经典文本解读》，人民大学出版社 2004 年版。

章国锋：《关于一个公正世界的"乌托邦"构想》，山东人民出版社 2000 年版。

郑也夫：《知识分子研究》，中国青年出版社 2004 年版。

郑忆石：《社会发展动力论：从马克思到西方马克思主义》，重庆出版社 2012 年版。

朱贻庭：《中国传统伦理思想史》，华东师范大学出版社 2003 年版。

三　中文译作

《马克思恩格斯文集》（第 1 卷），人民出版社 2009 年版。

《马克思恩格斯选集》（1—4 卷），人民出版社 1995 年版。

〔波兰〕安妮·麦克拉纳、〔美〕杰弗里·约翰逊编：《取消图像——反偶像崇拜个案研究》，赵泉泉、张建涌、杨贤宗译，凤凰出版集团 2009 年版。

〔德〕艾瑞克·弗洛姆：《马克思关于人的观念》，载《西方学者论一八四四年经济学哲学手稿》，复旦大学哲学系现代西方哲学研究室编译，复旦大学出版社 1983 年版。

〔德〕奥特弗利德·赫费：《政治的正义性》，庞学铨等译，上海译文出版社 1998 年版。

〔德〕恩斯特·布洛赫：《基督教中的无神论》，梦海译，中国社会科学出版社 2018 年版。

〔德〕恩斯特·卡西尔：《人论》，甘阳译，上海译文出版社 2003 年版。

〔德〕格奥尔格·黑格尔：《法哲学原理导读》，高兆明译，商务印书馆 2010 年版。

〔德〕格奥尔格·黑格尔：《精神现象学》上、下卷，贺麟、王玖兴译，商务印书馆 1979 年版。

〔德〕赫伯特·马尔库塞：《单向度的人——发达工业社会意识形态研究》，

刘继译，上海译文出版社 2008 年版。

〔德〕赫伯特·马尔库塞：《审美之维——马尔库塞美学论著集》，李小兵译，广西师范大学出版社 2001 年版。

〔德〕卡尔·洛维特：《世界历史与救赎历史——历史哲学的神学前提》，李秋零等译，生活·读书·新知三联书店 2002 年版。

〔德〕卡尔·曼海姆：《意识形态与乌托邦》，艾彦译，华夏出版社 2001 年版。

〔德〕卡尔·雅斯贝尔斯：《历史的起源与目标》，楚雄、俞新天译，华夏出版社 1989 年版。

〔德〕卡尔·雅斯贝尔斯：《时代的精神状况》，王德峰译，上海译文出版社 1997 年版。

〔德〕马丁·布伯：《我与你》，陈维纲译，生活·读书·新知三联书店 2002 年版。

〔德〕马丁·海德格尔：《存在与时间》，陈嘉映、王庆节译，生活·读书·新知三联书店 2000 年版。

〔德〕马丁·海德格尔：《通往语言的途中》，孙周兴译，商务印书馆 2004 年版。

〔德〕马克斯·霍克海默：《霍克海默集》，曹卫东等译，远东出版社 2004 年版。

〔德〕马克斯·霍克海默、西奥多·阿多诺：《启蒙辩证法》，洪佩郁、蔺月峰译，重庆出版社 1990 年版。

〔德〕马克斯·韦伯：《古犹太教》，康乐、简惠美译，广西师范大学出版社 2007 年版。

〔德〕马克斯·韦伯：《学术与政治》，冯克利译，生活·读书·新知三联书店 2005 年版。

〔德〕诺瓦利斯：《夜颂中的革命和宗教》，刘小枫主编，《诺瓦利斯选集》（卷一），林克译，华夏出版社 2008 年版。

〔德〕瓦尔特·本雅明：《本雅明文选》，陈永国、马海良译，中国社会科学出版社 1999 年版。

〔德〕瓦尔特·本雅明：《发达资本主义时代的抒情诗人》，王才勇译，江苏人民出版社 2005 年版。

〔德〕瓦尔特·本雅明：《经验与贫乏》，王炳均等译，百花文艺出版社 1999 年版。

〔德〕西奥多·阿多诺:《否定的辩证法》,张峰译,重庆出版社 1993
年版。

〔德〕西奥多·阿多诺:《美学理论》,王柯平译,四川人民出版社 1998 年
版。

〔德〕伊曼努尔·康德:《判断力批判》,邓晓芒译,人民出版社 2002
年版。

〔德〕尤尔根·哈贝马斯、米夏埃尔·哈勒:《作为未来的过去》,章国锋
译,浙江人民出版社 2001 年版。

〔俄〕格·瓦·普列汉诺夫:《普列汉诺夫选集》(第 3 卷),生活·读书
·新知三联书店 1961 年版。

〔俄〕米哈伊尔·巴枯宁:《国家制度和无政府状态》,马骧聪等译,商务
印书馆 1982 年版。

〔俄〕尼古拉·别尔嘉耶夫:《人的奴役与自由》,张百春译,中国城市出
版社 2002 年版。

〔法〕艾玛纽埃尔·勒维纳斯:《上帝·死亡和时间》,余中先译,生活·
读书·新知三联书店 1997 年版。

〔法〕汉娜·阿伦特:《人的条件》,竺乾威译,上海人民出版社 1999
年版。

〔法〕吉尔·利波维茨基:《空虚时代:论当代个人主义》,方仁杰、悦复
生译,中国人民大学出版社 2007 年版。

〔法〕吉尔·利波维茨基、塞巴斯蒂安·夏尔:《超级现代时间》,谢强
译,中国人民大学出版社 2005 年版。

〔法〕雷蒙·阿隆:《雷蒙·阿隆回忆录:五十年的政治反思》,杨祖功
译,新星出版社 2006 年版。

〔法〕雷蒙·阿隆:《知识分子的鸦片》,吕一民、顾杭译,译林出版社
2005 年版。

〔法〕列维·布留尔:《原始思维》,丁由译,商务印书馆 2007 年版。

〔法〕路易·阿尔都塞、〔法〕艾蒂安·巴里巴尔:《读资本论》,李其庆、
冯文光译,中央编译出版社 2008 年版。

〔法〕米歇尔·福柯:《规训与惩罚》,刘北城等译,生活·读书·新知三
联书店 1999 年版。

〔法〕皮埃尔·布迪厄:《实践感》,蒋梓骅译,译林出版社 2003 年版。

〔法〕皮埃尔·布尔迪厄:《关于电视》,许钧译,辽宁教育出版社 2000

年版。

〔法〕皮埃尔·布尔迪厄：《文化资本：社会炼金术——布尔迪厄访谈录》，包亚明译，上海人民出版社1997年版。

〔法〕皮埃尔·布尔迪厄：《自由交流》，桂裕芳译，生活·读书·新知三联书店1996年版。

〔法〕让·保罗·萨特：《存在与虚无》，陈宣良等译，生活·读书·新知三联书店2007年版。

〔法〕让·保罗·萨特：《存在主义是一种人道主义》，周煦良、汤永宽译，上海译文出版社2008年版。

〔法〕让·弗朗索瓦·利奥塔：《后现代性与公正游戏——利奥塔访谈录、书信录》，谈瀛洲译，上海人民出版社1997年版。

〔法〕让·弗朗索瓦·利奥塔：《后现代状态——关于知识的报告》，车瑾山译，生活·读书·新知三联书店1997年版。

〔法〕让·皮埃尔·维尔南：《神话与政治之间》，余中先译，生活·读书·新知三联书店2001年版。

〔法〕雅克·德里达：《马克思的幽灵》，何一译，中国人民大学出版社1999年版。

〔法〕朱利安·班达：《知识分子的背叛》，佘碧平译，上海人民出版社2005年版。

〔古罗马〕奥古斯丁：《上帝之城》（上卷），王晓朝译，人民出版社2006年版。

〔古希腊〕柏拉图：《理想国》，郭斌和、张竹明译，商务印书馆1997年版。

〔古希腊〕亚里士多德：《物理学》，张竹明译，商务印书馆1982年版。

〔加〕本·阿格尔：《西方马克思主义概论》，慎之等译，中国人民大学出版社1991年版。

〔美〕R. W. 费夫尔：《西方文化的终结》，丁万江、曾艳译，江苏人民出版社2004年版。

〔美〕W. J. T. 米歇尔：《图像理论》，陈永国、胡文征译，北京大学出版社2006年版。

〔美〕艾尔文·古德纳：《知识分子的未来和新阶级的兴起》，顾晓辉、蔡嵘译，江苏人民出版社2006年版。

〔美〕艾伦·布卢姆：《美国精神的封闭》，战旭英译，译林出版社

2007 年版。

〔美〕爱德华·萨义德：《知识分子论》，单德兴译，生活·读书·新知三联书店 2002 年版。

〔美〕奥塔·魏因伯格：《科学、信仰与政治》，张新樟译，生活·读书·新知三联书店 2008 年版。

〔美〕保罗·蒂里希：《蒂里希选集》，何光沪选编，成显聪、王作虹译，上海三联书店 1999 年版。

〔美〕保罗·蒂里希：《政治期望》，徐钧尧译，四川人民出版社 1989 年版。

〔美〕布莱恩·麦基：《思想家》，周穗明译，生活·读书·新知三联书店 2004 年版。

〔美〕大卫·哈维：《希望的空间》，胡大平译，南京大学出版社 2006 年版。

〔美〕丹尼尔·贝尔：《意识形态的终结》，张国清译，江苏人民出版社 2001 年版。

〔美〕丹尼尔·贝尔：《资本主义文化矛盾》，赵一凡译，生活·读书·新知三联书店 1989 年版。

〔美〕菲利普·G.阿特巴赫：《失落的精神家园》，施晓光等译，中国海洋大学出版社 2006 年版。

〔美〕弗兰克·富里迪：《知识分子都到哪里去了》，戴从容译，江苏人民出版社 2005 年版。

〔美〕弗雷德里克·詹姆逊：《詹姆逊文集》（1—4 卷），王逢振编，中国人民大学出版社 2004 年版。

〔美〕杰弗里·C.戈德法布：《"民主"社会中的知识分子》，杨信彰译，辽宁教育出版社 2002 年版。

〔美〕卡尔·博格斯：《知识分子与现代性的危机》，李俊、蔡海榕译，江苏人民出版社 2002 年版。

〔美〕劳伦斯·E.卡洪：《现代性的困境》，王志宏译，商务印书馆 2008 年版。

〔美〕理伯卡·E.卡拉奇：《分裂的一代》，覃文珍、蒋凯、胡元梓译，社会科学文献出版社 2001 年版。

〔美〕理查德·波斯纳：《公共知识分子——衰落之研究》，徐昕译，中国政法大学出版社 2002 年版。

〔美〕理查德·罗蒂:《筑就我们的国家——20世纪美国左派思想》,黄宗英译,生活·读书·新知三联书店2006年版。

〔美〕理查德·桑内特:《公共人的衰落》,李继宏译,上海译文出版社2008年版。

〔美〕刘易斯·科塞:《理念人——一项社会学的考察》,郭方译,中央编译出版社2001年版。

〔美〕罗伯特·M.塞尔茨:《犹太的思想》,赵立行、冯玮译,上海三联书店1994年版。

〔美〕罗伯特·诺齐克:《无政府、国家与乌托邦》,何怀宏等译,中国社会科学出版社1991年版。

〔美〕马泰·卡林内斯库:《现代性的五副面孔》,顾爱彬、李瑞华译,商务印书馆2002年版。

〔美〕马修·阿诺德:《文化与无政府状态——政治与社会批评》,韩敏中译,生活·读书·新知三联书店2002年版。

〔美〕莫里斯·迪克斯坦:《伊甸园之门:六十年代的美国文化》,方晓光译,译林出版社2007年版。

〔美〕莫里斯·迈斯纳:《马克思主义、毛泽东主义与乌托邦主义》,张宁、陈铭康等译,中国人民大学出版社2005年版。

〔美〕乔·奥·赫茨勒:《乌托邦思想史》,张兆麟等译,商务印书馆1990年版。

〔美〕苏珊·桑塔格:《反对阐释》,程巍译,上海译文出版社2003年版。

〔美〕特里·M.珀林编:《当代无政府主义》,吴继淦等译,商务印书馆1984年版。

〔美〕伊曼纽·华勒斯坦:《学科·知识·权力》,刘健芝译,生活·读书·新知三联书店1999年版。

〔美〕约翰·费斯克:《理解大众文化》,王晓珏、宋伟杰译,中央编译出版社2006年版。

〔美〕约翰·罗尔斯:《正义论》,何怀宏、何包钢、廖申白译,中国社会科学出版社1988年版。

〔美〕詹姆斯·斯科特:《国家的视角——那些试图改善人类状况的项目是如何失败的》,王晓毅译,社会科学文献出版社2004年版。

〔西班牙〕奥尔特加·加塞特:《大众的反叛》,刘训练、佟德志译,吉林人民出版社2004年版。

〔西班牙〕摩西·迈蒙尼德:《迷途指津》,傅有德、邹鹏、张志平译,山东大学出版社 2004 年版。

〔匈〕格奥尔格·卢卡奇:《小说理论》,燕宏远、李怀涛译,商务印书馆 2012 年版。

〔英〕阿道斯·赫胥黎:《美丽新世界》,李黎译,花城出版社 1987 年版。

〔英〕阿兰·斯威伍德:《大众文化的神话》,冯建三译,上海三联书店 2003 年版。

〔英〕彼得·伯克编:《图像证史》,杨豫译,北京大学出版社 2008 年版。

〔英〕大卫·休谟:《宗教的自然史》,徐晓宏译,上海人民出版社 2003 年版。

〔英〕戴维·佩珀:《生态社会主义:从深生态学到社会主义》,刘颖译,山东大学出版社 2005 年版。

〔英〕弗里德里希·哈耶克:《科学的反革命:理性滥用之研究》,冯克利译,译林出版社 2003 年版。

〔英〕弗里德里希·哈耶克:《通往奴役之路》,王明毅等译,中国社会科学出版社 1997 年版。

〔英〕卡尔·波普:《开放社会及其敌人》(第 1 卷),陆衡等译,中国社会科学出版社 1999 年版。

〔英〕卡尔·波普:《历史决定论的贫困》,杜汝辑、邱仁宗译,华夏出版社 1987 年版。

〔英〕齐格蒙特·鲍曼:《立法者与阐释者——论现代性、后现代性与知识分子》,洪涛译,上海人民出版社 2000 年版。

〔英〕史蒂文·卢克斯:《马克思主义与道德》,袁聚录译,高等教育出版社 2009 年版。

〔英〕特里·伊格尔顿:《后现代主义的幻象》,华明译,商务印书馆 2002 年版。

〔英〕特里·伊格尔顿:《历史中的政治、哲学、爱欲》,马海良译,中国社会科学出版社 1999 年版。

〔英〕特里·伊格尔顿:《甜蜜的暴力——悲剧的观念》,方杰、方宸译,南京大学出版社 2007 年版。

〔英〕托马斯·莫尔:《乌托邦》,戴馏龄译,商务印书馆 2008 年版。

〔英〕以赛亚·伯林:《扭曲的人性之才》,岳秀坤译,译林出版社 2009 年版。

〔英〕以赛亚·伯林:《自由论》,胡传胜译,译林出版社 2003 年版。

〔英〕约翰·麦克曼勒斯主编:《牛津基督教史》,张景龙等译,贵州人民
出版社 1995 年版。

四　英文文献

Anne McClanan and Jeff Johnson, eds. , *Negating The Image*: *Case Studies in I-conoclasm*, Burlington: Ashgate Publishing Company, 2005.

Anson Rabinbach, Between Enlightenment And Apocalypse: Benjamin, Bloch And Modern Jewish Messianism, *New German Critique*, No. 34, 1985.

Antonio Gramsci, ed. , *Further Selections From The Prison Notebooks*, Edited And Trans. Derek Boothman, London: Lawrence &wishart Press, 1998.

Brian B. Schmidt, The Aniconic Tradition: On Reading Images And Viewing Texts, in Diana Vikander Edelman, ed. , *The Triumph of Eiehim*: *From Yah-wisms to Judaisms*, Grand Rapids: Eerdmans, 1996.

Christopher Lasch, ed. , *The Agony of The American Left*, New York: Vintage, 1969.

Cohen Steven M, "Jewish Contentversus Jewish Continuity", in Robert Seltzer, Norman Cohen, eds. , *The Americanization of The Jews*, New York: NYU Press, 1994.

David W. Sisk, ed. , *Transformations of Language in Modern Dystopias*, CT: Green Wood Press, 1997.

Eli Zaretsky, "Capitalism And Nostaligia: A Review of Russell Jacobys Social Amnesia", *Critical Sociology*, Issue1, January, 1977.

Emmanuel Levinas, ed. , *Ideology And Idealism*, *in The Levinas Reader*, Edited by Seán Hand, Cambridge: Blackwell, 1989.

Ernst Bloch, *Athesim in Christianity*: *The Religion of the Exodus and Kingdom*, New York: Herder, 1972.

Ernst Bloch, ed. , *Essays on The Philosophy of Music*, Trans. Peter Palmer, Cambridge: Cambridge University Press, 1985.

Ernst Bloch, ed. , *The Principle of Hope* (*3vols*), Tran. By N. Plaice And P. Knight, Oxford: Basil Blackwell, 1986.

Ernst Bloch, ed. , The *Spirit of Utopia*, Trans. Anthony Nassar, Stanford: Stanford University Press, 2000.

Ernst Bloch, *The Utopian Function of Art And Literature* , Trans. Jack Zipes And Frank Mecklenburg, Cambridge, MA./London: M. I. T. Press, 1998.

Fernando Claudin, ed. , *The Communist Movement From Comintern to Cominform*, *Two Volumes*, New York: Monthly Review Press, 1975.

Fortune, Christopher, "Theory, Therapy And Politics in Tension: An Interview With Russell Jacoby", *New Ideas in Psychology*, Vol3, Issue 2, 1985.

Frank E. Manuel &Fritzie P. Manuel, eds. , *Utopian Thought in The Western World*, Massachusetts: The Belknap Press of Havard University Press, 1980.

Fredric Jameson, "The Politics of Utopia", Vol. 27, *New Left Review*, 2004.

Gershom Scholem, ed. , *Major Trends in Jewish Mysticism*, London: Thams and Hudson, 1968.

Gershom Scholem, ed. , *On Jews and Judaism in Crisis*, NewYork: Schocken Books, 1976.

Gershom Scholem, ed. , *On The Kabbalah And Its Symbolism*, New York: Shokan book company, 1969.

Gershom Scholem, ed. , *Toward An Understanding of The Messiamic Idea in Judaism*, *in The Messianic Idea in Judaism*, trans. Michael A. Meyer, New York: Schocken Books, 1971.

Goffman, Ethan, "The New York Intellectuals And Beyond Editor's Introduction", *West Lafayette*, Vol. 21, Iss. 3, Spring 2003.

Gustav Landauer, ed. , *God and socialism*, *The Future of Mankind: Life And Literary Essays*, Trans. Teggart Diego Berwin, Pandora Press, 1977.

Gustav Landauer, ed. , *To Defend Socialism* , Trans. D. J. Parente, Thail And Taraz Press, 1978.

Halbertal Margalit, *Idolatry* , Cambridge Mass: Harvard University Press, 1992.

Hannah Arendt, ed. , *The Jew As Pariah*, *Jewish Identity And Politics in The Modern Age*, New York: Grove Press, 1978.

Herbert Marcuse, ed. , *Prospectus for One – Dimensional Man*, Boston: Beacon Press, 1991.

Jean – Luc Marion, ed. , *God Without Being: Hors – Texte*, Trans. Thomas A. Carlson, Chicago: University of Chicago Press, 1995.

Jean – Luc Marion, "Giving More: Jean – Luc MarionAnd Richard Kearny in Dialogue," in Ian Leask And Eoin Cassidy eds. , *Givenness And God: Questions of Jean – Luc Marion*, New York: Fordham University Press, 2005.

John Lowden, *Early Christian & Byzantine Art*, London: Phaidon Press Ltd, 1997.

Kampf Louis, "The last Intellectuals American Culture in The Age of Academe by Russell Jacoby", *Radical Teacher*, Brooklyn Iss. 38, Summer 1990.

Karl Mannheim, ed. , *Ideology And Utopia*, NewYork: Harcourt, 1954.

Krishan Kumar, ed. , *Utopia And Anti – Utopia In Mordern Times*, New York: Basil BIackwell Ltd. , 1987.

Krishan Kumar, ed. , *Utopianism*, Milton Kenes: Open University Press, 1991.

Levitas R, ed. , *The Concept of Utopia*, New York: Syracuse University Press, 1990.

Mardell L. Fortier And Dobert F. Fortier, eds. , *The Utopian Thought of ST. Thomas More And Its Development in Literature*, New York: The Edwin Mellen Press, 1992.

Mark Lilza, ed. , *The Reckless Mind: Intelletuals in Politics*, New York: New York Review of Books, 2001.

Martin Buber, *The Road in Utopia*, Syracuse: Syracuse University Press, 1996.

Matin Jay, Russell Jacoby, "Marxism And Critical Theory: Martin Jay And Russell Jacoby", *Theory And Society*, Vol. 2, Issue 1. 1975.

Maurice Beebe, Charles Newman, eds. , *The Post – Modern Aura: The Act of Fiction in An Age of Inflation*, Evanston: Northwestern University Press, 1985.

M. Edwards, eds. , *Optatus Against The Donatists*, Trans. Mark Edwards, Liverpool: Liverpool University Press. 1997.

Michael Hirsch, "Flattened Worlds, Modest Reforms And Utopian Impulses", *Democratic Left: New York*, Vol. XXXIII, Iss. 1, Summer 2005.

Michael Lowy, ed. , *Redemption And Utopia: Libertarian Judaism in Central Europe*, London: The Athlone Press, 1992.

Moses Maimonides, ed. , *Guide of The Perplexed V*ol. 1, Chicago: University of Chicago Press, 1963.

Nan Bowman Albinsky, ed. , *Women's Utopias in British And American Fiction*, London And New York: Routledge, 1988.

Osborne T, "Utopia, Counter – Utopia", *History of The Human Sciences*, No. 16, 2003.

Papastephanou M. , Dystopian Reality, "Utopian Thought And Educational Practicel", *Study Philosophy Education* No. 27, 2008.

Perry Anderson, "Renewals", vol. 1, *New Left Review*, Jan – Feb 2000.

R. J. Saunders, "Book Reviews – Dogmatic Wisdom: How The Culture Wars Divert Education And Distract America by Russell Jacoby", *National Municipal Review*, Vol. 75, Iss. 2, Spring 1995.

Sargent, L. Tower, "The Three Faces of Utopianism Revisited", *Utopian Studies*, Vol. 5, 1994.

Sargent, LymanTower, eds. , *New Left Thought*: An Introduction, Homewood IL: Dorsey Press, 1972.

Sargent, LymanTower, "The Three Faces of Utopianism Revisited", *Utopian Studies* , Vol. 5, 1994.

SeeVieira, Fatima, "The Concept of Utopia", in Claeys, Gregory eds. , *The Cambridge Companion to UtopianLiterature*, The Cambridge: Cambridge University Press, 2010.

Shils Edward, ed. , *The intellectuals And Powers And Other Essays*, Chicago: University of Chicago Press, 1972.

St. John of Damascus, "On The Divine Images", From Egon Sendler. S. J. , ed. , *The Icon: Image of The Invisible*, Trans. Fr. Steven Bigham, Calif: Oakwood Publications, 1999.

Theodor Adorno, ed. , *Minima Moralia: Reflections From Damaged Life* trans. E. F. Jephcott, London: Verso, 1974.

Tom Moylan, ed. , *Demand The Impossible Science Fission And The Utopian Imagination*, New York: Methuen, 1986.

Walter Benjamin, *Selected Writings Volume* 4 1938 – 1940, ed. , Howard Eiland And Michael W. Jennings, Cambridge, Mass: The Belknap Press, 2003.

White Edmund, Images of A Mind Thinking, in HaroldBloom, ed. , *Modern Critical Views Cynthia Ozick*, New York: Chelsca House Publishers, 1986.

W. J. T. Mitchell, ed. , *Iconology: Image, Text, Ideology*, Chicago: The University of Chicago Press, 1986.

五　中文论文文献

蔡伟：《乌托邦理论的传统特征与当代转向》，硕士学位论文，华东师范大学，2011 年。

陈岸瑛：《关于"乌托邦"内涵及概念演变的考证》，《北京大学学报》（哲学社会科学版）2000 年第 1 期。

崔执树：《乌托邦观念与现代性的超越》，《哲学动态》2009 年第 2 期。

〔德〕E. 弗洛姆、M. 库恩策：《寄希望于"具体的乌托邦"——纪念 E. 布洛赫诞生一百年》，燕宏远摘译，《哲学译丛》1985 年第 6 期。

丁帆：《消逝的知识分子就消逝在大学里？——〈最后的知识分子〉读札》，《东吴学术》2010 年第 2 期。

〔法〕路易斯·比略罗：《乌托邦的三重混淆》，周云帆译，《第欧根尼》2008 年第 1 期。

〔法〕詹尼·瓦蒂莫：《消散的乌托邦》，俞丽霞译，《第欧根尼》2006 年第 1 期。

范昀：《雅各比的陷阱》，《中国图书评论》2008 年第 3 期。

方仪：《乌托邦理论的诠释及当代意义》，硕士学位论文，复旦大学，2012 年。

傅有德：《犹太教的弥赛亚观及其与基督教的分歧》，《世界宗教研究》1997 年第 2 期。

桂传俍：《雅各比的三色堇——拉塞尔·雅各比知识分子理论中的三条线索》，《中文自学指导》2008 年第 4 期。

桂传俍：《雅各比的知识分子研究》，硕士学位论文，华东师范大学，2009 年。

贺来：《乌托邦精神与哲学合法性辩护》，《中国社会科学》2013 年第 7 期。

洪洁：《学术自由：是否可能与如何可能——读拉塞尔·雅各比的〈最后的知识分子〉》，《文艺争鸣》2002 年第 2 期。

黄其洪、邹勤：《论雅各比对"正统马克思主义"的批判》，《江海学刊》2017 年第 1 期。

李丙权：《图像时代的形而上学—马里翁谈图像、偶像和圣像》，《基督教文化学刊》2013 年第 1 期。

李平：《雅各比的"社会健忘症"批判研究》，硕士学位论文，西南大学，2018 年。

刘宇：《超越"反"的逻辑——论乌托邦精神的失落与重建》，《教学与研究》2009 年第 12 期。

马海波：《对乌托邦主义的再考察》，《文艺理论与批评》2018 年第 6 期。

〔美〕弗雷德里克·詹姆逊：《乌托邦作为方法或未来的用途》，王逢振译，《马克思主义与现实》2007 年第 5 期。

孟宪平：《乌托邦的理论局限及其超越》，《学术界》2017 年第 8 期。

祁程：《阿尔都塞社会意识诸形式与意识形态关系研究》，硕士学位论文，华东师范大学，2010 年。

祁程：《谛听与不可言说：反视觉图像崇拜的两条进路》，《上海对外经贸大学学报》2018 年第 3 期。

祁程：《论雅各比的乌托邦思想：基于知识分子与乌托邦的张力关系》，《华东师范大学学报》（哲学社会科学版）2012 年第 4 期。

祁程：《图像权力偶像化运作批判》，《当代国外马克思主义评论》总第 13 期 2016 年第 1 期。

祁程：《西方马克思主义乌托邦思想研究》，博士学位论文，华东师范大学，2013 年。

沈慧芳：《乌托邦精神的意蕴及其理论与实践价值》，《福州大学学报》（哲学社会科学版）2010 年第 5 期。

汪行福：《乌托邦精神的复兴——西方马克思主义对乌托邦的新反思》，《复旦学报》（社会科学版）2009 年第 6 期。

汪行福：《乌托邦与文明社会理想与现实的矛盾》，《文明》2016 年第 3 期。

王蓓：《偶像、圣像与形象——论基督教审美立场的转变》，《西北师大学报》（社会科学版）2011 年第 5 期。

王昶：《1968 年 5 月，或，我为叹息》，《读书》1998 年第 5 期。

王凤才：《从批判理论到后批判理论（上）——对批判理论三期发展的批判性反思》，《马克思主义与现实》2012 年第 11 期。

王凤才：《从批判理论到后批判理论（下）——对批判理论三期发展的批判性反思》，《马克思主义与现实》2013 年第 1 期。

王嘉军：《偶像禁令与艺术合法性：一个问题史》，《求是学刊》2014 年第

6 期。

徐艳:《大众文化时代知识分子的当下困境与角色焦虑》,硕士学位论文,
浙江师范大学,2005 年。

许楠:《20 世纪乌托邦共同体实验的经验与教训:乌托邦实现性的影响因
素分析》,硕士学位论文,华东师范大学,2019 年。

杨鸿雁:《视觉的盛宴 VS 听觉的苦旅——西方乌托邦思想的泾渭探流》,
《作家》2011 年第 22 期。

杨守森:《咖啡屋·星空·历史·人类》,《中国图书评论》2008 年第
2 期。

杨小彦:《视觉的全球化与图像的去魅化——观察主体的建构及其历史性
变化》,《文艺研究》2009 年第 3 期。

姚建斌:《乌托邦与社会怨恨》,《中国图书评论》2015 年第 4 期。

〔英〕大卫·列奥帕德:《社会主义与乌托邦》,张永红、马天平译,《国
外理论动态》2016 年第 12 期。

袁晓明:《乔姆斯基:永远的口头异见者》,《南风窗》2007 年第 6 期。

曾庆豹:《木偶与侏儒——马克思与基督教"联手"面对当代资本主义》,
《现代哲学》2011 年第 1 期。

张立波、吴照玉:《乌托邦概念的多重图式》,《理论探讨》2014 年第
1 期。

张隆溪:《乌托邦:世俗理念与中国传统》,《山东社会科学》2008 年总第
9 期。

张彭松:《乌托邦的困境与希望的哲学反思》,《哲学动态》2009 年第
12 期。

张彭松:《"永不在场"的乌托邦——历史与价值之间的张力》,《北方论
丛》2004 年第 6 期。

章国锋:《哈贝马斯访谈录》,《外国文学评论》2000 年第 1 期。

赵青:《"乌托邦"的当代反思》,硕士学位论文,吉林大学,2013 年。

赵臻:《超越乌托邦——对乌托邦的反思与重探》,《马克思主义美学研究》
2014 年第 1 期。

郑忆石:《多维视角中的西方马克思主义社会主义》,《新疆社会科学》
2008 年第 6 期。

郑忆石:《科学、知识、知识分子:后马克思主义的社会发展动力论"痕
迹"》,《江西社会科学》2011 年第 5 期。

周黎燕：《中国近现代小说的乌托邦书写》，博士学位论文，华中师范大
　　学，2007 年。

朱彦明：《弥赛亚主义的革命实践：布洛赫和本雅明》，《复旦学报》（社
　　会科学版）2009 年第 3 期。

邹勤：《雅各比的辩证法思想研究》，硕士学位论文，西南大学，2017 年。

后　记

　　反复修改后提交了这本书稿，仍觉诚惶诚恐，在电脑上敲下最后一个字，涌上心头的竟然不是如释重负。时间总在不知不觉间流向记忆的远方，回想那些感动的瞬间、温暖的时刻，恍如隔世，又宛在昨日。求学也好，还是工作也好，平淡，平静，平和。在临近书稿完成的这一刻，亦明白如此岁月在今后的生命历程中或永难复现。多年前就定下了乌托邦这个研究主题，至今仍记得 2009 年写硕士论文之际，从汪兴福老师的一篇文章《乌托邦精神的复兴——西方马克思主义对乌托邦的新反思》中获得启发，雅各比的名字第一次跃入眼帘，由此开始了对乌托邦的追逐历程。在考博之时就已经明确了自己在博士阶段要做什么。在博士论文《西方马克思主义乌托邦思想研究》的基础上，又开始了博士后研究，依旧没有转研究方向，继续奔着那始终不灭的希望前行。潮退之后，海的痕迹遗于一沙；雨歇之时，天的气象凝于一虹，艰苦与欣慰、喜悦与苦恼，是一段继续学习、成长的写照。

　　无名之辈选取乌托邦作为研究对象，无疑会与之产生奇妙的思想共鸣，乌托邦对我而言意味着什么？冥冥之中它从来就不是一个研究对象，而是与我一体的东西，研究它其实就是在认识你自己。在近四十年的人生中，后半程总是在靠这样一种牢不可破的信仰为生。每每坚守着拥有想象另一个可能世界的能力，才不会失去对既有社会安排的警惕与反思，也不会止步在既有情感生活的迷惘与困顿之中。拥有对另一个可能世界或美好生活的希冀与想象，或许才能真正直抵人的灵魂深处。

　　尽管乌托邦在现时代几近衰败，各种接踵而来的批判声浪，让乌托邦精神在前途不明时越发虚弱，即便如此，依然选择在无数次的落寞无助之后重新出发，踏上乌托邦的寻觅之旅。尤其是某一领域无数次执著地追求之后，竟然能让隐匿在坚强背后那千疮百孔的真实自行暴露出来。乌托邦研究实际上是在追踪人类精神生活的密码，尤其是探求知识分子的精神历练进路。那些怀有奇妙语言魔力的乌托邦文本，他们所勾画的图景总会引起探索的好奇，所传递的热情总会引起思想的悸动。乌托邦精神于我而言，是苦难中凝结的希望，是疼痛中孕育的向往，是泪水中绽放的笑颜，是黑夜中闪现的微光。只要活着，就不放弃呼唤与秉持乌托邦精神。乌托邦也许就是我们走出那些既定的、冷冰的和沉寂的生活的一件武器，没有它，人类将陷入无休止的黑暗当中。现代社会或许唯一能够确定的，也许就是世界的不确定性，社会生活的每个阶段都会因为遇到丰富多彩的事件与千姿百态的人而倍感独特，无论未来将会遭遇何等状况，我将时刻将乌托邦安放心底，不仅在学术上，也在生活中。下一步，关于爱的乌托邦问题，会成为新生的写作主题，也将自己长久设计的"乌托邦三部曲"划上句点。

感谢华东师范大学哲学系六年的学习时光，这里的一切给予我丰厚的馈赠，使我在哪里都能回味过往那些学术的单纯与静美。感谢复旦大学哲学学院对我这个学术小白的包容与点拨。感谢上海对外经贸大学四年多的美好经历尤其是学生的厚爱，帮我积攒起了申报国家后期资助项目的信心。感谢安徽大学马克思主义学院，接纳我这个回归故土的中年人，让我能安下心来做好后续的文稿修改工作，同时给予《安徽大学马克思主义学院学术专著出版资助》。

感谢博士生导师郑忆石教授、博士后合作导师王凤才教授，他们渊博的学识、高尚的人格、虚怀若谷的风范、治学严谨的态度，使我肃然起敬、受益匪浅、感佩不已、铭记终生；是他们滋养了我贫瘠匮乏的精神世界，纠正了我散漫不拘的天性，排解了我丝丝缕缕的焦虑，容忍了我不够扎实的学术功底。感谢学业和工作生涯中有所助益的每一位老师和同事，感谢他们的真知灼见和不吝赐教，使我时常如拨云见日、茅塞顿开。感谢中国社会科学出版社对书稿的接纳，以及编辑期间的辛勤劳动。感谢我的家人们，是他们提供了我强大的信念支撑和情感依靠，承担了繁重的家务劳动，减少了我的负担，是他们谅解了我写作期间的跳跃情绪，是他们陪伴了我度过这段痛并快乐着的有意义时光。

此本拙作，算是我中年生涯的一个见证吧。